国家社科基金重点项目"跨学科潜在知识生长点识别与创新趋势预测研究"（项目编号：19ATQ006）研究成果

跨学科潜在知识生长点识别与创新趋势预测研究

李长玲　高峰　著

人民出版社

责任编辑：宫　共

封面设计：胡欣欣

图书在版编目（CIP）数据

跨学科潜在知识生长点识别与创新趋势预测研究 ／ 李长玲，
高峰著. -- 北京 ： 人民出版社，2024. 8.
ISBN 978－7－01－026648－0

Ⅰ. G42

中国国家版本馆 CIP 数据核字第 2024R9B805 号

跨学科潜在知识生长点识别与创新趋势预测研究

KUAXUEKE QIANZAI ZHISHI SHENGZHANG DIAN SHIBIE YU CHUANGXIN QUSHI YUCE YANJIU

李长玲　高　峰　著

人民出版社 出版发行

（100706　北京市东城区隆福寺街 99 号）

北京中科印刷有限公司印刷　新华书店经销

2024 年 8 月第 1 版　2024 年 8 月北京第 1 次印刷
开本：710 毫米×1000 毫米 1/16　印张：29.75
字数：422 千字

ISBN 978－7－01－026648－0　定价：90.00 元

邮购地址 100706　北京市东城区隆福寺街 99 号
人民东方图书销售中心　电话（010）65250042　65289539

目　录

图 目 录

表　目　录

前　　言

随着科学和社会问题的复杂化和多样化,仅靠单一学科已经无法满足人们解决问题的需求,所以学科间知识合作的程度逐渐加深、进程不断加快。同时,任何一门学科都有其独特的概念和理论体系,学科的专业知识得以积累,为其他学科所共享,课题、项目研究等越来越多地需要融合多学科知识,实现科研创新。但研究者往往苦于不清楚本学科某知识点可以与哪些学科的哪些知识进行合作研究。因此,寻找跨学科相关知识,识别跨学科潜在知识生长点,成为促进跨学科合作研究的关键。

本书通过"学科关键知识节点识别→跨学科相关知识识别→跨学科潜在知识生长点识别"的研究路径,首先,把握学科的研究重点,包括研究热点、研究前沿、学科交叉点;其次,掌握哪些跨学科知识对目标学科的科学研究起积极的推动作用;最后,将学科关键知识节点与跨学科相关知识进行配对,找出最有可能进行跨学科合作研究的跨学科潜在知识生长点,并预测其创新趋势。主要研究内容与研究结论包括:

(1)跨学科知识生长点等系列概念界定。在科学生长点概念的基础上,定义:产生新学科的科学生长点为"学科生长点";产生新知识的科学生长点是"知识生长点";与本学科知识融合产生的知识生长点,称为"学科知识生长点";与跨学科知识合作研究产生的新知识生长点,称为"跨学科知识生长点";处在学科知识网络发展的前沿、交叉与关键位置的知识节点,更容易成长为知识生长点,定义为"学科关键知识节点";"跨学科相关知识"是为破解科研难题、实现本学科知识的再创造,学者所选择、借鉴或综合的其他学科的理论、概念、方法、技术等。最后,将"跨学科潜在知识生长点"定义为:目标学科关键知识节点与跨学科相关知识,依据共现网络、引文网络、媒体数据中的某种弱联系强度,构建模型识别跨学科合作研究可能性大的知识组合配对。如图所示:

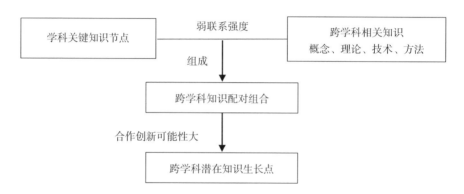

（2）学科关键知识节点识别。科学文献与网络媒体数据的各种关系中都存在一些关键节点,代表学科前沿、热点与交叉点。本书从两种数据关系中,构建不同模型,识别学科关键知识节点。

一方面,基于科学文献数据识别学科关键知识节点。基于学科文献关键词研究词频,构建累积主题热度与热度加速度模型,从学科占比横向与时间序列纵向两方面,综合识别学科前沿与热点;基于学科高被引论文数据,引入时间因子降低被引频次时间滞后和累积效应的局限,以有效识别新文献中的热点研究主题,同时改进 z 指数方法,综合被引数量、质量以及数量与质量一致性,识别学科前沿与热点,使识别结果更可靠;基于学科文献的跨学科引文网络、关键词共现网络,运用中间人角色分析方法,识别不同类型的学科交叉知识节点,分为跨学科输入守门型、跨学科知识输出代理型、跨学科输入输出沟通型知识节点。

　　另一方面,基于社交媒体数据识别学科关键知识节点。首先,基于时间序列分析 Altmetrics 评价指标特征,发现月均使用量、中长期引用量、首月讨论量可用于评价论文及其研究主题的影响力与社会关注度;其次,构建包括月均使用量、首次他引速度、月被引峰值与首月讨论量四项指标的综合评价模型,识别高影响力论文,进而识别学科前沿与热点;最后,通过 Altmetrics.com 平台获得包含 17 种不同类型实时数据的 Altmetrics Attention Score(AAS)值,替代 z 指数中的被引频次,构建 z_i 指数模型,识别学科高关注度研究主题,发现与科学文献数据前沿热点的识别结果有相同、相异之处,二者互相印证与补充。

　　(3)基于跨学科引用的跨学科相关知识发现。在分析跨学科引用对知识生长与学科发展影响力的基础上,识别跨学科相关知识,以进一步有效促进跨学科合作与科学发展。

　　首先,从跨学科引用率、跨学科引用多样性和跨学科引用集中度三方面构建跨学科引用测度模型,并与主题研究热度进行相关性分析,发现学科热点主题的跨学科引用总体上能够刺激知识生长,根据作用程度不同,分为有效促进、能够促进和不易促进知识生长三类;其次,构建模型分析跨学科引用对跨学科知识输出强度、知识输出时效性以及知识输出跨学科性的影响,发现跨学科引用对于跨学科知识输出强度与知识输出跨学科性具有正向的积极影响,对于跨学科知识输出时效性具有不利影响;第三,跨学科知识被多次引用,并在目标学科被研究,成为目标学科研究内容的一部分,称为"跨学科输入知识",从研究热度、研究广度和研究深度三个方面构建跨学科输入知识对目标学科发展的影响力 AIM 模型,以预测学科未来知识生长与创新趋势;第四,跨学科引用与跨学科知识输入有效地促进了知识生长与学科发展,因此识别跨学科相关知识是促进跨学科合作与科学发展的关键,本书将跨学科引文关键词在目标学科文献中的被引用强度表示二者的相关性程度,结合跨学科引文关键词在目标学科中的知识输入新颖性,构建学科相关新颖性指数 IDN,识别较大合作潜力的跨学科相关知识。

(4)跨学科潜在知识生长点识别。针对"哪些跨学科知识可以与哪些学科关键知识节点进行合作研究实现跨学科知识融合创新?"的研究问题,识别跨学科潜在知识生长点,即跨学科相关知识组合,是推动知识创新与科学发展的关键。

首先,基于跨学科关键词共现网络,运用二阶距离的闭合式非相关文献知识发现方法,构建跨学科合作潜力指数模型,运用开放式非相关文献知识发现方法,构建二维向量空间模型,通过单条最佳路径识别跨学科潜在知识生长点,两种方法的识别结果有相同也有相异,互相印证与补充;其次,目标学科文献引用跨学科参考文献,形成了跨学科知识交流,在目标学科文献关键词与跨学科参考文献关键词的"引用—交叉—共现"关系网络中,从有效路径强度、路径连通性、路径平衡性等多方面构建模型,并识别跨学科潜在知识组合,即跨学科潜在知识生长点;第三,在目标学科参考文献关键词—目标学科文献关键词—目标学科引证文献关键词的"引用—交叉—共现"关系网络中,从学科关键知识节点影响力趋势、媒介知识跨学科能力、跨学科知识相关性三方面构建模型,识别跨学科相关知识组合潜在合作指数高的跨学科潜在生长点;第四,通过分析社交媒体科学网平台的跨学科好友链接网络,建立学科关键知识节点及能与其产生潜在合作可能性的跨学科相关知识网络,利用熵权法,综合社交媒体平台学科关键知识节点影响力、跨学科知识影响力、两者弱关系连接强度三项指标,构建引力模型,对跨学科潜在知识生长点的未来合作关系进行研究与预测。

(5)识别结果的知识创新趋势预测。分析已经产生的跨学科知识生长点的生命周期特征,并探索其产生的宏观、微观影响因素。在此基础上,构建创新趋势测度模型,对前文识别结果进行综合分析,对高效的跨学科潜在知识生长点进行趋势预测。

首先,通过构建综合知识影响力与合作强度的跨学科知识生长点识别模型,计算年度测度值,依据测度值的时间序列趋势变化,区分为合作离散的形成期、合作快速增长的成长期、合作稳定的成熟期跨学科知识生长点,并分析不同阶段的生长规律与特征;其次,基于 SWOT 分析方法,从内外部环境分析跨学科知识生长点产生的宏观影响因素。国家政策出台与调整、技术发展是跨学科知识生长点产生的外部土壤,学科知识节点的关键地位与发展瓶颈是其产生的内部需求,跨学科知识的成熟性、独特性、广泛应用性是跨学科知识生长点产生的外部刺激;第三,通过访谈法、问卷调查法对跨学科知识生长点产生的微观因素进行探索性与验证性分析,发现跨学科知识合作研究创新的优势、学科知识节点与跨学科知识的匹配度、研究人员的学科背景数量等,对研究者参与态度、跨学科知识生长点的产生有显著正向影响,因此识别具有高合作潜力与创新趋势的跨学科潜在知识生长点,是跨学科知识生长点产生的前提;第四,对识别的学科关键知识节点、跨学科相关知识、二者组合配对的跨学科潜在知识生长点,依据属性特征与跨学科知识生长点产生的影响因素,基于引用—共现—交叉关系构建模型,识别高潜力的跨学科潜在知识生长点,并预测其未来创新趋势。

本书在定义"跨学科潜在知识生长点"等概念的基础上,构建模型,从科学文献、网络媒体数据识别学科关键知识节点、跨学科相关知识、跨学科潜在知识生长点,其研究意义表现在:

(1)有利于把握学科研究前沿及热点趋势,发现本学科研究的突破点及创新点,为研究人员确定研究方向提供参考。本书分别从科学文献的共词网络、引文网络与社交媒体 Altmetrics 数据两个视角,识别代表学科方向的研究热点、众多学者高度关注的前沿领域、新兴主题、学科交叉点等"学科关键知识节点",对学科未来的研究趋势作出有效预判,为科研人员提供参考。

(2)有利于探测复杂学术问题的解决思路与方法。跨学科相关知识的发现为某学科关键知识节点相关复杂学术问题的解决提供了跨学科的概念、理论、方法,是促成跨学科合作的基础,因而可以将两个或以上领域的研究主题联系起来,充分利用每一个知识的价值,吸收不同专业的研究方法,综合跨学科知识研究,实现多方面因素的互补,解决另一个领域的未解难题。

(3)有利于发现跨学科潜在合作研究主题,促进新知识的产生。跨学科知识生长点的产生,往往是处于学科知识网络关键位置的关键知识节点与密切跨学科相关知识合作研究的必然结果。因此,基于引文关联、关键词关联等知识关联分析方法,应用社会网络分析法、科学计量法以及计算机技术,识别密切合作的跨学科相关知识。从而挖掘学科融合的知识链接路径确定跨学科合作双方的研究领域或研究主题,以促进知识创新与科学发展。

本书的创新点在于:(1)提出知识生长点、跨学科知识生长点的概念;(2)提升到整个科学层面,基于国内外科学文献、网络媒体数据,识别跨学科潜在知识生长点,并预测其知识创新趋势。与以往从两学科的角度研究跨学科合作创新不同,不局限于两学科、社会科学或自然科学,而是提升到整个科学层面,多数据源多角度识别跨学科潜在知识生长点,并预测未来趋势。这不仅拓展了跨学科合作研究的视角与思路、提高了研究高度与深度,还会使识别结果更全面、客观;(3)构建模型识别科学结果。本书研究过程中,一方面在集合各种分析工具优点的基础上,自编程序实现数据搜集、处理与可视化的特殊需求;另一方面建立相关模型,识别学科关键知识点、跨学科相关知识、跨学科潜在知识生长点等,使分析结果更真实、直观。

本书是国家社科基金重点项目"跨学科潜在知识生长点识别与创新趋势预测研究"(项目编号:19ATQ006)的同名研究成果。成果内容由李长玲、高峰教授负责研究设计、统筹研究进展、把关研究质量,由项目成员分工合作完成研究与撰写工作。各章的研究与写作分工如下:第一二章,由李长玲、高峰撰写;第三章,由李长玲、荣国阳、牌艳欣、徐璐撰写;第四章,由刘运梅、李长玲、牌艳欣撰写;第五章,由李长玲、荣国阳、范晴晴、徐璐、杜德慧撰写;第六章,由李长玲、牌艳欣、荣国阳、刘小慧、栾锟、申力旭、王欣欣撰写;第七章,由李长玲、高峰、范晴晴、荣国阳、王浩、徐卫杰撰写;第八章,由高峰、李长玲撰写。感谢所有作者的辛勤努力和付出!

　　学科交叉融合时代,跨学科知识流动越来越频繁,怎样使弱联系的潜在跨学科知识组合碰撞合作、生成知识生长点、产生知识创新,成为促进学科、科学融合发展的关键。鉴于跨学科知识交流系统复杂、作者知识面有限等多方面的原因,成果存在诸多局限与不足,恳请专家学者和读者朋友批评指正!

李长玲

2023 年 11 月

第一章　绪　论

第一节　研究背景与意义

一、研究背景

随着科学问题和社会问题的复杂化和多样化,仅靠单一学科已经无法满足人们解决问题的需求,因此学科间知识合作的程度逐渐加深、进程不断加快。近年来,许多科学研究和技术的突破往往是打破不同学科间壁垒,实现多种学科知识融合的结果。与此同时,国内外各个跨学科研究中心的纷纷建立也标志着跨学科研究在科学探索中扮演的角色愈来愈重要。

1926 年,社会科学研究理事会(SSRC)召开学会,美国哥伦比亚大学的 Frank R.教授[①]在会上首次提出"跨学科(Interdisciplinary)"的概念。来自美国韦恩州立大学的跨学科学教授 Klein J T.[②]对跨学科有关的研究方法进行了阐述,他指出跨学科研究是在使用单一方法解决问题不能达到需求时的重要手段,并肯定了跨学科研究在科学和社会发展中的重要学术地位。此外,我国

[①] Frank R., Bailis S., Klein J. T., et al., "'Interdisciplinarity': The First Half-Century", *Issues in interdisciplinary Studies*, 1988: 91-101.

[②] Klein J T., "Interdisciplinary Needs: The Current Context", *Library Trends*, 1996, 45(2): 134-154.

图书情报学界的学者也对跨学科研究的意义与价值进行了肯定。刘仲林教授①首次在国内公开发表的文章中引入并解释关于跨学科学的基本问题和涵义。王知津等②认为在情报学的理论与实践研究中跨学科思维具有重要意义,并指出跨学科是情报学发展的必然趋势。

　　跨学科研究是新世纪科学技术发展的产物,是推动学科知识创新性发展的不竭动力。伴随着信息社会和大科学时代的到来,科研主体通常基于科学分化打破不同学科间的界限、超越不同的研究领域,通过不同学科间的相互渗透来促进学科知识的创新③。也有学者以诺贝尔生理学和医学奖获奖者群体为例,指出跨学科研究模式推动了生物医学领域的创新性发展④。除此之外,跨学科研究的应用与发展在图书情报学领域也愈加受到重视。Cronin B.等⑤对信息科学的期刊引文数据进行分析,发现计算机科学、管理学和工程学等学科对信息科学的引用逐年增加。国内学者陈向东⑥认为如何将正式交流与非正式交流方式有效结合,进而促进跨学科知识的共享,是未来图书情报学界研究的方向。邱均平等⑦利用文献计量学方法,从跨学科发文的视角探究图书情报学领域的跨学科研究态势,并指出学者跨学科研究的主题和重点有助于图书情报学科的发展与外延。因此,跨学科研究可以打破学科间的界限和鸿沟,拓展知识的创新发展,从而推动整个学科领域的进步。

　　任何一门学科都有其独特的概念和理论体系。同时,学科的专业知识得

---

① 刘仲林:《跨学科学》,《未来与发展》1985年第1期。

② 王知津等:《论情报学研究中的跨学科思维》,《情报科学》2010年第5期。

③ 刘仲林:《现代交叉科学》,浙江教育出版社1998年版,第68页。

④ 杨秀兰、赵晓春、陈发俊:《医学创新的跨学科特征分析》,《医学与哲学(人文社会医学版)》2007年第4期。

⑤ Cronin B., Meho L I., "The Shifting Balance of Intellectual Trade in Information Studies", *Journal of the American Society for Information Science and Technology*, 2008, 59(4):551-564.

⑥ 陈向东:《网络环境下的跨学科知识共享工具比较——信息行为的视角》,《图书情报工作》2007年第2期。

⑦ 邱均平、余厚强:《跨学科发文视角下我国图书情报学跨学科研究态势分析》,《情报理论与实践》2013年第5期。

以积累,为其他学科所共享。随着学科交叉和综合化进程的加快,课题研究、项目研究等科研活动需要多学科知识融合,实现科研创新,但研究者往往苦于不清楚本学科某知识点可以与哪些学科的哪些知识进行合作研究。因此,寻找跨学科相关知识,识别跨学科潜在知识生长点,成为促进跨学科合作研究的关键。

识别潜在的跨学科合作研究主题,即跨学科潜在知识生长点,有助于攻克学术难题,并为本学科知识的再创造提供条件。来自德国的科学家贡泽尔①曾指出,随着各门学科的迅速发展和研究工具的日益精巧,科学工作者或者使用一种方法将本学科知识应用于不同的科学领域,或者将各种方法应用于某个固定的学科领域。跨学科研究对科学研究越来越重要,高被引论文的学科丰富性等跨学科特征正变得愈加显著②。因此,面对学科间知识融合的深化、学科边界的日渐模糊,如何从数量庞大的科技文献中挖掘跨学科潜在合作研究主题,即跨学科潜在知识生长点,已成为科技工作者面临的问题之一③。

一方面,跨学科知识合作成为现代科学创新研究的重要范式和必然趋势。近现代科学发展的历史表明,科学上的重大突破、新的学科生长点、新兴学科的出现,常常在不同的学科彼此交叉和相互渗透的过程中形成④。布拉德福指出,科学技术中每一个学科或多或少、或近或远地与其他任何一个学科相关联,学科之间知识流动频繁。因此,在当今"大科学时代"背景下,不同学科之间知识的流动与交换越来越频繁,边界划分也越来越模糊,知识跨越不同学科进行扩散与吸收,极大地促进跨学科知识的协同、交叉、融合、发展与创新。为

① [联邦德国]贡泽尔:《穆斯堡尔谱学》,徐英庭等译,科学出版社 1979 年版,第 135 页。
② 陈仕吉、康温和、江文森:《跨学科研究在科学研究中越来越重要?》,《科学学研究》2018 年第 7 期。
③ 王平:《基于层次概率主题模型的科技文献主题发现及演化》,《图书情报工作》2014 年第 22 期。
④ 程仕平、徐慧、李丽琴:《交叉学科:培养研究生创新性的摇篮》,《中国高等教育》2005 年第 Z3 期。

提高科学研究生产力,需要开展有效的跨学科知识合作,跨学科合作研究成为现代科学创新研究的重要范式和必然趋势。跨学科研究在各个领域中发挥越来越大的作用,各学科研究人员需要不断动态获取并引入其他学科的相关概念、理论、方法和技术等,得到跨学科相关知识组合,进行跨学科合作创新研究,以顺应跨学科研究发展的趋势。

另一方面,社交媒体成为除科学文献之外学者学术交流的另一大新天地。一直以来,以科学文献为主的传统科学计量评价指标、评价方法、评价模型,在图书情报研究领域中占有举足轻重的地位,其发展已相对比较成熟,具有极其重要且深远的影响。然而,随着 Web2.0 技术的发展,网络社交媒体平台逐渐成为学者们学术交流的一大新天地,互联网与各种社交媒体对学术交流的影响越来越明显,仅反映正式的、以文献形式记录知识的科学文献数据已不能有效衡量科研成果的影响力。依托于网络环境下的(包括社交网站、新闻网站、百科网站、科学博客等)补充计量学应运而生,2010 年,Priem J.等①提出 Altmetrics 一词(即补充计量学),用于单篇论文层面的评价,认为学术成果在社交媒体中的引用、分享、收藏、下载、评论等也可作为学术评价的指标。因此,网络环境下的 Altmetrics 社交媒体数据是 Web2.0 网络环境下学术评价的新思维、新方法和新工具。

因此,科学文献是科学研究的主要成果形式,也是科学研究参考、借鉴的主要数据;网络社交媒体往往是非正式交流原创性成果的发源地。本书选择国内外主要科学文献数据(CNKI、PLOS 等)、网络社交媒体数据(科学网、Altmetrics.com 平台等),综合全面识别学科关键知识节点、跨学科相关知识以及二者配对的跨学科潜在知识生长点,并对识别结果进行知识创新趋势预测,为跨学科科研创新提供参考,推动新知识的产生、社会的进步与发展。

---

① Priem J., Taraborelli D., Groth P., et al., "Altmetrics: A Manidesto", 2011 - 09 - 28, http://altmetrics.org/manifeesto.

二、研究意义

本书通过学科关键知识节点识别→跨学科相关知识识别→跨学科潜在知识生长点识别的研究路径,一方面把握学科的研究重点,包括研究热点、研究前沿、学科交叉点;另一方面掌握哪些跨学科知识对目标学科的科学研究起积极的推动作用;第三将学科关键知识节点与跨学科相关知识进行配对,找出最有可能进行跨学科合作研究的跨学科潜在知识生长点。因此,本书的研究意义表现在:

(1)把握学科研究前沿及热点趋势,发现目标学科研究的突破点及创新点,为研究人员确定研究方向提供参考。分别从科学文献的共词网络、引文网络与社交媒体 Altmetrics 数据两个视角,识别代表学科方向的研究热点、众多学者高度关注的前沿领域、新兴主题、学科交叉点等"学科关键知识节点",对学科未来的研究趋势做出有效预判,为科研人员提供参考。

(2)有利于探测复杂学术问题的解决思路与方法。跨学科相关知识的发现为某学科关键知识节点相关复杂学术问题的解决提供了跨学科的概念、理论、方法等知识,是促成跨学科合作的基础,因而可以将两个或以上领域的研究主题联系起来,充分利用每一个知识的价值,吸收不同专业的研究方法,综合跨学科知识研究,实现多方面因素的互补,解决另一个领域的未解难题。

(3)有助于发现跨学科潜在知识生长点,即跨学科潜在合作研究主题,促进新知识的产生。跨学科知识生长点的产生,往往是处于学科知识网络关键位置的关键知识节点与密切跨学科相关知识合作研究的必然结果。因此,基于引文关联、关键词关联等知识关联分析方法,应用社会网络分析法、科学计量法以及计算机技术,识别密切合作的跨学科相关知识。从而挖掘得到学科融合的知识链接路径,以确定跨学科合作双方的研究领域或研究主题;以及在开展跨学科合作研究的同时,深度剖析及动态追踪知识结构融合的过程,分析产生跨学科知识生长点的潜在可能性,有利于促进知识创新,促进科学进步与发展。

第二节　国内外研究现状

目前,本书首次提出"跨学科知识生长点""跨学科潜在知识生长点"等相关概念,因此密切研究文献较少,相关研究主要体现在以下几个方面:

一、科学生长点与学科生长点的概念与特征描述

科学生长点与学科生长点的相关研究集中在概念与特征描述。张道民[1][2]对科学生长点的特点、产生与发展进行描述,认为科学理论和科研方法在各个学科之间的移植,都有可能形成新的知识和新的学科;赵红州、蒋国华[3]认为社会需要和科学逻辑的交叉点是当采学科产生的条件;宋觉、李睿[4]将新学科的生长点分为三类:母子生长点、边缘生长点、前沿生长点。王家忠[5]认为学科之间的交叉、渗透与融合,促进边缘科学、交叉科学与综合科学的产生与发展。

二、学科热点与前沿知识识别

学科热点,是科研共同体高度关注并积极开展研究的领域,代表了学科的研究重点和未来发展方向。研究前沿,是科学研究中最新、最先进和最具备发展潜力的研究主题,利用科学方法有效识别学科或领域的研究热点与前沿,是科研活动中探明知识基础、发掘前沿趋势的重要依据,也是科学研究的重点内容。国内外文献主要基于科学文献数据和网络媒体数据两方面识别学科热点

---

① 张道民:《试论科学生长点》,《科学、技术与辩证法》1986 年第 1 期。
② 张道民:《关于从事科学前沿研究的基本方法和环境》,《东方论坛》2013 年第 3 期。
③ 赵红州、蒋国华:《再论科学发现的采掘模型》,《科学学研究》1985 年第 1 期。
④ 宋觉、李睿:《简论学科生长点——从恩格斯的学科"接触点"谈起》,《运城师专学报》1987 年第 4 期。
⑤ 王家忠:《中介、中介思维与中介科学》,《东岳论丛》2001 年第 3 期。

与前沿关键知识节点：

（1）基于科学文献数据的学科热点与前沿识别。

科学文献作为科学研究成果的主要载体，是科学研究参考、借鉴的主要依据。因此，国内外许多学者以科学文献为数据来源，采用文献计量分析方法识别学科研究主题。Glänzel W 等①采用文献耦合分析、文本挖掘、主题聚类等方法识别新兴领域的热点研究主题；Tu Y N.等②提出新颖度指数，基于文献计量与文本内容分析相结合的方法识别新兴主题；国内学者黄鲁成等③④通过提取科学文献摘要关键词，构建多属性测度模型识别新兴主题；次年通过引文分析，利用 SAO 结构算法、语义相似度算法、多维尺度分析法等识别新兴主题；周鑫等⑤、刘小慧等⑥通过关键词词频、全文分词的有效语词词频分析，识别美国情报学与我国情报学的学科研究热点。

近年来，针对如何利用学术论文的高被引指标识别学科研究热点，学者们开展了一系列研究。Vlachý J.⑦、Small H.等⑧最初利用关键词被引频次，并结合近期文献数量、平均出版年等指标，基于引文、共引、耦合分析等方法遴选学

①　Glänzel W., Thijs B., "Using ' Core Documents ' for Detecting and Labelling New Emerging Topics", *Scientometrics*, 2012, 91(2):399-416.

②　Tu Y N., Seng J L., "Indices of Novelty for Emerging Topic Detection", *Information Processing & Management*, 2012, 48(2):303-325.

③　黄鲁成、唐月强、吴菲菲等：《基于文献多属性测度的新兴主题识别方法研究》，《科学学与科学技术管理》2015 年第 2 期。

④　黄鲁成、张璐、吴菲菲等：《基于突现文献和 SAO 相似度的新兴主题识别研究》，《科学学研究》2016 年第 6 期。

⑤　周鑫、蒋勋、陈媛媛：《词频变化率模型视域下美国情报学研究发展动向分析》，《情报科学》2017 年第 4 期。

⑥　刘小慧、李长玲、刘运梅等：《基于作者—核心关键词 2-模网络的潜在跨学科合作组合识别——以图书情报学与计算机科学为例》，《情报理论与实践》2018 年第 2 期。

⑦　Vlachý J., "Priority Choice and Research Front Specialties in Physics", *Czechoslovak Journal of Physics B*, 1984, 34(1):95-98.

⑧　Small H., Sweeney E., "Clustering the Science Citation Index Using Co-Citations", *Scientometrics*, 1985, 7(6):391-409.

科研究热点;Chen C① 以科技论文的被引频次为基础,基于引文分析理论,设计了 CiteSpace 工具探测领域研究热点,后续研究② 利用该工具识别学科研究热点;2005 年,Hirsch J E③ 在被引频次的基础上,提出融合发文数量的改进评价指标 h 指数;次年学者 Banks M G④ 利用 h 指数方法,识别得到物理学领域的热门研究主题;我国学者肖可⑤ 分析了 h 指数在图书情报学科研究热点识别中的适用性。莫富传等⑥ 从理论和方法两个层面,论证了高被引论文用于识别学科研究热点的可行性、有效性和实用性;Upham S.等⑦ 以 ISI 收录的高被引论文为例,通过分析其研究主题的被引频次和分布数量增长速度指标,识别得到"吸收型"和"增长型"两种不同类型的研究热点;叶协杰⑧、祝清松等⑨学者通过高被引论文,识别情报学学科研究热点及发展趋势。

(2)基于社交媒体数据识别学科热点与前沿的研究。

在科学研究开放化、交互化的大环境下,越来越多的研究人员在科学研究和学术交流过程中应用社会网络工具,如维基百科、博客、社会化标签、微博

① Chen C., "CiteSpace II: Detecting and Visualizing Emerging Trends and Transient Patterns in Scientific Literature", *Journal of the American Society for Information Science and Technology*, 2006, 57 (3): 359-377.

② 陈超美、陈悦、侯剑华等:《CiteSpace II:科学文献中新趋势与新动态的识别与可视化》,《情报学报》2009 年第 3 期。

③ Hirsch J E., "An Index to Quantify an Individual's Scientific Research Output", *Proceedings of the National Academy of Sciences*, 2005, 102(46): 16569-16572.

④ Banks M G., "An Extension of the Hirsch Index: Indexing Scientific Topics and Compounds", *Scientometrics*, 2006, 69(1): 161-168.

⑤ 肖可:《h 指数在学科研究热点分析中的应用——以图情学为例》,《情报杂志》2011 年第 3 期。

⑥ 莫富传、娄策群:《高被引论文应用于研究热点识别的理论依据与路径探索》,《情报理论与实践》2019 年第 4 期。

⑦ Upham S P., Small H., "Emerging Research Fronts in Science and Technology: Patterns of New Knowledge Development", *Scientometrics*, 2010, 83(1): 15-38.

⑧ 叶协杰:《我国图书情报学高被引论文热点分析》,《图书情报工作》2007 年第 12 期。

⑨ 祝清松、冷伏海:《基于引文内容分析的高被引论文主题识别研究》,《中国图书馆学报》2014 年第 1 期。

等,这些社会网络行为产生了丰富的在线活动"印迹",为计量学研究发展提供了新兴的多元化指标——Altmetrics。Altmetrics 首次由教授 Priem J.[①]提出,即利用学术社交平台上的网络数据来弥补传统计量学中基于引用的评价指标的不足。近年来,伴随在线学术资源平台、网络社交媒体的成熟发展,信息存储、阅读、传播方式更便捷,越来越多的用户将网络媒体作为学术交流的另一主要阵地。由此,网络媒体数据呈指数型增长[②],国内外学者积极采用 Altmetrics 方法识别学科热点主题。Takahashi T.等[③]以作者博客中的关键词为研究对象,筛选突现词汇,确定当前的热点主题;盛宇等[④]研究新浪微博的文本数据,提出一种学科热点发现、跟踪和分析机制,挖掘热点主题;赖纪瑶等[⑤]选择知乎网站"情报学"话题"精华页面"的回答文贴,挖掘用户群高关注的学科焦点主题;王贤文等[⑥]基于科学文献被下载的即时信息,实时追踪某一领域的研究趋势、挖掘研究热点、探测研究前沿;赵雅馨等[⑦]利用 Altmetrics 方法中 7 项指标测度科学文献的综合关注度,建立数据筛选与过滤机制,挖掘领域的研究热点及前沿主题;段庆锋等[⑧]利用社交媒体数据,构建主题关注热度与强度监测指标,识别高关注度且具有增长潜力的学科新兴主题。

---

① Priem J., Taraborelli D., Groth P., et al., "Altmetrics: A Manidesto", 2011 – 09 – 28, http://altmetrics.org/manifeesto.

② 李宏、王海南、由庆斌:《补充计量学的实证研究现状及面临挑战》,《情报理论与实践》2018 年第 12 期。

③ Takahashi T., Tomioka R., Yamanishi K., "Discovering Emerging Topics in Social Streams via Link Anomaly Detection", *IEEE Transactions on Knowledge & Data Engineering*, 2013, 26(1):120 – 130.

④ 盛宇:《基于微博的学科热点发现、追踪与分析——以数据挖掘领域为例》,《图书情报工作》2012 年第 8 期。

⑤ 赖纪瑶、魏思仪、秦玥:《基于"知乎"关注热点的学科认知特点挖掘——以情报学为例》,《图书情报工作》2017 年第 24 期。

⑥ 王贤文、毛文莉、王治:《基于论文下载数据的科研新趋势实时探测与追踪》,《科学学与科学技术管理》2014 年第 4 期。

⑦ 赵雅馨、杨志萍:《研究热点探测的替代计量学方法和应用——以信息与计算科学为例》,《情报杂志》2016 年第 11 期。

⑧ 段庆锋、潘小换:《利用社交媒体识别学科新兴主题研究》,《情报学报》2017 年第 12 期。

三、跨学科交叉知识识别

运用文本聚类、引文网络、主题相关、重叠社区等方法,识别跨学科交叉研究主题。Rafols I.①用学科互引矩阵,测度生物科学的多学科交叉关系及演化规律;李长玲等②检索科学交流期刊中有关情报学与计算机学的交叉文献,分析其关键词共词矩阵的核心—边缘模型,从而识别两学科的交叉研究主题;岳增慧等③从学科交叉领域基础以及学科交叉关联基础两个方面对情报学和计算机间的跨学科应用进行对比分析,识别两学科的交叉研究主题,进而探究跨学科的模式与机制;吴蕾等④使用改进的主题相关分析法,提取农学生殖生物学和兽医学两个学科的共同主题和各自的独立主题,并结合相关性测度方法量化学科独立主题之间的关联性;Nurmammadov E.等⑤利用 LDA 主题模型识别转型经济和新兴市场的交叉研究主题;商宪丽⑥构建多模主题网络,识别数字图书馆与相关学科的交叉研究主题。

四、跨学科相关知识发现与流动

科学系统的逐渐复杂化致使诸多社会问题和科学研究都无法依靠单一学科知识解决,打破学科界限的科学知识交流与合作日益频繁,跨学科研究不可

---

① Rafols I., Meyer M., "Diversity and Network Coherence as Indicators of Interdisciplinarity: Case Studies inBionanoscience", *Scientometrics*, 2009, 82(2):263-287.

② 李长玲、刘菲凡、郭凤娇:《运用重叠社群可视化软件 CFinder 分析学科交叉研究主题——以情报学和计算机科学为例》,《图书情报工作》2013 年第 7 期。

③ 岳增慧、许海云、郭婷等:《"情报学"与"计算机跨学科应用"的学科交叉对比研究》,《情报资料工作》2016 年第 2 期。

④ 吴蕾、田儒雅、张学福:《基于主题相关分析的跨学科主题发现方法及实证研究——以动物资源与育种领域为例》,《图书情报工作》2017 年第 1 期。

⑤ Nurmammadov E., Piepenbrink A., "Topics in the Literature of Transition Economies and Emerging Markets", *Scientometrics*, 2015, 102(3):2107-2130.

⑥ 商宪丽:《基于多模主题网络的交叉学科知识组合模式研究——以数字图书馆为例》,《情报科学》2018 年第 3 期。

或缺模式的大背景下①,为解决本学科研究难题、突破科研瓶颈或实现科研创新,需要不断获取并动态引入其他学科的相关概念、理论、方法和技术等,进行跨学科合作研究。跨学科合作研究的前提是跨学科相关知识发现,目前关于跨学科相关知识发现的相关研究主要集中在共词网络方法识别研究。

国外学者主要针对学科或研究领域的跨学科性及学科间的知识交流情况进行分析,少有对跨学科知识发现方面的探究。Nichols L G.②运用主题模型识别方法挖掘美国自然科学基金申请书的主题并计算各自所占权重,通过确定主题与学科间的关系识别申请书的所属学科,并以此扩展跨学科多样性的评价指标,量化申请书的跨学科性;Wang J.等③使用因子分析法揭示跨学科研究的特性,提出衡量跨学科的多样性、均衡性和差异性三个特征维度;Eto H.④从跨学科角度评价纳米技术项目的成果产出行为,分析跨学科信息如何作为输入方和输出方在该项目中发挥作用;Xu J.等⑤通过分析关键词的演化过程发现跨学科研究通常经历潜伏期、胚胎期和成熟期三个阶段,并指出各研究领域在不同时期扮演知识来源者、知识接收者、知识响应者和跨学科参与者中的不同角色。

引文是学术成果间知识流动的载体,基于引用关系的知识发现方法能产生更多类型的关联实体,并能保持局部一致性。学科之间通过引证关联实现知识扩散,能极大促进不同学科间知识的协同、交叉、融合、发展与创新。因

① Gates A J., Ke Q., Varol O., et al., "Nature's Reach: Narrow Work Has Broad Impact", *Nature*, 2019, 575(7781): 32-34.

② Nichols L G., "A Topic Model Approach to Measuring Interdisciplinarity at the National Science Foundation", *Scientometrics*, 2014, 100(3): 741-754.

③ Wang J., Thijs B., Glnzel W., "Interdisciplinarity and Impact: Distinct Effects of Variety, Balance and Disparity", *Faculty of Economics and Business*, 2014, 2(22): 1-21.

④ Eto H., "Interdisciplinary Information Input and Output of a Nano-Technology Project", *Scientometrics*, 2003, 58: 5-33.

⑤ Xu J., Bu Y., Ding Y., et al., "Understanding the Formation of Interdisciplinary Research from the Perspective of Keyword Evolution: A Case Study on Joint Attention", *Scientometrics*, 2018, 117(2): 973-995.

此,通过引文分析探索跨学科知识的流动情况,并获取跨学科相关知识单元具有一定的合理性。当前已有学者利用引用关系探究跨学科间知识的转移及其特点,进而探索跨学科研究的规律和特征。Chakraborty T.[1]运用施引文献中其他学科文献所占的比重提出施引文献多样性指数,并整合参考文献多样性指标归纳出跨学科领域知识"吸收-内化-输出"的发展模式;刘俊婉等[2]采用LDA 主题模型与链路预测相结合的方法,探索领域关联知识网络中跨学科主题关联机会,并验证方法有效性;柯青等[3]针对图书情报学科的跨学科引用现象,分析跨学科期刊引用总体情况和时间演变态势,揭示各社会学科对图书情报学的知识贡献推进效应;Karunan K.等[4]在引文网络视角下,构建定量方法模型评估学科间知识相互作用的强度、相互作用的主导模式和相互贡献率等,并结合定性决策规则构造跨学科评估框架;冯志刚等[5]从文献的引用和被引用角度分析图书情报学的跨学科性,结果发现该学科的学科广度大、跨学科强度高、主要交流学科相对集中等特点。此外,也有学者利用引文分析法探究跨学科合作者的类型,并识别潜在跨学科合作者。李长玲等[6]通过分析五种跨学科引文关系,构建作者潜在跨学科合作强度模型,将识别出的潜在跨学科合作者归纳为知识互惠型、知识吸收型和知识辐射型三种类型。

---

① Chakraborty T., "Role of Interdisciplinarity in Computer Sciences: Quantification, Impact and Life Trajectory", *Scientometrics*, 2018, 114(3): 1011-1029.

② 刘俊婉、龙志昕、王菲菲:《基于 LDA 主题模型与链路预测的新兴主题关联机会发现研究》,《数据分析与知识发现》2019 年第 1 期。

③ 柯青、朱婷婷:《图书情报学跨学科期刊引用及知识贡献推进效应——基于 JCR 社会科学版的分析》,《情报资料工作》2017 年第 2 期。

④ Karunan K., Lathabai H. H., Prabhakaran T., "Discovering Interdisciplinary Interactions between Two Research Fields Using Citation Networks", *Scientometrics*, 2017, 113: 335-367.

⑤ 冯志刚、李长玲、刘小慧等:《基于引用与被引用文献信息的图书情报学跨学科性分析》,《情报科学》2018 年第 3 期。

⑥ 李长玲、冯志刚、刘运梅等:《基于引文网络的潜在跨学科合作者识别——以图书情报学为例》,《情报资料工作》2018 年第 3 期。

五、跨学科潜在合作研究现状

潜在合作研究主要集中在学科内部,跨学科潜在合作研究较少,且以潜在合作者识别为主,潜在合作研究主题的识别文献较少。

"弱关系"(Strength of Weak Ties)起源于社会学研究领域,释义为两个行动者之间短暂社会接触①。其提出者 ranovetter M S.教授指出强关系使组织内部联系密切且稳定,而弱关系则为不同群体、组织之间的信息交流提供了重要途径,使相互孤立的各子群之间开始建立联系,并伴随这种弱联系的不断加强,使不同信息交流的范围进一步扩大,加速了信息的传播、融合、发展及创新。随后学者 Onnela J P.等②、Bakshy E.等③、Zhao J.等④、Aalabaf-Sabaghi M.⑤同样在研究中论述了这一观点。Genius S K.⑥研究结果表明:与强连接关系相比,弱关系能传递更多潜在的、多样化的、非冗余的知识资源;Abbasi A.等⑦、Bettoni M.⑧、Yang L.等⑨发现弱连接关系更易将个体与知识网络中其他

---

① Granovetter M S., "The Strength of Weak Ties", *American Journal of Sociology*, 1973, 78(6): 1360—1380.

② Onnela J P., Saramäki J., Hyvönen J., et al., "Structure and Tie Strengths in Mobile Communication Networks", *Proceedings of the National Academy of Sciences*, 2007, 104(18): 7332—7336.

③ Bakshy E., Rosenn I., Marlow C., et al., "The Role of Social Networks in Information Diffusion", *Proceedings of the 21st International Conference on World Wide Web*, 2012: 519—528.

④ Zhao J., Wu J., Xu K., "Weak Ties: Subtle Role of Information Diffusion in Online Social Networks", *Physical Review E*, 2010, 82(1): 1—10.

⑤ Aalabaf-Sabaghi M., "Networks, Crowds and Markets: Reasoning about a Highly Connected World", *Journal of the Royal Statistical Society Series A*, 2012, 175(4): 1073—1073.

⑥ Genuis S K., "Published Literature and Diffusion of Medical Innovation: Exploring Innovation Generation", *The Canadian Journal of Information and Library Science*, 2005, 29(1): 27—54.

⑦ Abbasi A., Altmann J., Hossain L., "Identifying the Effects of Co-Authorship Networks on the Performance of Scholars: A Correlation and Regression Analysis of Performance Measures and Social Network Analysis Measures", *Journal of Informetrics*, 2011, 5(4): 594—607.

⑧ Bettoni M., "Weak Ties Cooperation in the Core Knowledge Network", 2022-07-17, https://www.researchgate.net/publication/264840767.

⑨ Yang L., Morris S., Barden E., "Mapping Institutions and Their Weak Ties in a Specialty: A Case Study of Cystic Fibrosis Body Composition Research", *Scientometrics*, 2009, 79(2): 421—434.

子网中的个体建立更为广泛的关联关系,对促进科研合作具有积极作用。

因此,国内外学者从不同的弱关系视角识别学科或跨学科的合作者或合作研究主题。Inchae P.等[①]利用专利引文信息间的耦合关系,探寻专利研发潜在合作者;冯志刚等[②]分析五种作者跨学科引文关系,识别潜在跨学科合作者;Swanson D R.教授[③]首次提出非相关文献知识发现方法,以生物医学领域为例,构建知识共词弱关系网络,以症状为媒介进行药物—疾病的潜在相关知识发现。

基于社交媒体的非正式学术交流逐渐成为学者们成果交流的又一新天地。不同领域的学者、团队、机构等在学术社交媒体平台分享研究成果,实现同行交流,并促进知识在不同学科之间的共享与流动。Jiang J.等[④]基于Mendeley学术交流平台,构建不同学科成员的耦合网络,研究跨学科用户交流与知识传播特征;Wu X.等[⑤]利用科学网的学科分类体系和科研用户研究方向、好友关系等数据,借用生物学领域的亲缘物种均匀度指标,识别高影响力跨学科用户;吴小兰、章成志研究团队密切关注学术社交媒体在跨学科研究中的作用,利用科学网学术平台展开一系列研究:首先分析科学网用户的学科属性、构建跨学科专业度指标,建立模型,识别社交媒体跨学科高影响力用户[⑥];随

---

① Inchae P., Keeeun L., Byungun Y., "Exploring Promising Research Frontiers Based on Knowledge Maps in the Solar Cell Technology Field", *Sustainability*, 2015(7):13660-13689.

② 冯志刚、李长玲、刘小慧等:《基于引用与被引用文献信息的图书情报学跨学科性分析》,《情报科学》2018年第3期。

③ Swanson D R., "Fish Oil, Raynaud's Syndrome, and Undiscovered Public Knowledge", *Perspectives in Biology and Medicine*, 1986, 30(1):7-18.

④ Jiang J., Ni C., He D., et al., "Mendeley Group as a New Source of Interdisciplinarity Study: How Do Disciplines Interact on Mendeley?", *ACM/IEEE - CS Joint Conference on Digital Libraries*, 2013:135-138.

⑤ Wu X., Zhang C., "Finding High-Impact Interdisciplinary Users Based on Friend Discipline Distribution in Academic Social Networking Sites", *Journal of the China Society for Scientific and Technical Information*, 2017, 36(6):618-627.

⑥ 吴小兰、章成志:《基于社交媒体的高影响力跨学科用户发现研究》,《情报学报》2017年第6期。

后从科学网用户好友、评论及推荐三个关系角度构造学科亲缘树,用亲缘树的多样性指标分析图书情报学科的跨学科特性[①];2020年,该团队对科学网平台用户的研究内容与社交关系进行融合研究,构建用户向量空间模型,测度用户领域专业度与跨学科距离,实现"图书情报""计算机""新闻与媒体"等学科领域的跨学科用户推荐[②]。

综上所述,关于跨学科潜在知识生长点识别及创新趋势预测的相关研究,目前存在如下问题:(1)与本书相关性密切的跨学科潜在合作研究,大部分文献研究潜在合作者识别,少量文献基于非相关知识发现方法识别跨学科潜在合作研究主题。(2)相关的新兴主题、创新点识别研究,局限于学科内部,关于跨学科潜在知识生长点识别的研究文献较少。(3)未见有文献基于国内外科学文献与网络社交媒体数据,综合识别跨学科潜在知识生长点。(4)跨学科合作创新的相关研究,局限于知识流动过程中知识的创新性分析,未见跨学科潜在知识生长点创新趋势预测的研究文献。

因此,本书综合科学文献与网络媒体数据,识别跨学科潜在知识生长点,并预测其知识创新趋势,有较重要的理论和实践意义。

第三节　研究内容与思路

一、研究内容

本书在阐述研究背景与意义、综述国内外研究现状、研究方法的基础上,主要研究内容:

(1)学科关键知识节点识别。基于科学文献数据的学科关键词共现网

---

① 吴小兰、章成志:《社交媒体视角下图书情报领域的跨学科性研究》,《图书情报工作》2019年第13期。

② 吴小兰、章成志:《融合内容与关系的学术社交媒体上跨学科用户推荐模型研究》,《图书情报工作》2020年第9期。

络、学科交叉关键词网络、学科文献引用与被引用网络,基于社交媒体数据的学科高被引论文网络关注数据、高关注度的网络博文等,采用全文分词、加权聚类分析、z指数方法、时间序列、路径加权等方法,构建模型,识别学科前沿、学科交叉知识点、研究热点,探寻最有可能成为生长点的学科关键知识节点。

(2)跨学科相关知识发现。对科学文献数据的引用与被引用网络,在分析跨学科引用对知识生长刺激作用、对跨学科知识输出影响力的同时,分析跨学科输入知识对目标学科发展的推动作用,把握跨学科合作的重要性。对跨学科引用网络,采用路径分析、耦合分析、相关性分析等关联分析方法,构建模型,寻找合作潜力大的跨学科相关知识。

(3)跨学科潜在知识生长点识别。基于科学文献数据,对跨学科共词网络采用开放式与闭合式非相关知识发现方法,对引文网络采用多路径与路径强度分析、时间序列分析、同引与同被引弱关系分析等方法,对网络媒体数据的跨学科用户好友—博文关键词网络采用熵权法等方法,构建模型,识别有较大合作可能与创新潜力的跨学科潜在知识生长点。

(4)识别结果的知识创新趋势预测。分析已有跨学科知识生长点不同生命周期阶段特征、分析形成过程的宏观因素,进行专家访谈与问卷调查,分析其形成过程的微观因素;在此基础上,分析学科关键知识节点、跨学科相关知识以及跨学科潜在知识生长点的创新属性,对前文的各类识别结果进行总结整理,并预测其未来创新趋势。

(5)实证研究:以图书情报学为例。用图书情报学科的相关数据进行模型应用,识别图书情报学跨学科潜在知识生长点,并评估结果、预测知识创新趋势。

二、思路与方法

本书总体框架,如图1-1所示:

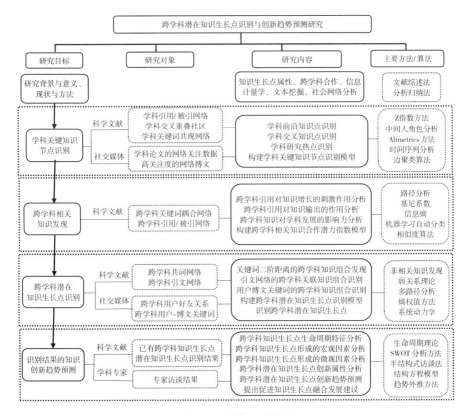

图 1-1 总体研究框架

Fig 1-1 **The overall framework of this subject**

（1）信息计量与文本挖掘方法。搜集国内外主要科学文献数据库的相关文献、网络社交平台的博文数据,采用信息计量、文本分词、主题识别、关联分析等方法,全面分析学科关键知识节点、跨学科相关知识以及二者之间的关联分布与强度。

（2）社会网络分析方法。采用社会网络分析方法,对科学文献、社交媒体、二者之间的关键词共现与距离矩阵、引用被引用、博文及其关注评论等网络关系进行分析,寻找与学科关键知识节点相关的跨学科知识,是识别跨学科潜在知识生长点的基础。

（3）数学模型和软件分析相结合。构建模型,识别学科关键知识节点、跨学科相关知识、跨学科潜在知识生长点;运用数学模型和算法分析数据网络关系;运用统计软件进行数据的相关性分析、对比分析、可信度分析;运用可视化软件对研究结果进行图形展示。

(4)专家访谈法。对跨学科潜在知识生长点的识别结果,除历时数据的知识创新趋势预测外,访谈学科专家,分析识别结果的可信度,获取识别流程与方法改进的建议。

第四节　重点难点与创新之处

一、重点难点

本书的研究重点:

(1)以科学文献、社交媒体数据为基础,利用全文分词、主题识别等方法,识别学科关键知识节点;

(2)以科学文献、社交媒体数据为基础,通过耦合分析、引文关键词关联矩阵等方法,识别学科关键知识节点的跨学科相关知识;

(3)以科学文献数据为基础,采用时间序列分析等方法,分析已有知识生长点不同演化阶段的特征,提取影响因素,构建模型,并识别跨学科潜在知识生长点;

(4)以科学文献数据为基础,用网络演化、趋势外推等方法,分析跨学科潜在知识生长点的演化轨迹及知识关联性,预测知识创新趋势。

本书数据多态、异构、繁杂,模型构建需要综合考虑多方面的复杂因素,数据处理困难。因此,研究难点在于:

学科关键知识节点识别模型构建,跨学科知识合作潜力指数模型构建,跨学科潜在知识生长点识别模型构建,以及数据收集所需技术方法、数据处理程序等。

二、创新之处

（1）学术观点方面,提出知识生长点、跨学科知识生长点的概念。本书定义:产生新知识的科学生长点为"知识生长点";引入跨学科相关概念、理论、技术与方法,与活跃的学科关键知识点融合研究,产生创新知识的生长点,称为"跨学科知识生长点"。

（2）学术思想方面,提升到整个科学层面,基于国内外科学文献、网络媒体数据,识别跨学科潜在知识生长点,并预测其知识创新趋势。与以往从两学科的角度研究跨学科合作创新不同,本书不局限于两学科、社会科学或自然科学,而是提升到整个科学层面,多数据源多角度识别跨学科潜在知识生长点,并预测未来趋势。这不仅拓展了跨学科合作研究的视角与思路、提高了研究高度与深度,还会使识别结果更全面、客观。

（3）研究方法方面,自编程序解决特殊需求、构建模型科学识别结果。本书研究过程中,一方面在集合各种分析工具优点的基础上,自编程序实现数据搜集、处理与可视化中的特殊需求;另一方面建立相关模型,识别学科关键知识点、跨学科相关知识、跨学科潜在知识生长点等,使分析结果更真实、直观。

第二章　基础理论与方法

第一节　概念界定

一、知识生长点概念与属性分析

生长点最早源于植物学领域,原指根和茎的顶端分生组织,此处细胞分裂活动旺盛[①]。自然科学将其引申为:与某一事物紧密联系,并由此事物生发出来的,有明显传承或创新关系的事物,并称其为"科学生长点"[②]。张道民[③]认为:科学生长点具有活跃的生长因素和产生新学科、新知识的条件。本研究团队认为并定义:产生新学科的科学生长点是"学科生长点";产生新知识的生长点是"知识生长点"。所以,知识生长点示意图,如图 2-1 所示:

知识生长点是产生新知识的科学生长点,所以知识生长点与科学生长点具有相同的基本属性:(1)先进性,处于学科前沿;(2)关键性,处于学科发展

---

① 中国大百科全书总编辑委员会:《中国大百科全书·生物学》,中国大百科全书出版社 1989 年版,第 150 页。
② 百度百科:《科学生长点》,2020 年 07 月 27 日,见 https://baike.baidu.com/item/科学生长点/4556600? fr= aladdin。
③ 张道民:《试论科学生长点》,《科学、技术与辩证法》1986 年第 1 期。

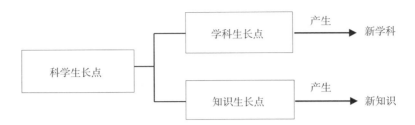

图 2-1　知识生长点产生示意图

Fig 2-1　Generation of knowledge growth points

的关键环节;(3)综合性,发生在学科交叉地带。知识生长点活跃的生长因素来源于其基本属性。因此,学科前沿、学科热点、学科交叉点等关键知识节点更容易成为知识生长点。

科学的发展是科学生长点连续性和非连续性(间断性)对立统一的表现。连续性是指一个新的科学生长点必然是在原有科学生长点发展的基础上产生出来的;非连续性是指各科学生长点都是相互独立的结构单元。分析知识生长点子属性及测评指标,如表 2-1 所示:

表 2-1　知识生长点属性与测评指标

Tab 2-1　Knowledge growth points attributes and evaluation indicators

属性	子属性	测评指标
学科先进性	学术影响力(科学文献及其被引数据)	词频、被引频次、词频与被引频次的突现性、h 指数系列指标、期刊影响因子等被引相关指标
	社会影响力(网络媒体的 Altmetrics 数据)	下载量/收藏量/讨论量等关注度指标、关注热度(高频)、关注强度(高篇均频次)、AAS 加权综合指标等
	新颖性(科学文献与网络媒体数据)	最早发表时间、平均发表时间、引用文献半衰期、首次他引速度、首月讨论量等
学科关键性	网络中心性(共词网络与引文网络)	点度中心性、接近中心性、中间中心性、特征向量中心性、权力指数中心性、共引聚类聚合度、共被引聚类聚合度等

续表

属性	子属性	测评指标
学科关键性	未来成长性(共词网络、合作网络与引文网络)	年度文献增长率、前景因子①(年均涌现共现关键词的数量)、成熟度②(关键词共现强度)、创新性③(与已有主题的相似度)、成长趋势④⑤(新进入学者的数量/速度)等
跨学科综合性	学科交叉性(跨学科共词网络)	跨学科度(知识点所属学科数目 n)、跨学科指数 $(n-1)/n$,主学科研究频次 m_1、主学科研究频次百分比 $m_1/\sum m_i$、主客学科交叉度 m_1/m_2、跨学科研究热度 m/n、学科平衡性(学科占比的均衡性)、学科差异性(学科占比的不均衡性)等
	交流多样性(跨学科引文网络)	布里渊指数、学科丰富度(引用/被引用文献的来源学科数目 n)、主学科引用/被引用文献百分比 $m_1/\sum m_i$、主客学科交流程度 m_2/m_1、多学科交流程度 m/n、信息熵 $-\sum\left(m_i/\sum m_i\right)\ln\left(m_i/\sum m_i\right)$ 等

其中:

(1)学科先进性。知识生长点往往处于学科前沿,代表该学科发展趋势、制约该学科当前发展的关键性科学问题、难题及相应的学说。因此,生长点一般是植根学科的研究热点与前沿,具有较好的学术影响力、社会影响力和新颖性。

学术影响力,主要表征科学研究成果及其研究主题在本领域科学共同体内部的科研价值和研究质量⑥。价值与质量主要通过科学文献被引数据相关

---

① Ohniwa L.,Hibino A.,Takeyasu K.,"Trends in Research Foci in Life Science Fields over the Last 30 Years Monitored by Emerging Topics",*Scientometrics*,2010,85(1):111-127.

② 范少萍、安新颖、单连慧 等:《基于医学文献的主题演化类型与演化路径识别方法研究》,《情报理论与实践》2019 年第 3 期。

③ 范少萍、安新颖、晏归来 等:《医学领域前沿主题识别方法研究》,《情报学报》2018 年第 7 期。

④ Glänzel W.,Thijs B.,"Using 'Core Documents' for Detecting and Labelling New Emerging Topics",*Scientometrics*,2012,91(2):399-416.

⑤ González-Alcaide G.,Llorente P.,Ramos J M.,"Bibliometric Indicators to Identify Emerging Research Fields:Publications on Mass Gatherings",*Scientometrics*,2016,109(2):1-16.

⑥ 王雯霞、刘春丽:《不同学科间论文影响力评价指标模型的差异性研究》,《图书情报工作》2017 年第 13 期。

的指标进行测评,如研究频次、被引频次、词频与被引频次的突现、与被引频次相关的分析指标等;

社会影响力,表征科学研究成果在社会或科学共同体以外的关注和传播。可以通过网络媒体的 Altmetrics 数据进行测评,包括频次指标(下载量、阅读量、讨论量等)、高频热度指标、篇均强度指标、加权综合的 Altmetrics Attention Score(AAS)指标等;

新颖性,是从时间角度反映研究主题是否具有前沿性的指标。可以选择科学文献与媒体数据的最早出版时间、主题内文献/参考文献的平均出版时间、引用半衰期、首次他引速度、首月讨论量等指标揭示研究主题的新颖性。新颖性越好,说明主题的前沿特征越显著,该主题越有可能成为前沿①。

(2)学科关键性。知识生长点往往处于学科知识网络的关键位置,是网络的中心节点、桥梁节点,在网络中起主导或连接作用。因此,知识生长点具有较好的网络中心性和网络成长性。

网络中心性,表示节点在网络中重要程度的指标。共词与引文网络中,中心性强的知识节点,是该学科的关键知识节点。网络中心性一般采用点度中心性、接近中心性、中间中心性、特征向量中心性、共引/共被引聚类聚合度进行测度;

未来成长性,是用来揭示评价主体未来发展情况的指标,表示较大的增长潜力或良好的发展态势。共词网络、引文网络中,年度文献增长率、前景因子、反映研究热度的成长趋势指标、与已有主题相似度的创新性、成熟度等指标值高的知识点,具有较好的未来成长性。

(3)跨学科综合性。现代科学技术的综合发展,决定着知识生长点也有跨学科综合性的特点,而科学技术发展的综合性也往往首先表现在知识生长点的产生和形成过程中。因此,学科交叉知识节点更容易成为跨学科知识生

---

① 范少萍、安新颖、晏归来等:《医学领域前沿主题识别方法研究》,《情报学报》2018 年第7 期。

长点。

学科交叉性:是指某知识点在各学科知识交叉的广度与强度、知识跨学科分布与扩散的特征等①。其测评指标包括:跨学科度、跨学科指数、跨学科研究热度、学科平衡性、学科差异性等,以测评某知识点的跨学科性,分析其成为知识生长点的可能性;

交流多样性:指某知识点在引用与被引用网络中,多学科的交流广度与强度。布里渊指数综合表达学科交流的丰富性和引用/被引用频次在各学科分布的均匀性②。相关指标包括:学科丰富度、多学科交流程度、信息熵等,用以反映知识点引用/被引用文献来源的学科多样性,进而反映知识点的跨学科综合性。

二、跨学科知识生长点

量变到质变,质变到量变,如此交替,循环往复,是科学发展的基本规律。具有活跃生长属性的学科关键知识节点,在学科研究中量变积累到一定程度,学科内部环境相对稳定,外部跨学科知识因素的刺激,能更好地实现质的突破,成为新知识的生长点。

因此,学科前沿、热点、交叉点等关键知识节点成为知识生长点的产生条件来源于与本学科或者与跨学科相关知识的合作,与跨学科知识的合作更有利于科研创新。所以,定义:与本学科知识融合产生新知识的生长点,称为"学科知识生长点";与跨学科知识合作研究产生新知识的生长点,称为"跨学科知识生长点",如图 2-2 所示:

研究者一般对本学科知识相对了解,对与哪些跨学科相关知识可以进行合作研究没有基本的把握,但跨学科研究在目前环境下又至关重要。因此,探寻并引入跨学科相关概念、理论、技术、方法,使活跃的学科关键知识节点成为

---

① 李江:《"跨学科性"的概念框架与测度》,《图书情报知识》2014 年第 3 期。
② 马费成、陈柏彤:《我国人文社会科学学科多样性研究》,《情报科学》2015 年第 4 期。

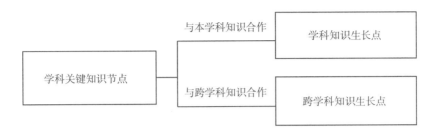

图 2-2　跨学科知识生长点产生示意图

Fig 2-2　Generation of interdisciplinary knowledge growth points

"跨学科知识生长点",是有效推动跨学科合作研究,实现不同学科知识融合创新的根本。这一原理如图 2-3 所示:

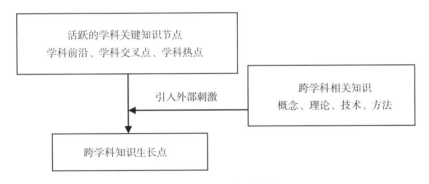

图 2-3　跨学科知识生长点产生原理图

Fig 2-3　Schematic diagram of interdisciplinary knowledge growth points

如图 2-3 所示,定义"跨学科知识生长点"为:引入跨学科相关概念、理论、技术与方法,与活跃的学科关键知识点融合研究,产生创新知识的生长点。其中:

(1)学科关键知识节点具有活跃的生长因素,是产生跨学科知识生长点的必备条件。定义:代表目前学科研究方向的前沿知识、吸引众多学者重点研究的热点知识、与其他学科的交叉研究知识等为"学科关键知识节点"。可见,这些关键知识节点处于学科知识网络的前沿、关键与交叉位置,更容易成为知识生长点。学科关键知识节点可以用词频分析、网络分析等方法识别。

（2）跨学科相关知识的合作研究,是学科关键知识节点成为跨学科知识生长点的产生条件。识别某学科关键知识节点可以用哪些学科的什么概念、理论、技术、方法解决相关问题,是跨学科合作研究的基础。关键词关联、引文关联、聚类关联等知识关联分析方法,可以识别跨学科相关知识。

（3）跨学科知识生长点的产生,是密切相关跨学科知识合作研究的必然结果。例如,共词网络、合作网络、引文网络等是社会网络分析与文献计量合作研究的结果,这些跨学科知识生长点的产生,促进了图书情报学科研究的深入与发展,也拓展了社会网络分析方法的应用。因此,识别密切相关的跨学科知识,分析产生跨学科潜在知识生长点的可能性,有利于促进知识创新,促进科学进步与发展。

三、学科关键知识节点:前沿、热点、交叉点

学科关键知识节点具有活跃的生长因素,是产生跨学科知识生长点的必备条件,处在学科知识网络发展的前沿、交叉与关键位置的知识节点,更容易成长为知识生长点。因此,将代表目前学科研究方向的前沿知识、与其他学科的交叉研究知识、吸引众多学者重点研究的热点知识、处于学科发展萌芽阶段的新兴主题等定义为"学科关键知识节点"。

由此分析,学科关键知识节点处在学科发展的关键领域,是科研共同体高度关注并积极开展研究的领域,代表了学科的研究重点和未来发展方向。利用科学方法有效识别学科或领域的学科关键知识节点,是科研活动中探明知识基础、发掘前沿趋势的重要依据,也是科学研究的重点内容。与此相关的研究主要体现在学科研究热点及前沿趋势的分析。本书主要识别吸引众多学者重点关注的研究热点主题、处于学科交叉地带的交叉主题、代表学科目前研究方向的前沿主题等为"学科关键知识节点"。学科关键知识节点释义见图 2-4:

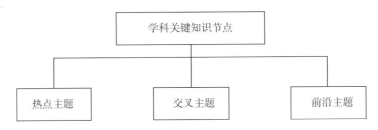

图 2-4　学科关键知识节点释义图
Fig 2-4　Interpretation diagram of key knowledge nodes of the discipline

其中,热点主题,又称为研究热点(Hot Topic 或 Hotspot)、热门研究主题,是科研共同体高度关注并积极开展研究的领域,代表了学科的研究重点和未来发展方向[1]。利用科学方法有效识别学科或领域的研究热点,是科研活动中探明知识基础、发掘前沿趋势的重要依据,也是科学研究的重点内容[2]。

前沿主题,即研究前沿(Research Front)[3]是科学研究中最新、最先进和最具备发展潜力的研究主题,其本质是在某一个研究领域内处于领先地位的成果。其中包括新兴主题(Emerging Themes),又称新兴趋势(Emerging Trend),其概念由 Galitsky L M.等[4]于 2004 年提出,是指"随着时间的推移逐渐引发人们兴趣并被越来越多学者关注和讨论的主题领域",即新兴主题[5]是指科学研究中暂时未被引发广泛关注却极具发展潜力的研究主题或方向。

交叉主题,即学科交叉研究主题,是两学科或多学科的共同研究内容。从学科角度可以定义为"学科交叉知识";从知识的角度可以定义为"跨学科知

①　卢超、侯海燕、Ding Ying 等:《国外新兴研究话题发现研究综述》,《情报学报》2019 年第 1 期。

②　Glänzel W.,Thijs B.,"Using 'Core Documents' for Detecting and Labelling New Emerging Topics",*Scientometrics*,2012,91(2):399-416.

③　黄晓斌、吴高:《学科领域研究前沿探测方法研究述评》,《情报学报》2019 年第 8 期。

④　Galitsky L M.,Pottenger M.,Roy S.,et al.,"A Survey of Emerging Trend Detection in Textual Data Mining",*Springer New York*,2004(1):185-224.

⑤　马楠、官建成:《利用引文分析方法识别研究前沿的进展与展望》,《中国科技论坛》2006 年第 4 期。

识",这些知识属于多学科、具有跨学科能力。

通过上述对三者分析,热点主题、前沿主题、交叉主题的关系如图2-5所示:

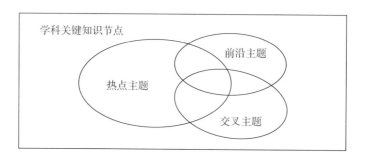

图 2-5　热点主题、前沿主题、交叉主题关系释义图
Fig 2-5　Definition diagram of relationship among hot topics,
frontier topics and emerging topics

从涵盖范围上来看,研究热点主题范围大于交叉主题、前沿主题,有些前沿主题、交叉主题只是热点主题的一小部分。其中有些前沿主题并不全然是当前的研究热点,它往往是处于学科领域领先地位的具有发展潜力的知识节点,即新兴前沿主题,它往往处于研究的萌芽阶段,暂未引起学者的广泛关注,随着时间推移,有些可能发展成为热点主题,有些可能逐渐消亡。研究前沿更具有新颖性,研究前沿与交叉主题都有可能发展成为研究热点,交叉主题更容易有可能进一步发展成为研究前沿与热点①。因此,三者之间存在相互转化关系。

四、跨学科相关知识组合

本学科的知识点可以与哪些学科的什么概念、理论、技术、方法解决相关问题,组成知识配对,进行合作研究。这些来自跨学科的知识,定义为学科关键知识节点的"跨学科相关知识"。

---

① 黄晓斌、吴高:《学科领域研究前沿探测方法研究述评》,《情报学报》2019 年第 8 期。

采用科学、有效的方法对跨学科相关知识进行识别,这是跨学科合作的前提,也是科研工作者跨学科合作的难题。跨学科相关知识的发现,是跨学科合作研究的基础。

跨学科相关知识是指:为破解科研难题、实现本学科知识的再创造,学者所选择、借鉴或综合的其他学科的理论、概念、方法、技术等[①]。如果目标学科知识 a_i 与跨学科知识 b_i 因为存在某种内在弱联系,有合作研究、进行知识创新的可能性,那么 b_i 就是 a_i 的跨学科相关知识。这样,目标学科的知识节点 a_i 与具有潜在合作可能的跨学科相关知识节点 b_i 组成了跨学科相关知识组合,如图 2-6 所示:

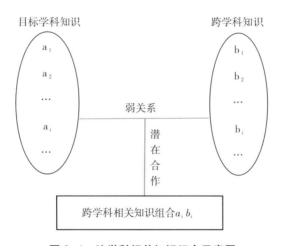

图 2-6　跨学科相关知识组合示意图

Fig 2-6　Schematic diagram of interdisciplinary related knowledge combinations

五、跨学科潜在知识生长点

图 2-6 中,目标学科知识 a_i 与跨学科知识 b_i 组成的跨学科相关知识组合 $a_i - b_i$,存在某种弱关系,或者共现,或者引用,那么二者之间就有或多或少的

---

① 张道民:《试论科学生长点》,《科学、技术与辩证法》1986 年第 1 期。

知识关联,有跨学科合作研究创新、产生新知识的可能性。那么,这一知识组合 $a_i - b_i$ 可以称之为"跨学科潜在知识生长点"。其原理见图 2-7:

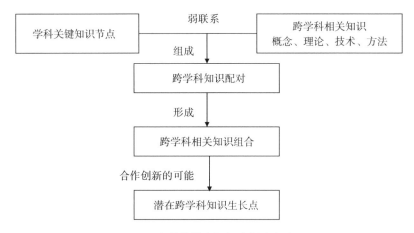

图 2-7 跨学科潜在知识生长点释义图

Fig 2-7 Interpretation diagram of interdisciplinary potential knowledge growth points

因此,将跨学科潜在知识生长点定义为:目标学科知识与跨学科知识,因为共现网络、引文网络中的某种弱间接联系,例如:2 阶距离关系、同引、同被引等,形成跨学科相关知识组合,再以创新合作、产生新知识的可能性强弱为目标,构建模型识别跨学科合作研究可能性大的跨学科相关知识组合,称之为"跨学科潜在知识生长点"。所以,跨学科潜在知识生长点具有较大的跨学科合作研究、产生创新知识的可能性,有利于促进学科、科学的创新发展。

第二节 基本理论

一、信息论

信息是应用数理统计方法研究信息传输和信息处理的一门学科[①]。信息

---

① 刘植惠:《情报学基础理论讲座》,《情报理论与实践》1988 年第 1 期。

论是利用数学方法探讨信息本质、信息度量、信息识别和信息传递与交换共同规律的科学理论①。1948 年,美国数学家 Shannon C E.提出熵和互信息的概念,奠定了信息论的基础。这两个概念的应用,在通信技术史上取得了划时代的重要成果。

刘枝惠教授在讲座中指出,Shannon 信息论的主要内容包括信源、信宿、信道以及编码问题,其研究对象为通信系统模型,研究方法主要是概率论和数理统计理论等数学理论,Shannon 还提出了通讯系统模型。伴随着新技术革命的不断发展,信息论的研究范畴逐步扩大,已逐渐引申到自然科学和人文学科。

根据不同的研究范畴,信息论可以划分成狭义信息论、一般信息论和广义信息论。狭义信息论主要研究信息量、信息容量和消息的编码,也叫通讯的数学理论;一般信息论是狭义信息论在编码译码和检测理论等领域的应用研究;广义信息论的范畴比较广,如模式识别、自学自组织系统等新的应用领域②。

在信息论中,信息熵是一个重要的基础性概念,也是本书应用到的一个重要计量指标。

信息熵是定量描述信息量大小的概念,是一个系统无序性的量度。从数理统计角度来看,熵表示在离散随机情况下,随机变量的概率分布函数:

假设随机变量 x ,其可能的取值有 x_1、x_2、$\cdots$、x_N,共 N 个,分别记各取值的概率为 $P_1 = P(x_1)$,$P_2 = P(x_2)$,$\cdots$,$P_N = P(x_N)$,并且满足

$$\sum_{n=1}^{N} P_n = 1 \tag{2.1}$$

用密度矩阵可以表示为:

$$\begin{bmatrix} X \\ P(x) \end{bmatrix} = \begin{bmatrix} x_1 & x_2 & \cdots & x_N \\ P_1 & P_2 & \cdots & P_N \end{bmatrix} \tag{2.2}$$

---

① 苏新宁:《知识组织的科学理论阐释》,《图书与情报》2013 年第 6 期。
② 姜丹:《信息论与编码》,中国科学技术大学出版社 2009 年版,第 93 页。

则熵表示该随机变量的不确定性度量,即函数 $f(P_1, P_2, \cdots, P_N)$。该函数满足连续性条件等概率时单调递增和可加性条件。

一个随机变量的取值,仅可以了解其取值分布区间,不可能知道具体取值。只有当对该随机变量进行试验以后,具体的取值才可以确定。此时,不确定性完全消失,从中获取了信息,即信息的数量恰好等于随机变量的熵。

信息熵是对信息源不确定性的描述,关注的是随机变量的概率分布特征,所以对分析学科的平均分布以及分布的多样性程度有一定的应用价值。因此,本书基于信息熵的概念及其计算方法,分别从文献分类号、参考文献和引证文献的角度,分析学科在主要相关学科中的跨学科影响力。

同时,信息论与跨学科合作有相同的原理。在信息论中,信息是现实世界中客观存在的事物,信息空间中大量存在着各种各样的信息子,当信息子的排布符合一定的规律时,便会产生一种特殊的能量,经过传递确定的事件就会发生[1]。在知识的发展历程中,知识跨学科传递与发展也遵循着相同的规律。当来自不同学科的知识相互作用,便会传递给学者产生新知识的能量,从而产生新的知识或认知。

二、弱关系理论

Granovetter M S.[2]于 1973 年提出弱关系理论(Weak Tie Theory),将现实中个人之间的关系分成强关系和弱关系。强关系(Strong Ties)指经常联系的具有血缘关系或情感联系紧密的人;弱关系(Weak Ties)指不经常联系,不是那么亲密的关系,释义为两个行动者之间的短暂社会接触。其关系强度由时间长短(Amount of Time)、情感强度(Emotional Intensity)、亲密度(Intimacy)和互惠关系(Reciprocal Services)来衡量。自弱关系提出之后,很

---

① 苏新宁:《知识组织的科学理论阐释》,《图书与情报》2013 年第 6 期。

② Granovetter M S., "The Strength of Weak Ties", *American Journal of Sociology*, 1973, 78(6): 1360-1380.

多学者开始研究如何划分强弱关系,以及如何定量计算强弱关系。弱关系示意图见图 2-8:

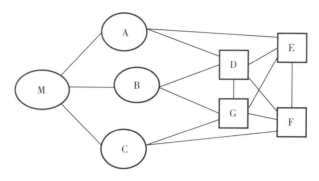

图 2-8 弱关系示意图
Fig 2-8 Schematic diagram of weak catition relationship

图 2-8 中的弱关系一方面是指关系强度低的直接联系的节点,如 M 与 A、B、C 偶尔联系;另一方面是指没有直接联系的间接联系的节点关系。如节点 A 与 B、C,节点 M 与 D、E 都没有直接关系,节点 A 通过节点 M 与 B、C 联系,节点 M 通过节点 B 与节点 D、G 联系。因此,A 与 B 或 C、M 与 D 或 G 大多数情况下都是弱联系。

在科学计量学领域的共词网络和引文网络中存在知识的弱关联。

基于共词网络,弱关系可以分为:(1)低阈值共现关键词。因为二者不常常联系、共现,所以称之为弱关系。(2)二阶距离关键词。关键词 A 与 B 共现、B 与 C 共现,A 与 C 不共现,但通过关键词 B 存在弱联系。

基于引文网络,根据弱关系的定义,可以分为以下几种类型:①低阈值关系节点。网络中节点关系强度低于阈值、与强关系对立的一类关系连接为弱关系[1]。例如源文献与其参考文献或引证文献形成的引文知识网络中连接强度较小的节点关系。②子网间关系节点。不同子网间节点联系相对稀疏,则

---

① 隗玲、许海云、郭婷等:《基于弱共现和突发监测的情报学学科研究主题及交叉性分析》,《图书情报工作》2015 年第 21 期。

为弱关系①。例如跨学科引用/被引用网络中不同学科知识之间的引用/被引用关系节点。③间接联系关系节点。通过其他节点建立间接联系的非相关知识,具有弱关系。例如共引或共被引关系节点,或有较好的引用关系但没有共现关系的知识节点。

因此,本书利用弱关系理论主要实现以下两大目标:

(1)科学文献数据中,利用弱关系理论,以关键词为基本知识单元,在跨学科关键词共现网络中,通过低阈值共现或二阶距离关键词,识别跨学科相关知识组合;在跨学科引文网络中,基于学术论文引用与被引用关系,构建学科关键知识节点及其可能合作的跨学科相关的弱引文关联网络,通过识别引文网络中具有合作潜力的弱关系结构,定义测度指标及合作潜力指数模型识别跨学科相关知识组合。

(2)学术社交媒体数据中,用 Altmetrics 数据识别高关注度研究热点,建立科学计量指标选择科学网上该学科高影响力学者、基于弱关系理论找到与其存在高潜力合作值的跨学科领域学者;并基于学者博文筛选能够代表学者主要研究对象、问题或方法的研究主题作为知识节点;构建跨学科相关知识组合潜力模型并计算、识别最佳跨学科相关知识组合。

三、文献计量学理论

1969 年,英国计算中心的 Pritchard A.②提出用"文献计量学"(Bibliometrics)一词来代替统计书目学(Statistical Bibliography),并认为文献计量学是"将数学和统计学的方法运用于图书及其他交流介质研究"的一门学科。邱

---

① 林向义、罗洪云、李秀成:《企业个体从社交媒体网络吸收异质性知识的过程机理:弱连接关系视角》,《情报理论与实践》2019 年第 3 期。

② Pritchard, A. "Statistical Bibliography or Bibliometrics?", *Journal of Documentation*, 1969, 25 (4):348-349.

均平①认为"文献计量学是以文献体系和文献计量特征为研究对象,采用数学、统计学等计量方法,研究文献情报的分布结构、数量关系、变化规律和定量管理,并进而探讨科学技术的结构、特征和规律的一门分支学科"。半个世纪以来,文献计量学已得到长足发展,文献计量法以定量分析为出发点,以信息的外部特征为研究对象,形成了包括文献增长定律、文献老化定律、布拉德福定律、齐普夫定律、洛特卡定律和引文分析的内容体系,在图书情报领域的文献信息计量、情报检索、科学评价等方面均有广泛的应用②。

由以上可知,文献计量理论主要以各种文献信息的外部特征为研究对象,从而推断事物发展的趋势,能够对事物进行概括性的了解和把握。

本书借助文献计量学的理论和思想,对跨学科共词网络与引文网络进行分析,识别跨学科潜在知识生长点。

(一)共词分析

网络是用以表达事物与事物之间关系的一种形式,可以直接呈现某事物的属性,具有明晰、直观、易懂等优点,彼此之间的关系也可一目了然。在社会科学领域,学者用节点表示分析对象,用节点之间的连线表示节点之间的联系,通过定义节点的不同颜色、大小,赋予不同的意义,控制连线不同颜色、粗细,表示不同的意义和关联强度。

共现分析是社会网络分析方法的重要分支,也是文献计量学重要的分析方法之一。共现是指文献中的特征项共同出现的现象,其中文献的特征项包括内部特征和外部特征,内部特征包括题名、关键词、分类号等,外部特征包括作者、期刊名称、机构名称等。共现分析是针对共现现象的一种定量研究方法,可以揭示特征项之间的内容关联和隐含的知识。

---

① 邱均平等:《科学计量学》,科学出版社 2016 年版,第 256 页。
② 王曰芬:《文献计量法与内容分析法的综合研究》,博士学位论文,南京理工大学,2007年,第 194 页。

共现现象包括同共现与异共现两种。共词网络、引文网络、作者共现网络等,仅含一种特征项的共现网络属于同共现网络;期刊-作者 2-模网络、作者-关键词 2-模网络、时间-关键词-机构 3-模网络等,含有 2 种或更多特征项的共现关系,属于异共现网络。通过异共现网络可以发现某特征项的时间演化轨迹或研究主题的作者分布等。

共词网络的节点表示期刊论文关键词,连线表示关键词与关键词之间的共现关系及其强度,本书应用社会网络分析方法在共词网络中识别学科关键知识节点,并结合社会网络的矩阵表示方法,帮助识别跨学科合作研究主题与合作组合。

(二)引文分析

引文是学术论著的重要组成部分,其表征文献间的继承与发展关系,引文具有客观性,即它是信息或知识在被传递和利用的证据;同时引文也具有主观性,即它是引用者表现个人态度、观点和偏好等的产物,引文的实践活动由作者的主观行为所决定[1]。引文分析(Citation Analysis)是利用各种数学和统计学的方法,通过比较、归纳、抽象、概括等逻辑过程,分析论文、科学期刊、著者等各种分析对象的引用与被引用现象,以便揭示其数量特征从而总结其内在规律的一种文献计量分析方法[2]。

作为引文分析的研究对象之一,引文网络(Citation Network)指施引文献与引用文献之间因引用关系而形成的一种网络结构[3]。Pirce D.[4]最早用网络的形式描述论文间的引用关系,形成了引文网络的雏形,成为最典型的信息网络形式之一。引文网络的应用广泛,适用于国家、机构、学科、期刊、文献、作者等多个层面的各种科学分析评价活动。目前,随着全文引文分析的发展,引文

---

① 张静:《引文、引文分析与学术论文评价》,《社会科学管理与评论》2008 年第 1 期。
② 邱均平等:《科学计量学》,科学出版社 2016 年版,第 187 页。
③ 邓中华:《社会网络、引文网络和链接网络之比较》,《图书馆杂志》2008 年第 9 期。
④ Price D.,"Networks of Scientific Papers",*Science*,1965,149(3683):510–515.

网络分析已突破传统基于结构化文献题录信息的局限,有效性进一步提高,研究内容进一步深入,研究领域进一步拓展,将会在科学评价、学科与知识的演进发展、科学前沿探测等诸多领域发挥更大的作用。

引文是知识流动的载体,基于引用关系的知识发现能产生更多类型的关联实体[①]。学科间通过引用与被引实现知识扩散,促进学科间知识融合、创新与发展[②]。因此,通过引文分析探索跨学科知识流动规律,识别跨学科相关知识单元具有一定的合理性、可行性。引文分析根据文献间具体引用关系的差异,又可进一步分为直引关系、共引关系和同被引关系,这三种关系从不同侧面反映文献之间的引用关系,分析角度、分析对象均不同。下面对这三种引用关系的应用做进一步阐述。

（1）直引关系

直引关系(Direct Citing Relation)的分析对象是节点文献对参考文献的引用关系,这种关系是一种最直接、最基础的引文关系,故将其称为直引关系。1927年,Gross K.[③]首次将直引分析方法运用于化学专业期刊的参考文献分析中,从而识别出化学教育领域的核心期刊,这也是首次利用引文分析法进行研究的标志。

根据分析层面和研究对象的不同,直引分析可进一步分为文献直引分析、期刊直引分析和学科直引分析等,并在各自范围内发挥着不同作用。研究证明,基于直引关系可以实现对研究前沿的识别发现[④],也能够对机构[⑤]、

① Song M., Kang K., An J Y., "Investigating Drug-Disease Interactions in Drug-Symptom-Disease Triples via Citation Relations", *Journal of the American Society for Information Science*, 2018, 69 (11):1355–1368.

② 梁镇涛、巴志超、徐健:《基于引文的跨学科领域发展路径分析——以眼动追踪领域为例》,《图书情报工作》2019 年第 23 期。

③ Gross K., "College Libraries and Chemical Education", *Bulletin of the American Association of University Professors*, 1928, 14(3):385–389.

④ 许晓阳、郑彦宁、赵筱媛等:《研究前沿识别方法的研究进展》,《情报理论与实践》2014年第 6 期。

⑤ 何晓庆、王圣洁、胡琳:《基于 z 指数的科研机构评价的有效性实证研究》,《现代情报》2018 年第 5 期。

期刊①、学者②、论文③等的影响力进行评价。此外,基于直接引用的关系可用以识别延迟承认型文献④,也有学者将内容分析与引文分析相结合评价作者的影响力⑤或进行文献知识发现⑥。

(2)共引关系

共引关系(Co-citing Relation)的分析对象是施引文献与施引文献之间的共同引用关系,也称为引文耦合(Citation Coupling)。美国的 Kessler MM. 教授⑦在 1963 年进行引文分析时发现,论文内容越相近,其参考文献中出现相同文献的机率就越大,因而他将具有相同参考文献的两篇或多篇文献称为耦合文献,将这类文献具有的这种关系称为文献共引关系。

根据分析层面和研究对象的不同,共引分析可进一步分为文献共引分析、期刊共引分析和学科共引分析等。将作者文献共引分析与作者关键词共引分析相结合是探索学科知识结构和发展的理想方法⑧,运用文献共引关系和共现可以提高主题领域划分的准确性⑨,将期刊文献耦合与引文分析相结合,可

---

① 高英莲、李秀霞、刘金星:《被引数量、被引质量和被引离散度结合的学术期刊影响力评价研究》,《信息资源管理学报》2019 年第 4 期。

② 杨思洛、张一鸣:《iSchools 院校研究的跨学科特征:文献计量分析的视角》,《中国图书馆学报》2020 年第 6 期。

③ 魏绪秋、李长玲、郭凤娇等:《基于引证数据的单篇论文学术生命力研究》,《情报杂志》2020 年第 1 期。

④ 张家榕、曾继城、叶鹰:《3S 引文现象的特征测度及学术意义——"睡美人"、"时髦女"与"天鹅"综论》,《情报学报》2017 年第 12 期。

⑤ 李秀霞、邵作运:《内容信息与引文信息融合的作者影响力评价研究》,《情报理论与实践》2020 年第 2 期。

⑥ 邵作运、李秀霞:《引文分析法与内容分析法结合的文献知识发现方法综述》,《情报理论与实践》2020 年第 3 期。

⑦ Kessler MM., "Bibliographic Coupling Between Scientific Papers", *Journal of the American Society for Information Science and Technology*, 1963, 14(01):10-25.

⑧ 宋艳辉、武夷山:《作者文献耦合分析与作者关键词耦合分析比较研究:Scientometrics 实证分析》,《中国图书馆学报》2014 年第 1 期。

⑨ 周丽英、冷伏海、左文革:《引文耦合增强的共词分析方法改进研究——以 ESI 农业科学研究主题划分为例》,《情报理论与实践》2015 年第 11 期。

以针对不同层次需求构建领域数据集①。

共引分析主要根据不同对象和不同层面间存在的共引关系展开分析,目标学科施引文献关键词与跨学科施引文献关键词的共引关系示意图如 2−9 所示:

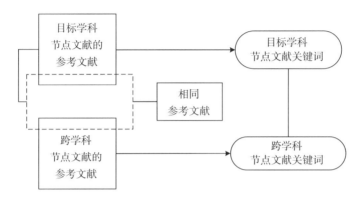

图 2−9　目标学科与跨学科节点文献关键词共引关系图

Fig 2−9　Co-citing relation diagram of targetdiscipline node literature keywords and interdisciplinary node literature keywords

(3)同被引关系

同被引关系(Co-cited Relation)的分析对象为参考文献与参考文献之间的同被引关系,它是弱关系的一种表现形式。1973 年,美国情报学家 Small H.②和苏联情报学家 Marshakova I V.③在研究文献引用结构和文献分类时,共同提出了文献同被引概念。随后,经过众多研究者的发展,同被引分析法逐渐成为探索科学知识结构、演化规律、亲缘关系和研究前沿的常用

---

① 刘敏娟、张学福、颜蕴等:《基于期刊上题相似性的领域分析数据集构建:方法与实证》,《图书情报工作》2016 年第 10 期。

② Small H.,"Co-Citation in the Scientific Literature:A New Measure of the Relationship between Two Documents", *Journal of the American Society for Information Science*, 1973, 24(4):265−569.

③ Marshakova I V.,"System of Document Connections Based on References", *Nauch-Techn. Inform*,1973,2(6):3−8.

方法。

根据分析层面和研究对象的不同,同被引分析可进一步分为文献同被引、期刊同被引和学科同被引分析等。作者同被引分析由 White H D.和 Griffith B C.①共同提出,认为两作者间的同被引次数越多,他们之间的研究内容越相似、关系越紧密。基于同被引分析可以对学科知识结构、知识流动及其演化过程进行探究②。目标学科节点文献关键词与跨学科节点文献关键词的同被引关系示意图如图 2-10 所示:

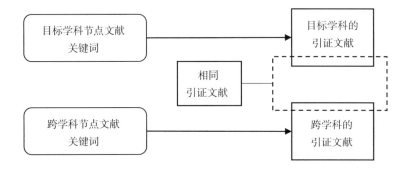

图 2-10　目标学科与跨学科节点文献关键词同被引关系图

Fig 2-10　Co-cited relation graphof the target subject node document keywords and the cross-disciplinary node document keywords

跨学科知识既涉及不同学科之间交叉、融合以及相互渗透的规律,也包含不同学科领域间概念、方法等的转移、相互交换与扩散③④⑤。而引文是反映文献、期刊和学科之间知识流向最为直接的载体,其既能实现对知识的挖

---

① White H D., Griffith B C., "Author Cocitation: A Literature Measure of Intellectual Structure", *Journal of the American Society for Information Science*, 1981, 32(3):163-171.

② 马瑞敏、倪超群:《基于作者同被引分析的我国图书情报学知识结构及其演变研究》,《中国图书馆学报》2011 年第 6 期。

③ 关智远、陈仕吉:《跨学科知识交流研究综述》,《情报杂志》2016 年第 3 期。

④ Yan E., "Disciplinary Knowledge Production and Diffusion in Science", *Journal of the Association for Information Science and Technology*, 2015, 67(9):2223-2245.

⑤ Tsay., Ming-Yueh., "Knowledge Flow Out of the Domain of Information Science: A Bibliometric and Citation Analysis Study", *Scientometrics*, 2015, 102(1):487-502.

掘与探索,也能深入剖析跨学科研究中各学科的发展模式、关系结构和地位变化①。因此,可以通过构建共词、引用关系路径探究不同学科领域间的知识流动规律,从而识别潜在跨学科合作研究主题。

四、创新扩散理论

1962 年,美国教授弗雷特·罗杰斯(Everett M.Rogers)②正式提出创新扩散理论。他认为,创新是指一种被个人或其他决策单位视为新颖的观念、实践或事物。创新扩散理论主要应用于考察社会各行业新事物、新观念的社会普及现象,强调新事物通过特定传播渠道而为特定社会群体所接受的过程。

1973 年罗杰斯和休梅克共同提出的"创新扩散模式",指出创新扩散过程受到个人因素和传播途径的影响。其中,对于个人因素而言,创新是否被接受、创新的传播速率在很大程度上取决于创新的五个特性,即相对优势、匹配度、复杂性、可观察性和可试验性,如图 2-11 所示:

本书主要基于该理论对跨学科知识生长点产生的影响因素展开研究,以期从理论和方法上为跨学科科研合作知识创新提供新的研究视角,促进跨学科研究的进一步深入和学科、科学的发展。

五、扎根理论

扎根理论由美国社会学家 Glaser 和 Strauss③ 在 1967 年共同提出,是指由访谈获得的经验资料自下而上构建理论的一种实证研究方法。该方法强调资料的多重性,支持广泛收集与研究内容相关的一手和二手数据,以提高研究结论的客观性、准确性和科学性。该方法主要包括 3 个步骤:①

---

① 梁镇涛、巴志超、徐健:《基于引文的跨学科领域发展路径分析——以眼动追踪领域为例》,《图书情报工作》2019 年第 23 期。

② Rogers E M., *Diffusion of innovations. 4th ed.* New York: Free Press, 1995.

③ Glaser B G., Strauss A L., Strutzel E., "The Discovery of Grounded Theory: Strategies for Qualitative Research", *Nursing research*, 1968, 17(4): 364.

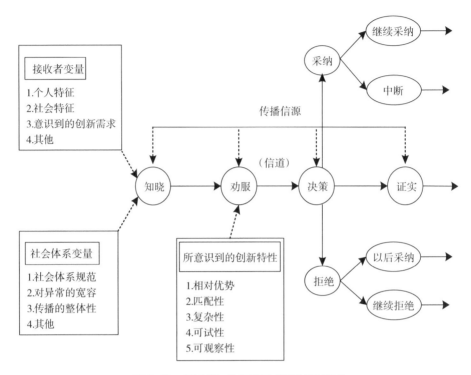

图 2-11　罗杰斯–休梅克的创新扩散模式
Fig 2-11　Rodger-shoemaker's innovation diffusion model

从实际观察资料或访问资料入手;②从观察资料或访问资料中归纳出经验概况;③由经验概况上升到理论。这三个步骤分别对应资料收集过程,三层次编码(开放性编码、主轴编码和选择性编码)过程和理论生成 3 个阶段。其中,在资料分析的编码过程中,应该持续进行比较和分析,在材料之间、理论之间不断比较、分析,直到构建出新的理论。该方法的开展思路①如图2-12 所示:

扎根理论强调从具体情境中发现问题,通过与受访者的交流提取概念而构建理论,具有较强的灵活性,因此被认为是对传统自上而下实证研究的补

---

① 韩正彪、周鹏:《扎根理论质性研究方法在情报学研究中的应用》,《情报理论与实践》2011 年第 5 期。

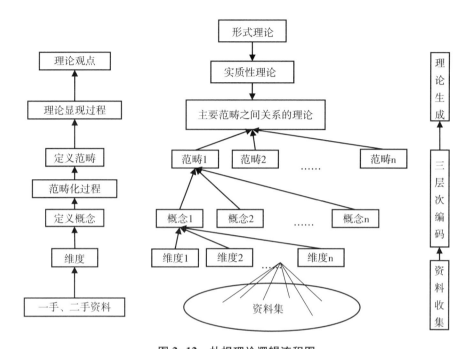

图 2-12　扎根理论逻辑流程图

Fig 2-12　Grounded theory logic flow chart

充,也是最能保持客观性的质性研究方法①。因为扎根理论超出了问卷调查等实证研究方法检验理论的被动性,在理论的形成和发展方面有着独特的创造性、反思性以及澄清性等优点,所以扎根理论恰好可以协调创新扩散理论,弥补其不足之处,对研究结论进行反思、改进。

第三节　研究方法

一、社会网络分析法

在"网络"概念刚被提出时,该词用来隐喻社会中关系或要素之间的网状

---

① Hammersley M. , *Routledge Revivals*：*The Dilemma of Qualitative Method*；Routledge , 1989.

结构,后来经过不断发展,"社会网络"成为一个分析性概念,并有学者提出将"社会网络分析"作为专门考察社会关系和结构的一种研究方法。

概括地说,社会网络分析是对社会关系结构及其中各要素属性加以分析的一套规范和方法,用以表达社会关系及其要素,可以直接、明晰、直观、易懂地呈现其属性。其中,节点表示分析对象,连线表示节点之间的联系。科学文献的引用与被引、文献作者的合作、文献关键词的共现,都可以看作是社会网络关系的一种。

因此,社会网络分析方法是文献计量学最受欢迎的分析方法之一。本书用不同节点表示期刊论文分类号、关键词和作者,用连线分别表示分类号之间的共现关系、关键词之间的共现关系、关键词与作者之间的隶属关系等,揭示近年来学科的学科交流特点、研究主题分布现状和研究主题对应的研究作者等,并结合社会网络的矩阵表示方法,帮助识别跨学科合作研究主题与合作者组合。

(1)社会网络资料的类型

在变量方面,社会网络资料有两种类型:一类测量行动者的属性,称为行动者属性变量,是社会网络资料库的基础数据;另一类测量行动者之间的相互关系,即结构性变量,反映行动者特定类型的纽带关系,是网络存在的重要前提。

另外,根据行动者的不同而划分,也可以将社会网络分为不同的类型,即根据资料的不同含义,把社会网络分为一模网络、二模网络、多模网络。

一模网络。该类网络由单一的一组行动者组成,是最常见的一类。这类行动者既可以是个人,也可以是一个群体、组织,这类网络中,其关系形式主要有:友谊、认可等个体间关系,买卖、借让等物质交换关系,发送或接收信息等非物质交换关系,婚姻、世袭等亲属关系等。

二模网络。该类网络由两类不同的行动者构成,两类行动者分别有不同的属性。二模网络分两种类型:第一类,由两类行动者构成,这两类行动者有不同的属性或来自不同的群体。第二类,由一类行动者与一类事件构成,二者之间有隶属关系。

总之,不同来源和类型的社会网络资料,在研究分析时,要注意选用合适的工具,并对应选用相应的社会网络分析方法。

（2）网络的矩阵表达

随着社会网络分析的不断发展,网络描述方法愈加丰富,矩阵法是最常用的描述方法之一。在网络中,主要包含节点和关系两种概念。矩阵,是一系列元素的排列,不同位置的元素代表不同的含义。一般地,在矩阵中,第一行和第一列的元素用来表示网络中的节点,且分别第一行(列)的所有元素均来自同一个集合。如果行和列的元素来自相同集合,则所描述的是1-模网络,矩阵中的其它元素表示它们的共现关系或距离关系。

在0—1矩阵中,0表示对应的两节点不共现,1表示对应的两节点共现。如矩阵 A 为:

$$A = \begin{bmatrix} & a_1 & a_2 & a_3 \\ a_1 & 1 & 1 & 0 \\ a_2 & 1 & 1 & 1 \\ a_3 & 0 & 1 & 1 \end{bmatrix} \tag{2.3}$$

其中,$A_{12}=1$,表示节点 a_1 与节点 a_2 有共现关系;$A_{13}=0$ 说明节点 a_1 与节点 a_3 不共现。

在距离矩阵中,元素 $A_{ij}(i,j \neq 1)$ 的值即 A_{i1} 位置的节点与 A_{1j} 位置的节点在网络中的距离。如矩阵 D 为:

$$D = \begin{bmatrix} & a_1 & a_2 & a_3 \\ a_1 & 0 & 2 & 1 \\ a_2 & 2 & 0 & 3 \\ a_3 & 1 & 3 & 0 \end{bmatrix} \tag{2.4}$$

其中，$D_{12}=2$，表示节点 a_1 与节点 a_2 在网络中的距离为2；$D_{23}=3$ 说明节点 a_2 与节点 a_3 在网络中的距离为3。

如果行和列来自两个不同的集合，则该矩阵描述的是 2-模网络，矩阵中其他元素表示它们的隶属关系。如矩阵 M 为：

$$M = \begin{bmatrix} & k_1 & k_2 & k_3 \\ A_1 & 1 & 1 & 0 \\ A_2 & 0 & 1 & 0 \\ A_3 & 1 & 0 & 1 \end{bmatrix} \tag{2.5}$$

矩阵 M 中，$M_{12}=1$，表示节点 A_1 与节点 k_2 之间有隶属关系，网络中有连线；$M_{13}=0$，说明节点 A_1 与节点 k_3 之间没有隶属关系，网络中不会有连线。

（3）图论法

图论法是一种数学方法，由著名的图论和拓扑学创始人欧拉创立，后经由不断发展，被广泛应用于物理、化学、计算机科学、管理科学等多个学科领域。图论是最直观的网络结构表示方法，因而其应用也最为广泛。图论分析的是成对元素之间相互关系的模式，以点和线的形式表达，其中点代表行动者或某事物，两点之间的连线表示二者之间相应的关系。

根据两节点之间关系的方向性特点，可以把社会网络图分为有向图和无向图。在有向图中，节点之间用箭头线连接，无向图中节点之间连线无箭头。

有向图表达的是一种非对称性关系，有序节点对的第一个节点是边的尾部，第二个节点是边的头部。在一个简单有向图中，若把尾部为 u、头部为 v 的边记为 uv，那么对一条从 u 到 v 的边来说，u 是 v 的前驱，v 是 u 的后继，该边应表示为 $u \rightarrow v$，如图 2-13 所示：

所以，有向图中箭头指示的是从一个行动者到另一个行动者的联系，且该联系是不对称的。

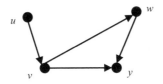

图 2-13　有向网络图

Fig 2-13　Directed graph

网络图中,距离是指两节点之间最短路径的长度。如图 2-14 中,节点 a 到节点 e 的距离是 3,记为 $d(a,e)=3$。

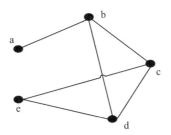

图 2-14　无向网络图

Fig 2-14　Undirected graph

需要注意的是,在有向图中,从节点 a 到节点 e 的路径可能会不同于从节点 e 到节点 a 的路径,因此, $d(a,e)$ 会与 $d(e,a)$ 不同。

网络图中,与某节点相关联的线的数量称该节点的度,也叫关联度。如果一个网络中有 N 个节点,某点的度数取值区间为 $[0, N-1]$ 。网络图的平均度数计算公式为:

$$\partial = \frac{\sum_{1}^{n} n_i}{N} = \frac{2L}{N} \tag{2.6}$$

其中, L 为边线数, N 为节点数。

在有向图中,因节点间连线是有方向的,所以节点的度可以分为点入度和点出度。点入度是指指向某一节点的线的数量,可以说明该点的接纳度或受欢迎程度;点出度是指由此节点所指向的节点的数量,可以说明该点的影响力,点出度越多说明该点影响力越大。

网络图的密度是指实际存在的边占所有可能存在的边的比例,即在有 N 个节点的无向图中,最多可能的边的数量为 $N(N-1)/2$,若实际存在 L 条边,那么,该网络图的密度为:

$$\Delta = \frac{L}{\frac{N(N-1)}{2}} = \frac{2L}{N(N-1)} \qquad (2.7)$$

在有向图中,最多可能的连线为 $N(N-1)$,若仍然实际连线数为 L 那么,该有向图的密度为:

$$\Delta = \frac{L}{N(N-1)} \qquad (2.8)$$

密度可以反映一个网络图中各节点关系的密切程度,密度越大,各节点之间关系越密切。因此,通过社会网络图法可以直观地对群体特征进行分析。

二、Altmetrics 方法

2010 年,Priem J. 等[①]发表 Altmetrics 联合宣言,正式提出 Altmetrics,并将其定义"基于网络工具和环境中活动的学术影响力测量的研究",主要应用在 3 个方面:学者评价、文章推荐和科学研究。从广义上讲,Altmetrics 强调研究视角的变化,并挑战传统的基于引文的学术界定量评价体系。它旨在建立一个评估系统,衡量更多样化的学术成果的综合影响力,并促进在线科学传播的形式以及开放科学的全面发展;从狭义上讲,Altmetrics 专注于社交媒体在线评价指标和传统引文指标的应用。

Altmetrics 的核心内容是 Altmetrics 指标,其在已有的计量学指标基础上增加了线上指标,数据来源包括标签、文献管理平台和工具、推荐系统、文章评

---

① Priem J., Taraborelli D., Groth P., et al., " Altmetrics:A Manidesto ", 2011 - 09 - 28, http://altmetrics.org /manifeesto.

论、微博、维基百科、博客及一些社交网络、视频和开放的数据仓储等。目前 Altmetrics 共包含如下指标,见表2-2:

表2-2 Altmetrics 指标信息表

Tab 2-2 **Altmetricsindilator information table**

指标类型	数据来源
Clicks(点击数)	Bitly、Facebok
Downloads(下载量)	PLOS、PubMed、Figshare、Dryad、CNKI、万方、维普
Summary Page Views(摘要浏览量)	PubMed、dSpace、ePrints、PLOS
Full text Views(全文浏览量)	Dryad、Figshare、Slidenshare、Vimeo、PubMed、ePrints
Image views(图片浏览量)	PubMed、Figshare、PLOS
Supporting data views(支撑性数据浏览量)	PLOS
Share(分享数)	Facebook、科学网、人人网
Recommend(推荐数)	Figshare、SourceForge、科学网
Bookmark(书签数)	Delicious、CiteULike、Mendeley、豆瓣
Like(欣赏量)	Vimeo、Facebook、TouTube、Google+
Like best(最欣赏量)	Silideshare、YouTube
group(组别)	Mendeley、WorldCat
Grade(评级)	SourceForge、Reddit、F1000
Subscriptions(订阅)	Vimeo、YouTube
Links(链接数)	Wikipedia
Y-job(讨论帖数)	Facebook、Google+、Vimeo
Mentions(提及数)	PLOS、网页搜索、维基
Comments(评论数)	Silideshare、Vimeo、Amazon、Youtube、Facebook、Rediit、豆瓣、当当网
Weibo Number(微博数)	Twitter、新浪微博
PostsNumbe(博文数)	Science Seeker、科学网
Cites(引用量)	WoS、Pubmed、Scopus、Google Scholar、Wikipedia、Cross-Ref、USTPO、CSSCI、万方数据库、中国引文数据库

其中,Altmetrics Attention Score(AAS)指标是较为成熟、被广泛认可的一种 Altmetrics 计量算法。它是 Altmetric.com 综合平台上全部 Altmetrics17 个指标数据加权得到的一个聚合指标,是科学文献传统评价与网络媒体评价的综合反映,可以更加全面地评估科学文献的学术水平,以及发表后所受到的在线关注度。其中,Altmetrics Attention Score 指标的计算基本权重见表 2-3 所示:

表 2-3　Altmetrics Attention Score 指标的计算权重表

Tab 2-3　Calculatedbasic weight table of Altmetrics Attention Score

Sources	Weight
News	8
Blogs	5
Wikipedia pages	3
Policy Documents(per source)	3
Twitter	1
Sina Weibo	1
Fl000/Publons/Pubpeer	1
Open Syllabus	1
Google+	1
LinkedIn	0.5
Q&A	0.25
Facebook(public pages)	0.25
YouTube	0.25
Reddit/Pinterest	0.25

Altmetrics 指标用于评价成果影响力时,打破了传统评价指标评价对象的局限,通过讨论、点赞、分享、保存、推荐等指标,使得评价对象不仅局限于学术文献,还适用于编制的代码、开源软件、上传的视频等传统评价指标不能有效评价的对象。并且 Altmetrics 指标反映的成果影响力与传统指标反映的成果影响力相比,有了更宽的范畴,拓展了许多新的评价影响力指标,突出了对社

会影响力的评判,如成果的浏览下载量、转发量推荐量、点赞量、评论量、新闻报道量等等都纳入了评价指标行列①②。由于 Altmetrics 依托社交网络环境,进行影响力评价时最大范围地做到了全民参与,并且评价对象较广,学者不仅可以宣传与发表自己的科研成果、学术见解,还可以与其他学者、用户交流、讨论,促进自己学术成果的受广度。因此,Altmetrics 这种性质决定了其评价指标必须多样化。

但同时,Altmetrics 也具有一定的局限性:一,大部分 Altmetrics 指标的覆盖率极低,并且具有学科偏向性,不同的学科科研人员使用社交媒体与学术工具的偏好不同,甚至部分学者很少使用网络工具,因此 Altmetrics 指标的评价意义有待考量;二,目前的 Altmetrics 指标数量较多且分散,数据来源复杂,不同的评价工具与数据来源会造成同一篇学术论文有多个评价结果,另外也难以避免评价过程中的重复问题;三,由于 Altmetrics 起源于网络平台与社交媒体,其数据容易被人工操控,可信度较低,缺乏权威性,有待进一步规范和完善。

因此,本书利用 Altmetrics 方法主要实现以下两大目标:

(1)利用 Altmetrics 的测度指标进行学科关键知识节点的识别研究。利用 Altmetrics.com 平台获得学术论文基于网络环境下的 Altmetrics Attention Score(AAS)数据,替代 z 指数中的被引频次,构建数学模型识别得到学科研究领域的学科关键知识节点。为科研人员识别学科研究热点、高关注度研究主题、新兴主题、研究前沿等提供理论依据,为学科关键知识节点的发现提供新视角,并以图书情报学为例进行实证研究。

(2)利用 Altmetrics 的测度指标进行学科关键知识节点跨学科相关知识识别的相关研究。利用学术社交媒体——科学网为研究主体,建立科学计量指标选择科学网上该学科高影响力学者、基于弱关系理论找到与其存在高潜

① 邱均平等:《科学计量学》,科学出版社 2016 年版,第 199 页。
② 罗式胜:《文献计量学概论》,中山大学出版社 1994 年版,第 232 页。

力合作值的跨学科领域学者;并基于学者博文筛选能够代表学者主要研究对象、问题或方法的研究主题作为知识节点;定义跨学科相关知识组合潜力模型并计算、识别最佳跨学科相关知识组合。

三、数学建模法

数学模型是运用数学语言或工具,对部分现实世界的信息、现象或数据等进行翻译和归纳的产物。经过演绎、求解及推断,从数学的角度给出分析、预报,对事物加以决策和控制,再经翻译和解释,以回馈到现实世界中。数学建模是量化研究的一种主要研究方法,它是在深入调查、了解研究对象信息、分析内在规律等工作的基础上,作出必要的简化假设,抽象、提炼出数学模型,并最终用数学符号、公式或图形等表达出来的过程。该方法最终提炼的结果具有抽象、简洁、严密的特点,或可以解释生活中某些现象,或可以对某种事物的发展进行预测,或可以为某一事物的控制提供最优策略,在经济、商业、计算机、航空航天、物理等各个领域都有广泛的应用。

在建立数学模型之前,要求了解问题的背景,熟知各数量之间的关系,并明确建模的意义。在深刻理解问题精髓的基础上,运用数学思维和积累的数学知识,用数学语言或符号对问题的本质进行描述,具体过程主要包括模型假设、模型建立、模型求解、模型分析、模型检验、模型调整并应用等环节。

建立数学模型主要有机理分析与统计分析两种方法。机理分析是指根据研究对象的客观特性,分析其内部机理和因果关系,由此作出适当的简化假设,运用恰当的数学工具描述该事物的特征。统计分析法是指当一时无法掌握研究对象的机理特征时,通过测试一段数据,经统计学方法或原理对该数据进行处理,从而获取数学模型。

数学建模并没有固定的运作模式,只要该过程符合现实背景和数学理论、数学习惯,并应尽量做到清晰、准确,经得住实践的检验即可。此外,最终建立的数学模型应根据时间和数据的变化及时调整,以保证模型的准确性和实用性。

　　数学模型的种类有很多,按照变量的特点可以分为离散型模型和连续型模型,或确定型模型和随机模型;按照研究方法和研究对象的特征可以分为初等模型、优化模型、扩散模型、逻辑模型等;按照预见性对象的透明程度可以分为白箱模型、灰箱模型和黑箱模型。本书建立的模型都是白箱模型,根据研究目的的不同,又分有初等模型、优化模型。

　　本书对所要研究的问题,采用定量分析的方法,以量化的方式准确表达思路,而数学建模法是定量分析的主要研究方法。数学建模是一种数学的思考方法,是运用数学的语言和方法,通过抽象、简化建立能近似刻画并"解决"实际问题的一种强有力的数学手段①。建模过程如下图 2-15 所示:

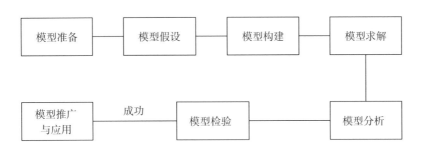

图 2-15　数学建模流程图
Fig 2-15　Mathematical modeling process

　　数学建模是基于深入的调查和研究,在对研究问题外部特征和内部规律深入分析的基础上,使用数学符号、公式、图形等把实际课题的本质属性表达出来,把繁琐、复杂的实际问题归纳成客观、合理、直接的数学模型。在建立研究问题的数学模型之前,要做好模型的准备工作,要通过调查、收集数据资料,了解问题的背景,理清数量关系,并观察、总结研究对象的本质特征和变化规

---

　　①　Walls F G.,"Probabilistic Models for Topic Detection and Tracking",*Proc Icassp*,1999(1):521-524.

律,明确模型建立的意义,以解决实际问题。

四、问卷调查

问卷调查是社会调查研究中收集数据资料的一种常用手段,在问卷中,包含了研究者设计的关于研究对象的一系列问题,通常以书面形式呈现,其实质是收集符合条件的一个群体对某特定问题的态度、行为特征或价值观点等信息。

调查问卷可以分为学术性和应用性两种类型,学术性调查问卷多为学校和科研机构采用,应用性调查问卷多被市场调研等机构采用,以解决发展中的实际问题。本书采用的是学术性调查问卷,探索跨学科合作的影响因素。

在调查问卷设计之初,需要建立一个理论假设模型,该模型要涵盖研究者主观认为与研究对象所有相关的问题,也是调查问卷设计的依据。调查问卷的结构一般包括人口统计学特征、理论假设模型中测量变量和辅助变量。

人口统计学特征是指调查对象的年龄、性别、受教育程度和职业等,其目的是检验该样本与研究对象有相似的组成,即检验该样本的代表性。这一类问题比较客观,收集到的结果一般误差不大。

理论假设中的测量变量,是指用来反映在调查对象认识中研究对象的特征的一组测度问题,每组至少包括 3 个测度问题,以更准确地间接测量某一心理变量。常见的测度问题计分标准有李克特量表(Likert Scale)与语义对比刻度(Semantic Differential Scale)。李克特量表对于每一个测度问题用五点选项或七点选项计分,如五点选项,每一个问题都有"非常同意""同意""一般""不同意""非常不同意"五种态度可选,分别对应 5、4、3、2、1 五个分值。本书的调查问卷选用的是李克特量表的五点选项计分法。

辅助变量是用来保证问卷内容充分性的一类控制变量,虽然不是理论模型中的主角,但也是包括在统计分析之中的。

五、访谈法

访谈法,是社会科学研究搜集数据资料的重要方法之一,又称晤谈法,是指研究者通过与受访者面对面交谈的形式来了解受访者对于研究对象的心理、认识或行为的心理学研究方法。研究者根据与多位受访人的交流,搜集无偏见的事实资料,以准确解释样本所要代表的总体。根据研究对象的复杂程度,确定受访者的人数规模和来源类型。访谈法具有较高的灵活性和适应性,在社会研究中运用广泛,如事实的调查、意见的征询以及其他个性化的社科研究等。

根据访谈进程的标准化程度,可以分为结构性访谈、半结构性访谈和非结构性访谈。结构性访谈的特点是访谈完全按照定向的标准程序进行,非结构性访谈的特点是没有按照定向标准进行,半结构性访谈介于二者之间。研究者可以根据研究对象的特点选取合适的访谈形式。

在进行访谈时,要注意表达简单明白,易于回答,提问用词选择和问题范围要与受访者的知识水平相匹配,以免访谈无法进行,得不到想要的结果。此外,也要对谈话内容及时做记录,也可以在经受访者同意的前提下录音记录。

访谈法的优点是可以对受访者的态度、行为心理等有较深层次的了解,获取多方面的资料,面对面的形式可以用观察法发现其他方法不容易发现的问题,便于研究者及时提问,有较高的灵活性。访谈法也有其局限性,如成本高、缺乏隐秘性、记录困难、处理结果比较繁琐等。

第三章　基于科学文献数据的学科关键知识节点识别

识别研究热点、研究前沿、学科交叉知识点等学科关键知识节点是识别跨学科潜在知识生长点的前提和基础,因为这些学科关键知识更容易与其他学科知识合作研究创新发展。本章基于科学文献数据的词频分析、网络分析方法,识别科学文献数据中研究热度增速较快的研究前沿与热点、高被引的学科热点与前沿,识别跨学科知识交流中的当采跨学科知识交流中间人,即桥梁作用积极的跨学科交叉知识。

第一节　基于主题热度加速度的学科研究前沿与热点识别

一篇文献的关键词或主题词是其核心内容的浓缩和提炼,代表该文献的研究主题。如果某一关键词或主题词在其所在学科的文献中反复出现,则可反映出该关键词或主题词所表现的研究主题是该学科的研究热点[1],也是许多研究人员关注和研究的高热度研究主题[2]。学科在不同时间阶段具有不同的热点主题,代表了该阶段的学科研究重点和发展方向。识别学科热点及其变化情

---

① 邱均平、温芳芳:《近五年来图书情报学研究热点与前沿的可视化分析—基于13种高影响力外文源刊的计量研究》,《中国图书馆学报》2011年第2期。

② 罗瑞、许海云、董坤等:《领域前沿识别方法综述》,《图书情报工作》2018年第23期。

况,既有助于研究人员把握学科发展历程和方向、选择研究主题、合理分配研究资源,同时也为热点主题评价、未来发展趋势预测及相关规律发现等提供研究基础。因此,构建科学方法识别学科研究热点成为把握学科现状并预测未来趋势的关键①②,国内外诸多学者从不同角度选择不同方法识别学科研究热点。

一、相关研究工作

首先,运用关键词突现、共现、引文分析方法,识别学科研究热点。刘小慧等③改进 TF-IDF 算法,识别 2015 年情报学的研究热点,如用户研究、大数据和情报学等;高继平等④、汤强等⑤、胡秀梅等⑥采用多词共现与聚类分析方法,分别识别数字信息传输领域、3D 打印技术领域和图书情报战略规划领域的研究热点;Chang Y.等⑦、Xie P.⑧、Rossetto D.等⑨、Jebari C.等⑩采用引文耦

　①　Tu Y N.,Seng J L.,"Indices of Novelty for Emerging Topic Detection",*Information Processing & Management*,2012,48(2):303-325.

　②　Glänzel W.,Thijs B.,"Using 'Core Documents' for Detecting and Labelling New Emerging Topics",*Scientometrics*,2012,91(2):399-416.

　③　刘小慧、李长玲、冯志刚:《基于改进的 TF * IDF 方法分析学科研究热点——以情报学为例》,《情报科学》2017 年第 7 期。

　④　高继平、丁堃、潘云涛等:《多词共现分析方法的实现及其在研究热点识别中的应用》,《图书情报工作》2014 年第 24 期。

　⑤　汤强、王亚民、赵艳:《基于 g 指数和共现指数的研究热点及合作团体分析》,《情报杂志》2014 年第 9 期。

　⑥　胡秀梅、高凡:《国内图书情报领域图书馆战略规划研究热点探析》,《图书情报工作》2016 年第 9 期。

　⑦　Chang Y.,Huang M.,Lin C.,"Evolution of Research Subjects in Library and Information Science Based on Keyword,Bibliographical Coupling,and Co-Citation Analyses",*Scientometrics*,2015,105(3):2071-2087.

　⑧　Xie P.,"Study of International Anticancer Research Trends via Co-Word and Document Co-Citation Visualization Analysis",*Scientometrics*,2015,105(1):611-622.

　⑨　Rossetto D E.,Bernardes R C.,Borini F M.,et al.,"Structure and Evolution of Innovation Research in the Last 60 Years:Review and Future Trends in the Field of Business through the Citations and Co-Citations Analysis",*Scientometrics*,2018,115(3):1329-1363.

　⑩　Jebari C.,Herrera-Viedma E.,Cobo M J.,"The Use of Citation Context to Detect the Evolution of Research Topics:A Large-Scale Analysis",*Scientometrics*,2021(4):2971-2989.

合和共引分析方法,识别图书情报学、国际抗癌研究、商业管理、生物医学等领域的研究热点和发展趋势。上述方法的缺点在于,无法反映学科的动态发展情况。

第二,运用时间序列分析法、突发检测法或时间加权方法,识别学科研究热点及其变化趋势。Mane K K.[①]运用 Kleinberg 突发检测算法和共词分析方法识别美国国家科学院院刊论文的热点主题,如上世纪 80 年代,细胞、基因突变等,90 年代基因组计划和分子序列等,2000 年蛋白质研究等;肖婷婷等[②]采用可视化分析方法,从时间、国家和学科分布三方面分析,识别语义标注领域的研究热点,如 2001 年语义网、2003 年 LDA 主题模型描述逻辑等;刘自强等[③]提出基于时间序列模型的研究热点评价和预测方法,以 2015 年"企业"词群、"情报研究"词群等验证其有效性;周鑫等[④]构建词频变化率模型,分析2000—2014 年 CSSCI 收录的情报学领域期刊文献,识别增长、稳定和下降型研究热点;莫富传[⑤]从高被引论文的概念出发,加入时间因素分两种情形进行高被引论文的选取,所构造的数据集更能反映论文发表时间对被引频次的影响,反映论文影响力及其研究主题是否属于研究热点;奉国和等[⑥]构建时间加权关键词词频分析模型,识别 2013—2017 年 CSSCI 中图书情报领域期刊论文

① Mane K K., Börner K., "Mapping Topics and Topic Bursts in PNAS", *Proceedings of the National Academy of Sciences of the United States of America*, 2004, 101(1): 5287-5290.

② 肖婷婷、邱均平、祖旋等:《语义标注研究热点与演进历程的知识图谱分析》,《情报理论与实践》2015 年第 1 期。

③ 刘自强、王效岳、白如江:《基于时间序列模型的研究热点分析预测方法研究》,《情报理论与实践》2016 年第 5 期。

④ 周鑫、陈媛媛:《关键词词频变化视角下学科研究发展趋势分析——以国内情报学研究为例》,《情报杂志》2016 年第 5 期。

⑤ 莫富传、娄策群:《高被引论文应用于研究热点识别的理论依据与路径探索》,《情报理论与实践》2019 年第 4 期。

⑥ 奉国和、孔泳欣:《基于时间加权关键词词频分析的学科热点研究》,《情报学报》2020 年第 1 期。

的研究热点,并将结果区分为上浮、下降和稳定型关键词;Li J.等①基于时间视角下的共词网络提出聚类系数和路径长度的计算方法,识别 SCI、SSCI、CPCI-S 和 CPCI-SSH 四个数据库中生物能源领域的研究热点,包括生物能源类、环境问题类和环境目标类。这类研究缺点在于:(1)仅能反映热度变化速度,无法反映主题热度的速度变化情况;(2)研究领域较为局限或样本选择时间跨度小,难以把握学科的发展方向。

第三,采用计算机算法和模型识别学科研究热点。孙海生②基于超网络模型改进共词和共引分析方法,识别 2014—2016 年 7 类图书情报学研究热点,如大数据类、Altmetrics 类和移动图书馆类等;Figuerola C.等③、Han X.④应用主题建模统计技术和隐狄利克雷分配模型,识别 1978—2014 年和 1996—2019 年图书情报学的热点主题;阮光册等⑤采用 Doc2Vec 方法对论文摘要进行向量计算,并分析其相似度,生成热点选题论文集,提取主题描述并识别教育学热点主题,如高等教育改革、高等教育公平、学习方式等;裴惠麟等⑥综合 LDA2vec 模型和 Word2Vec 词向量化、文档向量化模型提出多源数据的热点识别方法,识别机器学习领域的热点主题,如算法与方法、文本分类和特征检测等。这类研究的缺点在于,未依据时间视角的动态变化情况对主题进行分类。

综上所述,目前研究热点的识别主要采用词频突现、共现聚类、引文分析、

---

①　Li J.,Wang Y.,Yan B.,"The Hotspots of Life Cycle Assessment for Bioenergy:A Review by Social Network Analysis",*Science of the Total Environment*,2018,625:1301-1308.

②　孙海生:《基于超网络模型的研究热点探测与聚类主题描述》,《情报杂志》2017 年第 6 期。

③　Figuerola C G.,Marco F J.,Pinto M.,"Mapping the Evolution of Library and Information Science(1978-2014)Using Topic Modeling on LISA",*Scientometrics*,2017,112(12):1507-1535.

④　Han X.,"Evolution of Research Topics in LIS between 1996 and 2019:An Analysis Based on Latent Dirichlet Allocation Topic Model",*Scientometrics*,2020,125(3):2561-2595.

⑤　阮光册、夏磊:《基于 Doc2Vec 的期刊论文热点选题识别》,《情报理论与实践》2019 年第 4 期。

⑥　裴惠麟、邵波:《多源数据环境下科研热点识别方法研究》,《图书情报工作》2020 年第 5 期。

词频变化率、时间加权、模型算法等方法,从某一视角对学科主题的研究热度进行分析与评价。但研究热点的识别需要综合某主题的学科横向热度和时间视角下的纵向热度变化情况进行分析,且反映主题热度的速度变化情况。因此,本节进行以下研究:(1)构建累积主题热度模型 TP,即学科内某研究主题累积词频占比,反映某时间段内研究主题的横向相对研究热度;(2)构建主题热度加速度指数模型 TAI,表示主题热度增速变化情况,反映研究主题在时间视角下的纵向热度及其变化;(3)构建学科研究热点识别模型 TP * TAI,综合反映学科内研究主题横向相对研究热度与纵向变化情况,识别各时间段研究热点;(4)将热点划分为前沿、稳定和衰退三种类型,以把握学科发展动态。

二、基于主题热度加速度的学科热点识别模型构建

本节构建 TP * TAI 模型,横纵向综合识别学科热点主题。其中,累积主题热度模型 TP 反映学科内的主题横向热度,主题热度加速度指数模型 TAI 反映纵向热度变化情况。

(一)累积主题热度模型 TP

累积主题热度(Topic Popularity,TP)模型用某时间段某研究主题累积词频(即研究文献量)在学科文献总量中的占比表示,表达式为:

$$TP = \frac{\sum_{t=n}^{i} C_t}{\sum_{t=n}^{i} P_t} \quad (n \leqslant i \leqslant m) \tag{3.1}$$

式中,t 为年份,C_t 为 t 年某研究主题的研究文献量,P_t 为 t 年的学科文献总量。n 为该主题第一次出现的年份或数据分组的起始年份,m 为最近的年份或数据分组的截止年份。

TP 模型的优势在于,采用累积相对量对主题进行逐年测度,不仅可以反映主题发展至 t 年的热度情况,还可以消除各年份总文献量不同导致的误差。

虽然该模型可以反映某时间段某研究主题在该学科的横向相对研究热度,但累积计算的方法无法表示主题的变化趋势。因此,本节构建主题热度加速度指数模型 TAI,反映主题研究热度的纵向变化趋势。

(二)主题热度加速度指数模型 TAI

在物理学概念中,加速度是指速度变化量与发生这一变化所用时间的比值。其表达式为:

$$a = \frac{v_2 - v_1}{\Delta t} \tag{3.2}$$

其中,$v_2 - v_1$ 指速度变化量,Δt 指两次速度变化的间隔时间。若加速度 a 大于零,则表明物体沿正方向做加速运动;若加速度 a 小于零,则物体在正方向做减速运动;若加速度 a 等于零,则物体静止或做匀速运动。

公式(3.1)中,若 m=n,表示某主题 t 年的相对热度,即:

$$TP_t = \frac{C_t}{P_t} \tag{3.3}$$

将物理学加速度概念引入研究热点识别领域中,用于测度主题的热度变化情况,TP_t 即可在累积相对热度中看作 t 年的相对增长速度。那么,时间间隔一年($\Delta t = 1$)的主题热度加速度 a 可以表示为:

$$a = \frac{TP_t - TP_{t-1}}{\Delta t} = \frac{C_t}{P_t} - \frac{C_{t-1}}{P_{t-1}} \tag{3.4}$$

与物理中加速度的表达含义相同,若 $a>0$,说明该主题研究热度呈加速增长的趋势;若 $a=0$,说明该主题热度增长速度不变;若 $a<0$,说明该主题热度增长但增长速度减缓。显然,不论主题热度加速度 a 取何值,主题研究热度始终不小于零。为表达主题热度加速度与主题热度的关系,对主题热度加速度 a 取以 e 为底的指数,得到主题热度加速度指数(Topic Acceleration Index,TAI)模型,表达式为:

$$TAI = e^a = e^{\frac{c_t}{P_t} - \frac{c_{t-1}}{P_{t-1}}} \tag{3.5}$$

式中,TAI 指数始终大于零,符合主题研究热度始终不小于零的特点。若 a>0,则 TAI>1;若 a<0,则 0<TAI<1;若 a=0,则 TAI=1。TAI 模型的创新点在于,测度主题增长速度的变化情况,而非速度,即能够反映出速度相对较低而加速度极高的热点主题,以及速度较高而加速度为负的热度下降主题。其优势在于,对短时间内兴起的研究主题较为敏感,分析多组计算结果即可把握主题发展情况。

(三)学科热点识别模型 TP * TAI

累积主题热度 TP 考量了某主题在学科中的横向相对研究热度,主题热度加速度指数 TAI 反映了某主题在学科发展过程中的纵向热度变化情况。构建学科研究热点识别模型如下:

$$TP * TAI = \frac{\sum_{t=n}^{i} C_t}{\sum_{t=n}^{i} P_t} \times e^{\frac{c_t}{P_t} - \frac{c_{t-1}}{P_{t-1}}} (n \leqslant i \leqslant m) \tag{3.6}$$

该模型中,累积主题热度 TP 反映某时间段内某研究主题在学科领域中的相对热度,主题热度加速度指数 TAI 反映主题热度增长速度的变化情况,TP * TAI 将二者结合,从横向与纵向两方面综合评价主题的研究热度。TP * TAI 模型的优势在于,该模型既能够反映主题的累积热度和动态变化情况,又具备长时间跨度计算和大规模数据分析的基本条件。

三、主题热度加速度计算与学科热点识别

(一)数据来源与预处理

以图书情报学为例,以 CNKI 期刊数据库为数据源,样本来源期刊选择依据为:CSSCI 中 2019 年综合影响因子排名前 10 的期刊。由于 CNKI 中《情报

学报》2003—2012 年数据缺失,无法作为样本,最终选择的样本期刊有《中国图书馆学报》《图书情报知识》《大学图书馆学报》《图书与情报》《情报理论与实践》《图书情报工作》《情报资料工作》《情报科学》《情报杂志》9 种期刊。采集 9 种期刊 2000—2020 年 55444 篇载文的题录信息,2000 年作为 TAI 指数计算的第一组 TP_{t-1},2001—2020 年用作学科研究热点识别数据。数据采集时间 2021 年 1 月 12 日。对 55444 篇载文去除卷首语、编辑部公告、征稿启事等非研究论文 2127 篇,得到有效样本 53317 篇。

用 Bibexcel 统计每年关键词词频,并去除研究目的不明确的词,如"影响因素""分析"等;去除表示研究背景的词,如"美国""中国"等;合并同义近义关键词,如"新冠肺炎""新型冠状病毒肺炎"等合并为"新冠肺炎"。

(二)主题热度加速度值的计算

对样本数据按以下步骤进行处理:

(1)构建年份—关键词词频矩阵。取每年词频阈值大于等于 5,共得到关键词 1359 个,将关键词词频与年份的对应数据 C_t,以及每年的发文总量 P_t,汇总至表 3-1;

(2)累积主题热度 TP 计算。为描述我国图书情报学学科发展细节,同时避免计算结果失真,将 2001—2020 年数据分为每 5 年一组,共 4 组。将表 3-1 中数据分别代入公式(3.1),并令 n = 分组起始时间,m = 分组截止时间,TP 部分计算结果见表 3-2;

(3)主题热度加速度指数 TAI 计算。由于主题热度每年的相对增长速度 TP_t 数值都较小, $TP_t - TP_{t-1}$ 没有较好的区分度,导致主题热度加速度指数 TAI 接近于 1。为较好区分主题研究热度的影响,达到反映主题增长速度变化的目的,对 TP_t 放大千倍处理。为方便计算,将公式(3.5)调整为 $TAI = e^{\frac{C_t}{P_t\text{‰}} - \frac{C_{t-1}}{P_{t-1}\text{‰}}}$,以实现 TP_t 放大处理。将表 3-1 中数据代入该公式,TAI 部分计算结果见表 3-3;

表 3-1　年份—关键词词频矩阵（部分）

Tab3-1　Year-keyword term frequency matrix（part）

数据类型	关键词	2000	2001	2002	2003	2004	2005	2006	2007	2008	2009	2010	2011	2012	2013	2014	2015	2016	2017	2018	2019	2020
C_i	图书馆	159	241	277	183	267	219	253	233	187	218	268	266	202	179	135	113	88	74	68	50	44
	信息服务	75	131	123	88	113	92	71	73	74	74	80	55	58	47	31	32	24	19	18	11	7
	Internet	74	75	59	33	6	5	1	1	0	0	1	1	0	0	0	0	0	0	0	0	0
	高校图书馆	73	139	126	97	81	90	84	93	92	106	143	122	103	115	105	120	114	99	70	69	66
	数字图书馆	53	149	220	180	177	170	117	107	88	90	84	116	95	52	49	41	24	19	25	16	9
	知识管理	27	40	76	65	100	122	123	122	106	109	111	89	54	44	25	29	19	18	13	8	6
	知识经济	57	47	37	20	12	9	6	4	2	3	1	1	0	0	0	1	1	0	0	1	0
	信息资源	50	80	76	56	80	79	70	43	63	44	64	28	29	31	12	5	4	9	8	4	1
	网络环境	43	83	86	78	66	32	37	18	22	19	15	13	5	8	2	4	2	1	1	1	0
	因特网	40	39	27	18	20	10	10	2	0	1	0	0	0	0	0	0	0	0	0	0	0
	数据库	34	53	48	37	42	23	25	16	15	15	17	13	15	10	13	5	2	2	1	0	4
	资源共享	33	31	20	15	30	20	34	23	28	12	25	14	11	17	11	4	7	4	6	3	3
	图书馆学	31	41	42	40	45	43	44	51	33	43	33	45	27	17	31	22	8	13	12	16	10
	信息	29	29	26	30	31	26	26	12	10	13	8	15	9	4	5	2	2	3	7	2	1
	竞争情报	27	24	33	30	39	51	65	73	60	90	90	55	75	47	51	42	30	21	20	16	10
	信息产业	26	33	20	8	18	4	12	8	9	9	5	2	2	2	1	1	4	1	0	0	0
	信息技术	25	32	47	20	22	24	19	22	15	15	16	23	13	12	3	6	3	6	3	1	2
	信息检索	25	40	33	33	71	46	48	39	43	34	29	25	33	13	24	13	14	7	6	5	2
	︙	︙	︙	︙	︙	︙	︙	︙	︙	︙	︙	︙	︙	︙	︙	︙	︙	︙	︙	︙	︙	︙
	大数据	0	︙	0	0	0	0	0	0	0	0	0	0	8	35	55	77	106	85	68	72	65
	新冠肺炎	0	︙	0	0	0	0	0	0	0	0	0	0	0	0	0	0	0	0	0	0	83
P_t	当年总文献量	1 794	2 414	2 559	2 369	2 700	2 584	2 702	2 522	2 496	3 123	3 316	3 352	2 883	2 556	2 430	2 291	2 195	2 055	1 952	1 894	1 979

表 3-2　累积主题热度 TP 计算结果（部分）

Tab 3-2　Cumulative topic heat TP calculation results（part）

关键词	2001—2005 年					2006—2010 年					2011—2015 年					2016—2020 年				
	2001	2002	2003	2004	2005	2006	2007	2008	2009	2010	2011	2012	2013	2014	2015	2016	2017	2018	2019	2020
图书馆	0.100	0.104	0.095	0.096	0.094	0.094	0.093	0.087	0.082	0.082	0.079	0.075	0.074	0.070	0.066	0.040	0.038	0.037	0.035	0.032
信息服务	0.054	0.051	0.047	0.045	0.043	0.026	0.028	0.028	0.027	0.026	0.016	0.018	0.018	0.017	0.017	0.011	0.010	0.010	0.009	0.008
Internet	0.031	0.027	0.023	0.017	0.014	0.000	0.000	0.000	0.000	0.000	0.000	0.000	0.000	0.000	0.000	0.000	0.000	0.000	0.000	0.000
高校图书馆	0.058	0.053	0.049	0.044	0.042	0.031	0.034	0.035	0.035	0.037	0.036	0.036	0.039	0.040	0.042	0.052	0.050	0.046	0.043	0.041
数字图书馆	0.062	0.074	0.075	0.072	0.071	0.043	0.043	0.040	0.037	0.034	0.035	0.034	0.030	0.028	0.026	0.011	0.010	0.011	0.010	0.009
知识管理	0.017	0.023	0.025	0.028	0.032	0.046	0.047	0.046	0.042	0.040	0.027	0.023	0.021	0.019	0.018	0.009	0.009	0.008	0.007	0.006
⋯	⋯	⋯	⋯	⋯	⋯	⋯	⋯	⋯	⋯	⋯	⋯	⋯	⋯	⋯	⋯	⋯	⋯	⋯	⋯	⋯
大数据	0.000	0.000	0.000	0.000	0.000	0.000	0.000	0.000	0.000	0.000	0.000	0.001	0.005	0.009	0.013	0.048	0.045	0.042	0.041	0.039
新冠肺炎	0.000	0.000	0.000	0.000	0.000	0.000	0.000	0.000	0.000	0.000	0.000	0.000	0.000	0.000	0.000	0.000	0.000	0.000	0.000	0.041
⋯	⋯	⋯	⋯	⋯	⋯	⋯	⋯	⋯	⋯	⋯	⋯	⋯	⋯	⋯	⋯	⋯	⋯	⋯	⋯	⋯

表 3-3　主题热度加速度指数 TAI 计算结果（部分）

Tab 3-3　Topic heat acceleration index TAI calculation results（part）

关键词	2001	2002	2003	2004	2005	2006	2007	2008	2009	2010	2011	2012	2013	2014	2015	2016	2017	2018	2019	2020
图书馆	7.3E+04	4.5E+03	3.4E-14	2.5E-10	7.2E-07	7.2E+03	0.287	2.6E-08	0.006	6.1E+04	0.231	9.2E-05	0.966	5.2E-07	0.002	9.8E-05	0.017	0.309	2.1E-04	0.015
信息服务	2.5E-05	2.0E-03	1.8E-05	1.1E-03	0.002	8.9E-05	14.418	2.018	0.002	1.537	4.4E-04	40.846	0.177	0.004	3.355	0.048	0.185	0.976	0.032	0.103
Internet	3.0E-05	3.3E-04	1.0E-04	8.2E-06	0.750	0.209	1.026	0.672	1	1.352	0.996	0.742	1	1	1	1	1	1	1	1
高校图书馆	2.1E-07	2.4E-04	2.5E-04	1.8E-05	125.176	0.023	326.17	0.983	0.054	9.7E+03	0.001	0.512	1.1E+04	0.168	9.6E+03	0.642	0.023	4.5E-06	1.768	0.046
数字图书馆	9.5E+13	3.4E+12	4.6E-05	2.9E-05	1.263	2.0E-10	0.417	4.7E-04	0.001	0.031	1.1E+04	0.191	3.8E-06	0.835	0.103	9.5E-04	0.185	35.221	0.012	0.020
知识管理	4.571	5.0E+05	0.104	1.5E+04	2.6E+04	0.184	17.331	0.027	5.1E-04	0.239	0.001	4.0E-04	0.220	0.001	10.699	0.018	1.108	0.123	0.087	0.303
...	...	...	...	...	...	...	...	...	...	...	...	...	...	...	...	...	...	...	...	...
大数据	1	1	...	1	1	...	1	1	...	1	1	16.037	5.5E+04	7.6E+03	5.8E+04	2E+06	0.001	0.001	24.016	0.005
新冠肺炎	1	1	...	1	1	...	1	1	...	1	1	...	...	...	...	...	...	...	1	1.6E+18
...	...	...	...	...	...	...	...	...	...	...	...	...	...	...	...	...	...	...	...	...

* 表中 7.3E+04 即 7.3×10⁴

（4）学科热点识别及分组排序。将表 3-2 数据与表 3-3 数据分别对应相乘,得到每个主题 2001—2020 年每年 TP＊TAI 值,共 20 个。将这 20 个值每5 年分为一组,共 4 组。取组内平均值作为某主题在该时间段的综合得分。依据综合得分对全部主题进行组内排序,部分计算结果见表 3-4:

（三）学科热点识别结果

表 3-4　学科研究热点识别结果（部分）
Tab 3-4　Discipline research hotspot identification results（part）

排名	2001—2005 年		2006—2010 年		2011—2015 年		2016—2020 年	
	关键词	综合得分	关键词	综合得分	关键词	综合得分	关键词	综合得分
1	数字图书馆	1.16E+12	图书馆	1.13E+03	大数据	218.741	新冠肺炎	6.81E+16
2	图书馆	4.83E+07	Web2.0	104.599	高校图书馆	161.986	大数据	2.29E+04
3	高校图书馆	2.49E+05	高校图书馆	73.379	网络舆情	106.934	突发公共卫生事件	3.90E+03
4	信息服务	2.80E+03	本体	54.255	数字图书馆	73.804	人工智能	81.998
5	知识管理	2.60E+03	信息资源	17.179	微博	65.581	情报工作	44.641
6	信息检索	827.670	公共图书馆	10.473	竞争情报	62.023	科学数据	13.690
7	网络环境	229.149	企业	5.195	社会网络分析	7.563	扎根理论	13.521
8	情报学	21.320	图书馆教育	2.504	情报学	4.113	网络舆情	7.610
9	电子商务	18.933	竞争情报	1.991	引文分析	1.647	情报学	1.912
10	知识产权	8.426	知识共享	1.697	知识服务	1.211	情报感知	1.827
11	WTO	7.607	指标体系	1.689	图书馆学	1.046	文献计量	1.568
12	信息资源	3.628	知识产权	1.503	科学数据	0.685	数字人文	1.275
13	企业	2.384	情报学	1.446	专利分析	0.655	数据治理	1.233
14	元数据	2.053	知识服务	1.370	学科馆员	0.638	智库	1.157
15	合并	1.612	大学图书馆	0.927	云计算	0.625	阅读推广	1.109
16	文献检索	0.761	开放存取	0.591	可视化	0.577	图书情报学	0.527
17	竞争情报	0.618	信息管理	0.587	期刊评价	0.511	图书馆学教育	0.514
18	电子政务	0.567	知识转移	0.535	移动图书馆	0.458	共词分析	0.513
19	信息技术	0.537	资源共享	0.469	关联数据	0.423	内容分析	0.503
20	数据挖掘	0.519	引文分析	0.407	信息检索	0.336	开放数据	0.425

续表

排名	2001—2005 年		2006—2010 年		2011—2015 年		2016—2020 年	
	关键词	综合得分	关键词	综合得分	关键词	综合得分	关键词	综合得分
21	信息化	0.401	读者服务	0.322	共词分析	0.305	区块链	0.307
22	搜索引擎	0.326	图书馆 2.0	0.313	聚类分析	0.294	应急管理	0.264
23	引文分析	0.286	图书馆学	0.252	阅读推广	0.273	信息生态	0.208
24	文献计量学	0.280	数字资源	0.194	公共图书馆	0.206	网络谣言	0.199
25	参考咨询	0.277	危机管理	0.191	开放获取	0.186	政府数据	0.196
26	信息需求	0.252	图书馆联盟	0.179	知识图谱	0.185	服务质量	0.172
27	网络资源	0.239	图书馆服务	0.171	信息服务	0.175	社会网络分析	0.170
28	资源共享	0.228	知识管理	0.170	学位论文	0.160	研究热点	0.167
29	enterprise	0.224	信息公平	0.166	学科服务	0.155	信息行为	0.164
30	电子阅览室	0.205	政府信息	0.158	文献计量学	0.121	情感分析	0.139

四、学科研究热点分类原则与结果

(一)学科研究热度分类原则

本书根据各研究主题排名变化情况,将研究热点分为前沿型、稳定型和衰退型三类。罗瑞等[1]通过概念辨析及特性研究,认为研究前沿具有近期产生和高创新价值两个特征;郑彦宁等[2]认为前沿是相对于特定研究领域、特定时间而言的,应该代表研究领域最新的研究进展或动向;颜端武等[3]从主题演化的角度,将研究前沿定义为新出现的、有发展潜力的研究主题;Wang Q.[4]认为新兴前沿主题具有新颖性、快速增长、连贯性、高影响力和不确定性 5 个特点。

---

[1] 罗瑞、许海云、董坤等:《领域前沿识别方法综述》,《图书情报工作》2018 年第 23 期。

[2] 郑彦宁、许晓阳、刘志辉:《基于关键词共现的研究前沿识别方法研究》,《图书情报工作》2016 年第 4 期。

[3] 颜端武、苏琼、张馨月:《基于时序主题关联演化的科学领域前沿探测研究》,《情报理论与实践》2019 年第 7 期。

[4] Wang Q. ,"A Bibliometric Model for Identifying Emerging Research Topics", *Journal of the Association for Information Science and Technology* ,2018,69(2) :290-304.

综上所述,前沿研究热点应当具备近期突显、增长迅速、高影响力 3 个特点。因此,研究热点 3 种类型的界定如下:(1)前沿研究热点。排名位于最近五年(2016—2020 年)中,样本研究主题总量的前 2%,且在最近两组数据中突显或首次出现,表达为 2016—2020 年或 2010—2015 年较前一组排名上升50%以上;(2)稳定研究热点。学科研究中综合得分持续靠前的主题,表达为4 组综合得分均位于样本研究主题总量的前 10%,且相邻两组数据的排名波动不超过样本研究主题总量的 5%;(3)衰退研究热点。曾在学科发展的某时间段是热点主题,随后热度持续降低的主题,即 4 组综合得分排名呈递减趋势,且极差大于样本研究主题总量的 20%。

设某研究主题在第 k 组($1 \leqslant k \leqslant 4$)的排名为 R_k ,样本研究主题总量为j。那么,上述分类依据可表达为图 3-1:

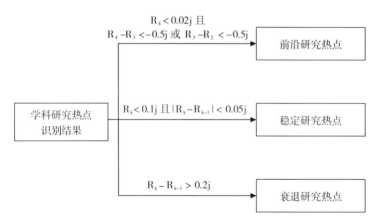

图 3-1　研究热点分类原则

Fig 3-1　Research hotspot classification principles

（二）学科研究热点分类结果

编写 VBA 程序,按图 3-1 所示分类原则,将表 3-4 中学科热点识别结果区分为三类,分别取前 8 位,结果见表 3-5:

表 3-5　前沿、稳定和衰退研究热点

Tab 3-5　Frontiers, stability and decline research hotspots in
Library and Information Science

类型	研究热点
前沿型	新冠肺炎、大数据、突发公共卫生事件、人工智能、情报工作、科学数据、扎根理论、网络舆情
稳定型	情报学、高校图书馆、引文分析、本体、公共图书馆、电子政务、数据挖掘、文献计量
衰退型	信息服务、知识管理、信息检索、电子商务、知识产权、信息资源、竞争情报、信息技术和信息化

"前沿型"研究热点是图书情报学最近几年的高热度研究主题,具有学科研究热度占比高、增速快的特点,有较大研究潜力和发展势头;"稳定型"研究热点具有宏观上热度相对稳定、微观上波动发展的特点,是情报学研究较为稳固的核心研究内容;"衰退型"研究热点具有热度逐年下降的趋势,表示该类主题在发展过程中积累了一定的研究成果,已相对成熟,近年该类研究或更加深入细致,或转向相近领域。

五、模型及结果分析

分析 TP * TAI 模型及其两个指标的部分计算结果,验证该模型的有效性。选取与本节划分测度时间段相近的相关研究,对比识别结果的异同,分析识别结果的可信性及优势。

(一)模型有效性分析

(1)累积主题热度模型 TP 可以有效反映主题在某时间的相对热度。例如表 3-1 第 1、2 行,词频矩阵中"图书馆"2017 年与"信息服务"2008、2009 年绝对词频相同,均为 74;然而,受学科研究文献总量不同的影响,TP 值所反映的累积主题热度计算结果明显不同,表 3-2 第 1、2 行中"图书馆"2017 年累积主题热度 TP 为 0.038,而"信息服务"2008 年与 2009 年的累积主题热度 TP

分别为 0.028 与 0.027。因此,该模型消除了因各年文献总量不同而产生的测度误差,可以反映主题发展至测度年份的热度情况。

（2）主题热度加速度指数模型 TAI 可以有效反映某主题的研究热度随时间变化情况。表 3-3 第 6 行,"知识管理"主题于 2002、2004、2005 年 TAI 值远大于 1,数级达到万级,代表这 3 年主题热度加速度极大,说明该时间段"知识管理"研究热度的增速激增;但从 2008 年开始,除 2015 年和 2017 年外,该主题的 TAI 值均小于 1,代表其主题热度加速度为负,说明该时间段"知识管理"的增速下降。因此,该模型引入的加速度维度可以有效识别主题热度增速的变化情况及其时段,弥补了 TP 模型无法体现主题热度纵向发展变化的缺陷,可以有效体现主题研究热度的速度变化情况,实现动态分析。

（3）TP * TAI 模型综合累积主题热度 TP 和热度加速度 TAI 两个指标,从横向与纵向两个角度综合测度主题热度及其变化情况,有效识别各时期的研究热点。例如,表 3-2 中 2011—2015 年"大数据"TP 值明显小于"数字图书馆",说明这个时间段"大数据"在情报学中的研究热度低于"数字图书馆";表 3-3 中 2012—2015 年"大数据"的热度加速度 TAI 远大于"数字图书馆",说明"大数据"的研究态势、热度趋势高于"数字图书馆";综合横向与纵向的表现,表 3-4 中 2011—2015 年"大数据"TP * TAI 综合排名高于"数字图书馆",分列第 1 和第 4 位。另外,"新冠肺炎"作为 2020 年首次出现的高热度研究主题,表 3-2、表 3-3 中 TP 和 TAI 值都很大,代表该主题研究热度高、热度增长速度也高,表 3-4 中 TP * TAI 计算结果高达 6.81×10^{16},是该年度最热门的研究主题。因此,TP * TAI 模型中两个指标能够有效影响综合排名,且各时间阶段排名靠前的主题均有两个特点:主题研究文献量在学科总文献量中占比较高,即累积主题热度较高;呈高速增长趋势,即主题热度加速度较大。

（二）识别结果分析

相比于同类研究成果,本节识别模型可以有效识别各时间阶段的研究热点,并区分前沿、稳定和衰退 3 种类型,实现学科研究的动态描述。将各分组时间段识别结果与同时期的相关研究结论对比,以验证模型与识别结果的有效性。同类研究识别结果见表 3-6:

表 3-6　同类研究识别结果对比

Tab 3-6　Comparison of the identification results of similar studies

同类研究	识别时间段	识别结果相同	TP＊TA 筛除	TP＊TAI 补充
邱均平等①	1999—2007	图书馆信息服务、信息检索、数字图书馆、知识管理、文献计量、竞争情报	无	知识产权、WTO、电子政务
王兰敬②	2004—2009	图书馆学情报学理论、学术评价、学科馆员与虚拟参考咨询、知识管理与知识服务、知识组织与信息检索、信息资源共建共享、图书馆事业与建设、数字图书馆信息资源、Web2.0	数字图书馆信息服务	本体、竞争情报
王知津等③	2010—2014	情报学理论研究、文献计量研究、竞争情报研究、网络舆情研究、微博研究	无	大数据、云计算、科学数据

以上学者通过词频或共现分析得出的不同阶段的研究结论,表 3-4 中同时间段的研究结果相近,说明 TP＊TAI 识别模型是可行有效的。同时,由于分时段细化研究粒度,且从横向与纵向两方面综合反映主题的研究热度与趋势,比同类研究结论的优势表现在:

(1)能识别不同时间段的研究热点。本节将时间跨度细分,一方面能把握每个时间段的学科研究热点分布,另一方面能了解长时间的学科发展脉络和历程。

---

① 邱均平、周春雷、杨思洛:《改革开放 30 年来我国情报学研究的回顾与展望(三)——情报学的发展阶段及趋势分析》,《图书情报研究》2009 年第 3 期。
② 王兰敬:《2004—2009 年我国图书馆、情报与档案管理学科的研究热点与重点领域——基于 CSSCI 来源文献关键词的分析》,《图书情报工作》2011 年第 16 期。
③ 王知津、李博雅:《我国情报学研究热点及问题分析——基于 2010—2014 情报学核心期刊》,《情报理论与实践》2016 年第 9 期。

（2）能识别到各时间段研究热度学科占比不高，但增速较快的新兴研究主题；也能识别并筛除学科占比不低，且增速缓慢的渐进衰退研究主题。

2001—2005 年，与同期文献①相比，本节除了涵盖同类研究成果的识别结果外，还识别到 WTO/知识产权/电子商务等当采研究主题。1998 年启动"首都电子商务工程"，2000 年中国电子商务协会在京成立②，2001 年加入 WTO，这些突显研究主题虽然当期研究文献总量学科占比不高，但是研究热度增速较快，所以能被本模型很好地识别。

2006—2010 年，与同期文献③相比，有 Web2.0/信息资源/图书馆学情报学学科研究等识别结果相同，也有不同。例如：2004 年，图书情报领域开始了关于"本体"的研究④，并在 2006—2010 年阶段研究热度迅速升温，所以本节有效识别到了"本体"这一新兴主题。同时，学科馆员/虚拟参考咨询等是图书馆传统服务研究领域，研究文献量占比不低，但研究热度增速较低，所以被本模型识别并筛除。

2011—2015 年，与同期文献⑤相比，除涵盖同类研究成果的识别结果外，还识别到大数据等当采研究主题。2012 年 3 月奥巴马政府发布《大数据研究和发展倡议》⑥，2015 年武汉大学召开"大数据时代图书情报学理论与教育发展对策"国际研讨会⑦，以信息数据管理为核心研究内容的图书情报学科

① 邱均平、周春雷、杨思洛：《改革开放 30 年来我国情报学研究的回顾与展望（三）——情报学的发展阶段及趋势分析》，《图书情报研究》2009 年第 3 期。

② 邱均平、马秀娟：《1998—2009 年国内电子商务研究论文的计量分析》，《情报科学》2011 年第 5 期。

③ 王兰敬：《2004—2009 年我国图书馆、情报与档案管理学科的研究热点与重点领域——基于 CSSCI 来源文献关键词的分析》，《图书情报工作》2011 年第 16 期。

④ 李健康、张春辉：《本体研究及其应用进展》，《图书馆论坛》2004 年第 6 期。

⑤ 王知津、李博雅：《我国情报学研究热点及问题分析——基于 2010—2014 年情报学核心期刊》，《情报理论与实践》2016 年第 9 期。

⑥ The White House. "Big Data Research and Development Initiative", 2022 - 07 - 17. http://www.whitehouse.gov/blog/2012/03/29/big-data-big-deal.

⑦ 郭晓婉、冉从敬、吴丹等：《大数据时代图书情报学理论与教育发展对策——第四届中美数字时代图书馆学情报学教育国际研讨会综述》，《图书情报知识》2016 年第 1 期。

迅速引入大数据的研究,并热度猛增,使"大数据"的研究热度在该时期排名第一。

(3)能识别学科目前的前沿热点主题。2020年新冠疫情席卷全球,2017年国家社科重大项目"情报学学科建设与情报工作未来发展路径研究"立项,2018年国务院办公厅印发实施《科学数据管理办法》[①]等。因此,本节识别新冠疫情/突发公共卫生事件/情报工作/科学数据等是2016—2020年热点主题,也是图书情报学科的前沿问题。大数据/人工智能等持续增长的研究热度,依旧是图书情报学的前沿热点问题。

综上,通过文献数据验证与专家咨询,发现本节识别的各时期研究热点,比较符合图书情报学学科发展的实际情况,说明模型是可行有效的。

六、小结

本节构建学科研究热点识别模型 TP * TAI。其中,累积主题热度模型 TP 反映学科内横向相对研究热点,主题热度加速度指数模型 TAI 反映时间视角下的纵向研究热度变化情况。实证表明,该模型具有以下特征:(1)从横向与纵向两个角度反映各时间阶段研究主题的相对热度及其变化情况,有助于把握学科的发展历程与方向;(2)有效识别图书情报学20年来的"前沿型""稳定型"和"衰退型"研究热点,实现学科研究的动态分析。

虽然模型在图书情报学领域得到有效验证,后续研究中,还需要对模型进行验证和完善,提高模型在其他学科应用的普适性。同时,本模型识别维度单一,仅利用主题计算进行学科热点识别存在一定局限性,后续研究中,还需要从多维度对模型进行完善。

---

① 国务院办公厅:《国务院办公厅关于印发科学数据管理办法的通知》,《中华人民共和国国务院公报》2018年第11期。

第二节　改进 z 指数识别高被引学科
研究前沿与热点

论文的高被引代表着论文的高质量和高研究热度。高被引论文一般都是学术价值极高、专业影响力极大的文章,高被引论文的作者通常都是专业内有很深造诣的专家学者,是衡量专家学者科研能力以及专业影响力的主要标准。因此,本节基于高被引论文,改进 z 指数方法,识别学科研究前沿与热点。

一、z 指数方法及其识别学科研究热点的不足

（一）z 指数方法

z 指数是由印度学者 Prathap G.[①]在 2014 年为弥补 p 指数不能反映引文集中程度的缺陷,在 $p = \left[c \times \dfrac{c}{n} \right]^{\frac{1}{3}}$ 指数的基础上,引入描述被引分布一致性指标 v 而得到的新型复合计量指标,他将被引频次、篇均被引频次、被引分布一致性等指标等权重相乘进行综合评价的新型评价指标,本质是将表示数量、质量、一致性程度的三个指标等权重相乘,故也称其为 Quantity（数量）-Quality（质量）-Consistence（一致性）的 3D 效能评价指标,z 指数可以从数量、质量、数量与质量一致性层面对评价对象进行综合测度。因此 Prathap G.认为 z 指数是结合数量、质量、一致性的三维文献计量指标,相较于以往其他指数,属于更高阶的评价指标。

其中 z 指数计算公式如下:

---

① Prathap G., "A Three-Dimensional Bibliometric Evaluation of Research in Polymer Solar Cells", *Scientometrics*, 2014, 101(1): 889-898.

$$z = [pv]^{\frac{1}{3}} = \left[c \times \frac{c}{n} \times \frac{p}{\sum_{k=1}^{n} c_k^2} \right]^{\frac{1}{3}} = \left[c \times \frac{c}{n} \times \frac{\frac{c^2}{n}}{\sum_{k=1}^{n} c_k^2} \right]^{\frac{1}{3}} = \left[\frac{\frac{c^4}{n^2}}{\sum_{k=1}^{n} c_k^2} \right]^{\frac{1}{3}}$$

$$(3.7)$$

其中 c 表示论文的总被引频次,表征数量;n 表示文章数量,c/n 篇均被引量表示质量;c_k 表示第 k 篇文章的被引频次,$k = 1,2\cdots n$,$v = \dfrac{p}{\sum_{k=1}^{n} c_k^2}$ 一致性指标,在 p 指数一定的情况下,一篇或几篇论文的高被引无疑会使平方和变大,v 变小。但无论是人才、团队、机构、学术期刊,在整体水平较高的情况下,个体差距越小越好,即 v 值越大越好。该指标是平衡引用极值及分布频次对结果影响的调节因子,从"数量与质量"一致性层面反映研究对象被引分布的均匀性水平。因此,一致性指标 v 的引入有效解决了特异值问题。

随后,Prathap G.教授[1]从国家、机构、学者、期刊等角度论证了 z 指数应用于科学评价的适用性。实证结果证明 z 指数是一个区分度高、评价全面的综合性评价指标,在人才、机构、期刊的评价应用中具备良好的通用性;随后,Prathap 对 z 指数中的指标内涵与特征作了进一步的解释说明,分析了 z 指数与 h 指数之间的关系[2],阐述了用 z 指数进行科研水平影响力评价[3]和最新研究成果[4]评价的有效性和可操作性。

目前,国内外学者利用 z 指数进行评价的主体主要涉及国家、科研机构、期刊、学术论文、学者等。国内对 z 指数的研究刚刚起步,何晓庆通过分析 z

---

[1] Prathap G., "A Three-Dimensional Bibliometric Evaluation of Research in Polymer Solar Cells", *Scientometrics*, 2014, 101(1):889–898.

[2] Prathap G., "The Zynergy-Index and the Formula for the H-Index", *Journal of the American Society for Information Science & Technology*, 2014, 65(2):426–427.

[3] Prathap G., "Measures for Bibliometric Size, Impact, and Concentration", *Journal of the Association for Information Science & Technology*, 2015, 66(8):1740–1741.

[4] Prathap G., "AThree-Dimensional Bibliometric Evaluation of Recent Research in India", *Scientometrics*, 2017, 110(3):1079–1085.

指数的内涵及计算方法,论证了 z 指数评价学者[1]、期刊[2]、科研机构[3]的合理性与有效性,认为 z 指数是一个比 h 指数、p 指数更具备整体性、全面性的综合评价指标,更具高区分度、高灵敏度等特性;俞立平[4]分析了 z 指数与相关文献计量指标之间的关系,针对 z 指数存在的缺陷,提出改进指数 z_n,用于期刊评价;赵蓉英等[5]融合了 h 指数和 z 指数,并加入"主题"维度,深层次挖掘学者影响力;唐璞妮等[6]探究借鉴现有微博传播力评价指标,构建微博转发 z 指数、评论 z 指数、点赞 z 指数和综合 z 指数,为客观科学评价微博传播力提供新的方法、途径和视角。

目前,国内外尚未有学者利用 z 指数识别学科关键知识节点的研究。因此,本节基于科学文献数据,利用改进的 z 指数方法,识别学科高被引研究热点、新兴主题、研究前沿等学科关键知识节点。选择 CSSCI 数据库的科学文献及其被引数据作为研究的数据源,基于时间因子改进 z 指数得到 $z_y(tf)$ 指数,识别学科研究热点;构造指数 $z_y(tf)$ 年度增长速度指标,识别新兴主题;利用对比分析法分析 $z_y(tf)$ 指数与 z 指数排名变化量的差值大小,得到不同趋势的研究热点类型,以识别学科研究前沿。

(二)相关研究工作及其不足之处

学术论文是科学研究的成果体现,为学科研究热点的识别提供了数量庞

①　何晓庆、王圣洁、胡琳:《z 指数在学者学术影响力评价中的应用》,《情报理论与实践》2018 年第 5 期。

②　何晓庆、王圣洁、胡琳:《z 指数在期刊评价实践中的应用研究》,《中国科技期刊研究》2018 年第 5 期。

③　何晓庆、王圣洁、胡琳:《基于 z 指数的科研机构评价的有效性实证研究》,《现代情报》2018 年第 5 期。

④　俞立平、工作功:《z 指数评价学术期刊的适用性及其改进研究》,《情报学报》2018 年第 11 期。

⑤　赵蓉英、戴祎璠、王旭:《基于 LDA 模型与 ATM 模型的学者影响力评价研究——以我国核物理学科为例》,《情报科学》2019 年第 6 期。

⑥　唐璞妮:《z 指数在微博传播力评价中应用研究——以 27 个政务微博为例》,《情报探索》2020 年第 2 期。

大且内涵丰富的研究对象①。论文高被引指标的形成在一定程度上说明施引者对被引论文研究主题的高度关注和认可,客观地反映了学科的研究动态和关注热点。因此,可以通过研究具备高被引指标的研究主题,构建模型,有效识别学科研究热点②。

最初,基于被引频次识别学科热点。Jan V.③、Small H.等④利用关键词被引频次、研究文献数量、平均出版年等指标,采用引文、共引、共被引分析方法遴选学科研究热点;Chen C⑤以被引频次为基础,基于引文及引文分析方法与理论,研究设计了 CiteSpace 工具探测学科领域研究热点及演化趋势,后续研究⑥利用该工具实证识别学科研究热点。

后来,基于被引综合性指数的学科热点识别。Hirsch J E⑦ 提出融合发文数量与被引频次的改进评价指标 h 指数,后续我国学者肖可⑧分析了 h 指数在图书情报学科研究热点识别中的适用性,莫富传等⑨从理论和方法两个层面论证了高被引论文用于识别学科研究热点的可行性、有效性和实用性。

---

① 刘仲林:《现代交叉科学》,浙江教育出版社 1998 年版,第 139 页。

② 杨秀兰、赵晓春、陈发俊:《医学创新的跨学科特征分析》,《医学与哲学(人文社会医学版)》2007 年第 4 期。

③ Jan V., "Priority Choice and Research Front Specialties in Physics", *Czechoslovak Journal of Physics*, 1984, 34(1):95-98.

④ Small H., Sweeney E., Greenlee E., "Clustering the Science Citation Index Using Co-Citations. II. Mapping Science", *Scientometrics*, 1985, 8(5-6):321-340.

⑤ Chen C., "CiteSpace II: Detecting and Visualizing Emerging Trends and Transient Patterns in Scientific Literature", *Journal of the American Society for Information Science and Technology*, 2006, 57(3):359-377.

⑥ 侯剑华、陈超美、陈悦:《 CiteSpace II:科学文献中新趋势与新动态的识别与可视化》,《情报学报》2009 年第 3 期。

⑦ Hirsch J E., "An Index to Quantify an Individual's Scientific Research Output", *Proceedings of the National Academy of Sciences*, 2005, 102(46):16569-16572.

⑧ 肖可:《h 指数在学科研究热点分析中的应用——以图情学为例》,《情报杂志》2011 年第 3 期。

⑨ 莫富传、娄策群:《高被引论文应用于研究热点识别的理论依据与路径探索》,《情报理论与实践》2019 年第 4 期。

再者,自建模型识别学科热点。Upham S P.等①以 ISI 收录的高被引论文为例,通过分析其研究主题的被引频次和分布数量增长速度,识别"吸收型"和"增长型"研究热点;叶协杰②、祝清松等③基于高被引论文的引文内容识别情报学学科研究热点及发展趋势。

综上所述,目前基于被引用的学科研究热点识别,主要有以下几种方法:高被引频次的关键词、高被引论文的研究主题、被引频次指标 h 指数的识别方法等。这些方法仅仅考虑了被引频次,未考虑发文时间,被引频次受发文时间累积效应的影响,不能识别近年新颖的学科研究热点。同时,z 指数是一个基于被引频次的数量、质量、被引分布一致性的复合评价指标,能多角度对研究主体进行定量测度。因此,本节尝试引入论文新旧程度的时间因子,作为被引频次的权重,改进 z 指数方法,识别学科研究热点。以从被引数量—质量—分布一致性角度,有效识别近期与长期的新颖与持续的学科研究热点,为学者把握领域研究内容提供重要参考。

二、基于 z 指数的高被引学科热点识别模型构建

(一)基于时间因子的 z 指数改进

论文的被引反映了论文研究主题的被引情况,高被引代表了研究者对研究主题的高度关注和认可。z 指数作为一种以被引频次为基础的多属性复合评价方法,可以从数量、质量、一致性三个角度综合测度人才、机构、期刊的质量,所以 z 指数可以从引用角度识别学科研究热点。

但引文指标存在累积效应,论文发表时间的长短对论文被引频次有直接

①　Upham S P., Small H., "Emerging Research Fronts in Science and Technology: Patterns of New Knowledge Development", *Scientometrics*, 2010, 83(1): 15-38.

②　叶协杰:《我国图书情报学高被引论文热点分析》,《图书情报工作》2007 年第 12 期。

③　祝清松、冷伏海:《基于引文内容分析的高被引论文主题识别研究》,《中国图书馆学报》2014 年第 1 期。

的影响。z 指数在计算时将被引频次的作用扩大到了 4 次方,使被引频次对计算结果影响更大,进一步扩大了引文指标时间累积效应的缺陷。同时,z 指数同等对待新旧文献,未从发表时间上区分新旧文献被引频次,易造成最新研究主题难以被识别的不足。

因此,本节考虑引入时间因子改进 z 指数,以提高 z 指数用于高被引学科研究热点的识别效果。

针对上述问题,本节尝试利用俞立平教授[①]提出的根据时滞占累计时滞的比重作为时间因子,根据发表时间的新旧程度,对学科某时间范围内学术论文被引频次分别赋予不同权重,以改进 z 指数。时间因子定义如下:

$$TF_{t-i} = \frac{y-i+1}{\sum\limits_{i=1}^{y}(1+2+\cdots+y)} = \frac{y-i+1}{\frac{y(y+1)}{2}} \tag{3.8}$$

公式(3.8)中,t 表示统计年度时间,i 表示距离统计年份 t 的时滞,y 表示研究的时间范围 $(t-y,t-1)$ 的长度,$i \in [1,y]$。例如,统计年份为 2019 年,研究范围为 2014-2018 年共 5 年的样本数据,则 $t=2019$,$y=5$,那么 $i \in [1,5]$。

时间因子以时滞累积值 $\sum\limits_{i=1}^{y}(1+2+\cdots+i+\cdots+y) = \frac{y(y+1)}{2}$ 作为分母,分子 $y-i+1$ 使距离统计年度的时滞越小分子越大,体现较新数据权重越高的原则。上例中,分母为 $\sum\limits_{i=1}^{y}(1+2+3+4+5) = \frac{5(5+1)}{2} = 15$,

2018 年份的数据新颖性最高,其时间因子 TF_{2018} 为 $TF_{t-1} = \frac{5-1+1}{15} = \frac{5}{15}$;2014 年数据在 5 年中最旧,其时间因子 TF_{2014} 为 $TF_{t-5} = \frac{5-5+1}{15} = \frac{1}{15}$。

---

① 俞立平、郭强华:《被引峰值悖论及影响因子的修正研究:时间影响因子》,《情报理论与实践》2019 年第 7 期。

则,基于时间因子得到的某研究主题的总被引频次 $C_y(tf)$ 表示为:

$$C_y(tf) = \sum_{i=1}^{y} TF_{t-i} \times C_{t-i} \tag{3.9}$$

C_{t-i} 表示某研究主题在 t-i 年度发表的论文在统计时间 t 年度的被引频次。上例中,基于时间因子的某研究主题总被引频次 $C_5(tf)$ 为:

$$C_5(tf) = C_{2014} \times \frac{1}{15} + C_{2015} \times \frac{2}{15} + C_{2016} \times \frac{3}{15} + C_{2017} \times \frac{4}{15} + C_{2018} \times \frac{5}{15} \tag{3.10}$$

那么,基于时间因子改进 z 指数为 $z_y(tf)$ 指数,表达式如下:

$$z_y(tf) = \left[C_y(tf) \times \frac{C_y(tf)}{N} \times V_y(tf) \right]^{\frac{1}{3}} = \left[C_y(tf) \times \frac{C_y(tf)}{N} \times \frac{\frac{C_y(tf)^2}{N}}{\sum_{K=1}^{N} C_K(tf)^2} \right]^{\frac{1}{3}}$$

$$= \left[\frac{\frac{C_y(tf)^4}{N^2}}{\sum_{k=1}^{N} C_K(tf)^2} \right]^{\frac{1}{3}} \tag{3.11}$$

公式(3.11)中,指标 $C_y(tf)$、$C_y(tf)/N$、$V_y(tf) = \dfrac{\frac{C_y(tf)^2}{N}}{\sum_{K=1}^{N} C_K(tf)^2}$ 分别表示融入时间因子后的总被引频次、篇均被引量以及分布一致性指标。其中 N 表示某研究主题在时间范围 y 年内的分布文献数量,$K \in [1, N]$,$C_k(tf)$ 表示主题分布的第 K 篇文章在融入时间因子后的被引频次。

基于时间因子分配被引频次权重,改进 z 指数为 $z_y(tf)$ 指数,可以更有效地用于识别某学科领域在时间范围 y 年间的研究热点。

(二)$z_y(tf)$ 指数与研究热点分类模型构建

分配被引频次权重,调整 z 指数后,设计基于 $z_y(tf)$ 指数的学科热点识别

方法与步骤,如下:

(1)将论文的被引频次转换为各个研究主题的被引频次。论文被引一次,论文研究主题同样被引用一次。同时,某研究主题分布在多篇论文中。所以,论文与研究主题被引频次的转换模型如图 3-2 所示:

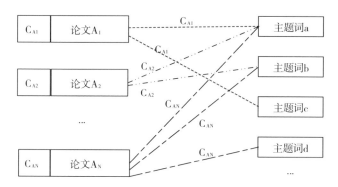

图 3-2 主题词总被引频次转换方法
Fig 3-2 The conversion method of the total citation frequency of thekey words

图 3-2 中,论文 A_1 有主题词 a、c,被引频次为 C_{A1},论文 A_2 有主题词 a、b,被引频次为 C_{A2},论文 A_N 有主题词 a、b、d,论文被引频次为 C_{AN},则研究主题 a 的总被引频次为 $C_{A1} + C_{A2} + C_{AN}$,分布篇数 $N_a = 3$。

(2)$z_y(tf)$ 指数识别某时间范围内的学科研究热点。确定研究样本的时间范围,根据公式(3.11)计算各研究主题的 $z_y(tf)$ 指数值,并由高到低进行排序,$z_y(tf)$ 指数值排名靠前的研究主题是识别得到的学科研究热点。

(3)$z_y(tf)$ 指数年度增长速度 R 值识别不同年度的新兴研究热点。参照统计学中的环比增长速度概念,定义 $z_y(tf)$ 指数年度增长速度 R 值的计算公式为:

$$R = \frac{[z_{t-i}(tf) - z_{t-i-1}(tf)]}{z_{t-i-1}(tf)} \tag{3.12}$$

$z_y(tf)$ 指数年度增长速度 R 值,用来揭示研究主题在 $t-i$ 年指数水平相对于前一年度 $t-i-1$ 年指数值的增长变动程度。R 值越大,说明短时间内研究热度的变化量越大,是新兴研究热点的可能性越大,可用来探测不同年度内具备成长潜力的新兴研究热点。

(4)依据 $z_y(tf)$ 指数与 z 指数排名的变化量划分不同的研究热点类型。对比分析公式(3.7)、(3.11)发现, $z_y(tf)$ 指数在时间因子的作用下,改进了传统 z 指数对不同发表时间的学术论文被引频次平等赋权的缺陷,使得较新年份的论文被引所占权重较大,降低了被引频次随时间累积效应的局限,提高了新文献突现研究热点的可能性。因此, $z_y(tf)$ 指数排序快速上升的研究热点,是分布在新文献中被引频次高的新兴研究热点。依据 z 指数与 $z_y(tf)$ 指数排名变化差量值,划分不同的类型,具体划分标准见图3-3:

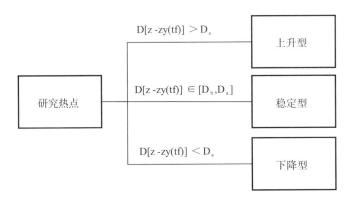

图3-3　研究热点分类原则
Fig 3-3　Research hot topic classification principle

分布在新文献中的研究主题,由于分配了较高的时间因子权值,被引频次值变大, $z_y(tf)$ 值增大,排名前提,排名序号较 z 指数排名序号变小。因此,本节用 z 指数与 $z_y(tf)$ 指数计算结果的排序名次之差 $D[z-z_y(tf)]$ 反映主题的研究热度程度。 $D[z-z_y(tf)]$ 大于正数阈值 D_a ,代表 $z_y(tf)$ 指数排名上升快速,研究主题热度增强; $D[z-z_y(tf)]$ 小于负数阈值 D_b ,表示 $z_y(tf)$ 指数排名下降快速,研究主题热度降低。

三、指标计算及识别结果

（一）数据来源与预处理

为验证 $z_y(tf)$ 指数识别学科研究热点的有效性，选择国内情报学为例进行实证。数据来源为 CSSCI 数据库（中文社会科学引文索引），选择图书情报学 9 种优秀影响力期刊《情报学报》《情报科学》《情报理论与实践》《情报杂志》《情报资料工作》《图书情报工作》《图书情报知识》《图书与情报》《数据分析与知识发现》2014—2018 年间的论文作为样本，人工去除会议述评、书评及征文稿类文献，共得到 2977 篇学术论文。下载 2977 篇论文的标题、摘要、关键词、出版年份及被引量等字段数据，将这些信息保存到 excel 表中。

论文作者标注的关键词不可避免地具有主观性和语义模糊性。因此，为提高识别结果的有效性和准确性，应用 ICTCLAS（汉语词法分析系统）经分句、分词以及词性标注等预处理，抽取 2977 条文献标题和摘要的关键词，与作者给定关键词共同组成研究主题候选数据集。为达到描述的统一性，利用 TDA 软件对研究主题候选数据集进行清洗，包括去除虚词、停用词及不符合定义的词、词干化处理合并同义词等，同时人工干预对"Altmetrics""补充计量学"和"替代计量学""选择性计量学"这类相同或类似概念的关键词进行适当归并。最终，选择频次大于等于 3 的 3985 个规范关键词作为研究样本。

（二）指标计算

自编 Python 程序，分别统计每个研究主题时间域 5 年内的总分布篇数 N、总被引频次 C_y，计算篇均被引频次 C_y/N、分布一致性指标 V_y 以及融入时间因子后的 $C_y(tf)$、$C_y(tf)/N$、$V_y(tf)$ 的值，并根据公式（3.7）和（3.11）分别计算每个研究主题的 z 指数与 $z_y(tf)$ 指数，统计与计算结果见表 3-7 中 3-11 列；

表3-7 高被引研究热点各指标数据结果（部分）

Tab 3-7 2014—2018 Domestic information science highly cited research hotspots index data results(part)

序号	主题词	N	C_y	CY/N	V_y	$C_y(tf)$	Cy(tf)/N	z指数	$z_y(tf)$指数	$z_{2014}(tf)$	$z_{2015}(tf)$	$z_{2016}(tf)$	$z_{2017}(tf)$	$z_{2018}(tf)$	$D[z-z_y(tf)]$
1	大数据	332	2722	8.199	0.337	469.067	1.413	19.591	7.046	2.874	4.874	5.494	4.936	2.809	0
2	智库	82	865	5.787	0.453	151.667	1.850	16.051	5.398	1.954	5.503	2.971	3.727	1.982	4
3	Altmetrics	112	1070	10.549	0.355	163.667	1.461	15.363	5.078	3.290	4.459	3.118	3.805	1.396	5
4	竞争情报	305	1765	9.554	0.442	258.867	0.849	16.527	4.869	2.383	3.145	3.742	2.933	1.925	-4
5	引文分析	259	1447	5.587	0.309	243.133	0.939	15.380	4.545	1.734	2.870	3.065	3.498	1.619	-1
6	社交媒体	48	418	6.276	0.551	73.600	1.533	12.608	4.036	1.443	3.367	2.558	2.656	1.399	6
7	实证研究	127	797	7.873	0.442	122.467	0.964	13.025	4.004	1.889	2.430	3.069	2.665	1.661	-2
8	可视化分析	157	865	8.708	0.403	147.933	0.942	12.430	4.002	1.398	2.200	3.570	2.611	1.590	2
9	微博	92	613	6.602	0.421	98.600	1.072	11.977	3.892	1.399	2.847	2.889	2.533	1.404	4
10	高被引论文	68	521	5.510	0.381	85.400	1.256	11.499	3.865	1.803	2.496	2.597	2.989	1.215	5
11	共词分析	103	680	12.625	0.439	101.667	0.987	12.540	3.849	1.825	1.929	3.356	2.548	1.448	-5
12	影响因子	115	581	7.830	0.505	107.800	0.937	11.402	3.832	1.418	1.812	2.970	3.042	1.363	2
13	突发事件	71	559	6.663	0.464	91.067	1.283	12.684	3.806	1.522	3.532	3.182	2.232	1.113	-8
14	情感分析	24	303	9.649	0.481	44.733	1.464	12.252	3.739	2.015	2.028	2.981	2.856	0.606	-5
15	信息服务	94	736	7.662	0.299	116.733	1.242	11.994	3.672	0.892	2.721	3.256	2.127	1.733	-6
16	期刊评价	112	511	5.052	0.485	88.333	0.789	10.415	3.540	1.884	1.884	2.748	2.671	1.239	7
17	科学数据	63	376	9.209	0.564	65.200	1.035	10.820	3.537	1.055	2.413	2.699	2.228	1.500	5

续表

序号	主题词	N	C_y	Cy/N	V_y	C_y(tf)	Cy(tf)/N	V_y(tf)	z指数	z_y(tf)指数	z_{2014}(tf)	z_{2015}(tf)	z_{2016}(tf)	z_{2017}(tf)	z_{2018}(tf)	$D[z-z_y(tf)]$
18	网络舆情	36	344	6.158	0.368	53.933	1.498	0.498	10.654	3.426	1.863	2.089	2.997	1.649	1.463	6
19	云计算	43	396	5.968	0.360	55.533	1.291	0.553	10.954	3.411	0.000	2.174	4.372	1.477	0.693	-2
20	微信	11	150	7.250	0.500	27.867	2.533	0.514	10.073	3.311	1.837	2.077	3.222	1.455	0.889	6
21	用户行为	37	357	9.556	0.460	52.400	1.416	0.489	11.655	3.310	1.292	1.908	2.139	2.748	1.875	5
22	知识管理	73	411	4.953	0.470	67.667	0.927	0.576	10.287	3.306	1.494	1.707	2.477	2.823	1.415	-1
23	被引频次	106	525	4.563	0.463	96.400	0.909	0.404	10.640	3.283	1.367	2.337	2.484	2.041	1.520	2
24	学术影响力	76	468	5.630	0.450	70.267	0.925	0.528	10.905	3.249	0.616	2.173	2.355	2.313	2.383	-6
25	知识服务	40	296	13.636	0.363	54.667	1.367	0.426	9.263	3.169	1.384	2.443	1.686	2.176	1.738	6
26	科研合作	56	343	6.188	0.599	49.867	0.890	0.698	10.797	3.141	1.226	1.850	2.566	2.407	1.323	5
27	开放获取	40	290	5.394	0.582	45.800	1.145	0.591	10.695	3.140	0.889	1.989	2.766	2.116	0.481	1
28	健康信息	15	148	8.290	0.642	24.267	1.618	0.680	9.785	2.988	1.435	1.949	1.812	2.223	2.374	6
29	跨学科	41	232	9.368	0.598	36.533	0.891	0.798	9.227	2.962	0.644	2.218	2.697	2.096	0.990	5
30	信息资源	99	534	7.400	0.327	84.800	0.857	0.322	9.801	2.859	2.007	1.574	1.611	2.225	1.104	-1
31	本体	49	286	5.659	0.322	38.533	0.786	0.643	8.129	2.691	1.390	2.026	1.932	1.768	0.462	3
32	社会网络分析	64	396	5.837	0.386	52.667	0.823	0.448	9.812	2.688	1.015	1.806	2.304	1.883	1.165	-6
33	隐私	17	126	4.400	0.513	20.800	1.224	0.660	7.822	2.561	0.658	1.923	1.690	2.053	1.119	8
34	物联网	18	126	7.412	0.398	23.467	1.304	0.530	7.056	2.532	1.398	1.382	3.038	1.482	1.036	5
35	信息行为	31	257	4.043	0.412	34.600	1.116	0.414	9.573	2.518	1.892	0.995	2.929	0.860	0.853	5

然后,利用公式(3.11)分别计算研究主题在2014—2018年中各年度的$z_y(tf)$年度分值,见表3-7中12-16列;最后,计算研究主题z指数与$z_y(tf)$指数的排名变化差量值$D[z - z_y(tf)]$,见表3-7第17列。由于篇幅限制,选取$z_y(tf)$指数由高到低排名前1%的35个研究主题,作为识别得到的情报学研究热点。$z_y(tf)$指数与相关指标的数据结果见表3-7:

（三）年度新兴研究热点分析

为分析2014—2018年间我国情报学研究热点的变化情况,对表3-7第12—16列数据,代入公式(3.12),计算研究主题$z_y(tf)$指数年增长速度R值,并选择在平均值以上的前15%的研究主题作为各年度新兴研究热点,计算并筛选结果,见表3-8:

表3-8　不同年度的新兴研究热点

Tab 3-8　Emerging research hotspots of information science in different years

年度	主题词	增长速度 R 值
2014—2015	知识服务	2.530
	信息资源	2.447
	信息服务	2.050
	社交媒体	1.333
	突发事件	1.320
	科学数据	1.287
	智库	1.186
	微博	1.035
2015—2016	信息安全	2.238
	文本挖掘	1.944
	信息行为	1.199
	微信	1.011

年度	主题词	增长速度 R 值
2016—2017	本体	0.381
	科研合作	0.291
	核心作者	0.263
	跨学科	0.227
	Altmetrics	0.220
	物联网	0.214
2017—2018	用户行为	0.153
	健康信息	0.148

由于引文分析的局限和检索日期的界定,2018 年发表的论文被引数据较少。所以,多数研究主题在 2017—2018 年度中的 $z_y(tf)$ 指数年增长速度 R 值小于 0,相对于其他年度,新兴研究热点主题识别结果较少。但因改进 z 指数对新文献的被引频次分配了较大的权值,随着论文被引数量的增加,后期研究热点识别结果将相应增多。

(四)研究热点类型划分

根据图 3-3 的分类模型,对表 3-7 中第 17 列 $D[z - z_y(tf)]$ 的数据结果,运用 SPSS 软件对研究主题排名变化差量进行正态检验分析,k-s 结果显示:在 sig. = 0.2>0.05 下服从正态分布,其均值与标准差分别为:$\mu = 1.22, \partial = 2.45$。定义 $D_a = \mu + \partial, D_b = \mu - \partial$。由于 $D[z - z_y(tf)]$ 值为整数,根据数学运算取整原理,$\{x\}$ 表示一个小于或等于 x 的最大整数,所以 $D_a = \{\mu + \partial\} = \{3.67\} = 3$,$D_b = \{\mu - \partial\} = \{-1.23\} = -2$,那么 $[\mu - \partial, \mu + \partial] = [-2, 3]$。依据图 3-3 的分类原则,将表 3-7 的学科研究热点识别结果分为 3 类,见表 3-9:

表 3-9　研究热点不同类型划分结果

Tab 3-9　The results of different types of hotspots

研究热点类型	划分标准	研究主题
"上升型"研究热点	$D[z-z_y(tf)]>3$	智库、Altmetrics、社交媒体、网络舆情、微信、用户行为、知识服务、健康信息、隐私、物联网、微博、期刊评价、科学数据、跨学科、信息行为、核心作者、信息安全、科研合作、高被引论文
"稳定型"研究热点	$D[z-z_y(tf)]$ $\in[-2,3]$	大数据、引文分析、实证研究、影响因子、云计算、知识管理、被引频次、开放获取、信息资源、知识共享、本体、复杂网络、可视化分析
"下降型"研究热点	$D[z-z_y(tf)]<-2$	竞争情报、共词分析、突发事件、情感分析、信息服务、社会网络分析、文本挖掘、学术影响力

四、模型有效性与识别结果分析

（1）基于时间因子改进的 $z_y(tf)$ 指数，比 z 指数更有效识别新兴高被引学科研究热点。

观察表 3-7 中，z 指数与 $z_y(tf)$ 指数计算结果对比分析发现，研究主题"Altmetrics"的 z 指数排名在"竞争情报""引文分析"之后，而 $z_y(tf)$ 指数值却大于二者，位于 $z_y(tf)$ 指数排名结果的第三位，这说明"Altmetrics"的新文献、新被引多，是近几年我国情报学新兴学科研究热点。这与近年来由于传统计量学的局限和网络共享环境带来的机遇，"Altmetrics"研究逐渐成为国内外科学文献计量学研究"时代新宠"①大背景相符合，这一结果与近期多数学术界广泛认可的研究热点识别结果②③相吻合，同时学者刘春丽④、

① Altmetric.com,"What are Altmetrics?",2022-07-17,https://www.altmetric.com/about-alt-metrics/what-are-altmetrics/.

② Hirsch J E.,"An Index to Quantify an Individual's Scientific Research Output",*Proceedings of the National Academy of ences of the United States of America*,2005,102(46):16569-16572.

③ 侯剑华、陈超美、陈悦:《CiteSpace Ⅱ:科学文献中新趋势与新动态的识别与可视化》,《情报学报》2009 年第 3 期。

④ 刘春丽、刘丽萍、马凤毛:《Altmetrics 指标评价科研产出社会影响力研究现状及应用挑战》,《农业图书情报》2019 年第 5 期。

王贤文①、刘晓娟②、魏绪秋等③均在近期有关 Altmetrics 的研究中指出:Altmetrics 作为文献情报和科学计量学在大数据时代的延伸和新工具,在科技评价、主题探测、结构识别、文献过滤等研究中具有广泛的应用前景,是目前我国情报学研究中持续升温的前沿性新兴主题。

这说明相比较于传统 z 指数,基于时间因子的 $z_y(tf)$ 指数根据论文发表时间的新旧,分年度对被引频次赋予不同时间因子权重,具备良好的时效性识别功能,识别"Altmetrics"这类新兴主题更有效。

(2) $z_y(tf)$ 指数继承 z 指数的优势,较好地实现了数量、质量、一致性三个评价指标的平衡。

观察表 3 - 7 发现, $z_y(tf)$ 指数的总被引频次 $C_y(tf)$ 、篇均被引频次 $C_y(tf)/N$ 、分布一致性 $V_y(tf)$ 三个分指标对 40 个研究样本识别结果存在明显的不一致性,但 $z_y(tf)$ 有较好的平衡效果。 $z_y(tf)$ 指数值排名第二位的研究主题"智库",融入时间因子后, $C_y(tf)$ 值仍然远远低于"Altmetrics""竞争情报""引文分析"等,但基于时间因子的篇均被引频次 $C_y(tf)/N$ 指标最高,为 1.850,说明其被引"质量"高;且分布一致性指标为 0.561,相对比较高,被引分布均匀。三个指标综合后,"智库"成为我国情报学研究热度仅次于"大数据"的高被引学科研究热点。

因此, $z_y(tf)$ 指数基于 z 指数本质,采用三类指标相乘的方式,可以敏锐地捕捉到每一个指标的特征,实现评价对象数量、质量、数量与质量一致性指标之间的平衡。

(3)构建 $z_y(tf)$ 指数年度增长速度 R 值,可以分析热点变化规律,识别不

① 王贤文:《Altmetrics:大数据时代的科学计量学》,《图书情报知识》2019 年第 2 期。
② 刘晓娟、赵卓婧、韦娱:《生命周期视角下的 Altmetrics 数据质量研究》,《图书情报知识》2019 年第 2 期。
③ 魏绪秋、郭凤娇:《基于动态 Altmetrics 数据的学术论文持续关注度研究》,《情报理论与实践》2019 年第 5 期。

同年度的新兴研究热点。

　　表 3-8 信息是识别得到的我国情报学 2014—2018 年各年度的新兴研究热点。2014—2015 年度中,"智库""社交媒体""突发事件"等新兴研究主题的识别结果与谭春辉等①利用 CiteSpace 突变词探测算法检测得到的该时段的前沿热点呈现高度吻合。2015—2016 年度中,"信息安全""微信""文本挖掘""信息行为"等与奉国和等②利用关键词词频加权方法得到的结果大致相同。2016—2017 年度中,识别出"科研合作""跨学科"等新兴研究主题,学者陈仕吉③、李长玲④、刘小慧等⑤在同期研究中指出基于跨学科开展科研合作研究是目前科学发展的重要特点和新趋势。2017—2018 年度识别的"用户行为"研究热点,也是中国科学院与美国科睿唯安集团联合发布的"研究前沿报告"⑥⑦中的结果;"用户行为""健康信息"在被认为代表领域最新动态风向标的 AISIS&T 于 2017 与 2018 年会⑧⑨⑩中 2 次成为热点关注。

---

　　①　谭春辉、曾娟、邱均平:《基于 CSSCI 的"十二五"时期国内情报学研究态势分析》,《情报学报》2017 年第 7 期。

　　②　奉国和、孔泳欣、肖洁琼:《基于加权关键词的领域热点与趋势分析新方法》,《图书情报工作》2018 年第 18 期。

　　③　陈仕吉:《跨学科研究更容易获得高学术影响力?》,《图书情报知识》2018 年第 6 期。

　　④　李长玲、冯志刚、刘运梅等:《基于引文网络的潜在跨学科合作者识别——以图书情报学为例》,《情报资料工作》2018 年第 3 期。

　　⑤　刘小慧、李长玲、冯志刚:《基于改进的 TF * IDF 方法分析学科研究热点——以情报学为例》,《情报科学》2017 年第 7 期。

　　⑥　中国科学院科技战略咨询研究院:《2018 研究前沿》,2022 年 07 月 17 日,见 http://www.casisd.cn/zkcg/zxcg/ 201811 / P020181129369058326386.pdf.

　　⑦　中国科学院科技战略咨询研究院:《2017 研究前沿》,2022 年 07 月 17 日,见 http://www.casisd.cn/zkcg/zxcg/ 201711/P0201711213421291658 76.pdf.

　　⑧　周群、何枭:《连接现实和虚拟世界中的人和信息——2017 年 ASIS&T 年会综述》,《图书情报知识》2018 年第 4 期。

　　⑨　Li K.,Chen P Y.,"The Narrative Structure as a Citation Context in Data Papers:A Preliminary Analysis of Scientific Data". *Proceedings of the Association for Information Science and Technology*,2018,55(1):856-858.

　　⑩　李月琳、章小童、王姗姗等:《情报学的坚守与拓展——基于 2018 年 ASIS&T 年会论文的综述》,《图书情报知识》2019 年第 3 期。

因此,用$z_y(tf)$指数年度增长速度 R 值识别的年度学科热点结果,有些与其他学者使用其他方法的识别结果相同,说明了该方法的有效性;有些结果不同,可以为读者提供更多参考,该指数与其他方法互为补充。同时,$z_y(tf)$指数还能优于其他方法,具有实现识别结果的分类等其他功能。

(4)依据$z_y(tf)$指数与 z 指数排名变化量,可以有效区分不同类型的高被引学科研究热点。

研究样本中,融入时间因子的$z_y(tf)$指数与 z 指数排名结果变化差量$D[z-z_y(tf)]$,用以区分研究热点的不同发展趋势,细分为表3-9中的三类:

"上升型"类研究热点,排名变化差量$D[z-z_y(tf)] > 3$,表明$z_y(tf)$指数排名与 z 指数排名至少提前4位,更多的新文献关注该主题的研究,所以这些主题具有更好的研究潜力,有更大概率代表未来研究的前沿趋势,能够体现领域研究的新方向。主要包括智库、Altmetrics、社交媒体等研究主题。

"稳定型"研究主题的$z_y(tf)$指数与 z 指数的排名变化差量$D[z-z_y(tf)] \in [-2,3]$,表明这类热点在目前阶段呈现稳定发展,尚未随时间发展引起研究热度的变化。主要包括:如"大数据"这类近几年持续高热度的研究主题,以及"影响因子""被引频次""信息资源"这类本学科基础性或传统性内容的研究主题。

"下降型"类的研究主题$D[z-z_y(tf)] < -2$,z 指数比$z_y(tf)$指数排名更靠前,说明这类研究主题新文献少,在一定程度上说明其热度正在降低。主要有"竞争情报"这类在样本时间范围之前属于研究热点,但后续研究热度逐渐下降的研究主题[①];以及"信息服务"这类伴随人工智能等技术进步与科学研究深入,被学术界用"知识服务"取代的研究主题。

因此,构建研究主题$z_y(tf)$指数与 z 指数排名变化量$D[z-z_y(tf)]$,细分研究热点的变化趋势,结论符合学科现状、近似其他学者的研究结果,有效

---

① 段庆锋、潘小换:《利用社交媒体识别学科新兴主题研究》,《情报学报》2017 年第 12 期。

性较好。

（5）$z_y(tf)$ 指数识别高被引学科研究热点是可行、有效的。

本节基于时间因子改进 z 指数为 $z_y(tf)$ 指数，识别高被引学科研究热点，第四章第三节基于 z 指数方法，采用网络环境下的 Altmetrics Attention Score（AAS）数据，识别国际情报学网络高关注度研究主题。二者识别结果有较好的一致性和差异性：

本节表 3-9 中，"上升型"分类结果，如"Altmetrics""社交媒体""科研合作""用户行为"等高被引研究主题，属于第四章第三节"潜力类"AAS 高关注度研究主题；"稳定型"研究热点，如"引文分析""影响因子"与第四章第三节"核心类"研究主题一致；表 3-9"下降类"研究热点，如"文本挖掘"等属于第四章第三节的"边缘类"研究主题。

但由于科研环境的不同，二者的识别结果，也有些许差异。如国际情报学比较注重"Peer Review""Gender"等同行评议与性别研究，而国内情报学关于"微信""微博"的研究比较热门。

因此，应用 z 指数方法识别国内外情报学的高被引与网络高关注度研究主题，识别结果存在共性，也有差异。一方面，说明国内外情报学研究热点具有相同、相异之处；另一方面，说明 $z_y(tf)$ 指数识别高被引学科热点和 z 指数识别 AAS 高关注度研究主题，都是可行、有效的。二者互为验证和补充，从科学文献的高被引和网络媒体的高关注两方面，全面、综合识别国内外情报学研究热点。

五、小结

本节引入时间因子，根据论文发表时间分配不同权值，降低被引频次时间滞后和累积效应的局限，改进 z 指数为 $z_y(tf)$ 指数，以有效识别新文献中的热点研究主题。一方面，综合研究主题基于时间因子的被引数量、质量以及数量与质量一致性，全面、有效地识别学科高被引研究热点。另一方面，构建

$z_y(tf)$ 指数年度增长速度 R 值,分析研究热点的变化规律,识别不同年度的新兴研究热点主题;并依据研究主题 $z_y(tf)$ 指数与 z 指数排名变化差量,区分"上升型""平稳型""下降型"三种不同类型的研究热点,以合理预测研究热点的未来发展趋势。最后,以我国情报学领域 2014—2018 年 9 种优秀期刊的学术论文为例进行实证研究,实证结果说明:基于时间因子改进的 $z_y(tf)$ 指数用于学科研究热点识别是可行、有效的。

本节的实证研究局限于情报学,今后的研究需要继续探索将其应用于其他学科、多学科、交叉学科的普适性。

第三节　基于中间人分析方法的当采
跨学科交叉知识识别

大科学时代,许多问题的解决需要融合多学科领域的知识。面对学科内部无法解决的问题与挑战时,其他学科的知识会提供新的思路与启发,学科间的交叉融合越来越频繁[1]。学科交叉知识连接不同学科,促进跨学科知识交流。因此,识别并剖析学科交叉知识不同类型中间人角色在跨学科知识交流中的作用,有利于了解学科间的知识交流模式,促进科学发展。

一、概念界定及相关研究工作

1992 年,Burt R.[2]提出了"中间人"的概念。在网络研究中,中间人被界定为从一个行动者那里获取信息和资源,并向另外一个行动者传递信息和资源的"行动者"[3]。在跨学科知识交流网络中,中间人需要连接不同的学科,因

---

①　Gates A J., Ke Q., Varol O., et al., "Nature's Reach: Narrow Work Has Broad Impact", *Nature*, 2019(7781): 32-34.

②　Burt R., *Structural holes*: Harvard University Press, 1992.

③　Gould R., Fernandez R., "Structures of Mediation", *Sociological Methodology*, 1989(19): 89-126.

此多学科的交叉知识或跨学科知识更具备成为中间人的能力,也更容易成为知识生长点。更容易成为知识生长点的学科交叉知识/跨学科知识示意图,见图3-4:

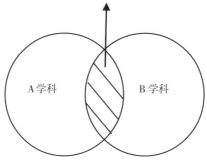

图3-4　学科交叉/跨学科知识示意图
Fig 3-4　Schematic diagram of interdisciplinary/interdisciplinary knowledge

图3-4中,若 A 与 B 分别代表两学科的关键词集合。那么,阴影部分的关键词,从学科角度可以定义为"学科交叉知识";从知识的角度可以定义为"跨学科知识",这些知识属于多学科、具有跨学科能力。因此,跨学科知识与学科交叉知识的本质都是体现多个学科知识的相互交叉、渗透和融合①,但概念表述略有不同。学科交叉知识是跨学科知识流动形成的结果②,也是跨学科交流的桥梁。本节以跨学科交流中的知识节点为研究对象,因此这些具有跨学科桥梁能力的多学科交叉知识统一定义为"跨学科知识"。

跨学科知识交流,特指学科领域间的知识转移、流动、扩散和交换现象③。中间人分类理论被不同学者用于分析知识交流中不同载体、不同节点的作用。

---

① Porter A L.,Roessner J D.,Cohen A S.,et al.,"Interdisciplinary Research:Meaning,Metrics and Nurture",*Research Evaluation*,2006,15(3):187-195.

② 叶鹰、张家榕、张慧:《知识流动与跨学科研究之关联》,《图书与情报》2020 年第 3 期。

③ 关智远等:《跨学科知识交流研究综述》,《情报杂志》2016 年第 3 期。

Kauffeld–Monz M.①和 Fritsch M.②研究发现公共研究机构在区域间知识交流中扮演重要角色;Lissoni F③ 分析专利发明人网络,发现只有极少数的专利发明人担任中间人角色;李长玲等④研究发现《情报学报》在图书情报学学科内外部知识交流中都起到了积极的桥梁作用;Ho M H.等⑤以燃料电池核心技术为研究对象,分析每项专利的五类中间人角色,发现某些专利五类角色都表现突出,而某些均表现出低分;岳增慧等⑥以学科为研究对象,构建 8 项指标,对社会网络领域学科间中间人角色进行刻画,发现图书情报学主要扮演联络人角色。

　　跨学科知识,即学科交叉知识在跨学科交流中也会承担中间人角色,因此首先需对跨学科知识进行识别。一方面,有学者利用共词网络识别跨学科知识。Xu H.等⑦基于共词网络,构建并计算主题 TI 值以及 Bet 值等,识别跨学科主题,发现信息技术和信息系统等是图情领域与其他学科的交集;阮光册等⑧利用共词网络,结合聚类分析、LDA 模型、社会关系网络等多种方法,发现图书馆、大数据等是教育学和图情领域的交叉研究主题;另一方面,有学者利用参考文献识别跨学科知识,李长玲等⑨利用情报学与计算机科学的互引文

　　① Kauffeld-Monz M.,Fritsch M.,"Who Are the Knowledge Brokers in Regional Systems of Inno-vation? A Multi-Actor Network Analysis",*Regional Studies*,2013,47(5):1-49.

　　② Fritsch M.,Kauffeld-Monz M.,"The Impact of Network Structure on Knowledge Transfer:An Application of Social Network Analysis in the Context of Regional Innovation Networks",*The Annals of Regional Science*,2010,44(1):1-27.

　　③ Lissoni F.,"Academic Inventors as Brokers",*Research Policy*,2010,39(7):843-857.

　　④ 李长玲、支岭、纪雪梅:《基于中心性分析的学科期刊地位评价——以情报学等 3 学科为例》,《情报理论与实践》2012 年第 6 期。

　　⑤ Ho M H.,Lin V H.,Liu J S.,"Exploring Knowledge Diffusion Among Nations:A Study of Core Technologies in Fuel Cells",*Scientometrics*,2014,100(1):149-171.

　　⑥ 岳增慧、许海云:《学科引证网络知识扩散特征研究》,《情报学报》2019 年第 1 期。

　　⑦ Xu H.,Guo T.,Yue Z.,et al.,"Interdisciplinary Topics of Information Science:A Study Based on the Terms Interdisciplinarity Index Series",*Scientometrics*,2016,106(2):583-601.

　　⑧ 阮光册、夏磊:《学科间交叉研究主题识别——以图书情报学与教育学为例》,《情报科学》2020 年第 12 期。

　　⑨ 李长玲、刘非凡、郭凤娇:《运用重叠社群可视化软件 CFinder 分析学科交叉研究主题——以情报学和计算机科学为例》,《图书情报工作》2013 年第 7 期。

献,运用知识聚类和重叠社群方法,对交叉研究主题进行识别,发现本体、信息检索、搜索引擎等是桥梁社群的主要构成元素,也是两学科交叉研究的主要内容;徐庶睿等[1]以计算机科学等 6 个学科为例,综合术语和引文内容,研究发现不同类型的学科存在着不同的交叉水平,相似的交叉度之下存在着不同的交叉点。

综上所述,一方面,目前对于跨学科交流中间人角色的分析,多集中于作者、期刊、文献、学科等网络节点的中介作用。然而这些都是知识的载体,知识才是学科间交流的主体,当前研究却恰恰忽视了知识作为中间人的桥梁作用;另一方面,目前跨学科知识的识别主要基于多学科共词网络的交集或从参考文献角度识别。而知识的输入输出才是跨学科交流与传递的主要方式,文献的引用与被引用实现不同学科知识的输入与输出、流动与融合,构成跨学科知识动态交流与关联网络[2]。但是,目前鲜有研究文献通过参考文献与引证文献识别跨学科知识。

本节根据中间人分类理论提出三种跨学科知识交流中间人类型,基于跨学科知识的引用与被引用数据构建模型,识别其在跨学科交流中承担的不同中间人角色。一方面,拓展跨学科知识的识别视角与方法,分析跨学科交流网络中知识节点中间人的桥梁作用,深入探寻跨学科交流模式;另一方面,为后续通过中间人识别跨学科相关知识奠定基础,以促进跨学科科研合作、知识创新、融合发展。

目标学科,即要研究的学科,其样本范围内的参考文献与引证文献皆来源于两部分:本学科(即目标学科)、跨学科(即目标学科以外的其他学科)。那么,跨学科参考文献关键词集合 A、目标学科文献关键词集合 B、跨学科引证

---

① 徐庶睿、卢超、章成志:《术语引用视角下的学科交叉测度——以 PLOS ONE 上六个学科为例》,《情报学报》2017 年第 8 期。

② 张瑞、赵栋祥、唐旭丽等:《知识流动视角下学术名词的跨学科迁移与发展研究》,《情报理论与实践》2020 年第 1 期。

文献关键词集合 C 之间的数据关系,见图 3-5:

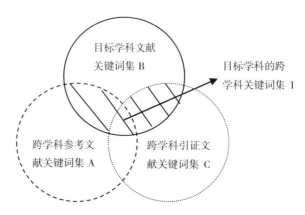

图 3-5　目标学科的跨学科关键词集示意图
Fig 3-5　Schematic diagram of the interdisciplinary
keyword set of the target discipline

图 3-5 中,阴影部分包含 $B \cap A$ 与 $B \cap C$(其中含有 $A \cap B \cap C$)。这部分交叉关键词是目标学科中的"跨学科知识",定义为集合 I。

集合 I 中的目标学科跨学科知识,在跨学科交流中起到重要的桥梁作用。因此,将 I 集合的跨学科关键词分为方法技术型与理论概念型两大类,并选择其中高频关键词进行当采跨学科知识中间人识别,研究框架见图 3-6:

二、当采跨学科交叉知识中间人能力识别模型构建

(一)跨学科交叉知识中间人角色分析

Burt 于 1992 年提出"中间人"概念后,相关研究对"中间人"进行了更细致的描述与角色分类。刘军[①]认为在一个三方关系中,如果 A 有一个指向 B 的关系,B 有一个指向 C 的关系,但是 A 没有指向 C 的关系,那么 B 就是中间人,并按照 A、B、C 所属群体的不同,将中间人分为五类角色,见图 3-7。

---

① 刘军:《整体网分析讲义——UCIENT 软件实用指南》,格致出版社 2009 年版,第 121 页。

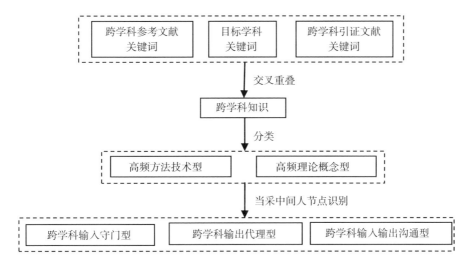

图 3-6　当采跨学科中间人识别研究思路框架图

Fig 3-6　Framework of research ideas on interdisciplinary middleman identification

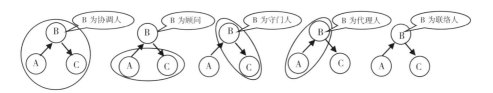

图 3-7　五类中间人角色

Fig 3-7　Five types of intermediary roles

图 3-7 中:

(1)协调人。若 A、B、C 处于同一群体,则中间人 B 称为协调人;

(2)顾问。若 A、C 处于同一个群体,而 B 处于另一个群体,则中间人 B 为顾问;

(3)守门人。若 B、C 处于同一个群体,而 A 处于另一个群体,则中间人 B 为守门人;

(4)代理人。若 A、B 同处于一个群体,而 C 处于另一群体,则中间人 B 称为代理人;

(5)联络人。若 A、B、C 各属于不同的群体,那么中间人 B 为联络人。

如果把 A、B、C 节点及其所属群体,分别看作是跨学科参考文献关键词 A_j、目标学科文献关键词 B_j、跨学科引证文献关键词 C_j 及其他们所属目标学科或者跨学科,那么就可以依据中间人分类理论,对图 3-5 中集合 I 的目标学科跨学科关键词 I_j(即更容易成为桥梁中间人的 B_j),进行跨学科交流中的角色类型划分。

图 3-7 中,协调人只起到群体(即学科)内部的知识交流作用。顾问、守门人、代理人和联络人这 4 种中间人连接的是不同群体,即知识在跨学科中的传递,是本节的研究类型。同时,图 3-7 中顾问与联络人细分 A 与 C 的群体相同或者不同,但本节只考虑目标学科与跨学科,不对跨学科进行细分,因此将这两种类型进行合并。最终,将跨学科知识交流中间人划分为 3 种类型:跨学科输入守门型中间人、跨学科输出代理型中间人、跨学科输入输出沟通型中间人,示意图见图 3-8:

①I_j 为跨学科输入守门型中间人　②I_j 为跨学科输出代理型中间人　③I_j 为跨学科输入输出沟通型中间人

图 3-8　三种跨学科中间人类型示意图
Fig 3-8　Schematic diagram of three types of interdisciplinary middlemen

(1)跨学科输入守门型中间人。如图 3-8①所示,如果 A_j 属于跨学科,I_j、C_j 都属于目标学科,那么中间人 I_j 为跨学科输入守门型中间人,是其他学科知识进入目标学科的桥梁。这时,关键词 I_j 的参考文献中跨学科文献占比越高,同时引证文献中本学科文献占比越高,说明 I_j 将其他学科知识输入到本学科的能力越强。因此,可以用以下公式表达跨学科输入守门型中间人角色能力。

$$P_1 = \frac{m_2}{M} * \frac{n_1}{N} \tag{3.13}$$

其中,P_1 为中间人 I_j 的跨学科输入守门能力;M 为中间人 I_j 的参考文献总量;N 为 I_j 的引证文献总量;m_2 为 I_j 的跨学科参考文献量;n_1 为 I_j 的本学科引证文献量。

（2）跨学科输出代理型中间人。如图 3-8②所示,如果 A_j、I_j 都属于目标学科,而 C_j 属于跨学科,那么中间人 I_j 为跨学科输出代理型中间人,是目标学科对外进行知识交流的桥梁。这时,关键词 I_j 的参考文献中本学科文献占比越高,同时引证文献中跨学科文献占比越高,说明 I_j 将本学科知识输出到其他学科的能力越强。跨学科输出代理型中间人角色能力可以用以下公式表示。

$$P_2 = \frac{m_1}{M} * \frac{n_2}{N} \tag{3.14}$$

其中,P_2 为中间人 I_j 的跨学科输出代理能力;m_1 为 I_j 的本学科参考文献量;n_2 为 I_j 的跨学科引证文献量。

（3）跨学科输入输出沟通型中间人。图 3-8③中,A_j、C_j 都不属于目标学科,即跨学科,而 I_j 属于目标学科,那么中间人 I_j 为跨学科输入输出沟通型中间人,是连接其他学科、跨学科知识传递的桥梁。这时,关键词 I_j 的参考文献与引证文献中跨学科文献数量越多,占比越大,说明 I_j 对跨学科知识交流的促进作用越大。因此,跨学科输入输出沟通型中间人角色能力可以表达为以下公式。

$$P_3 = \frac{m_2}{M} * \frac{n_2}{N} \tag{3.15}$$

其中,P_3 为中间人 I_j 的跨学科输入输出沟通能力。

（二）当采跨学科交叉知识中间人识别模型

赵红州[1][2]提出"当采学科",指一定历史年代科研成果最多、易于取得成果的学科,是科学"富矿区",任何人在这里选题,都有可能获得突破。基于

---

① 申先甲、柳树滋、赵红州等:《科学结构与科学规划问题》,《科学学与科学技术管理》1981 年第 1 期。

② 赵红州:《论"当采学科"与科学家战略部署》,《自然杂志》1982 年第 9 期。

此,本节将近期研究成果较多、新颖、前沿、能够连接不同学科的知识中间人称为"当采中间人"。这样,当采中间人的识别,一方面可以有效把握目标学科当前的跨学科交流现状,另一方面有利于后续准确识别基于中间人的跨学科相关知识。

因此,本节尝试引入俞立平教授提出的时间因子[①],对目标学科的跨学科关键词 I_j 每年出现频次赋予不同权重,年份越近权重越大,年份越远权重越小,从而将新颖性、前沿性与研究数量、研究热度相融合,综合评价中间人的跨学科桥梁能力。其中,时间因子权重定义如下:

$$TF_{t-i} = \frac{y - i + 1}{\sum_{i=1}^{y}(1 + 2 + \cdots + y)} = \frac{y - i + 1}{\frac{y(y + 1)}{2}} \tag{3.16}$$

其中,t 为样本统计年份;y 为样本时间长度;i 为距离统计年份 t 的时滞, $i \in [1, y]$ 。例如,统计年份为 2021 年,样本为 2015—2020 共 6 年的数据,则 t = 2021,y = 6,$i \in [1, 6]$ 。

公式(3.16)中,分母 $\frac{y(y + 1)}{2}$,分子 $y - i + 1$,同一样本中,y 不变,i 越小分子越大,时间因子越大,体现较新数据权重越高的原则。上例中,分母为 $\frac{6(6 + 1)}{2} = 21$,2020 年的数据新颖性最高,其时间因子 TF_{2020} 为 $\frac{6 - 1 + 1}{21} = \frac{6}{21}$ 最大;2015 年数据在 6 年中最旧,其时间因子 TF_{2015} 为 $\frac{6 - 6 + 1}{21} = \frac{1}{21}$ 最小。

则,基于时间因子的跨学科知识 I_j 在目标学科的相对频次为:

$$A_y(tf) = \sum_{i=1}^{y} TF_{t-i} * A_{t-i} \tag{3.17}$$

其中,A_{t-i} 为某跨学科知识 t-i 年度在目标学科中出现的频次。上例中,

---

① 俞立平、郭强华:《被引峰值悖论及影响因子的修正研究:时间影响因子》,《情报理论与实践》2019 年第 7 期。

基于时间因子的某跨学科知识在目标学科中出现的相对频次 $A_6(tf)$ 为：

$$A_6(tf) = A_{2015} * \frac{1}{21} + A_{2016} * \frac{2}{21} + A_{2017} * \frac{3}{21} + A_{2018} * \frac{4}{21} + A_{2019} * \frac{5}{21} + A_{2020} *$$

$$\frac{6}{21}$$

这样，可以有效识别目标学科新颖、前沿的跨学科知识。另外，将某一跨学科知识 I_j 基于时间因子的相对频次 $A_y(tf)$ 除以绝对频次 $\sum_{i=1}^{y} A_{t-i}$ ，如果相对频次在总频次中占比高，说明 I_j 在目标学科中近期研究文献多，新颖性强。

因此，基于时间因子构建三类当采跨学科知识交流中间人能力模型分别为：

$$PA(tf)_1 = \frac{A_y(tf)}{\sum_{i=1}^{y} A_{t-i}} * P_1 \tag{3.18}$$

$$PA(tf)_2 = \frac{A_y(tf)}{\sum_{i=1}^{y} A_{t-i}} * P_2 \tag{3.19}$$

$$PA(tf)_3 = \frac{A_y(tf)}{\sum_{i=1}^{y} A_{t-i}} * P_3 \tag{3.20}$$

$PA(tf)_1$ 为中间人 I_j 的当采跨学科输入守门型中间人能力；

$PA(tf)_2$ 为中间人 I_j 的当采跨学科输出代理型中间人能力；

$PA(tf)_3$ 为中间人 I_j 的当采跨学科输入输出沟通型中间人能力；

$\sum_{i=1}^{y} A_{t-i}$ 为 I_j 在目标学科中出现的总频次。

于是，P 评价了中间人 I_j 的跨学科交流能力，$\dfrac{A_y(tf)}{\sum_{i=1}^{y} A_{t-i}}$ 评价了 I_j 在目标学科的研究新颖性、前沿性、热度等，所以 PA 可以有效识别当采跨学科交流知识中间人。

三、当采跨学科交叉知识中间人识别

(一)数据选取与预处理

样本选择,一方面验证模型的有效性,另一方面识别目标学科(图书情报学)的当采跨学科知识交流中间人。限于论文篇幅,也为有效识别结果,本节选择有学科代表性、跨学科知识交流较为频繁的期刊为样本。

本研究团队早期研究发现《情报学报》《中国图书馆学报》《图书情报工作》《情报理论与实践》《情报杂志》《情报资料工作》《图书情报知识》《情报科学》《图书与情报》是图书情报学领域跨学科知识传递能力较强的9种期刊[①]。因此,选择维普期刊数据库,检索这9种期刊2015—2020年间的载文,去除会议评述、书评以及征文类文献,共得到有效样本论文10509篇。下载10509篇论文的题录信息,包括标题、关键词、出版时间等;下载相关参考文献91373条、引证文献53076条的题名、刊名、关键词、发表时间等数据,将这些信息保存到Excel表中。

因为参考文献与引证文献信息中包含期刊名称,且"刊名"有区分学科类别的功能,所以按照期刊归属将参考与引证文献进行学科归类。《中国科技期刊引证报告(扩刊版)》的学科分类体系,将中文期刊分为8个学科大类、124个学科小类。编写VBA程序,实现参考文献与引证文献的期刊名称与《中国科技期刊引证报告(拓刊版)》分类表一一匹配。得到本学科参考文献57238条,本学科引证文献30574条,跨学科参考文献34135条,跨学科引证文献22502条。

(二)跨学科交叉知识选取

首先,图书情报学跨学科关键词识别。分别提取图书情报学样本源文献、

---

① 冯志刚、李长玲、刘小慧等:《基于引用与被引用文献信息的图书情报学跨学科性分析》,《情报科学》2018年第3期。

跨学科参考文献、跨学科引证文献的关键词,分别将其保存到 Excel 表的 3 列中,并将同义词、近义词进行合并处理。编写 VBA 程序,查询源文献与跨学科参考、引证文献 3 列的相同关键词,即为图 3-5 中 I 集合的图书情报学科的跨学科关键词,共 8580 个。

其次,方法技术型、理论概念型跨学科高频关键词选择。选择频次大于等于 10 的高频关键词共 630 个,其中包括大数据、网络舆情等理论概念型关键词,也包括社会网络分析、扎根理论等方法技术型关键词。方法、模型、算法等方法技术型知识更容易在跨学科交流中进行知识传递。因此,自编程序,结合人工判别,识别含有"方法""模型""算法"等及其同义词、近义词的跨学科关键词,得到方法技术型跨学科高频关键词 81 个。同时将理论概念型跨学科关键词按频次由高到低排序,选取前 81 个关键词作为样本数据,与方法技术型关键词进行对比分析。

最后,获取 162 个关键词的词频及其对应参考文献与引证文献数据,并将每个关键词对应的本学科数据与跨学科数据进行区分,部分数据结果见表3-10 与表 3-11:

表 3-10 方法技术型跨学科关键词(部分)

Tab 3-10 Methodstechnical interdisciplinary keywords(part)

序号	方法技术型跨学科知识	频次（次）	相对频次（次）	参考文献总量（篇）	本学科参考文献量（篇）	跨学科参考文献量（篇）	引证文献总量（篇）	本学科引证文献量（篇）	跨学科引证文献量（篇）
1	社会网络分析	138	17.667	1222	683	539	721	381	340
2	内容分析法	109	17.429	1254	726	528	465	291	174
3	LDA 模型	104	18.905	801	441	360	399	250	149
4	扎根理论	103	19.429	972	608	364	449	309	140
5	情报分析	102	15.619	580	373	207	440	309	131
6	引文分析	94	13.143	692	526	166	372	271	101
7	专利分析	91	11.762	745	166	579	392	196	196
8	情感分析	86	16.619	660	306	354	436	260	176

序号	方法技术型跨学科知识	频次（次）	相对频次（次）	参考文献总量（篇）	本学科参考文献量（篇）	跨学科参考文献量（篇）	引证文献总量（篇）	本学科引证文献量（篇）	跨学科引证文献量（篇）
9	共词分析	82	10.238	974	732	242	488	273	215
10	实证研究	66	10.190	501	320	181	335	239	96
11	H指数	61	8.095	315	195	120	288	189	99
12	深度学习	57	13.143	472	261	211	210	126	84
13	系统动力学	54	7.762	494	266	228	294	193	101
14	聚类分析	53	7.333	599	393	206	264	131	133
15	CITESPACE	47	7.286	474	263	211	237	92	145
16	因子分析	47	6.524	495	292	203	281	158	123
17	层次分析法	46	6.429	574	327	247	375	204	171
18	比较分析	46	8.095	505	326	179	229	156	73
19	文献计量学	43	4.381	336	216	120	219	149	70
20	云计算	42	5.048	386	203	183	352	122	230
…	…	…	…	…	…	…	…	…	…

表3-11 理论概念型跨学科关键词（部分）

Tab 3-11 Theoreticalconceptual interdisciplinary keywords（part）

序号	理论概念型跨学科知识	频次（次）	相对频次（次）	参考文献总量（篇）	本学科参考文献量（篇）	跨学科参考文献量（篇）	引证文献总量（篇）	本学科引证文献量（篇）	跨学科引证文献量（篇）
1	大数据	542	91.429	4312	2361	1951	4287	2104	2183
2	高校图书馆	412	60.143	3160	2657	503	3095	2092	1003
3	图书馆	339	47.095	2750	2161	589	2642	1816	826
4	网络舆情	327	52.810	2371	929	1442	1413	656	757
5	微博	259	36.524	1697	780	917	1133	658	475
6	影响因素	248	42.810	2230	1333	897	1253	776	477
7	智库	197	37.762	1557	789	768	987	661	326
8	信息服务	187	27.619	1580	1039	541	1031	626	405
9	公共图书馆	186	29.952	1195	996	199	1197	901	296
10	知识图谱	157	26.429	1621	884	737	810	388	422

续表

序号	理论概念型跨学科知识	频次（次）	相对频次（次）	参考文献总量（篇）	本学科参考文献量（篇）	跨学科参考文献量（篇）	引证文献总量（篇）	本学科引证文献量（篇）	跨学科引证文献量（篇）
11	情报学	153	26.619	1202	1003	199	507	409	98
12	美国	148	26.143	607	414	193	711	508	203
13	突发事件	146	22.571	1281	551	730	753	429	324
14	阅读推广	141	22.810	954	721	233	1276	819	457
15	竞争情报	135	17.667	1041	741	300	384	272	112
16	信息素养	131	19.620	917	649	268	949	605	344
17	科学数据	128	22.238	722	496	226	496	378	118
18	评价指标	127	18.762	1182	699	483	657	375	282
19	社交网络	124	20.857	864	509	355	609	378	231
20	知识服务	120	20.667	1305	926	379	931	621	310
…	…	…	…	…	…	…	…	…	…

（三）能力值计算与识别结果

参考文献—目标学科文献—引证文献三者之间构成了知识交流网络，知识由参考文献输入到目标学科文献中，再由目标学科文献输出到引证文献。本节按照图 3-8 的角色分析与模型，对图书情报领域的跨学科知识在知识交流中的三类中间人：输入守门型、输出代理型、输入输出沟通型中间人的能力进行评价，以识别当采跨学科知识交流中间人。

（1）当采跨学科知识交流中间人能力值计算

首先，分别将表 3-10 与表 3-11 的第 3 列、第 4 列、第 5 列、第 7 列、第 8 列、第 9 列代入公式（3.18），计算当采跨学科知识输入守门中间人能力；

其次，分别将表 3-10 与表 3-11 的第 3 列、第 4 列、第 5 列、第 6 列、第 8 列、第 10 列代入公式（3.19），计算当采跨学科知识输出代理中间人能力；

最后，分别将表 3-10 与表 3-11 的第 3 列、第 4 列、第 5 列、第 7 列、第 8 列、第 10 列代入公式（3.20），计算当采跨学科知识输入输出沟通中间人能力。

将三类中间人能力值由高到低排序,每类排名前 20 的方法技术型与理论概念型当采跨学科知识中间人见表 3-12:

表 3-12 三类当采跨学科交叉知识中间人及其能力值
Tab 3-12 Three types of interdisciplinary knowledge intermediaries and their ability values

序号	跨学科输入守门型中间人及其能力值		跨学科输出代理型中间人及其能力值		跨学科输入输出沟通型中间人及其能力值	
	方法技术型	理论概念型	方法技术型	理论概念型	方法技术型	理论概念型
1	语义相似度 0.098	国家安全 0.076	KANO 模型 0.071	用户画像 0.066	政策分析 0.084	网络舆情 0.053
2	条件随机场 0.078	智库 0.063	特征分析 0.067	智慧图书馆 0.058	区块链 0.083	信息安全 0.052
3	机器学习 0.069	数字人文 0.060	区块链 0.067	人工智能 0.054	供应链 0.052	在线评论 0.049
4	链路预测 0.067	学术期刊 0.055	数据分析 0.060	研究热点 0.050	专利分析 0.050	学术期刊 0.045
5	政策分析 0.064	人工智能 0.055	词向量 0.057	互联网+ 0.048	神经网络 0.045	反恐情报 0.042
6	支持向量机 0.063	反恐情报 0.054	文本分析 0.056	知识图谱 0.048	SIR 模型 0.044	知识图谱 0.040
7	无标度网络 0.062	在线评论 0.052	卷积神经网 0.055	大数据 0.047	CITESPACE 0.042	大数据 0.039
8	深度学习 0.062	突发事件 0.050	词频分析 0.054	信息安全 0.046	无标度网络 0.042	电子政务 0.038
9	情感分析 0.062	用户画像 0.048	可视化分析 0.053	新媒体 0.045	情感分析 0.042	突发事件 0.038
10	SIR 模型 0.060	政府数据 0.047	CITESPACE 0.053	知识组织 0.044	深度学习 0.041	用户画像 0.038
11	神经网络 0.059	社交媒体 0.047	回归分析 0.052	评价体系 0.044	词向量 0.040	知识转移 0.038
12	案例分析 0.058	专利 0.046	深度学习 0.051	阅读推广 0.044	KANO 模型 0.039	文本挖掘 0.037
13	区块链 0.054	开放数据 0.046	供应链 0.048	数据管理 0.042	文本分析 0.039	信息传播 0.036
14	识别方法 0.053	网络舆情 0.046	同行评议 0.046	社交媒体 0.042	云计算 0.037	人工智能 0.036
15	LDA 模型 0.051	文本挖掘 0.046	多维尺度分析 0.046	信息传播 0.042	熵权法 0.037	专利 0.035
16	自然语言 0.050	微博 0.044	聚类分析 0.046	用户行为 0.041	案例分析 0.036	指标体系 0.033
17	专利分析 0.050	信息共享 0.044	PAGERANK 0.045	知识服务 0.041	数据分析 0.035	知识共享 0.033
18	词向量 0.050	指标体系 0.044	熵权法 0.045	高校图书馆 0.040	回归分析 0.035	知识管理 0.033
19	文献分析 0.050	期刊评价 0.043	模型构建 0.045	影响因素 0.039	自然语言处理 0.035	微博 0.032
20	扎根理论 0.049	影响因素 0.043	推荐模型 0.045	信息检索 0.039	德尔菲法 0.033	新媒体 0.032

(2)当采跨学科交叉知识中间人识别结果

表 3-12 中,有些跨学科知识具有一种以上较强的当采中间人能力,因此

需要对重复出现的跨学科知识进行重点归类。如果某跨学科知识有两种当采中间人的能力较强,则将其归于数值较大的一类,比如政策分析的输入守门能力与输入输出沟通能力都较强,能力值分别为 0.064 与 0.084,那么将其归为能力值较大的跨学科输入输出沟通型中间人。如果某跨学科知识三种当采中间人能力都较强,说明其对本学科的跨学科输入输出都有较好的桥梁作用,因此将其归于跨学科程度较高的输入输出沟通型中间人。根据以上归类原则,对表 3-12 数据进行调整,三类当采跨学科知识交流中间人最终识别结果见表 3-13:

表 3-13　当采跨学科知识交流中间人识别结果

Tab 3-13　Interdisciplinary knowledge exchange middleman identification results

中间人类型	方法技术型	理论概念型
当采跨学科输入守门型中间人	语义相似度、条件随机场、机器学习、链路预测、支持向量机、无标度网络、情感分析、SIR 模型、神经网络、案例分析、识别方法、LDA 模型、自然语言处理、文献分析、扎根理论	国家安全、智库、数字人文、学术期刊、反恐情报、在线评论、突发事件、政府数据、社交媒体、专利、开放数据、文本挖掘、微博、信息共享、指标体系、期刊评价、影响因素
当采跨学科输出代理型中间人	KANO 模型、特征分析、数据分析、文本分析、卷积神经网络、词频分析、可视化分析、CITESPACE、回归分析、同行评议、多维尺度分析、聚类分析、PAGERANK、熵权法、模型构建、推荐模型	智慧图书馆、研究热点、知识图谱、互联网+、大数据、新媒体、知识组织、评价体系、阅读推广、数据管理、信息传播、用户行为、知识服务、高校图书馆、信息检索
当采跨学科输入输出沟通型中间人	政策分析、区块链、供应链、深度学习、词向量、专利分析、云计算、德尔菲法	网络舆情、信息安全、电子政务、用户画像、知识转移、人工智能、知识共享、知识管理

四、识别结果分析

(1)当采跨学科输入守门型中间人,将跨学科知识引入本学科,并在本学科内部消化吸收,深入应用或研究。

如图 3-9 所示,当采跨学科输入守门型中间人更多的是吸收与借鉴其他学科的相关知识,对本学科知识进行补充,并且在学科内部进行传递、消化。

本学科对其研究时间较短未形成相关的较成熟的研究成果,目前处于内部消化阶段,因此对外输出的能力较弱。

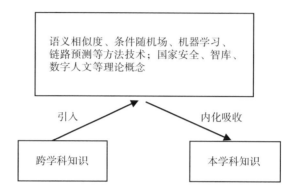

图 3-9 当采跨学科输入守门型中间人能力特征
Fig 3-9 Interdisciplinary input gatekeeper middleman ability characteristics

（2）当采跨学科输出代理型中间人,将本学科的核心知识以及经过长期内化的跨学科知识,进行跨学科输出与传递。

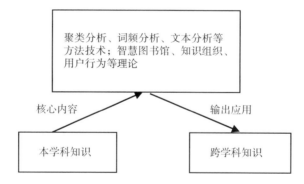

图 3-10 当采跨学科输入代理型中间人能力特征
Fig 3-10 Interdisciplinary input agent-type middleman ability characteristics

如图 3-10 所示,当采跨学科输出代理型中间人,是目标学科本身的核心研究内容,或者跨学科引入本学科时间较长、研究比较充足、已经在学科内部形成较为成熟的研究方法与理论知识。这些知识得以向其他学科传递,并被跨学科广泛应用。

（3）当采跨学科输入输出沟通型中间人,作为近期新颖的跨学科相关知识,在各学科间起到沟通桥梁作用,促进跨学科知识融合。

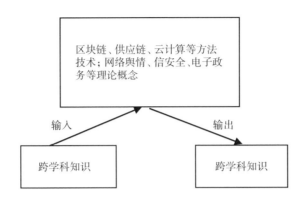

图 3-11　当采跨学科输入输出沟通型中间人能力特征
Fig 3-11　Interdisciplinary input-output communication
intermediary ability characteristics

图 3-11 中,当采跨学科输入输出沟通型知识中间人的跨学科能力较强,许多学科都对其进行研究,并且各学科都存在有价值的研究内容。本学科与其他学科可以互相借鉴相关的研究成果,弥补自身研究的不足。因此,这类型的中间人在跨学科知识交流中桥梁传递能力最强。

五、小结

在跨学科交流过程中,中间人可以链接不同学科间的知识进行交叉融合、创新发展。本节基于中间人分类理论,将跨学科知识在跨学科交流中的角色分为三类:跨学科输入守门型中间人、跨学科输出代理型中间人、跨学科输入输出沟通型中间人,并构建当采跨学科交叉知识中间人识别模型。以图书情报学为例,验证模型的有效性,并对该学科各类型当采中间人进行识别,分析各类知识中间人能力特征。一方面,了解图书情报学科的跨学科知识交流现状;另一方面,后续研究中通过当采知识中间人的识别结果,挖掘跨学科相关知识配对、探寻跨学科知识生长点、促进学科与科学的发展,都有积极的推动作用。

本节以图书情报领域 9 种期刊文献为研究样本,虽然得出了较好的当采跨学科知识中间人识别结果,但模型是否适用于其他学科领域还有待于检验。在后续研究中,一方面扩大期刊数量,对图书情报学的跨学科交流现状进行深入分析和研究;另一方面对其他学科进行跨学科中间人角色识别与分析,完善研究模型与结论,拓展应用范围;最后,通过多学科不同类型中间人的分析,了解"大科学"的跨学科知识交流现状,通过中间人识别跨学科相关知识组合,促进跨学科合作研究、科学融合发展。

第四章　基于社交媒体数据的学科关键知识节点识别

　　在数字化、网络化、开放化的背景条件下,科研人员的学术交流方式发生了很多变化,以网络学术社区等为主的非正式学术交流方式逐渐流行,科研人员的信息获取不再单纯依赖于正式出版物,科研产出的形式也更加多样化。因此,以引文为主体的传统文献计量方法已无法满足大数据背景下的科学评价要求,探索基于网络环境下的学科关键知识节点识别极有必要。在这种背景下,依托于各种线上平台数据(包括社交网站、新闻网站、百科网站、科学博客等)的 Altmetrics 应运而生。2010 年,Priem J.等①提出 Altmetrics,用于单篇论文层面的评价,他所提出的理念是学术成果在社交媒体中的引用、分享、收藏、下载、评论等,也可作为学术评价的指标。目前,国际上已经出现了诸如 PLOS、Altmetric.com、Plum Analysis 等专门针对网络环境下的评价计量工具,凭借指标多样、反应速度快、实时性高、成本低、评价结果全面等优势,开始逐渐普及,对学术影响力的变革发展起到了推动作用。本章基于社交媒体数据运用 Altmetrics 方法识别学科关键知识节点。

---

　　① Priem J., Taraborelli D., Groth P., et al., "Altmetrics: A Manidesto", 2011 - 09 - 28, http://altmetrics.org/manifeesto.

第一节　基于时间序列的 Altmetrics
评价指标特征分析

一、Altmetrics 评价指标选择及其动态性分析

公共科学图书馆(Public Library of Science,PLOS)是开放获取(Open Access,简称 OA)和论文层面计量学(Article-Level Metrics,简称 ALM)的"先行者"[1],其论文全部在 PLOS 官网实时免费开放获取,以实现信息传播效用的最大化。2009 年 3 月,PLOS 网站在每篇文章后新增 Article-Level Metrics(ALM)功能[2],提供来自期刊开放获取平台和学术社交网络比较全面的计量指标,包括论文的使用类指标、收藏类指标、讨论类指标和引用类指标,各类指标如表 4-1 所示:

表 4-1　PLOS 网站计量指标分类
Tab 4-1　Classification of measurement indicators at the PLOS website

类别	指标
使用类	PLOS 网页访问量、PDF 下载量、XML 下载量、PMC 网页访问量、PMC 的 PDF 下载量
收藏类	Mendeley 读者数、CiteULike、Figshare
讨论类	*讨论量、Facebook 讨论量、Wikipedia、PLOS Comments
引用类	Scopus 引用量、Web of Science 引用量、Google 引用量

* 本章数据采集于马斯克收购 Titter 前。

目前,针对 Article-level Metrics 的国内外相关研究,多是基于理论分析或

---

[1]　宋丽萍、陈巍、贺颖:《论文层面科学评价实证研究——以 PLOS ONE 为例》,《图书馆工作与研究》2015 年第 7 期。

[2]　Neylon C., Wu S., "Article-Level Metrics and the Evolution of Scientific Impact", *PLOS Biology*, 2009, 7(11):1-6.

相关性分析方法研究计量指标最终的数值结果,试图将各种评价指标分类并挖掘其表征的影响力特点。然而,目前大部分评价指标在单独评价科技论文的影响力时都具有动态的特性,不同的评价指标具有自身的特点,其在科技论文发表后的整个生命周期内,各个时间阶段数值变化和作用发挥也不尽相同。因此,将数据库收录的固定化指标数值作为研究对象是片面的,忽略了评价指标的动态性,会在一定程度上致使计量指标的评价质量大打折扣。

基于上述问题,Wang X.等①提出了一个连续、动态、全面的学术评价思想,将科技论文发表后的时间分为 0—6 个月、0.5—2 年、2—5 年、5 年以上 4个阶段,不同评价指标根据影响力大小在四个时间阶段中动态调整其权重,纳入综合评价体系。然而该研究的不足是,科技论文 4 个阶段划分的时间间隔较长,易忽略各阶段内部指标的细微变化。因此,本节对 PLOS 网站单篇论文计量指标的动态变化特征进行研究,将数据观察时间单位具体到月份,基于时间序列分析方法,提出及时性指数、波动性指数和持续性指数,建立模型,并用三维散点图可视化,研究指标数据的动态变化特征与规律,为构建全面、系统的单篇论文评价框架奠定基础,进而在论文评价的基础上评价论文所包含的研究主题。

PLOS 追溯用户行为活动的目的和本质,根据用户所表现出的对论文的兴趣和投入程度将 ALM 指标分为 4 类②:

(1)使用——用户在线获取文档的行为;

(2)收藏——用户将在线文档保存到文献管理工具的行为,这些文献管理工具可以帮助用户管理文档,同时利于用户之间分享文档;

(3)讨论——用户在微博、博客等社交工具中对研究的描述和评论行为;

① Wang X.,Fang Z.,Yang Y.,"Continuous,Dynamic and Comprehensive Article-Level Evaluation of Scientific Literature",*Eprint Arxiv*,2014(1411):7004-7019.

② Lin J.,Fenner M.,"Altmetrics in Evolution:Defining and Redefining the Ontology of Article-Level Metrics",*Information Standards Quarterly*,2013,25(2):20-33.

（4）引用——在其他学术期刊中引用该文章的行为。

从使用到引用,用户对论文表现出的兴趣和投入的研究逐渐递加,类内指标具有较大的相关性,类间指标具有较强的连续性[①]。因此,本节从 4 类计量指标中选取 PLOS 网站的 HTML 浏览量、PDF、XML 下载量总和作为使用类指标的代表;讨论类指标选择全球范围内比较普及和热门的社交软件 Twitter 的讨论数据;引用类指标选择权威引文数据库 Scopus 的引用数据。由于保存类指标的 Mendeley 数据无法获取具体的数据时间,本节暂不研究收藏类指标的历时性特征。

二、基于时间序列的计量指标动态特征模型构建

（一）计量指标特征赋值

假设某计量指标 I,观测时间点距离其公开发表时间的间隔月份数为 t,分别统计每个月份内计量指标 I 的数值 I_1, I_2, $I_3 \cdots I_t$,令第 n 个月的计量指标 I 数值为 I_n。

由于每个月的计量指标数值 I_n 在大小上比较分散,故有必要根据该指标每个月的数值大小总体情况,将其划分为三个数值区间,标准化为既统一整齐又具有区分度的特征值。具体步骤为:将 t 个计量指标 I 的数值从大到小进行排序,计算第十百分位数 p 和中位数 q,将第十百分位数看作指标高值的一个阈值,高于 p 的指标数值为高指标量;将中位数看作指标低值的一个阈值,低于 q 的指标数值为低指标量。那么,介于 p 与 q 之间的指标数值则处于正常范围内。另外,考虑到部分网络计量指标的覆盖率较低,可能会出现较多 I_n 零值现象,因此定义 I_n 为零值的数值特征值 $M(I_n)$ 全部为−1,不考虑该指标数值的中位数大小。

---

① 由庆斌、汤珊红:《不同类型论文层面计量指标间的相关性研究》,《图书情报工作》2014年第 8 期。

令第 n 个月的 I_n 对应的数值特征值为 $M(I_n)$,那么,特征值 $M(I_n)$ 用数学公式可表达为:

$$M(I_n) = \begin{cases} 1 & I_n \geq p \\ 0 & q < I_n < p \\ -1 & I_n \leq q \text{ 或 } I_n = 0 \end{cases} \tag{4.1}$$

其中,n 的取值范围是 $1 \leqslant n \leqslant t$ 。该计量指标每个月份都会有对应的特征值 $M(I_n)$ (1,0 或 -1),表示某论文的计量指标 I 在发表后的第 n 个月的数值与其他月份数值相比的高低范围。其中,特征值 $M(I_n)$ 取 1,表示在该月份的指标量出现了高值,对应的论文受到了较多的使用或关注;特征值 $M(I_n)$ 取 0,表示该月份的指标数值在正常范围内;特征值 $M(I_n)$ 取 -1,则表示在该月份指标量出现了低值或零值,对应的论文在该计量指标来源平台中一直没有受到关注或仅有相对较少的关注。

（二）及时性、波动性、持续性指数模型

根据科技论文某项计量指标 I 的 t 个月份特征值 $M(I_n)$ 分布情况,提出计量指标的三个特性:及时性、波动性和持续性及其对应的及时性指数、波动性指数、持续性指数。

（1）及时性指数（T）:及时性是指一篇论文在公开发表后的前期,某一项计量指标是否能在有效时间内快速反应该论文的影响力水平。若计量指标的及时性较好,则在论文发表后不久便会产生数值甚至出现较高的数值;若指标及时性较差,则在论文发表后很长一段时间才能产生数值变化,具有较强的时间滞后性。

及时性指数,用字母 T 表示,用于判定计量指标的评价及时性情况,具体方法为:观察计量指标 I 在论文公开发表后三个月内的特征值 $M(I_n)$ 大小,即 $M(I_1)$ 、 $M(I_2)$ 、 $M(I_3)$ 。及时性指数（T）的数学表达公式如下:

$$T = \frac{M(I_1) + M(I_2) + M(I_3)}{3} \tag{4.2}$$

其中 T 取值范围为 $-1 \leqslant T \leqslant 1$。

(2)波动性指数(V):波动性是指一篇论文在公开发表后的整个生命周期中,某一项计量指标的数值浮动情况。为了测度不同计量指标的波动性特征,提出波动性指数,用字母 V 表示,具体计算方法为:计算相邻月份的 $M(I_n)$ 差值,即 $M(I_n) - M(I_{n-1})$,并将科技论文整个生命周期 t 个月的 t-1 个差值加和。波动性指数(V)的数学表达公式如下:

$$V = \frac{\sum_{n=2}^{t} | M(I_n) - M(I_{n-1}) |}{t - 1} \tag{4.3}$$

其中 V 取值范围为 $0 \leqslant V \leqslant 1$。

(3)持续性指数(P):在论文公开发表一段时间后,随着时间推移,某些指标来源平台中对论文的关注或使用情况可能会大幅度减少,又或者某些指标来源平台会一直保持对该论文的持续关注。显然前者属于低持续性,后者属于高持续性。持续性是指一篇论文在其生命周期的中后阶段,某一项计量指标的数值是否会由于时间的推移,出现停滞现象,表现为零值或低值。为了客观量化不同计量指标的持续性能力,提出持续性指数,用字母 P 表示。具体计算方法为:观察某篇论文整个生命周期 t 个月的后 $t/2$ 时间内,计量指标 I_n 是否出现零值,即统计后 $t/2$ 个月中 I_n 为非零值的个数。持续性指数(P)的数学表达公式如下:

$$令, p_n = \begin{cases} 1 & I_n = 0 \\ 0 & I_n \neq 0 \end{cases}$$

$$则 P = 1 - \frac{\sum_{n=\frac{t}{2}}^{t} p_n}{\frac{t}{2}} = 1 - \frac{2\sum_{n=\frac{t}{2}}^{t} p_n}{t} \tag{4.4}$$

(三)阈值设定与特性判别方法

设立判定及时性、波动性、持续性高低的阈值。以上三个计量指标的特性指数均经过标准化处理,及时性指数 T 的取值范围为$[-1,1]$,波动性指数 V 的取值范围为$[0,1]$,持续性指数 P 的取值范围为$[0,1]$。设立判定计量指标及时性大小的 T 指数阈值为 0,即 T 大于等于 0,说明该计量指标 I 具有高及时性,低于 0 则具有时间滞后性;设立波动性指数(V)的阈值为 0.5,即 V 大于等于 0.5,说明该计量指标 I 具有高波动性,V 值低于 0.5 则具有稳定性;设立持续性指数(P)的阈值为 0.5,P 大于等于 0.5,说明该计量指标 I 具有高持续性,P 值低于 0.5 则具有低持续性。

当计量指标及时性、波动性、持续性高低的判定阈值确定之后,根据多维尺度分析法,论文的计量指标 I 可被划分为 2^3(8)个子集,分别是:高及时、高波动、高持续型(HT/HV/HP);高及时、高波动、低持续型(HT/HV/LP);高及时、低波动、高持续型(HT/LV/HP);高及时、低波动、低持续型(HT/LV/LP);低及时、高波动、高持续型(LT/HV/HP);低及时、高波动、低持续型(LT/HV/LP);低及时、低波动、高持续型(LT/LV/HP);低及时、低波动、低持续型(LT/LV/LP),见表 4-2:

表 4-2　及时性、波动性、持续性类型的划分

Tab 4-2　Classification of timeliness,volatility and sustainability of scientific papers

论文类型	简称	T 取值范围	V 取值范围	P 取值范围
高及时、高波动、高持续型	HT/HV/HP	$[0,1]$	$[0.5,1]$	$[0.5,1]$
高及时、高波动、低持续型	HT/HV/LP	$[0,1]$	$[0.5,1]$	$[0,0.5)$
高及时、低波动、高持续型	HT/LV/HP	$[0,1]$	$[0,0.5)$	$[0.5,1]$
高及时、低波动、低持续型	HT/LV/LP	$[0,1]$	$[0,0.5)$	$[0,0.5)$
低及时、高波动、高持续型	LT/HV/HP	$[-1,0)$	$[0.5,1]$	$[0.5,1]$
低及时、高波动、低持续型	LT/HV/LP	$[-1,0)$	$[0.5,1]$	$[0,0.5)$
低及时、低波动、高持续型	LT/LV/HP	$[-1,0)$	$[0,0.5)$	$[0.5,1]$
低及时、低波动、低持续型	LT/LV/LP	$[-1,0)$	$[0,0.5)$	$[0,0.5)$

构建三维散点图,判定 ALM 指标的特征。获取多篇论文的计量指标 I 在 t 个月内的相关数据,并运用公式(4.2)(4.3)(4.4)的计算方法,分别得到每篇论文计量指标 I 的及时性指数(T)、波动性指数(V)和持续性指数(P)。然后运用 Matlab 软件编写程序,构造三维立体散点图,显示样本论文的计量指标 I 在及时性、波动性和持续性 3 个维度的分布情况。三维散点图是在由 3 个变量确定的三维空间中研究变量之间的关系,由于同时考虑了 3 个变量,常常可以发现在二维图形中发现不了的信息①。

在三维散点图中,每个圆点代表样本中的一篇研究论文,其对应的三个坐标轴的数据即代表相应的特性指数数值。同时,分别将及时性指数(T)、波动性指数(V)和持续性指数(P)的阈值 0、0.5、0.5 在三维散点图对应的三条坐标轴上标明阈值面,通过观察大部分散点分布的位置,以阈值面为基准,即可直观、可视化地得到该计量指标 I 的及时性、波动性和持续性特征,其代表了表 4-2 相应的 8 种论文类型中的一种。

三、模型应用:PLOS ALM 指标的特性判定

(一)数据来源与处理

本节选择《PLOS ONE》期刊作为数据来源样本。《PLOS ONE》是美国公共科学图书馆于 2006 年创办的一份经国际同行评议、开放获取、在线出版的期刊,其收录范围跨越 50 多个学科,连续 3 年影响因子保持 4 以上②,目前已成为全球发文量最大的典型开放获取刊物的代表③。为了规避被引数据的时间滞后性问题,时间窗选择 2016 年,文章类型选择"Research Article",共检索得到 22056 篇结果,数据采集时间为 2018 年 4 月 23 日。选择其中被引频次最

① 金林:《一种改进的散点图矩阵及其在 R 软件中的实现》,《统计与决策》2016 年第 1 期。
② Binfield P., "PLOS ONE:Background,Future Development,and Article-Level Metrics",2009 *Conference on Electronic Publishing*,2009:69-86.
③ 韩婧:《〈PLOS ONE〉》开放获取出版模式研究》,《编辑学报》2014 年第 2 期。

高的前 50 篇论文的 Article-Level Metrics 数据作为样本,通过观测 50 篇样本论文的三种计量指标时间分布,以发现这三种计量评价指标的及时性、波动性、持续性特征。

借助软件,在 PLOS 网站中获取这 50 篇高被引论文每个月份的 PLOS 使用量、Twitter 网站每条用户评论的产生时间,以及 Scopus 数据库中每条施引文献公开出版时间(部分施引文献的出版时间在 Scopus 数据库中缺失,通过"全渠道搜索引擎"查阅论文原文,获取其"published time"),并通过施引文献发表时间、用户评论产生时间分别统计每篇论文自发表之日起,每个月份产生的 Scopus 引用数量和 Twitter 讨论数量。最终得到 50 篇样本论文每个月份的 PLOS 使用量、Scopus 引用量、Twitter 讨论量,并分别给 50 篇论文编号 1—50。由于 50 篇样本论文的数据统计量较大,仅选取其中 5 篇论文展示,见表 4-3:

表 4-3 样本论文每个月份的使用量、引用量、讨论量统计数据(部分)

Tab 4-3 Usage statistics, citations, and discussion statistics for each of the 50 sample papers (part)

月份	论文 1			论文 2			论文 3			论文 4			论文 5		
	使用	引用	讨论	使用	引用	讨论	使用	引用	讨论	使用	引用	讨论	使用	引用	讨论
1	6857	0	63	1290	0	17	319	0	2	494	0	11	661	0	20
2	838	0	0	636	0	0	718	0	3	180	0	0	150	0	1
3	880	0	6	578	0	0	310	0	1	96	0	0	127	0	1
4	636	0	0	514	0	0	298	1	0	127	0	0	145	0	2
5	535	1	0	480	0	0	360	0	0	127	0	0	119	2	0
6	456	1	0	428	0	0	904	0	21	83	0	0	145	0	0
7	592	1	0	617	4	1	555	1	0	114	1	0	109	0	0
8	630	0	1	538	2	0	387	2	0	125	0	0	90	4	0
9	521	0	0	584	3	0	416	5	0	235	0	0	87	0	0
10	2250	0	0	751	4	0	808	2	0	261	1	0	100	1	0
11	594	3	0	499	4	0	808	1	0	202	2	1	115	3	0
12	557	1	0	627	2	0	1111	2	0	240	2	0	134	0	1

续表

月份	论文1			论文2			论文3			论文4			论文5		
	使用	引用	讨论	使用	引用	讨论	使用	引用	讨论	使用	引用	讨论	使用	引用	讨论
13	484	0	0	597	6	0	866	2	0	211	1	0	121	1	0
14	614	5	0	489	2	0	918	1	0	196	4	0	103	1	0
15	505	1	0	506	1	0	870	2	0	206	2	0	92	1	0
16	571	1	1	500	5	0	915	3	0	186	3	0	116	1	0
17	406	2	0	591	4	0	783	3	1	219	0	0	50	0	0
18	397	4	0	786	5	0	684	1	0	314	1	0	102	2	0
19	393	1	0	895	4	0	579	0	0	253	3	0	103	0	0
20	334	3	0	610	8	0	680	2	0	188	4	0	179	2	0
21	539	0	0	480	9	0	605	4	0	180	7	0	259	2	0
22	569	2	0	489	1	0	444	1	0	210	8	0	59	1	0
23	498	6	0	307	2	0	363	1	0	107	5	0	44	3	0
24	334	5	0				408	4	0				67	2	0
25	238	1	0				290	5	0				72	1	0
26	303	2	0												
27	206	0	0												

第一列 1 至 27 序号表示论文自发表之日起(即 2016 年某月)到样本采集日(2018 年 4 月)每个月的序列,每篇论文分别对应三列数据,分别为使用、引用和讨论数量。

(二)及时性、波动性、持续性指数计算

通过表 4-3 数据,即可基于及时性、波动性、持续性指数模型,研究 PLOS 使用指标、Scopus 引用指标和 Twitter 讨论指标的及时性、波动性、持续性特征。

第一步,计算三个计量指标数值分布的第十百分位数 p 和中位数 q。分别将表 4-3 中 50 篇样本论文的 PLOS 使用指标、Scopus 引用指标、Twitter 讨论指标 t 个月份的数值(即表 4-3 中的每一列数据)按由大到小排序,即可获取对应的第十百分位数 p 值、中位数 q 值。50 篇样本论文对应的 3 个计量指标 p 值、q 值如表 4-4 所示：

表 4-4　样本论文评价指标的 p 值和 q 值（部分）

Tab 4-4　P-value and q-value of avaluate indicators in 50 sample papers（part）

论文序号	PLOS 使用指标		Scopus 引用指标		twitter 讨论指标	
	P	q	p	q	p	q
1	880	535	5	1	1	1
2	895	578	8	2	1	1
3	915	605	4	2	2	1
4	314	196	7	1	1	1
5	179	109	3	1	1	1
…	…	…	…	…	…	…

第二步，计算 50 篇高被引论文的三个计量指标各月份的特征值大小，即 M（使用）、M（引用）、M（讨论）。根据相应的指标 p 值、q 值，基于公式（4.1）计算得到 50 篇论文每个月份对应的 M（使用）、M（引用）和 M（讨论），见表 4-5，其数值包括三种：1、0、-1。

表 4-5　样本论文的使用、引用、讨论数据（部分）

Tab 4-5　M（usage），M（cited），M（discussion）data of sample papers（part）

月份	论文1			论文2			论文3			论文4			论文5		
	M（使用）	M（引用）	M（讨论）	M（使用）	M（引用）	M（讨论）	M（使用）	M（引用）	M（讨论）	M（使用）	M（引用）	M（讨论）	M（使用）	M（引用）	M（讨论）
1	1	-1	1	1	-1	1	-1	-1	1	1	-1	1	1	-1	1
2	0	-1	-1	0	-1	-1	0	-1	-1	-1	-1	-1	0	-1	1
3	1	-1	-1	1	-1	-1	-1	-1	0	-1	-1	-1	0	-1	-1
4	0	-1	-1	-1	-1	-1	-1	-1	-1	-1	-1	-1	0	-1	1
5	-1	0	-1	-1	-1	-1	-1	-1	-1	-1	-1	-1	0	0	-1
6	-1	0	-1	-1	-1	-1	-1	-1	-1	-1	-1	-1	0	-1	-1
7	0	0	-1	0	0	-1	-1	-1	-1	0	-1	-1	-1	-1	-1

续表

月份	论文1			论文2			论文3			论文4			论文5		
	M（使用）	M（引用）	M（讨论）	M（使用）	M（引用）	M（讨论）	M（使用）	M（引用）	M（讨论）	M（使用）	M（引用）	M（讨论）	M（使用）	M（引用）	M（讨论）
8	0	-1	1	-1	-1	-1	-1	0	-1	-1	-1	-1	-1	1	-1
9	-1	-1	-1	0	0	-1	-1	1	-1	0	-1	-1	-1	-1	-1
10	1	-1	-1	0	0	-1	0	0	-1	0	0	-1	-1	0	-1
11	0	0	-1	-1	0	-1	0	-1	-1	0	0	1	0	1	-1
12	0	0	-1	0	0	-1	0	0	-1	0	0	-1	0	-1	1
13	-1	-1	-1	0	0	-1	0	0	-1	0	0	-1	0	0	-1
14	0	0	-1	-1	-1	-1	1	-1	-1	-1	0	-1	-1	0	-1
15	-1	0	-1	-1	-1	-1	0	0	-1	0	0	-1	-1	0	-1
16	0	0	-1	-1	0	-1	1	0	-1	-1	0	-1			
17	0	0	-1	0	0	-1	0	0	0	0	-1	-1	-1	-1	-1
18	0	0	-1	-1	0	-1	0	-1	-1	1	0	-1			
19	-1	0	-1	0	0	-1	-1	0	-1	0	0	-1			
20	-1	0	-1	0	1	-1	0	0	-1	-1	0	-1	1	0	-1
21	0	-1	-1	-1	1	-1	-1	1	-1	-1	1	-1	1	0	-1
22	0	0	-1	-1	-1	-1	-1	-1	-1	0	1	-1	-1	0	-1
23	-1	1	-1	-1	-1	-1	-1	-1	-1	-1	0	-1	-1	1	-1
24	-1	1	-1				-1	1	-1				-1	0	-1
25	-1	0	-1				-1	1	-1				-1	0	-1
26	-1	0	-1												
27	-1	-1	-1												

第三步,计算各计量指标的及时性指数（T）、波动性指数（V）、持续性指数（P）的数值大小。基于表4-5中M（使用）、M（引用）、M（讨论）数值,并根据公式（4.2）—公式（4.4）计算,分别得到 PLOS 使用指标、Scopus 引用指标、Twitter 讨论指标的及时性指数、波动性指数和持续性指数。50 篇样本论文的 PLOS 使用指标、Scopus 引用指标、Twitter 讨论指标对应的 T、V、P 如表4-6所示:

表4-6　样本论文三个计量指标的计算结果(部分)

Tab 4-6　Calculation results of three measurement
indicators of sample papers(part)

论文序号	PLOS 使用指标			Scopus 引用指标			Twitter 讨论指标		
	及时性 T	波动性 V	持续性 P	及时性 T	波动性 V	持续性 P	及时性 T	波动性 V	持续性 P
1	0.67	0.62	1	−1	0.46	0.85	0.33	0.54	0.08
2	0	0.55	1	−1	0.45	1	−0.33	0.27	0
3	−0.67	0.58	1	−1	0.58	0.92	0.67	0.33	0.08
4	−0.33	0.55	1	−1	0.32	0.91	−0.33	0.27	0
5	0.33	0.42	1	−1	0.71	0.83	1	0.25	0
…	…	…	…	…	…	…	…	…	…

(三)三维散点图构建

基于表4-6的计算结果,可以粗略观察到在50篇样本论文中,三种计量指标的及时性、波动性、持续性指数具有不同的数值特征和规律。为了将特性指数(T、V、P)与各自对应的阈值比较,并直观地显示三种计量指标的及时性、波动性、持续性高低情况,通过 Matlab 软件编写程序语言,构建基于不同计量指标 I 的三维立体散点图,即 PLOS 使用指标的 T、V、P 三维散点图,Scopus 引用指标的 T、V、P 三维散点图和 Twitter 讨论指标的 T、V、P 三维散点图。

首先,构建 PLOS 使用指标的三维散点图。将50篇样本论文 PLOS 使用指标的及时性指数、波动性指数、持续性指数(即表4-6第2、3、4列数据)导入 Matlab 中,设计 Matlab 程序,构建基于 T、V、P 的三维立体散点图,所用程序部分代码如下:

```
%读取点
point = xlsread('1.xlsx');
pointnum = size(point,1);
```

```
T = point(:,1);
V = point(:,2);
P = point(:,3);
for i = 1:pointnum;
    plot3(T(i,1),V(i,1),P(i,1),'r*');
    grid on;
    hold on;
end
title('使用');
xlabel('T 轴')
ylabel('V 轴')
zlabel('P 轴')
axis([-2 2 0 1 0 2])
% T 轴 阈值为 1
y1 = linspace(0,1,10);
z1 = linspace(0,2,10);
[Y1 Z1] = meshgrid(y1,z1);
X1 = 0 * ones(10);
surf(X1,Y1,Z1);
% V 轴 阈值为 0.5
x1 = linspace(-2,2,10);
z1 = linspace(0,2,10);
[X1 Z1] = meshgrid(x1,z1);
Y1 = 0.5 * ones(10);
surf(X1,Y1,Z1);
% P 轴 阈值为 0.5
```

```
y1 = linspace(0,1,10);
x1 = linspace(-2,2,10);
[X1 Y1] = meshgrid(x1,y1);
Z1 = 0.5 * ones(10);
surf(X1,Y1,Z1);
alpha(0.4);
colormap(white);
```

(四)计量指标特性大小判断

程序运行后得到 PLOS 使用指标的 T、V、P 三维散点图,获取该三维散点图的最佳观测角度,见图 4-1。其中,三个坐标轴 T 轴、V 轴、P 轴分别表示及时性指数 T、波动性指数 V 和持续性指数 P,50 个散点分别代表 50 篇样本论文,其所对应的三个坐标轴数值,即为该样本论文 PLOS 使用指标的 T、V、P 数值。同时,各在 T 轴、V 轴、P 轴上建立数值为 0、0.5、0.5 的阈值面,分隔在阈值面两侧的散点,其对应的特性被划分为高低两种类型。

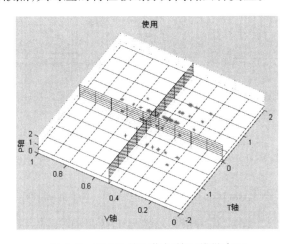

图 4-1　PLOS 使用指标的三维散点图

Fig 4-1　Three-dimensional scatter plots of T, V, and P for indicators using PLOS

通过观察图 4-1 中 PLOS 使用指标的 T、V、P 三维散点图,可以看到:对于 T 轴的及时性指数,大部分散点都落在阈值面(0)上或阈值面与 1 之间,仅有 8 个散点在阈值面与-1 之间;对于 V 轴的波动性指数,大部分散点聚集于阈值面(0.5)与 0.2 之间,仅有 13 个点在阈值面的另一侧;另外,所有散点都位于 P 轴的阈值面之上,即全部大于持续性指数的阈值(0.5)。因此,根据表4-2 中的计量指标特性判断方法,PLOS 使用指标是高及时、低波动、高持续型(HT/LV/HP)。

与上文构建 PLOS 使用指标 T、V、P 三维散点图的过程类似,基于 50 篇样本论文 Scopus 引用指标的及时性指数、波动性指数、持续性指数(即表 4-6 第5、6、7 列数据),设计 Matlab 程序,构建基于 Scopus 引用指标的 T、V、P 三维立体散点图,见图 4-2:

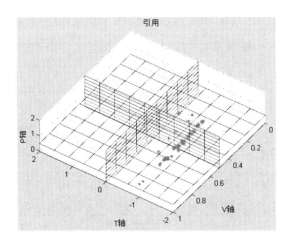

图 4-2　Scopus 引用指标的三维散点图
Fig 4-2　T,V,P three-dimensional scatter plot of Scopus reference index

观察图 4-2 中 Scopus 引用指标的 T、V、P 三维散点图,及时性指数 T 的分布比较明显,在 T 轴上,所有散点全部落在阈值面(0)与-1 之间;对于 V 轴的波动性指数,散点分布于阈值面(0.5)两侧,但阈值面(0.5)与 1 之间的散点相对更多;对于 P 轴的持续性指标,所有散点都位于 P 轴阈值面(0.5)之上。因此,根据计量指标的特性判断方法,Scopus 引用指标是低及时、高波动、高持续型(LT/HV/HP)。

另外,基于 50 篇样本论文 Twitter 讨论指标的及时性指数、波动性指数、持续性指数(即表 4-6 第 8、9、10 列数据),设计 Matlab 程序,构建基于 Twitter 讨论指标的 T、V、P 三维立体散点图,见图 4-3:

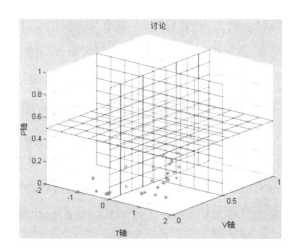

图 4-3　Twitter 讨论指标的三维散点图
Fig 4-3　Twitter discusses the T,V,P three-dimensional scatter plot of the indicator

观察图 4-3 中讨论指标的 T、V、P 三维散点图,发现 Twitter 讨论指标的特征。在及时性指数 T 轴上,50 个散点位于阈值面(0)与-1 之间的散点比阈值面另一侧的多;观察 V 轴的波动性指数,可以看到大部分散点分布在阈值面(0.5)上或阈值面与 0 之间,仅有约 6 个散点在阈值面(0.5)另一侧;对于 P 轴的持续性指数,可以看到其持续性特征与使用指标、引用指标完全相反,仅有一个散点处于 P 轴阈值面(0.5)之上,其余 49 个散点均位于阈值面(0.5)与 0 之间,并且有较多散点分布于 P 轴数值为 0 的面上,说明讨论指标的持续性较差。因此,根据计量指标的特性判断方法,Twitter 讨论指标是低及时、低波动、低持续型(LT/LV/LP)。

四、结论分析

(一)月均使用量评价论文影响力

PLOS 使用指标具有高及时性、高稳定性、高持续性的特点,可将单篇学术论文整个生命周期的平均被使用情况作为学术影响力判定指标。

首先,在 50 篇样本论文中,有超过 40 篇论文的使用指标及时性指数(T)都大于 0。这是因为,使用指标能够在第一时间对单篇学术论文的价值作出反应,即论文从刊发到被用户阅读、下载,其间相对较短的时间过程使得使用指标能对论文的学术价值作出快速反应①。因此,PLOS 使用指标具有较好的及时性。

第二,大部分论文的使用指标波动性指数(V)均低于 0.5,它们每个月的使用量数值变化不大;另外,50 篇样本论文的使用指标持续性指数(P)均为 1,即所有论文在发表后较长时间里,其每个月的使用量均维持在非零状态。这是因为使用数据在论文发表后的短时间内便开始积累,并且随着时间的流逝,一篇论文会由于各种原因被不断使用,其每个月份的数据量也会一直在高数值水平上呈现较为平稳的发展。因此,使用指标具有较高的稳定性和后期持续力。

第三,使用数据产生于网络环境下,自论文在数据库上线之日起,用户只要拥有数据库的使用权限,便可进行全文下载、链接访问、记录保存等行为,没有太大局限性。因此,使用指标能够直接反映论文被读者使用的情况,可表征单篇学术论文的直接影响力和真实影响力。

考虑到 PLOS 使用指标具有上述的高及时性、高稳定性、高持续性和高学术评价价值;并且在开放条件下,单篇学术论文的使用数据易于获取,开放获取平台能记录学术论文被使用的时间以及利用的形式、频率和程度,分析会相

---

① 许新军:《基于下载量的期刊半衰期实证研究》,《情报杂志》2014 年第 6 期。

对更简单、快捷、可行。因此,在建立单篇论文综合评价体系的研究中,可将学术论文整个生命周期的平均被使用情况作为参考,用以评估论文的价值或影响力。

（二）中长期引用量判断论文价值

Scopus 引用指标具有低及时性、高波动性、高持续性的特点,可将单篇学术论文中长期的被引情况作为学术影响力判定指标。

首先,50 篇样本论文的 Scopus 引用指标,其及时性指数（T）均低于阈值 0;观察 50 篇样本论文各月份的引用数据,几乎所有论文自公开发表后的前 3 个月,其引用数据基本为 0,很少出现施引文献。这是由引文评价存在的时间滞后性导致,即论文的被引用需要经过学者的阅读、消化、吸收、引用和施引文献发表,这一实现过程相对较长。因此,学术论文在发表后的前 3 个月甚至更长时间内出现引用数据的可能性较小,引用指标具有较差的评价及时性。

第二,50 篇样本论文引用指标的波动性指数（V）表现的特征相对并不明显,有超过一半的论文波动性指数大于阈值 0.5,其余一部分则不足 0.5。这是因为论文被引数量的增加需要获得同行的认可,并且公开发表质量较好的论文带有一定复杂性和难度。论文每个月份引用数据的形成,具有较大的限制条件、复杂因素和局限性,不同于使用指标由公众广泛参与形成流量数据。因此,引用指标的波动性较高。

第三,在 50 篇样本论文中,其 Scopus 引用指标的持续性指数（P）也表现出一致的特征,均大于阈值 0.5,即样本论文在其生命周期的中后期,各月份的使用数据较少出现零值现象。这是因为一篇高质量论文发表之后,学者在纸质期刊或文献数据库中阅读利用,期刊杂志社进行报道宣传,经过一段时间的酝酿,会逐渐被学者引用,并且随着引用了该论文的施引文献发表,引用量会出现一定增长,发表时间越久的论文被引用的可能性越大。因此,引用指标具有较好的中后期持续力。

考虑到 Scopus 引用指标的时间滞后性缺陷,以及在论文发表的中后期具有较好的评价功能和权威性,在建立单篇论文综合评价体系的研究中,可将单篇学术论文公开发表后中长期的被引情况作为指标,用以评估论文的价值或影响力。

（三）首月讨论量评估论文社会反响

Twitter 讨论指标具有低及时性、低波动性、低持续性的特点,可将单篇学术论文首月的讨论情况作为社会影响力判定指标。

首先,50 篇样本论文中,有近 30 篇论文的及时性指数(T)为负值,其评价及时性较差。然而,社交媒体的讨论数据通常是在即时性、极速性的网络环境中产生,若论文具有传播价值,很快就会在各种推荐与传播中产生较高的讨论数量,这一现象与本节研究结论相违。这是因为在 50 篇样本论文中,几乎所有论文的 Twitter 讨论数量均集中于论文发表后的第一个月,其余大部分月份的讨论数据为零值。因此,部分论文的 Twitter 讨论数量在第 2 和第 3 个月为零,导致考虑论文前 3 个月被讨论情况的及时性指数呈现较低的状态。

同时,由于讨论指标的月份覆盖率较低,较多的零值讨论量致使 50 篇样本论文中讨论指标的波动性指数(V)均较小,数值变化不明显。

另外,在 50 篇样本论文中,除一篇论文的讨论指标持续性指数(P)大于阈值 0.5 外其余 49 篇论文均呈现低持续性特征。Twitter 讨论指标主要反映社会公众对科研成果的态度,这种态度与专业的科学态度不同,往往是伴随着新鲜感和个人兴趣[1]。由于网络平台具有更新快、偏重新信息的特点,公众的这种新鲜感在论文发表后不久便会被时间冲淡,较少出现讨论数据,其 Twitter 讨论量基本维持在早期的数据量水平。因此,Twitter 讨论指标对于论文关注的后期持续性不足。

---

① 王贤文、方志超、胡志刚:《科学论文的科学计量分析:数据、方法与用途的整合框架》,《图书情报工作》2015 年第 16 期。

基于以上分析,评论指标随时间推移发生的变化较大,呈现出快速利用和快速老化的普遍特征,指标相对较灵活易变,倾向于新文献的发现和传播。考虑到评论指标在论文发表后第一个月内能够迅速发挥作用,而在后期发挥的评价效力不佳,在建立单篇论文综合评价体系的研究中,可将单篇学术论文公开发表后第一个月的社交媒体讨论情况作为参考,用以评估论文的网络影响力和社会影响力。

五、小结

Altmetrics 是 Web2.0 环境下一种新兴的计量方法,为文献计量学的发展打开了新的局面。随着以 PLOS 为首的开放存取运动和成果不断发展,Altmetrics 也得到了相应的不断完善和发展,并成为评价影响力的重要方法。然而,日趋多样的评价指标不成系统地分散于论文发表后的各个时间阶段,何时、何种情况对不同的计量指标做出怎样的取舍,是对愈发庞杂的评价指标体系的一个严峻考验[①]。因此,在 Altmetrics 指标的分析与利用过程中,不能孤立地看待某个指标的最终数值结果,而有必要研究和发现数值背后隐藏的动态特征及其能够揭示的深层次含义。

基于此问题,本节基于时间序列视角提出单篇论文计量指标的三个特性指数:及时性指数(T)、波动性指数(V)和持续性指数(P),并基于三维立体散点图建立计量指标特性识别模型。同时,以期刊《PLOS ONE》的 50 篇高被引论文为数据样本,进行实证研究,发现 PLOS 使用指标、Scopus 引用指标、Twitter 讨论指标各自具有不同的及时性、波动性、持续性特征和规律。后续,拟基于本节研究结果发现单篇学术论文在被利用过程中的交流与传播特点,以及不同计量指标的评价特征和时间侧重点差异,循序渐进地深入研究,将各项计量指标的最佳效力发挥时间、数据量的时间变化规律纳入评价体系中,从

---

① Wang X., Fang Z., Yang Y., "Continuous, Dynamic and Comprehensive Article-Level Evaluation of Scientific Literature", *Eprint Arxiv*, 2014(1411):7004–7019.

而综合运用多种 PLOS ALM 指标,构建多维度的动态学术评价体系,得出精准、实时、全面的学科关键知识节点识别结果。

第二节　基于时间序列的学科热点前沿识别模型构建

一、Altmetrics 识别学科热点与前沿的不足

单篇学术论文作为科学研究成果的文献记录,是科学家最重要的科研成果之一,也是衡量科研水平的重要评价依据[①]。论文的影响力主要体现在学术影响力和社会影响力两个方面。其中,学术影响力表征论文在学术界的科研价值与论文质量,目前常用的学术影响力评价指标有期刊影响因子、单篇论文被引频次等,但这些以被引为主的定量评价方法具有时间滞后性、单一性和片面性;社会影响力表征论文在社会大众中的受关注与传播情况[②],以论文在社交媒体工具、开放存取平台的在线使用、收藏、提及与讨论等指标为代表,然而这些新兴评价指标的覆盖率、系统性、稳定性均有待提高,并不能独担论文影响力综合评价的重任。在这种背景下,极有必要构建基于多维指标的影响力综合评价体系,以挖掘不同层次、不同角度的高价值文献。

目前国内外有关 Altmetrics 论文评价的研究主要存在以下问题:(1)目前用 Altmetrics 评价论文影响力的研究文献未考虑时间因素——文献年龄对论文评价的影响。一篇论文正式发表后,各 Altmetrics 指标的数值累计量会有增无减,使得"老文献"更具评价优势。但实际上,具有相同指标数值累计量的"年龄较小论文"具有更大的影响力。(2)多数 Altmetrics 定量研究集中于运

---

① 刘运梅、李长玲、刘小慧:《基于合著作者贡献大小分配权值的 p 指数探讨》,《图书情报工作》2016 年第 21 期。

② 王雯霞、刘春丽:《不同学科间论文影响力评价指标模型的差异性研究》,《图书情报工作》2017 年第 13 期。

用相关性分析、主成分分析等方法,局限于平台的固定化指标数值,将论文影响力看作是一种结果而忽视其过程。然而大部分论文评价指标都具有动态特性,论文在发表后不同时间阶段数值变化和作用发挥不尽相同①。本节研究发现:引用指标具有低及时性、高波动性、高持续性的特点,可将单篇学术论文中长期的被引情况作为学术影响力判定指标;使用指标具有高及时性、低波动性、高持续性的特点,可将单篇学术论文整个生命周期的平均被使用情况作为社会影响力判定指标;讨论指标具有低及时性、低波动性、低持续性的特点,可将单篇学术论文首月的讨论情况作为社会影响力判定指标。

因此,针对以上问题,本节拟根据不同指标随时间变化的不同表现,提出时间因素视角下的月均使用量、首次他引速度、月被引峰值、首月讨论量等指标,并运用标准化、分配权重将各评价分指标结合起来,构建动态、系统、全面的论文影响力综合评价体系,将各项指标的最佳效力发挥时间、数据量的时间变化规律纳入其中,降低时间因素对指标数值累积的影响,从使用、引用、讨论等方面综合、客观、公正地评价新、老文献。

二、基于时间因素的分指标模型构建

(一)月均使用量

使用数据是已正式发表的科学文献被浏览或下载产生的数据②,根据文件格式,浏览主要是 HTML 格式,下载可分为 PDF 下载格式和 XML 下载格式。在上节使用指标特性分析中发现,总使用量指标能在第一时间对论文的被使用情况作出反应,并且随着时间流逝,一篇论文会由于各种原因被不断使用,其每个月份的使用量在一定数值水平上呈现较为平稳的发展。因此,论文

① 王贤文、方志超、王虹茜:《连续、动态和复合的单篇论文评价体系构建研究》,《科学学与科学技术管理》2015 年第 8 期。
② 王贤文、方志超、胡志刚:《科学论文的科学计量分析:数据、方法与用途的整合框架》,《图书情报工作》2015 年第 16 期。

总使用量指标容易受时间累积因素的影响。

月平均使用量作为一种稀释效应,可缓解时间因素的影响,相同总使用量的论文发表时间越长,其稀释效果越明显,可较公平地反映论文在网络上的被使用、被关注情况。因此,本节提出"月均使用量 U_t"作为使用类分指标,即论文自发表之日起到评价时点的总使用量与相隔月份数之比,数学表达式如下:

$$U_t = \frac{U}{t} = \frac{HTML + PDF + XML}{t} \tag{4.5}$$

其中,U 表示某论文自发表以来获得的总使用量(即 HTML 浏览量、PDF 与 XML 下载量之和),论文自发表到评价时点相隔月份数为 t。

（二）首次他引速度、月被引峰值

一篇论文在另一篇论文中被正式引用即形成论文被引,传统引用指标在反映文献价值方面具有一定的时间滞后性,一篇论文在发表后几个月甚至一年内被引用数据较少,还远远未积累到能够对论文价值作出准确评价的程度。因此,有必要构建能够规避引用时间滞后问题的引用分指标,提高文献的新颖性、即时性评价效果。

一般来说,文献越长时间未被引用或关注,其价值就认为越低,反之文献首次被引所经历的时间越短,其科学价值和学术影响就越大[1]。2011 年,Egghe L.等[2]提出文献首次被引速度 $t_1 = t_c - t_p (t_c \geq t_p)$,$t_c$ 表示该文献首次被引用的日期,t_p 表示出版日期。首次被引是论文第一次被引用,受该论文作者的研究连贯性或主观意图影响,部分论文的首次被引可能为论文作者进行的自引行为。考虑到应用首次被引是为了体现论文影响力与受关注程度,本节对首次被引速度 t_1 改进,去除论文首次被引为作者自引的情况,提出第一个引

---

① Egghe L., "A Heuristic Study of the First-Citation Distribution", *Scientometrics*, 2000, 48(3): 345-359.

② Egghe L., Bornmann L., Guns R., "A Proposal for a First-Citation-Speed-Index", *Journal of Informetrics*, 2011, 5(5): 181-186.

用评价分指标——论文"首次他引速度 C_s"。一般地,文献首次被引所经历的时间越短,其影响力越大。为了表达首次他引时间与影响力的反向关系,本节令论文首次他引速度 C_s 为一篇论文自正式发表后,首次被他人(除论文所有署名作者外的其他学者)引用的时间(月)取倒数,即:

$$C_s = \frac{1}{(T_c - T_p)/30} = \frac{30}{T_c - T_p}(T_c > T_p) \tag{4.6}$$

其中, T_c 表示该论文首次被他引的日期, T_p 表示论文出版日期。

另一方面,传统引用指标未考虑评价论文的年龄问题,但发表年龄不同、被引频次相同的论文,其影响力是不同的。因此,构建一个能够规避引用数据时间累积问题的引用分指标,在理论和实践上都具有重要意义。

由于论文引用数据不同于使用指标由公众广泛参与形成流量数据,其形成具有较大的限制条件、主客观复杂因素,导致论文各月份的被引频次数值较小、波动较大,形成被引峰值。若使用时间稀释作用的被引均值指标来衡量论文被引,只对达到被引峰值时间前后的文献具有较好的评价效果,难以突显高价值、发表时间较短或较长文献的影响力。因此,本节以月份为单位,用论文"月被引峰值 C_{top}"表征论文的学术影响力,以弱化时间累积效应影响,月被引峰值 C_{top} 可表示为:

$$C_{top} = max(c_1, c_2, c_3, \cdots, c_n) \tag{4.7}$$

其中,某篇论文自正式发表至评价时点共经过 n 个月, $c_1 \cdots c_n$ 分别表示该论文发表第一个月…第 n 个月的被引频次。

(三)首月讨论量

讨论数据是收集科学文献在网络社交媒体(Facebook、Twitter 等)、学术型网站平台(Wikipedia、ResearchGate)上对一篇论文研究内容讨论的数据[①]。若

---

① Priem J., Groth P., Taraborelli D., "The Altmetrics Collection", *Plos One*, 2017, 7(11):1-2.

论文具有传播价值,短时间内会在各种推荐与传播中产生较高的讨论数量,能够及时地体现文献价值。然而,讨论数据的产生伴随着社会公众的新鲜感①,这种新鲜感在论文发表后不久便会被时间冲淡,后续再较少出现讨论数据,总讨论量基本维持在早期的数据量水平。同时,在上节讨论指标特性分析中发现,大部分论文的讨论量均集中于论文发表后的第一个月,其余大部分月份的讨论数据基本为零。

讨论指标随时间推移发生的变化较大,呈现出快速利用和快速老化的普遍特征,倾向于新文献的发现和传播,而在后期持续性不足。因此,提出"首月讨论量 T_1"作为讨论分指标,即一篇论文自发表之日起 30 天时间里,在网络社交媒体、学术型网站平台获得的讨论数量,数学表达式如下:

$$T_1 = T_{D1} + T_{D2} + T_{D3} + \cdots + T_{D30} = \sum_{Di=1}^{30} T_{Di} \tag{4.8}$$

其中,Di 表示某论文正式发表之后的第 i 天,T_{Di} 表示第 i 天里获得的网络讨论数量。

三、学科热点与前沿主题识别模型构建

(一)分指标值标准化

由于以上四个指标(月均使用量 U_t、首次他引速度 C_s、月被引峰值 C_{top}、首月讨论量 T_1)具有不同的量纲和数量级,为了达到更客观、公正、公平的评价效果,需要首先对 4 个指标的原始数据进行标准化处理。本节选用离差标准化方法,对指标数据 x_1,x_2,$\cdots$,x_n 进行变换,为了体现数据结果的可比较性,并将其转化为百分制的标准分数,计算公式如下:

$$y_i = \frac{x_i - \min_{1 \leqslant j \leqslant n}\{x_j\}}{\max_{1 \leqslant j \leqslant n}\{x_j\} - \min_{1 \leqslant j \leqslant n}\{x_j\}} \times 100 \tag{4.9}$$

---

① 王贤文、方志超、胡志刚:《科学论文的科学计量分析:数据、方法与用途的整合框架》,《图书情报工作》2015 年第 16 期。

则新序列 $y_1, y_2, \cdots, y_n \in [0,100]$，且无量纲。经过标准化后，以上 4 个影响力评价指标均转化为统一的标准化格式，分别用 C_s'、C_{top}'、U_t'、T_1' 表示。

（二）权重分配与识别体系构建

对于各个指标在论文影响力评价中的作用大小，通过对相关研究领域学者调查问卷、权威专家访谈，分别确定了引用、使用、讨论分指标的权重：引用指标表征论文的学术影响力，是论文最高层次的利用，其在论文影响力评价中仍然占据主流地位[①]，因而设置引用分指标（包括首次他引速度 C_s 与月被引峰值 C_{top}）在论文影响力综合评价指标中占较大权重，赋予其权重为 0.4；其次，使用指标（月均使用量 U_t）与讨论指标（首月讨论量 T_1）从论文的访问利用情况、在线社交媒体交流情况来度量论文的社会影响力，是对传统引文评价的补充指标，本节赋予月均使用量 U_t、首月讨论量 T_1 指标的权重系数均为 0.3。其中，本节认为首次他引速度与月被引峰值对于论文被引能力的判定同等重要，分别赋予两者 0.5 的权重。因此，论文影响力综合指标（Co-influence）计算方法如下：

$$Co\text{-}influence = 0.4[0.5\,C_s' + 0.5\,C_{top}'] + 0.3 \times U_t' + 0.3 \times T_1' \quad (4.10)$$

四、实证研究：以 PLOS ONE 高被引论文为例

（一）数据来源

本节选择《PLOS ONE》期刊作为数据来源样本，同时选取权威数据库 Scopus 的引用数据作为引用类指标的代表；使用类指标选择 PLOS 网站的 HTML 浏览量、PDF、XML 下载量总和；讨论类指标选择全球范围内比较普及和热门的社交软件 Twitter 的讨论数据。为了较好地突出时间因素对论文评

---

① 邱均平、余厚强：《替代计量学的提出过程与研究进展》，《图书情报工作》2013 年第 19 期。

价的影响,并分析基于时间因素的分指标及综合指标的评价效果,本节依次选取《PLOS ONE》期刊 2011 年至 2017 年每年被引频次最高的前 10 篇高被引论文作为样本,通过观测这 70 篇论文的引用、使用、讨论指标,以评价样本论文的综合影响力水平。分别给 70 篇论文编号 1—70。

(二)指标值计算

借助软件,在 PLOS 网站中获取这 70 篇高被引论文的发表时间、PLOS 总使用量、Twitter 网站每条用户评论的产生时间,以及 Scopus 数据库中每条施引文献公开出版时间(部分施引文献的出版时间在 Scopus 数据库中缺失,通过"全渠道搜索引擎"查阅原文,获取其"published time")。对获取的数据做如下处理:(1)基于样本论文的发表时间、施引文献发表时间,根据公式(4.6)与公式(4.7)分别统计得到 70 篇样本论文的首次他引速度 C_s、月被引峰值 C_{top},分别见表 4-7 第 4、5 列;(2)基于样本论文的发表时间、PLOS 总使用量,根据公式(4.5)计算得到 70 篇高被引论文的月均使用量 U_t,见表 4-7 第 8 列;(3)基于每篇样本论文的发表时间、Twitter 用户评论产生时间,统计得到 70 篇样本论文的首月讨论量 T_1,见表 4-7 第 10 列;(4)运用公式(4.9),将以上计算得到的 70 篇论文 4 个指标数值(月均使用量 U_t、首次他引速度 C_s、月被引峰值 C_{top}、首月讨论量 T_1)转化为统一的标准化格式,得到 C_s'、C_{top}'、U_t'、T_1',并通过公式(4.10)分配的权重,将 4 个评价分指标综合起来,计算得到 70 篇高被引论文的影响力综合指标 Co-influence,见表 4-7 第 11 列。

表 4-7 样本论文的影响力综合指标计算数据
Tab 4-7 Computational comprehensive index calculation data of sample papers

出版年份	序号	总被引频次	首次他引速度	月被引峰值	发表月数	总使用量	月均使用量	总讨论量	首月讨论量	影响力综合指标
2011	1	1705	0.78	150	87	136155	1565	0	0	28.407
	2	1080	0.15	67	85	56399	663.52	0	0	9.721

续表

出版年份	序号	总被引频次	首次他引速度	月被引峰值	发表月数	总使用量	月均使用量	总讨论量	首月讨论量	影响力综合指标
2011	3	965	0.24	67	80	45683	571.04	0	0	10.537
	4	972	0.3	63	83	37780	455.18	0	0	10.613
	5	714	0.3	48	84	50193	597.54	0	0	8.464
	6	626	0.18	29	90	65439	727.1	0	0	4.86
	7	456	0.18	35	87	76346	877.54	0	0	5.824
	8	448	0.24	39	87	33659	386.89	0	0	6.488
	9	445	1.89	25	85	42020	494.35	0	0	23.259
	10	465	0.27	27	84	44245	526.73	0	0	5.533
2012	11	1804	0.66	95	75	79994	1066.59	12	6	19.399
	12	825	0.15	47	70	37822	540.31	4	3	6.698
	13	710	0.21	38	78	69587	892.14	0	0	6.475
	14	654	0.42	30	75	101066	1347.55	10	4	8.027
	15	535	0.33	23	78	42193	540.94	0	0	5.652
	16	468	0.81	19	78	56957	730.22	0	0	10.543
	17	424	0.36	25	77	22498	292.18	0	0	5.908
	18	394	0.21	16	73	23791	325.9	7	6	3.258
	19	370	0.6	27	75	16943	225.91	0	0	9.074
	20	502	0.12	28	78	46415	595.06	7	4	3.84
2013	21	1005	0.12	44	64	70562	1102.53	30	21	6.791
	22	706	0.24	36	61	36342	595.77	8	7	6.436
	23	525	0.57	43	62	98242	1584.55	224	134	13.918
	24	474	0.42	37	61	24753	405.79	14	5	8.554
	25	419	0.48	26	65	49107	755.49	79	37	8.29
	26	432	0.15	20	56	45374	810.25	83	52	4.09
	27	417	0.24	31	56	12592	224.86	0	0	5.566
	28	377	0.3	22	62	87490	1411.13	218	119	7.581

续表

出版年份	序号	总被引频次	首次他引速度	月被引峰值	发表月数	总使用量	月均使用量	总讨论量	首月讨论量	影响力综合指标
2013	29	371	0.33	18	59	90584	1535.32	57	51	6.271
	30	319	0.27	23	59	413622	7010.54	1881	546	18.367
2014	31	453	1.29	17	44	305404	6941	926	811	33.926
	32	337	0.21	22	55	89823	1633.15	90	85	6.283
	33	306	0.27	11	54	15347	284.2	18	15	3.354
	34	374	0.69	31	45	15197	337.71	13	8	10.615
	35	265	0.21	17	55	82645	1502.64	5	3	4.098
	36	266	0.3	19	54	34673	642.09	40	26	5.131
	37	281	0.39	21	50	59617	1192.34	62	47	7.215
	38	258	0.21	20	52	15163	291.6	0	0	3.767
	39	333	1.14	16	54	30977	573.65	8	5	14.009
	40	230	0.36	14	47	7313	155.6	0	0	4.525
2015	41	248	1.02	20	32	36597	1143.66	10	10	13.64
	42	203	0.21	13	42	13627	324.45	5	4	2.697
	43	178	0.12	15	41	33227	810.41	35	28	2.721
	44	191	0.24	9	38	17482	460.05	1	1	2.71
	45	140	0.15	9	41	2505	61.1	0	0	1.42
	46	135	0.3	8	42	169040	4024.76	19	7	5.246
	47	122	0.48	8	38	123169	3241.29	248	221	10.772
	48	150	0.42	14	36	42463	1179.53	41	24	5.971
	49	135	0.6	17	35	16523	472.09	25	15	8.129
	50	114	1.35	15	38	136410	3589.74	1506	1359	41.907
2016	51	87	0.18	11	26	15372	591.23	18	17	2.5
	52	147	0.24	12	30	16296	543.2	11	8	3.317
	53	62	0.21	8	25	3099	123.96	0	0	1.731
	54	60	0.3	9	28	10346	369.5	22	17	3.548

续表

出版年份	序号	总被引频次	首次他引速度	月被引峰值	发表月数	总使用量	月均使用量	总讨论量	首月讨论量	影响力综合指标
2016	55	62	0.18	9	26	5028	193.38	12	11	1.788
	56	53	0.12	5	29	3317	114.38	0	0	0.305
	57	54	0.3	9	28	297600	10628.57	507	432	17.066
	58	62	0.15	7	29	24415	841.9	54	20	1.913
	59	56	0.57	7	31	5336	172.13	1	1	5.696
	60	147	0.51	17	25	24094	963.76	7	5	7.179
2017	61	80	0.51	12	18	18010	1000.56	16	14	6.58
	62	33	0.15	4	18	10057	558.72	32	30	1.563
	63	34	0.21	9	19	4568	240.42	24	1	2.219
	64	27	0.24	5	19	19137	1007.21	56	52	3.137
	65	44	0.51	9	10	489920	48992	1871	1706	65.35
	66	24	0.18	3	18	13821	767.83	3	0	1.221
	67	25	0.36	3	19	84243	4433.84	392	336	11.316
	68	27	0.33	7	18	11257	625.39	34	34	3.841
	69	23	0.6	4	17	3542	208.35	1	0	5.796
	70	47	0.15	6	19	15099	794.68	0	0	1.343

（三）评价结果分析

（1）月均使用量 U_t、首次他引速度 C_s、月被引峰值 C_{top} 均能较好地缓解时间因素对指标数值累积的影响,相对较公平、客观评价不同年龄的论文。

观察表4-7可以发现,随着论文出版年份由2011年至2017年越来越近,70篇样本论文的总被引频次、总使用量逐渐减小。2011年10篇论文的总被引频次分布区间为[445,1705],而2017年10篇论文的分布区间已降到[23,80];2011年至2017年间,大部分论文的总使用量数值由10万级降到万级再降到千级,各年间论文使用量差别明显。因此,应用总被引频次、总使用量的评价方法使"老文献"更具评价优势,忽略了"新文献"在较短时间内反映的学术价值与影响力。

反观 70 篇论文的月均使用量、首次他引速度与月被引峰值可以发现,各年份间论文的 3 项指标数值分布均匀,除月被引峰值随文献出版时间出现较小幅度递减外,其余两项指标数值与文献出版时间并无明显关联。2011 年出版的老论文与 2017 年出版"新论文"的首次他引速度均分布在 0.15 以上;2011 年出版的 10 篇论文月均使用量分布在 [386.89,1565] 区间内,而 2017 年出版的 10 篇新论文月均使用量可高达 48992 次。因此,首次他引速度、月被引峰值与月均使用量这 3 项指标在"新、老文献"之间达到了较好地平衡,有效缓解了文献出版时间对评价结果的影响。

(2)月均使用量 U_t、首次他引速度 C_s 与月被引峰值 C_{top} 能有效识别发文时间较短的潜在高价值文献。

被引频次相同,发表时间不同的论文,其价值是不同的;同时,在网络平台上被使用次数相同,发表时间不同的论文,其影响力大小也是不同的。其中,发表时间相对较短的新文献在未来时间里可能会得到更多被引与关注,是潜在的高价值文献。例如,发表于 2017 年的论文 65,在发表后仅 10 个月较短时间内,累计 PLOS 平台总使用量 489920 篇次,月均使用量也高达 48992 次/月,远远超出 2011 年发表的老文献近 10 倍。另外,在 2017 年发表的文献 61,总被引频次仅为 80 次,在 70 篇样本论文里并不占优势,但在其发表后的 18 个月里,被引峰值高达 12 次,并且在发表后两个月便被他人引用,未来的价值有待可期。因此,通过首次他引速度、月被引峰值与月均使用量的时间稀释效应,不仅能较公平地评价新老文献,还能识别潜在的高价值新文献。

(3)首次他引速度 C_s、月被引峰值 C_{top} 这两项引用类指标与月均使用量 U_t、首月讨论量 T_1 分别反映不同类型的影响力。

观察表 4-7 可以看出,首次他引速度 C_s、月被引峰值 C_{top}、月均使用量 U_t、首月讨论量 T_1 这四项指标对 70 篇样本论文的评价结果并不具有明显一致性。利用 SPSS 软件,对样本数据中的 4 项指标进行 Pearson 相关性分析。结果显示: U_t 与 T_1 的相关性系数为 0.803,在双尾概率 0.01 水平上显著相关,而 U_t 与 C_s、C_{top} 相关系数分别为 0.097、-0.097,T_1 与 C_s、C_{top} 相关系数分别为 0.331、-0.138,均在双尾概率 0.01 水平上不相关。因此,从相关性来看,使用类指标与讨论类指标存在正相关关系,而这两者与引用类指标并不相关。

　　这说明,基于网络平台的月均使用量 U_t、首月讨论量 T_1 与首次他引速度 C_s、月被引峰值 C_{top} 评价论文的影响力侧重点不同。引文类指标具有科学评价系统的惯性,引证行为蕴含着施引作者对论文的定性价值判断[①],因此,首次他引速度、月被引峰值这两项引文类指标体现文献的学术影响力。而基于网络平台的月均使用量、首月讨论量指标主要从论文的访问、利用、讨论情况出发,能够捕捉到论文在广阔的范围和不同的读者群体中的影响力,更侧重于社会关注度,体现论文的社会影响力。

　　(4)影响力综合指标(Co-influence)将论文被引用、被使用、被讨论的动态变化特征、最佳效力发挥时间囊括其中,形成了多维度的动态学术评价体系,相对较及时、全面地识别出高影响力、高价值文献。

　　论文影响力综合评价体系将各项指标的最佳效力发挥时间、指标数值时间变化特征纳入其中,用论文首次被引速度、整个生命周期的月被引峰值作为引用类指标,用论文整个生命周期的平均被使用情况作为使用类指标,用论文初期的讨论情况作为讨论类指标。因此,影响力综合指标(Co-influence)有效减少了引用时间滞后问题、使用数据可伪性问题、讨论数据快速利用快速老化问题带来的影响,是一个多维度的动态学术评价体系,能相对较客观、及时、全面地识别出高影响力、高价值文献。

---

① Wang X.,Fang Z.,Yang Y.,"Continuous,Dynamic and Comprehensive Article-Level Evaluation of Scientific Literature",*Eprint Arxiv*,2014(1411):7004-7019.

五、研究热点识别结果

以影响力综合指标(Co-influence)排序,分析表4-7中综合影响力最高的前10篇论文(论文序号为65、50、31、1、9、11、30、57、39、23)各项指标,可以发现,这些论文在引用、使用或讨论指标中表现出相对较高的水平,各项指标的排名较靠前,具有极高的影响力与关注度。以影响力综合数值最高的论文65为例,其发表时间距样本数据获取时间仅10个月,但在发表后两个月便被其他学者引用,在第4个月被引用9篇次,月均使用量达到48992次,并且在发表后第一个月累积Twitter讨论量1706次。该论文在短时间内得到了学术界、社会界广泛的关注,并产生了显著的影响力,是当之无愧的高影响力、高被关注论文。再如2011年出版的论文1,其影响力综合得分高达28.407,虽然由于2011年PLOS平台未收集Twitter讨论数据,导致其讨论指标为0。但其首次他引速度、月被引峰值、月均使用量均较高,在发表后1.3个月便被他人引用,月被引量高达150篇次,月均使用量达1565次,该论文产生的价值在距今7年的时间里不曾间断,是名副其实的高价值论文。

因此,提取这10篇论文的研究主题,即可识别《PLOS ONE》期刊2011年至2017年的研究热点。采集论文的题目和摘要作为分析语料,编写程序,运用strip()函数对语料进行切片,并通过字典记录每个词出现的频次。程序核心代码如下:

```
array = re.split('[  ,.?]',text)
print(array)
dic = { }
for i in array:
    if i not in dic:
dic[i] = 1
    else:
```

```
dic[i] += 1
print(dic)
```

该方法在面对小规模语料时效果较好,但分词结果仅包含单词,无法对英文词组进行分词处理。将分词结果导入 excel 进行单元格分列处理,并设置停用词表,包含虚词(and,the,a,of 等)和无法表示研究内容的常规词(paper,we,results,find,total 等)。语料分词、删除停用词后,得到表 4-8:

表 4-8　高影响力样本论文的研究热点识别结果(部分)
Tab 4-8　Research topic extraction results of 10 sample
papers with high influence(part)

序号	频次	来源文献	关键词(英文)	关键词(中文)
1	14	论文 31、39、65	Comorbidities	并发症
2	12	论文 1、23	RNA	核糖核酸
3	11	论文 57、9、31	Cancer	癌症
4	10	论文 39	Climate	气候
5	9	论文 65、31、9、57	Disease	疾病
6	8	论文 50、11	Bibliometrics	文献计量
7	7	论文 39、57	Health	健康
8	7	论文 31	Norovirus	诺如病毒
9	6	论文 9	Biomarkers	生物标志物
10	4	论文 11	Visualizing	可视化
…	…	…	…	…

分析表 4-8 可以看出,《PLOS ONE》高影响力论文的研究主题主要集中在生物学、生命科学、健康信息等领域。《PLOS ONE》涉及的研究方向为生物科学,平台研究文献多集中在生物学、生命科学等领域。基于构建的影响力综合指标,对高影响力论文进行主题提取,识别结果与时间跨度内的生物医学科学领域的研究热点相契合。并发症在综合影响力前 10 篇文献中提及的频次最高,这一结果与国际医疗卫生环境契合。2014 年西部非洲地区暴发了有史以来最大规模的埃博拉出血热疫情。在"传染病全球化"时代,埃博拉迅速升

级成全球性风险,成为全球关注焦点。多数患者死于休克、弥散性血管内凝血、急性肾衰竭等严重的全身性并发症。根据临床表现判断各类并发症,早期识别病情加重征象,同时积极采取综合治疗措施,是正确救治埃博拉出血热的关键。基于此,大量关于并发症的研究文献涌现。高影响力论文的研究主题为其时间窗内的研究热点,能够在短时间内得到学术界、社会界广泛的关注,并产生显著的影响力,是当之无愧的高影响力、高被关注论文。

在综合影响力前 10 篇文献的研究主题中出现与图书情报学相关的专业名词—文献计量和可视化,《PLOS ONE》中的期刊主要使用图书情报领域的数据处理方法来分析展示数据结果。这使得繁杂的数据能够更加直观地展示,提高数据分析的效率,所以越来越多的学者选择使用图书情报领域的相关技术方法,也促进了学科之间的交流融合。

六、小结

在利用 Altmetrics 指标评价论文过程中,不能孤立地看待某个指标的最终数值结果,而有必要综合考量文献年龄与指标的动态变化特征、规律。因此,本节基于时间因素视角,提出了月均使用量 U_t、首次他引速度 C_s、月被引峰值 C_{top} 与首月讨论量 T_1 四项指标,并通过标准化、分配权重,建立论文影响力综合评价体系(Co-influence)。同时,以期刊《PLOS ONE》2011—2017 年的 70 篇高被引论文为数据样本,进行实证研究,发现 Co-influence 指标是一个多维度的动态学术评价体系,能相对较及时、全面、客观地识别出高水平、高影响力文献。

因此,本节构建的影响力综合指标,一方面可避免新文献在评价中的劣势地位,较公平地对新、老文献进行评价,有利于创造青年科学家成长的评价环境;另一方面,为数字时代的科学评价提供了一个新的视角,有利于激励科学家追求数量与质量并重的科研成果,并紧跟时代步伐,积极参与、投身各大网络平台、社交媒体,扩大自己科研成果的可见度与传播面。另外,该影响力综合评价方法也可以应用于对文献集合体的评价,例如:对中高龄人才与青年人才之间的评价、对新老期刊的评价等等。

第三节　z 指数方法识别学科高关注度研究主题

近年来,伴随在线学术资源平台、网络社交媒体的成熟发展,用户学术交流模式发生极大改变,网络媒体数据呈指数型增长,国内外学者积极采用 Altmetrics 方法识别学科热点主题。科学文献具有权威性高、可信度强等不可替代的优势,但传统计量分析方法识别的学科前沿主题难以反映"学术圈群体"以外更广泛的社会大众对于该学科的关注热点和知识需要。目前用 Altmetrics 方法对网络媒体数据进行分析,识别学科热点的相关研究局限于一种或几种指标数据的分析,识别结果不够全面。因此,本节通过 Altmetrics.com 平台获得学术论文基于网络环境下的 Altmetrics Attention Score(AAS)数据,替代 z 指数中的被引频次,构建 z_t 指数模型识别得到国际情报学领域网络高关注度研究主题,并对 AAS 高关注度研究主题划分不同类型识别得到不同研究类型的学科关键知识节点。

一、AAS 值与 z 指数用于学科前沿热点识别的可行性分析

（一）Altmetrics Attention Score 指标

Altmetrics Attention Score 指标是较为成熟、被广泛认可的一种 Altmetrics 计量算法。它是 Altmetric.com 综合平台上全部 Altmetrics 指标数据,包括新闻报道数、博客帖子数、Mendeley 读者数、同行评审数等 17 个在线政策文件与主流媒体、在线社交媒体、在线参考文献管理工具、其他在线来源的使用、下载、推广等数据,通过一定的算法加权得到的一个聚合指标。2017 年,Altmetric.com 网站将 Web of Science 中的被引频次纳入其指标体系。因此 AAS 值是科

学文献传统评价与网络媒体评价的综合反映,可以更加全面地评估科学文献的学术水平,以及发表后所受到的在线关注度。

采用 Altmetrics 方法识别学科热点主题等学科关键知识节点,打破了传统评价方法、评价指标、评价对象的局限性。网络环境下的补充计量指标如下载、阅读、传递、学习、应用等多面的学术影响并不能被引文数据所记录,可反映可见度、知名度和社会影响力,是针对研究主体网络受关注的计量指标,可揭示传统指标不能显示出来的或隐藏的影响力。通过讨论、点赞、分享、保存、推荐等指标,使得评价对象不仅局限于科学文献数据,还适用于机器代码、开源软件、视频、图片等传统方法与指标不能有效评价的对象。

因此,网络环境下,借助正式交流中的科学数据与社交媒体的 Altmetrics 数据,探索学科关键知识节点和具有合作潜力的跨学科相关知识,对把握本领域基础研究以及学科未来发展趋势具有必要的研究意义和价值。如国内学者王睿等[①]引入"公平性测试"方法以消除时间窗口对被引次数的影响,利用 Altmetric.com 平台和 Web of Science(WoS)数据库获取了 273 篇论文的 Altmetrics 分数和被引频次,经研究得到高 Altmetrics 指标在一定基础上能够被视作文献在未来获得高被引标志的风向标。Kim Y. 等[②]的研究也认为 Altmetrics 可更好地帮助学者找到社会大众的现实需求,从而发现更符合社会实际发展需要的研究选题。从目前国内外学者的研究可以发现,关于 Altmetrics 以及其与传统文献计量指标之间的关系得到了充分的重视与研究,Altmetrics 用于发现社会媒体关注议题的价值性已被肯定。

本节尝试选择科学文献的网络媒体表现数据——AAS 值,基于 z 指数方法进行高关注度学科关键知识节点的识别,以更综合、全面掌握学科前沿动向。

---

① 王睿、胡文静、郭玮:《高 Altmetrics 指标科技论文学术影响力研究》,《图书情报工作》2014 年第 21 期。

② Kim Y.,Kim J E.,Kim Y H.,et al.,"Social Attention and Scientific Articles on Stroke",*Clinical Neurology and Neurosurgery*,2019,183(9):1-22.

（二）z 指数用于识别学科前沿热点的可行性分析

印度学者 Prathap G.不仅在 2014 年提出了 z 指数,而且还继续进行了深入研究,近几年,z 指数方法在 p 指数的基础上增加了一致性指标,有效地协调了被引频次与发文数量的关系,在论文、人才、机构、期刊等评价方面表现出较好的评价效果。

z 指数不仅继承了 h 指数和 p 指数"质"与"量"兼具的优点,而且考虑了引文分布因素,将体现数量因素的 C(被引频次)、体现质量因素的 i(篇均被引频次)、反映被引集中程度 v 有机地融合在一个指数中,是融合数量—质量—效率的 3D 效能型评价指数。z 指数计算公式为:

$$z = [pv]^{\frac{1}{3}} = \left[c \times \frac{c}{n} \times \frac{p}{\sum\limits_{k=1}^{n} c_k^2} \right]^{\frac{1}{3}} = \left[c \times \frac{c}{n} \times \frac{\frac{c^2}{n}}{\sum\limits_{k=1}^{n} c_k^2} \right]^{\frac{1}{3}} = \left[\frac{\frac{c^4}{n^2}}{\sum\limits_{k=1}^{n} c_k^2} \right]^{\frac{1}{3}}$$

$$(4.11)$$

其中,z 指数中评价主体的被引频次 C 是构成该指标评价的基本单元。被引频次的形成在一定程度上说明施引者对被引论文研究主题的高度关注和认可,客观地反映了学科的研究动态和关注热点。社交媒体数据 AAS 指标对包含被引数据在内的 17 种不同类型的网络媒体在线实时数据,进行特定加权聚合得到一个度量指标,可以多元地为研究成果所获得社交媒体关注提供数据追踪。而且 AAS 指标弥补了传统以引文频次为主的评价方式滞后性缺陷,指标即可获得并且及时更新,研究人员或申请者可以通过 Altmetrics 来证明自己研究所获得的社会影响力和学术影响力。因此,相比较于被引频次,AAS 值评价更为全面、具体和客观,将 AAS 值替代 z 指数中的被引频次 C 指标,构建以网络数据 AAS 为基本评价单元的 z 指标具有合理性、可行性。

其中,学术论文作为科学文献最基本也是最重要的表现形式,其使用、下

载、引用等指标值,在一定程度上反映了其研究主题的被关注程度。基本思想如图 4-4 所示:

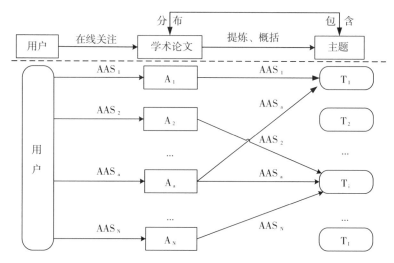

图 4-4　利用 AAS 值测度主题关注度原理图
Fig 4-4　Schematic diagram of measuring topic attention with AAS value

　　主题 T_i 的 AAS 值确定如图 4-4 所示,一篇学术论文可包含多个研究主题,一个主题亦可分布于多篇论文中。因此,研究主题和学术论文之间存在多对多的关系。用户通过阅读、下载、推荐、讨论等不同类型的学术行为,表现出对学术论文不同程度的关注,实际亦是对学术论文所研究主题的同等程度的关注①。本节研究将 Altmetrics 中评价单篇论文在线关注度大小的参数指标 AAS 引申为测度学科关键知识节点在线关注度大小的指标,以识别学科关键知识节点。图 4-4 中,主题 T_i 分布于 A_2、A_a、A_n 共 3 篇学术论文中,分别获取 3 篇论文的关注度指数 AAS_2、AAS_a、AAS_N,则主题 T_i 的总关注度得分为三者加和,即:$AAS_2 + AAS_a + AAS_N$。

---

　　①　王睿、胡文静、郭玮:《高 Altmetrics 指标科技论文学术影响力研究》,《图书情报工作》2014 年第 21 期。

二、基于 z 指数的学科高关注度研究主题识别模型构建

基于 z 指数方法,本节研究提出识别学术论文 AAS 高关注度研究主题的 z_t 指数,其计算公式为:

$$z_t = \left[S(T_i) \times \frac{S(T_i)}{n_i} \times C(T_i) \right]^{\frac{1}{3}} = \left[S(T_i) \times \frac{S(T_i)}{n_i} \times \frac{\frac{S(T_i)^2}{n_i}}{\sum_{j=1}^{n_i} [S_j(T_i)]^2} \right]^{\frac{1}{3}}$$

$$= \left\{ \frac{[S(T_i)]^4}{n_i^2 \times \sum_{j=1}^{n_i} [S_j(T_i)]^2} \right\}^{\frac{1}{3}} \tag{4.12}$$

若某一主题 T_i 共分布于 n_i 篇学术论文中,则:

$S_j(T_i)$ 是主题 T_i 于第 j 篇论文中的单篇 AAS 得分量,$j = 1, 2 \cdots n_i$;

$S(T_i) = \sum_{j=1}^{n_i} S_j(T_i)$,是研究主题 T_i 的 AAS 得分总量,描述主题 T_i 的关注度数量整体规模。

$S(T_i) / n_i$ 为篇均得分量,反映主题 T_i 在单篇论文层面的平均关注水平,是描述主题 T_i 关注度质量的指标。

$C(T_i)$ 分布一致性指标,用来描述主题 T_i 在其分布的论文中受关注分布一致性情况,且 $C(T_i) \in (0,1]$,作为调节因子解决极值问题。例,如果某主题 T_i 只在一篇或几篇文章中的在线关注度得分明显偏高,而在其它文章关注度得分少甚至都为 0,会使 $S(T_i)$ 总得分和 $S(T_i) / n_i$ 篇均得分都处于较高水平。引入一致性指标 $C(T_i)$,使得单一增加主题 T_i 分布篇数,或者只在极少量论文中有高得分的情况下,都不能直接提高主题 T_i 的关注度,只有 T_i 在所分布的论文中取得较高且较均匀的关注时,才能获得高 z_t 值。这样,z_t 指数从整体规模—平均水平—分布一致性三个层面描述主题 T_i 的关注程度,可以综合、有效地识别学科前沿热点主题。

三、基于基准线的学科高关注度研究主题分类模型

z_i指数值较大的识别结果都是在线关注度高的学科研究主题,这些研究主题根据不同的规则条件,可以判定其目前的研究现状以及对学科的贡献程度。本节研究设计以下规则,将 AAS 高关注度研究主题细分。

首先,根据高关注度主题词集合中,每个主题词 T_i 对应的分布篇数 n_i 、AAS 得分总量 $S(T_i)$ 、篇均得分 $S(T_i) / n_i$ 、分布一致性指标 $C(T_i)$ 的值,计算各指标数值的平均数作为基准值。

其次,依据图 4-5 所示规则,将 AAS 高关注度研究主题细分为潜力类、突现类、核心类、边缘类 4 类。

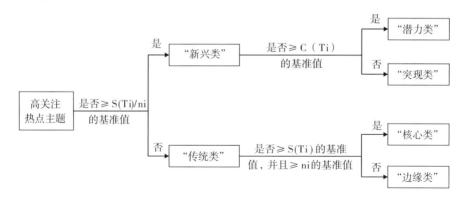

图 4-5 AAS 高关注度学科研究主题分类模型
Fig 4-5 Displine classification model of AAS high-interest topics

研究热点主题反映了在某个领域内受到学者们给予广泛关注、深入探讨分析以及有效进行应用的研究主题。因此根据第二章第一节中学科关键知识节点概念界定的研究,图 4-5 中,划分识别得到的 AAS 高关注研究主题为学科研究领域的研究热点主题。研究热点中"新兴类"高关注度研究主题包括:"潜力类"是科学研究中最新、最先进和最具有发展潜力的研究主题,"突现类"是具有创新性但稳定稍弱的研究主题,二者均具有新颖性。

四、实证研究与结果分析

(一)数据来源与处理

(1)样本来源与预处理

Web of Science 数据库载文资源收录广泛,其是能代表国际研究前沿的数据资源库。根据 ISI Web of Knowledge 平台的 JCR 报告,参考其他学者的研究经验[1][2],本节选择能够代表情报学领域研究前沿和热点的 5 种核心影响力期刊作为样本来源,分别是:*Journal of the Association for Information Science and Technology*、*Scientometrics*、*Information Processing & Management*、*Journal of Documentation*、*Journal of Informetrics*。网络社交媒体中的测度指标具备实时性动态监测的优势[3],一篇文献的受关注度大小在论文发表初期便能得到显著表现[4],因此年份区间限定为 2018 年,以有效识别学科前沿主题。以“出版物名称”为检索途径,选择文献类型为“Article”,共检索到 5 种期刊的学术论文 656 篇,检索时间为 2019 年 1 月 12 日。

下载 656 篇文献的题录信息,抽取每一条文献记录中 DOI(文献标识码)、TI(标题)、DE(作者给定关键词)、ID(数据库标注关键词)等字段的元数据信息,构成基础数据集。在 Altmetric.com 网站,通过 DOI 号获取每篇论文的 AAS 值,构成本节研究的实证数据集。

---

① 刘自强、岳丽欣、王效岳等:《主题演化视角下的国际情报学研究热点与前沿分析》,《图书馆》2017 年第 3 期。

② 赵蓉英、马丽娜:《国际情报学核心期刊与研究热点的可视化分析》,《情报科学》2011 年第 8 期。

③ 赵雅馨、杨志萍:《研究热点探测的替代计量学方法和应用——以信息与计算科学为例》,《情报杂志》2016 年第 11 期。

④ 郝若扬:《高 Altmetrics 指标论文的特征分析及影响力分析》,《图书情报工作》2018 年第 8 期。

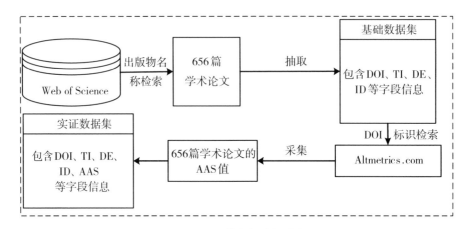

图 4-6 AAS 值数据来源流程图
Fig 4-6 Data source flow chart

（2）数据集获取流程与方法

关键词是对文献核心内容的高度概括,因此本节选择规范化处理的关键词表征文献研究主题。过程如下:

首先,关键词数据集来源。选择作者给定关键词 DE 和 WoS 数据库标注关键词 ID 字段共同作为学术论文的关键词来源。这部分数据除作者给定的关键词之外,还包括 WoS 数据库抽取文献标题、摘要、参考文献、引证文献等信息自动标引的关键词。这样,能更全面、准确地概括论文研究主题,有效减少因作者主观因素造成的片面影响。抽取实证数据集中每条记录的 DE、ID 字段数据,保存在 Excel 工作表里。

其次,关键词规范化处理。对 DE、ID 关键词数据集利用 Wordnet 词典工具,进行词干化处理,去除时态、单复数等词缀,将含义相近的词进行同义词合并,以达到描述的一致性。如处理中将 collaboration in science 去词干化、同义词合并处理得到 scientific collaboration;content analyzing 去词缀处理规范为 content analysis;broader impact 去比较级统一为 impact;含义相近或同义词合并,如"peer review"与"referee"都表示"同行评议",将后者规范为"peer review";对 Altmetric Attention Score、Altmetrics Score 与 Altmetric Aggregate Score 这类对同一事物不同描述性的新兴词汇,在掌握研究领域相关知识的基础上,结合文献调研①②、访谈专家等进行人工合并处理,统一合并为 Altmetric Attention Score。

　　第三,确定论文研究主题。经过上述处理,得到规范化的关键词 487 个,代表论文研究主题。样本文献的相关数据信息见表 4-9。其中,文献字段信息 IT、DE、ID 见表 1-3 列,处理后的规范化关键词见表第 4 列,AAS 值见表第 5 列。由于篇幅限制,表 4-9 仅展示其中 5 篇学术论文的相关信息。

表 4-9　样本核心期刊学术论文相关数据(部分)

Table 4-9　Data related to academic papers of core journals(part)

题名 IT	作者关键词 DE	WoS 关键词 ID	规范化关键词	AAS
…	…	…	…	…
Journal peer review:a bar or bridge?An analysis of a paper's revision history and turnaround time,and the effect on citation	turnaround time; peer revie journal author	quality referees publication decisions authors editors fate bias	peer review turnaround time journal author publication quality editor strategy	2
Assessing the effect of the United States'?"citation advantage"?on other countries' scientific impact as measured in the Web of Science(WoS) database	evaluation database biased indicators bibliometrics rankings	Social-science World science collaboration performance nations system China productivity cooperation humanities	scientific impact research evaluation collaboration productivity database bibliometrics performance Social-science World science Humanity(encee nations system China)	56

---

① 金贞燕、侯景丽、孙华丽:《Altmetrics 数据整合分析工具的现状特点及相关问题研究》,《情报理论与实践》2019 年第 4 期。

② 陈小清、刘丽、邢美园:《单篇论著影响力评价指标比较分析——学术迹与 Altmetrics 评分、F1000 评分、Comment 的比较》,《情报理论与实践》2017 年第 3 期。

题名 IT	作者关键词 DE	WoS 关键词 ID	规范化关键词	AAS
Topic based research competitiveness evaluation	research competitiveness; topic model evaluation	emerging trends	research competitiveness topic model evaluation method emerging trend	5
Researchers' risk-smoothing publication strategies: Is productivity the enemy of impact?	peer review cooperation Game theory scientist strategies agent-based	science cooperation competition judgments	peer review collaboration Game theory scientist strategy agent-based competition research evaluation science	7
Reliability and accuracy of altmetric providers: a comparison among Altmetric.com, PlumX and Crossref Event Data	altmetric.com PlumX Crossref Event Data Altmetrics data providers	article-level social media impact citations Altmetric Attention Score	altmetric.com PlumX Crossref Event Data Altmetrics data providers article-level social media impact citations	22
…	…	…	…	…

（二）指标数据计算结果

利用 Java 语言编写程序，读取表中信息，统计主题 T_i 的分布篇数 n_i、单篇 AAS 得分量 $S_j(T_i)$，计算总得分 $S(T_i)$、篇均得分 $S(T_i)/n_i$、分布一致性指标 $C(T_i)$，根据公式（4.12）分别计算每个主题 T_i 的 z_t 指数值。因为有些主题所在论文的 AAS 值为 0，所以 $S(T_i)$ 为 0，z_t 值等于 0。z_t 值不等于 0 的研究主题 328 个，因为论文篇幅有限，取前 5%，16 个主题词按 z_t 值由高到低排列的数据结果见表 4-10：

表 4-10　主题词 z_t 各指标量数据结果（部分）

Table 4-10　Data results of each index quantity of subject words(part)

序号	主题 T_i	n_i		$S(T_i)$		$\dfrac{S(T_i)}{n_i}$		$C(T_i)$		z_t 指数	
		数值	排名	数值	排名	数值	排名	数值	排名	数值	排名
1	Altmetrics	36	5	456	4	12.667	5	0.324	5	12.273	1
2	social media	41	4	460	3	11.220	7	0.353	3	12.179	2
3	bibliometrics	85	1	739	1	8.694	10	0.215	14	11.221	3
4	collaboration	23	10	235	12	14.130	3	0.405	1	11.083	4
5	citation analysis	51	2	498	2	9.765	9	0.273	11	10.952	5
6	userbehavior	18	12	262	5	14.556	2	0.323	6	10.687	6
7	open access	19	11	251	10	13.210	4	0.315	7	10.199	7
8	university rankings	29	8	276	7	9.517	9	0.371	2	9.906	8
9	peer review	17	13	285	6	16.764	1	0.199	16	9.849	9
10	gender	16	15	202	13	12.625	6	0.268	12	8.832	10
11	Information seeking	24	9	267	9	11.125	7	0.222	13	8.679	11
12	impact	44	3	271	8	6.160	15	0.315	7	8.114	12
13	machine learning	36	5	298	5	8.280	11	0.200	15	7.902	13
14	research evaluation	34	7	237	11	6.971	14	0.277	10	7.734	14
15	research productivity	24	9	178	14	7.417	13	0.289	9	7.262	15
16	Google scholar	17	13	137	15	8.083	12	0.328	4	7.149	16
…	…	…	…	…	…	…	…	…	…	…	…

（三）学科高关注度研究主题识别

根据表4-10结果,对 z_t 指数值排名前16位的2018年度情报学 AAS 高关注度研究主题,用各指标 n_i 、$S(T_i)$ 、$S(T_i) / n_i$ 、$C(T_i)$ 的平均数作为基准线,依据图4-5的分类模型,运行自编程序,分类结果见表4-11:

表4-11　AAS 高关注度研究主题分类表
Table 4-11　Classification table of research topics of high interest AAS

主题类型	主题细分	研究主题
"新兴类"	"潜力类"	Altmetrics; social media; collaboration; user behavior; open access
	"突现类"	peer review; gender; information seeking
"传统类"	"核心类"	Bibliometrics; citation analysis; impact factors
	"边缘类"	machine learning; research evaluation; research productivity; Google scholar

（四）模型有效性与识别结果分析

(1) z_t 指数可以有效识别不同类型的 AAS 高关注度学科研究主题。

将 AAS 值替代 z 指数中的被引频次,构建 z_t 指数,识别高关注度研究主题。同时,基于平均数基准线构建 AAS 高关注度研究主题分类模型,将情报学高关注度研究主题细分为表4-11中的4类:

"潜力类"主题包括 Altmetrics、social media、collaboration、user behavior、open access,这类研究主题篇均关注度 $S(T_i) / n_i$ 高,而且关注度的分布一致性 $C(T_i)$ 也高,每篇相关文献都有较高的关注度。所以,这类研究主题具有较好的研究潜力,可能是学科研究前沿或研究热点。

"突现类"研究主题包括 peer review、gender、information seeking,这类研究

主题篇均关注度 $S(T_i)/n_i$ 高,但关注度分布一致性指标 $C(T_i)$ 低,说明该类研究主题关注度高度集中在一篇或几篇相关文献上,不是每一篇论文都被高度关注。因此,这类研究主题可能是最近新出现或新视角的学科研究内容。

"核心类"主题包括 bibliometrics、citation analysis、impact factors,它们的论文分布篇数 n_i 和关注度总得分 $S(T_i)$ 都高,但由于相关研究论文的数量多,使篇均关注度 $S(T_i)/n_i$ 低。高数量的研究论文,表明这类研究主题一直是情报学研究中最稳固的核心研究内容①。

"边缘类"主题包括 machine learning、research evaluation、research productivity、Google scholar,这类研究主题论文分布篇数 n_i、关注度总得分 $S(T_i)$ 、篇均关注度 $S(T_i)/n_i$ 都低,说明近期这类研究主题的关注度不高,有下降的趋势,学科研究热度可能会持续降低。

(2)基于 AAS 数据的 z_t 指数识别高关注度"新兴类"前沿主题更有效。

主题分布频次的大小在一定程度上代表着相关研究的关注程度,因此传统方法主要用词频分析、中心性分析等方法,识别高关注度的学科主题。近年,许多文献通过对情报学领域学术文献的高频词运用传统方法,识别得到高关注度热点主题有 bibliometrics、citation analysis、impact factors、scholarly communication、Google scholar 等,这些结果与本节研究识别的"传统类"研究主题极其相似。一方面说明本节研究识别方法与结果的有效性,另一方面说明传统方法无法有效识别更具潜力的"新兴类"研究主题。本节研究利用 z_t 指数不仅可以识别传统类研究主题,还能识别如 Altmetrics、social media、user behavior、open access、information seeking 等代表未来学科发展方向的高关注度新兴研究主题,该结果与被认为代表领域最新动态风向标的 ASIS&T2018 年会

---

① Bar-llan J.,Haustein S.,Milojevi S.,et al.,"Peer Review, Bibliometrics and Altmetrics-Do We Need Them All?",*Proceedings of the Association for Information Science and Technology*,2018,55 (1):653-656.

上多篇论文的研究结论一致①②③④⑤,也与段庆锋等⑥的研究结论 scholarly publishing、open access、Altmetrics 一致,或许更全面一些。因此,用 AAS 值替代被引频次的 z_t 指数方法识别学科"新兴类"前沿主题更有效、全面。

(3) z_t 指数较好地实现了研究主题 AAS 关注度得分总体规模、平均水平以及分布一致性之间的平衡。

观察表 4-10 可以发现,研究主题 Altmetrics 的 z_t 指数值最高。其分布篇数 n_i、AAS 总得分 $S(T_i)$、篇均得分 $S(T_i) / n_i$、分布一致性指标 $C(T_i)$ 排名都比较靠前,分别位居第 5 位、第 4 位、第 5 位、第 5 位,且得分分布一致性指标 $C(T_i) = 0.324$,说明其关注度得分在 $n_i = 36$ 篇论文中的分布较为均匀,36 篇 Altmetrics 研究论文都有较好的关注度,这说明 Altmetrics 是目前情报学最高关注度的研究主题。近期,Bornmann L.等⑦、Ortega J L.⑧、余厚强等⑨、田文

① Zhou Q., Lee C S., Sin S C J., "Beyond Mandatory Use: Probing the Affordances of Social Media for Formal Learning in the Voluntary Context", *Proceedings of the Association for Information Science & Technology*, 2018, 55(1): 608-617.

② Gorichanaz T., "Art and Everyday Information Behavior: Sources of Understanding", *Proceedings of the Association for Information Science & Technology*, 2018, 55(1): 143-150.

③ Lemke S., Mehrazar M., Mazarakis A., et al., "Are There Different Types of Online Research Impact?", *Proceedings of the Association for Information Science and Technology*, 2018, 55(1): 282-289.

④ Mongeon P., "Using Social and Topical Distance to Analyze Information Sharing on Social Media", *Proceedings of the Association for Information Science and Technology*, 2018, 55(1): 397-403.

⑤ Depaula N., Fietkiewicz K J., Froehlich T J., et al., "Challenges for Social Media: Misinformation, Free Speech, Civic Engagement, and Data Regulations", *Proceedings of the Association for Information Science & Technology*, 2018, 55(1): 665-668.

⑥ 段庆锋、潘小换:《利用社交媒体识别学科新兴主题研究》,《情报学报》2017 年第 12 期。

⑦ Bornmann L., Haunschild R., Adams J., "Do Altmetrics Assess Societal Impact in a Comparable Way to Case Studies? An Empirical Test of the Convergent Validity of Altmetrics Based on Data from the UK Research Excellence Framework(REF)", *Journal of Informetrics*, 2019, 13(1): 325-340.

⑧ Ortega J L., "The Life Cycle of Altmetric Impact: A Longitudinal Study of Six Metrics from PlumX", *Journal of Informetrics*, 2018, 12(3): 579-589.

⑨ 余厚强、曹雪婷:《替代计量数据质量评估体系构建研究》,《图书情报知识》2019 年第 2 期。

灿等①都在最新研究中指出:在线科研行为活跃度的不断增强,使得以 Altmetrics 为代表的新型信息计量理论与工具成为情报学及有关领域的新兴研究内容,与该主题相关的研究保持持续的研究关注度,成为国际情报学领域的前沿研究主题。

(4)z_t 指数有效限制了 AAS 特异值的突出作用。

表 4-10 中,z_t 指数排名第 9 位的研究主题 peer review,虽然篇均得分 $S(T_i) / n_i$ 最高 16.764,但其分布一致性指数 $C(T_i)$ 最小,为 0.199。在 Altmetric.com 网站,检索主题 peer review 分布的 17 篇论文的单篇关注度得分 AAS 值,其中两篇论文的 AAS 值为 82 和 66,占总得分 $S(T_i) = 285$ 的一半,而其中的 8 篇论文 AAS 值为 0,因此关注度分布一致性差。这说明将一致性指标 $C(T_i)$ 作为调节因子引入 z_t 指数,可以在一定程度上有效避免因一篇或几篇文章突出的高关注度得分,造成研究主题识别结果的误差。

(5)z_t 指数能够有效限制分布篇数 n_i 对研究主题 T_i 关注度的影响。

通过表 4-10 发现,按照主题分布篇数 n_i 和关注度总得分 $S(T_i)$ 的排名,主题 bibliometrics 最高,citation analysis 次之,分别为第 1、2 位。但两者篇均得分 $S(T_i) / n_i$,由于分布篇数的数量大,分别降到了第 10 和第 9 位。这主要源于主题 bibliometrics 与 citation analysis 一直是情报学计量研究领域经久不衰的传统研究热点,研究文献数量较多,因此获得较高水平的得分总量,但相比较于 Altmetrics 这类近年来新兴热点主题,篇均关注水平较低。虽然篇均关注度不高,但论文数量和关注度得分总量高,bibliometrics 与 citation analysis 的 z_t 指数排名依然排名第 3 和第 5。因此,z_t 指数有效地协调了研究主题关注度的数量和质量,限制了分布篇数 n_i 对主题关注度的影响。

----

① 田文灿、胡志刚、王贤文:《科学计量学视角下的 Altmetrics 发展历程分析》,《图书情报知识》2019 年第 2 期。

五、小结

科学文献与网络博文的词频分析,以及 Altmetrics 单指标或几个指标的分析,都无法准确地对科学文献研究主题的关注度作出实时、全面的评价。而 Altmetrics Attention Score(AAS)是对包含被引数据在内的 17 种不同类型的网络媒体在线实时数据,进行特定加权聚合得到的一个度量指标,从而可以多元化地及时测度学术成果的社会和学术影响力,使得评价更为全面、具体和客观。另外,z 指数综合反映学者、期刊、科研机构的被引数量、被引质量、被引数量与质量一致性 3D 效能。本节将 AAS 值替代 z 指数中的被引频次,构建识别 AAS 高关注度研究主题的 z_1 指数模型,从关注数量、关注质量、关注数量与质量一致性 3 个方面,综合评价研究主题网络媒体表现;构建基于平均数基准线的 AAS 高关注度研究主题分类模型,对识别结果细分为:潜力类、突现类、核心类、边缘类等 4 种类型,进一步发现科学研究前沿与热点。以情报学领域的科学文献为例进行实证研究,实证结果说明了该方法的可行性与有效性。

网络环境下,网络媒体数据动态性强,且不同学科的数据特征不同。因此,后续研究将考虑时间因素的影响,分析不同学科的高关注度研究主题识别差异,帮助不同学科的研究人员把握学科前沿与热点,推动学科与科学的进步。

第五章　基于跨学科引用的跨学科相关知识识别

引文是学术成果间知识流动的载体,学科间通过文献的互相引证实现知识扩散。基于引用与被引用关系的潜在知识发现能识别学科间更多类型的关联实体①,极大促进学科间知识的交叉、融合、创新与发展②。因此,本章在分析跨学科知识引用对目标学科知识增长和跨学科知识输出影响的基础上,一方面分析跨学科相关知识输入到目标学科后,对目标学科的影响力;另一方面通过跨学科参考文献的关键词识别跨学科相关知识,为跨学科潜在知识生长点识别奠定基础。

第一节　跨学科引用对知识生长的刺激作用与程度分析

一、知识生长与跨学科引用

跨学科研究(Interdisciplinary Research,IDR)是一种个人或团队的研究模

---

① Song M. , Kang K. , An J Y. , " Investigating Drug-Disease Interactions in Drug-Symptom-Disease Triples via Citation Relations" ,*Journal of the American Society for Information Science* ,2018,69 (11) :1355-1368.

② 梁镇涛、巴志超、徐健:《基于引文的跨学科领域发展路径分析——以眼动追踪领域为例》,《图书情报工作》2019 年第 23 期。

式,该模式将两个或多个学科、机构的信息、数据、技术、工具、观点、概念和理论进行整合,以加深对专业知识的研究,或是解决超出单个学科或领域范围问题的实践研究①。科学文献中,跨学科引用是跨学科知识合作交流的一种表现形式。探究跨学科引用对不同主题知识生长的刺激作用,并估算其刺激程度,有利于把握跨学科创新趋势,促进知识创新。跨学科引用刺激知识生长与学科原有知识的关系,见图5-1:

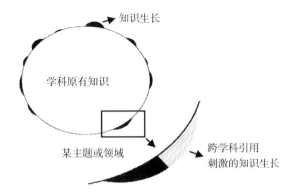

图 5-1 跨学科引用刺激知识生长示意图
Fig 5-1 Interdisciplinary citations stimulate knowledge growth

图5-1中,某年新生长的知识由学科原有知识圈上的黑色凸出部分表示,每个凸出部分代表某一个主题或领域的知识生长。其知识生长可能受多种影响因素刺激,其中跨学科引用刺激的知识生长用虚线表示。本节试图识别哪些主题知识生长的主要刺激因素为跨学科引用,并找到一种能够估算跨学科引用刺激程度的方法,以把握跨学科知识生长的规律,探索未来跨学科发展趋势。

跨学科引用是指研究文献引用其所属目标学科以外的其他学科的参考文献。跨学科引用可以反映文献作者、所属目标学科的跨学科吸收知识能力与

---

①　National Academy of Sciences,National Academy Of Engineering,*Institute of Medicine of A-cademies. Facilitating Interdisciplinary Research*:The National Academies Press,2005.

程度。李江①采用布里渊指数测度图书情报领域全球 101 位知名学者的跨学科引用情况；黄颖等②从参考文献学科多样性、目标文献学科多样性和合作机构学科多样性 3 个维度测度普莱斯奖获得者研究论文的跨学科情况；Steele T W.与 Stier J C.③、马费成等④、石丽等⑤采用布里渊指数分别测度环境科学、人文社会科学学科和图情领域高被引论文的跨学科引用情况；Rafols I.与 Meyer M.⑥、张金柱等⑦、吕晓赟等⑧基于 Rao-Stirling 指标构建跨学科性测度模型，测度生物纳米、图书情报领域、中美大数据论文的跨学科情况；杨良斌等⑨从多学科度、专业度、学科交叉度和合作度四个方面构建跨学科测度指标体系，分析 8 个科学领域的跨学科发展模式。

同时，也有学者运用相关性分析方法探究跨学科引用对论文、学者被引的影响。Lariviere V.与 Gingras Y.⑩分析 2000 年 WoS 文献跨学科参考文献占比与论文被引之间的关系，发现二者的相关性较小；Alfredo Y Y.等⑪分析跨学科

①　李江：《"跨学科性"的概念框架与测度》，《图书情报知识》2014 年第 3 期。

②　黄颖、张琳、孙蓓蓓等：《跨学科的三维测度——外部知识融合、内在知识会聚与科学合作模式》，《科学学研究》2019 年第 1 期。

③　Steele T W., Stier J C.,"The Impact of Interdisciplinary Research in the Environmental Sciences: A Forestry Case Study", *Journal of the American Society for Information Science*, 2000, 51(5): 476-484.

④　马费成、陈柏彤：《我国人文社会科学学科多样性研究》，《情报科学》2015 年第 4 期。

⑤　石丽、秦萍、李小涛：《高被引论文的跨学科性与 Altmetrics 指标相关性分析》，《情报理论与实践》2021 年第 5 期。

⑥　Rafols I., Meyer M., "Diversity and Network Coherence as Indicators of Interdisciplinarity: Case Studies in Bionanoscience", *Scientometrics*, 2009, 82(2): 263-287.

⑦　张金柱、韩涛、王小梅：《利用参考文献的学科分类分析图书情报领域的学科交叉性》，《图书情报工作》2013 年第 1 期。

⑧　吕晓赟、王晖、周萍：《中美大数据论文的跨学科性比较研究》，《科研管理》2019 年第 4 期。

⑨　杨良斌、周秋菊、金碧辉：《基于文献计量的跨学科测度及实证研究》，《图书情报工作》2009 年第 10 期。

⑩　Larivière V., Gingras Y., "On the Relationship between Interdisciplinarity and Scientific Impact", *Journal of the American Society for Information Science & Technology*, 2010, 61(1): 126-131.

⑪　Alfredo Y Y., Ismael R., Pablo D., et al., "Does Interdisciplinary Research Lead to Higher Citation Impact? The Different Effect of Proximal and Distal Interdisciplinarity", *Plos One*, 2015, 10(8): e0135095.

程度对 4 个不同学科领域论文被引量的影响,得出多样性、平衡性和差异性均对论文被引量呈非线性影响关系;分析跨学科引用对被引频次、被引及时性和被引速度的影响,发现跨学科引用有助于拓宽知识输出范围,不利于引用及时性;李东等[①]分析跨学科程度和科学家的学术影响力,发现两者不存在必然联系。

综上所述,目前跨学科引用一方面用于分析学者和学科的跨学科程度,另一方面分析对论文、作者被引的影响,但还未有研究文献分析跨学科引用与知识生长的关系。本节从跨学科引用率、多样性和集中度三方面构建跨学科引用度模型,反映跨学科引用程度,构建主题研究热度模型反映知识生长,采用相关性分析方法探究跨学科引用对不同主题知识生长的刺激作用,并尝试找到估算其刺激程度的方法。

二、跨学科引用度模型与知识生长测度模型构建

本节从参考文献跨学科引用率、跨学科引用多样性和跨学科引用集中度三方面构建某主题的跨学科引用度模型,用第三章第一节主题热度 TP 模型测度知识生长,比较二者相关性,分析跨学科引用与知识生长的关系。

(一)跨学科引用度模型构建

(1)跨学科引用率

跨学科引用率(Interdisciplinary Citation Rate,CR)反映某主题跨学科参考文献占总参考文献的比例。某主题 t 年来的累积跨学科引用率 CR_t 可表示为:

$$CR_t = \frac{\sum_{i=n}^{t} R_I(i)}{\sum_{i=n}^{t} R(i)} \tag{5.1}$$

式中,n 为该主题首次出现的年份;t 为测度年份;$R(i)$ 为该主题(第 i

---

① 李东、童寿传、李江:《学科交叉与科学家学术影响力之间的关系研究》,《数据分析与知识发现》2018 年第 12 期。

年)的参考文献总量；$R_I(i)$ 为该主题(第 i 年)的跨学科参考文献总量。跨学科引用率 CR_t 越高,说明其跨学科知识吸收能力越强。但 CR_t 无法反映跨学科引用的学科多少,即无法反映跨学科知识吸收的广度,因此引入跨学科引用多样性模型。

(2)跨学科引用多样性

跨学科多样性反映某主题引用跨学科参考文献的学科数量多少。多样性模型 RDI(X_i)由 Chakraborty T.等[1]于 2014 年提出,该模型原本用于测度某篇论文 X_i 的跨学科多样性。引进国内后,冯志刚等[2]、吕冬晴等[3]用于测度某学科 X_i 的跨学科多样性。本节在前人研究的基础上,将 RDI 多样性模型应用于测度某研究主题的跨学科引用多样性。某主题 t 年的跨学科引用多样性 RDI_t 为:

$$RDI_t = - \sum_1^j \frac{R_k}{R_I}\log\left(\frac{R_k}{R_I}\right) \tag{5.2}$$

式中,j 为某主题 t 年引用不含本学科的学科总量,即跨学科总量；R_k 为某主题该年属于学科 k 的参考文献量；R_I 为跨学科参考文献总量,因此 $R_I = \sum_{k=1}^j R_k$。跨学科多样性 RDI_t 越高,说明跨学科参考文献的学科种类越丰富,即该研究主题吸收跨学科知识的能力越广泛。RDI_t 模型虽能测度跨学科引用的多样性,但无法测度跨学科引用是否集中于少数学科,即跨学科引用的深度,也就难以反映外来刺激的来源是否集中,因此引入跨学科引用集中度模型。

(3)跨学科引用集中度

基尼系数是经济学领域用来衡量一定范围内居民收入分配不均等程度的

---

①　Chakraborty T.,Ganguly N.,Mukherjee A.,"Rising Popularity of Interdisciplinary Research- An Analysis of Citation Networks",2014 *Sixth International Conference on Communication Systems and Networks(COMSNETS)*,2014:1-6.

②　冯志刚、李长玲、刘小慧等:《基于引用与被引用文献信息的图书情报学跨学科性分析》,《情报科学》2018 年第 3 期。

③　吕冬晴、谢娟、成颖等:《我国人文社会科学间跨学科模式研究》,《图书情报知识》2018 年第 6 期。

相对统计指标①,是判断居民贫富差距的重要分析指标。基尼系数的经济含义为:在居民收入中,不均等分配收入占总收入的比值②,值域为$[0,1]$,比值越大说明居民收入越不均等,即高收入集中于少数居民;比值越小说明收入越均等。

基尼系数引入情报学后,含义变为:在跨学科参考文献中,学科的不均等引用量占总引用量的百分比,值域不变。基尼系数越接近于1,表明跨学科引用越集中于少数几个学科;越接近于0,表明跨学科引用越趋向平等,若等于0则是绝对平等。荷兰学者 Loet Leydesdorff③ 将基尼系数作为均衡性指标应用到专利跨学科性的测度中;该方法引进国内后,杨国富等④ 将其应用在高校跨学科性的测度中;许海云等⑤ 认为基尼系数能够测度引用学科的平衡性。因此,本节采用基尼系数(Gini)测度某主题跨学科引用的学科集中程度,跨学科引用越集中,说明少数关键学科对跨学科合作产生的影响越大,则关键学科间的合作越紧密。几何方法计算基尼系数的原理见图5-2:

图5-2中,横坐标为$\sum k'$,纵坐标为$\sum R_k'$,分别表示累积学科编号百分比$\dfrac{\sum^k j}{}$和累积学科参考文献百分比$\dfrac{\sum R_k}{R_t}$。那么,横纵坐标最大值为1,△OAB 面积为0.5,其中洛伦兹曲线 OA 与直线 OA 之间的面积为 S_1,洛伦兹曲线 OA 与直线 OB、AB 之间的面积为 S_2,则基尼系数的计算公式为:

$$Gini_t = \frac{S_1}{S_1 + S_2} = \frac{0.5 - S_2}{0.5} = 1 - 2S_2$$

① 熊俊:《基尼系数四种估算方法的比较与选择》,《商业研究》2003 年第 23 期。

② 郝乐、杨芳、张启望:《再谈基尼系数的统计测量》,《统计与决策》2021 年第 7 期。

③ Loet L., " Diversity and Interdisciplinarity: How Can One Distinguish and Recombine Disparity, Variety, and Balance?", *Scientometrics*, 2018(116):2113-2121.

④ 杨国富、付慧真:《"双一流"建设背景下高校跨学科性与学术影响力的国际比较——以环境科学领域为例》,《高等工程教育研究》2020 年第 3 期。

⑤ 许海云、尹春晓、郭婷等:《学科交叉研究综述》,《图书情报工作》2015 年第 5 期。

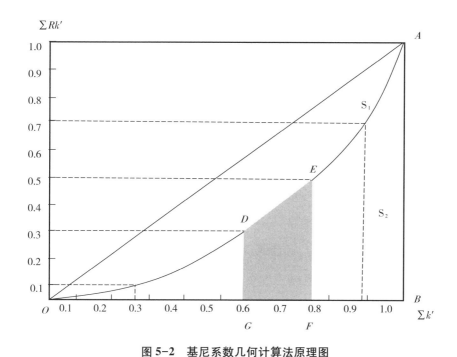

图 5-2 基尼系数几何计算法原理图
Fig 5-2 Principle of Gini coefficient geometric calculation method

上式中,S_1 面积越小,即洛伦兹曲线 OA 与直线 OA 越靠近,$Gini_t$ 的数值越小,跨学科引用越平均;S_1 面积越大,即洛伦兹曲线 OA 与直线 OA 距离越远,$Gini_t$ 的数值越大,跨学科引用越集中。

采用近似梯形面积法计算 S_2。图 5-2 中,依据跨学科引用的学科数量 j,将 X 轴均分为 j 个部分,每部分横坐标长度为 $\dfrac{1}{j}$;S_2 被分割为 j 个近似梯形,如梯形 DEFG,直线 DG 与直线 EF 分别为梯形的上底与下底,梯形的高 GF 为 $\dfrac{1}{j}$,则第 k 个梯形的面积 S_k 可表示为:

$$S_k = \frac{1}{2} \times \left(\sum R_{k-1}{}' + \sum R_k{}' \right) \times \frac{1}{j}$$

计算 j 个梯形的面积并相加,即可得出 S_2。j 越大,S_2 计算结果就越

准确,当 j 达到无穷大时,则为精确计算。因此,基尼系数的计算公式如下:

$$Gini_t = 1 - 2S_2 = 1 - 2\sum_1^j S_k = 1 - 2\sum_1^j \left[\frac{\left(\sum R_{k-1}' + \sum R_k'\right) \times \frac{1}{j}}{2} \right]$$

(5.3)

(4)跨学科引用度模型

跨学科引用度模型(Comprehensive Interdisciplinarity,CI)由跨学科引用率、跨学科引用多样性和跨学科引用集中度 3 个指标构成。跨学科引用率 CR_t 反映某主题的累积跨学科参考文献占比,即跨学科知识的吸收能力;跨学科引用多样性 RDI_t 反映某主题引用跨学科参考文献的跨学科广度;跨学科引用集中度 $Gini_t$ 反映跨学科参考文献的引用集中程度,即跨学科引用深度。

因此,上述 3 个指标均对跨学科引用度模型 CI 产生正向影响,为避免 $Gini_t$ 计算结果为 0 致使测度值失效,对其加 1 后乘入,其公式如下:

$$CI = CR_t \times RDI_t \times (1 + Gini_t)$$

(5.4)

因此,跨学科引用度模型 CI 从 CR_t、RDI_t、$Gini_t$ 三方面测度跨学科引用度,既能够多维反映跨学科引用情况,还可以相互调节指标的有效性,其数值越高,代表跨学科引用的程度越强。

(二)知识生长的测度——主题研究热度模型

科学文献中的知识生长可以体现在研究文献量的增长上,故逐年统计某主题的学科占比相对累积量,并分析其年度变化情况,即可测度该主题的知识生长。第三章构建累积主题热度模型 TP,用某时间段某研究主题累积词频(即研究文献量)在学科文献总量中的占比表示,可用于反映某主题某年的累积知识量。

$$TP = \frac{\sum_{t=n}^{i} C_t}{\sum_{t=n}^{i} P_t} \quad (n \leq i \leq m) \tag{5.5}$$

式中,t 为年份,C_t 为 t 年某研究主题的研究文献量,P_t 为 t 年的学科文献总量。n 为该主题词第一次出现的年份或数据分组的起始年份,m 为最近的年份或数据分组的截止年份。TP 模型采用相对累积量对研究主题热度进行逐年测度,不仅可以反映主题发展至 t 年的累积知识量,还可以消除各年份文献绝对数量不同导致的误差,方便与跨学科引用度模型 CI 进行相关性分析。

三、跨学科引用对知识生长的刺激作用分析

(一)数据选择依据及来源

本节选取第三章第一节研究识别的图书情报学前沿型和稳定型热点主题作为样本。由于"高校图书馆""公共图书馆"两个具有明显图书馆学特征的研究主题跨学科性较弱,且"新冠肺炎""公共突发卫生事件"是 2020 年新的研究主题,其研究数据不具有连续性,因此将这 4 个研究主题去除,选择其余12 个热点主题进行分析,见表5-1:

表5-1　研究热点样本选择
Tab 5-1　Research hotspot sample selection

类型	研究热点
前沿型热点主题	大数据、人工智能、情报工作、科学数据、扎根理论、网络舆情
稳定型热点主题	情报学、引文分析、本体、电子政务、数据挖掘、信息计量

为确保样本数据一致,本节选择样本来源期刊与前文研究相同,即《中国图书馆学报》《图书情报知识》《大学图书馆学报》《图书与情报》《情报理论与实践》《图书情报工作》《情报资料工作》《情报科学》《情报杂志》9 种期刊。以维普期刊数据库为数据源,采集 9 种期刊 12 个热点主题 2000—2020 年共

66233篇参考文献的题录信息。同时,数据采集时确保同义词合并与前文研究相同,如"文献计量""信息计量"合并为"信息计量","引文分析""引文网络"合并为"引文分析"等。

(二)跨学科引用度计算

(1)跨学科参考文献学科归类与数据统计。采用 Bibexcel 分别提取66233篇参考文献的分类号信息,数据预处理流程见图5-3:

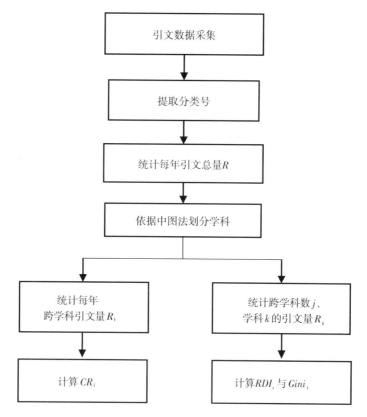

图5-3 跨学科参考文献数据预处理流程

Fig 5-3　Interdisciplinary bibliographic data preprocessing process

图5-3中,数据采集后分别统计每主题每年的参考文献总量 R,并根据中图法二级目录划分250个学科。

（2）跨学科引用率 CR_t 计算。统计每年不含本学科的参考文献，即跨学科参考文献量 R_I 。将 R 与 R_I 逐年代入公式（5.1），得到每主题 2000—2020 年共 21 个累积跨学科引用率 CR_t 值。

（3）跨学科引用多样性 RDI_t 计算。统计每主题每年引用非本学科的跨学科数量 j ，以及跨学科 k 参考文献量 R_k 。将 j 、 R_k 与 R_I 逐年代入公式（5.2），得到每主题 2000—2020 年共 21 个跨学科引用多样性 RDI_t 值。

（4）跨学科引用集中度 $Gini_t$ 计算。按公式（5.3）所述几何法原理，编写 Python 程序计算基尼系数，得到每主题 2000—2020 年共 21 个跨学科引用集中度 $Gini_t$ 值。

（5）跨学科性测度值计算。将 CR_t 、 RDI_t 与 $Gini_t$ 代入公式（5.4），得到 21 个跨学科性测度值 CI 。受篇幅限制，以"引文分析"主题为例，计算结果见表 5-2：

表 5-2　跨学科引用度计算结果
Tab 5-2　Interdisciplinary citation CI calculation results

主题	年份	跨学科引用率 CR_t	跨学科多样性 RDI_t	跨学科集中度 $Gini_t$	跨学科性测度值 CI
引文分析	2001	0.284	1.200	0.342	0.457
	2002	0.280	0.602	0.000	0.169
	2003	0.257	0.673	0.171	0.203
	2004	0.250	0.649	0.250	0.203
	2005	0.253	0.878	0.167	0.259
	2006	0.272	0.736	0.233	0.247
	2007	0.279	0.701	0.422	0.279
	2008	0.287	0.673	0.171	0.226
	2009	0.315	1.160	0.398	0.511
	2010	0.329	1.311	0.302	0.562
	2011	0.346	1.300	0.313	0.591

主题	年份	跨学科引用率 CR_t	跨学科多样性 RDI_t	跨学科集中度 $Gini_t$	跨学科性测度值 CI
引文分析	2012	0.356	1.143	0.281	0.521
	2013	0.376	1.387	0.353	0.707
	2014	0.392	1.318	0.542	0.796
	2015	0.394	1.133	0.456	0.650
	2016	0.399	1.089	0.470	0.639
	2017	0.400	1.348	0.216	0.656
	2018	0.401	1.262	0.453	0.736
	2019	0.402	1.221	0.277	0.626
	2020	0.399	1.096	0.113	0.486

＊表中数据保留 3 位小数

（三）跨学科引用与知识生长相关性分析

将第三章第一节的研究结果,根据公式(5.5)计算的主题研究热度 TP 值统计在表5-3;反映研究主题的知识生长,本节计算的跨学科引用度 CI 统计在表5-4:

将表5-3 主题研究热度 TP 和表5-4 跨学科引用度 CI 作为双变量代入 SPSS 进行数据分析,每主题作为一组数据。采用 Pearson 相关系数与 Spearman 相关系数进行相关性分析,二者的区别在于[1]:(1)Pearson 相关系数的统计效能高于 Spearman 相关系数;(2)Pearson 相关系数要求变量服从正态分布。因此,为使相关性分析结果更加准确,对每组数据分别进行双变量 K-S 正态性检验,结果见表5-5 第4列。符合正态分布的主题采用 Pearson 系数进行相关性分析,见表5-5 第6列,其余主题采用 Spearman 系数进行相关性分析,结果见表5-5 第7列:

---

[1] 孙曦媚等:《统计学原理》,北京理工大学出版社 2017 年版,第53页。

表 5-3　主题研究热度计算结果

Tab 5-3　Calculation results of topic popularity

主题	2000	2001	2002	2003	2004	2005	2006	2007	2008	2009	2010	2011	2012	2013	2014	2015	2016	2017	2018	2019	2020
大数据	0.001												0.001	0.005	0.009	0.013	0.048	0.045	0.042	0.041	0.039
人工智能		0.002	0.002								0.000	0.000	0.001			0.000		0.005	0.006	0.008	0.010
情报工作			0.002	0.002	0.002	0.002	0.000	0.001	0.001	0.001	0.001	0.001	0.001	0.001	0.001	0.001	0.001	0.002	0.002	0.005	0.006
科学数据									0.000	0.001	0.001	0.002	0.002	0.004	0.004	0.005	0.007	0.007	0.006	0.008	0.008
扎根理论												0.001	0.001	0.001	0.001	0.002	0.006	0.008	0.009	0.010	0.012
网络舆情										0.001	0.002	0.008	0.008	0.010	0.013	0.015	0.028	0.026	0.024	0.022	0.023
情报学	0.013	0.012	0.013	0.014	0.014	0.016	0.016	0.019	0.020	0.020	0.018	0.017	0.017	0.016	0.017	0.016	0.010	0.013	0.013	0.013	0.013
引文分析	0.003	0.008	0.007	0.006	0.006	0.006	0.004	0.005	0.005	0.006	0.007	0.010	0.009	0.010	0.010	0.010	0.010	0.010	0.009	0.009	0.008
本体				0.000	0.001	0.002	0.017	0.017	0.017	0.016	0.016	0.012	0.013	0.014	0.013	0.013	0.010	0.009	0.007	0.008	0.007
电子政务	0.002	0.000	0.001	0.003	0.005	0.007	0.016	0.016	0.016	0.016	0.015	0.007	0.008	0.009	0.008	0.007	0.008	0.006	0.006	0.005	0.004
数据挖掘	0.002	0.000	0.002	0.004	0.005	0.007	0.009	0.011	0.011	0.010	0.010	0.009	0.009	0.008	0.008	0.008	0.006	0.007	0.007	0.007	0.007
信息计量	0.001	0.003	0.003	0.002	0.002	0.002	0.002	0.003	0.003	0.004	0.005	0.009	0.009	0.010	0.011	0.010	0.013	0.012	0.011	0.010	0.010

＊表中数据保留 3 位小数

表 5-4 跨学科引用度计算结果

Tab 5-4 Interdisciplinary citation CI calculation results

主题	2000	2001	2002	2003	2004	2005	2006	2007	2008	2009	2010	2011	2012	2013	2014	2015	2016	2017	2018	2019	2020
大数据													0.311	0.657	1.151	1.183	1.468	1.389	1.443	1.461	1.533
人工智能											0.418	0.768	0.430			0.180		0.793	0.898	1.092	1.188
情报工作	0.381	0.590	0.626	0.280	0.343	0.334	0.486	0.490	0.454	0.357	0.364	0.509	0.496	0.511	0.388	0.469	0.605	0.563	0.799	0.953	0.972
科学数据									0.695	0.382	0.548	1.087	0.447	0.765	0.948	0.903	0.923	0.892	0.745	1.025	1.081
扎根理论												0.448	1.255	0.458	1.075	1.294	0.901	1.159	1.253	1.211	1.453
网络舆情										1.159	1.319	1.198	1.208	1.355	1.287	1.411	1.383	1.439	1.421	1.340	1.337
情报学	0.216	0.270	0.492	0.531	0.708	0.646	0.746	0.751	0.759	0.847	0.739	0.874	0.887	0.868	0.854	0.834	0.780	0.848	0.801	0.873	0.902
引文分析		0.457	0.169	0.203	0.203	0.259	0.247	0.279	0.226	0.511	0.562	0.591	0.521	0.707	0.796	0.650	0.736	0.639	0.656	0.626	0.486
本体				0.548	0.548	0.695	0.796	0.752	0.894	0.895	0.876	1.059	0.843	0.936	1.033	0.944	0.885	0.858	0.908	1.119	1.202
电子政务		0.519	0.398	1.263	1.445	1.389	1.630	1.644	1.675	1.693	1.685	1.669	1.675	1.626	1.568	1.439	1.671	1.338	1.444	1.289	1.428
数据挖掘	0.384	0.586	0.630	0.756	1.060	1.066	0.838	1.037	0.858	1.070	1.250	1.005	1.170	0.934	1.180	1.306	1.088	1.150	1.328	1.099	0.905
信息计量	0.179	0.022	0.149	0.180	0.351	0.394	0.395	0.389	0.565	0.573	0.574	0.720	0.751	0.657	0.771	0.768	0.806	0.920	0.871	1.035	0.956

* 表中数据保留 3 位小数

表 5-5　主题 CI 与 TP 相关性分析结果

Tab 5-5　Correlation analysis results between CI and TP of each topic

序号	主题	数据起始年	正态分布	显著性	Pearson 系数	Spearman 系数	相关性
1	引文分析	2001	符合	0.000	0.880	—	高度相关
2	信息计量	2000	不符合	0.000	—	0.877	高度相关
3	电子政务	2001	不符合	0.000	—	0.850	高度相关
4	人工智能	2010	不符合	0.010	—	0.833	高度相关
5	大数据	2012	不符合	0.016	—	0.767	显著相关
6	网络舆情	2009	符合	0.005	0.747	—	显著相关
7	科学数据	2008	符合	0.009	0.694	—	显著相关
8	数据挖掘	2000	符合	0.001	0.668	—	显著相关
9	情报工作	2000	不符合	0.027	—	0.481	低度相关
10	扎根理论	2011	不符合	0.108	—	0.539	不具相关性
11	情报学	2000	不符合	0.173	—	0.309	不具相关性
12	本体	2003	符合	0.135	0.366	—	不具相关性

表 5-5 第 5 列中,"引文分析"等 9 个主题显著性检验结果 sig(双尾)<0.05,存在线性相关关系;而"扎根理论"等 3 个主题显著性检验 sig(双尾)>0.05,不具相关性。对于跨学科性测度值 CI 与主题热度 TP 线性相关的主题(序号 1-9),参照统计学中相关系数判断相关密切程度的标准[①],判断表 5-5 第 6、7 列 Pearson 系数或 Spearman 系数的相关程度:$0 < |r| < 0.3$,为微弱相关;$0.3 \leqslant |r| < 0.5$,为低度相关;$0.5 \leqslant |r| < 0.8$,为显著相关;$0.8 \leqslant |r| < 1$,为高度相关。因此,各主题跨学科引用与主题热度相关程度判定为表 5-5 第 8 列的结果,共出现 4 种不同的相关程度,说明不同热点主题的跨学科引用对知识生长有着不同程度的刺激作用,其刺激作用见表 5-6:

---

① 王志祥等:《基于 SPSS 的基础教育的测量与评价》,苏州大学出版社 2017 年版,第 201 页。

表5-6　主题跨学科引用刺激知识生长作用分析结果
Tab 5-6　Analysis results of the role of various topics in stimulating
knowledge growth through interdisciplinary citations

相关性	主题	数据特征	跨学科引用的刺激作用
高度相关	引文分析、信息计量、电子政务、人工智能	参考文献跨学科性提高时,主题热度较大概率随之提高。	有效促进知识生长
显著相关	大数据、网络舆情、科学数据、数据挖掘	参考文献跨学科性提高时,主题热度有一定概率随之提高。	能够促进知识生长
低度不相关	情报工作、本体、情报学、扎根理论	参考文献跨学科性提高时,主题热度随之变化的概率较小。	不易促进知识生长

综合分析表5-3至表5-6可以看出:虽然跨学科引用对不同主题的刺激作用不同,但相关系数均大于零,说明情报学热点主题的跨学科引用对知识生长具有正向积极作用:

(1)跨学科引用有效刺激了情报学核心方法类知识的生长。高度相关主题"引文分析"与"信息计量"等是图书情报学科"主干知识",是该学科异于其他学科的结构化、体系化知识内核①,是图书情报学多年来持续稳定的核心方法类研究内容。所以图书情报学科发展依赖于这些主干知识的不断创新,学科内部引用已经不能满足这些核心研究主题的持续突破,需要不断地引入外部的理论与技术,改良、创新本学科的核心方法体系,服务于学科发展。因此,跨学科引用对这类研究主题知识生长的刺激作用显著。

(2)跨学科引用对情报学跨学科交叉研究主题的知识生长有较好的促进作用。显著相关的主题"大数据""网络舆情"等最初来自其他学科,是情报学的跨学科研究内容,这类研究主题的跨学科引用在一定程度上促进了知识生长,但由于它们的跨学科性,这些研究主题的学科内部引用也会刺激知识创新与增长,所以跨学科引用的刺激作用没有情报学核心方法知识的效果那么

---

① 叶鹰:《试论图书情报学的主干知识及有效方法:兼论双证法和模本法之效用》,《中国图书馆学报》2021年第3期。

显著。

（3）跨学科引用对情报学理论知识生长的刺激作用不大。低度相关、不相关类的研究主题"情报工作""情报学"等是情报学理论型研究内容,这类研究主题学科独立性强,很少跨学科引用,也很少跨学科被引用。情报学理论研究虽然也会引用一定的跨学科参考文献,但跨学科引用并不是其知识生长的主要原因。

四、跨学科引用促进知识生长量估算

采用相关性分析法可以从概率层面分析各类主题跨学科引用对知识生长的刺激作用,但却无法定量分析跨学科引用具体促进知识生长的程度。因此,对高度相关主题采用回归分析的方法进行估算,并计算理论值与实际值的平均误差率,量化跨学科引用刺激知识生长的程度。

取高度相关主题中既符合正态分布,同时相关系数最高的主题"引文分析"为例,拟合度检验 $R = 0.880$, $R^2 = 0.774$,拟合效果较好,方差分析显著性 sig = 0.00 < 0.05,符合回归分析的基本要求,因此采用 SPSS 进行回归分析,回归系数见表5-7。

表 5-7　CI 与 TP 回归系数
Tab 5-7　CI and TP regression coefficient

模型		未标准化系数		标准化系数	t	显著性
		B	标准错误	Beta		
1	（常量）	0.003	0.001		5.448	0.000
	跨学科性测度值 CI	0.009	0.002	0.880	7.854	0.000

因变量:主题热度 TP

表5-7中,跨学科引用度 CI 的 t 显著性检验 sig = 0.00 < 0.05,说明本次回归分析的回归系数 B 显著性强,具有统计学意义。因此,"引文分析"跨学科

跨学科潜在知识生长点识别与创新趋势预测研究

引用度与其对应知识生长量的一元线性回归方程可表示为：

$$TP = 0.009CI + 0.003 \tag{5.6}$$

公式(5.6)可以表示"引文分析"跨学科引用度 CI 与主题热度 TP 之间的理论定量关系。将主题热度 TP 换算为更直观的文献增长量，以评估跨学科引用促进知识生长的程度。表5-2中，2016年和2017年跨学科引用度实际值分别为0.6387和0.6555，增长量为0.0168，代入公式(5.6)，则对应的知识生长理论值可以表示为：

$$TP(引)_{2016} = 0.009\,CI_{2016} + 0.003 = 0.009 \times 0.6387 + 0.003 = 0.0087483$$

$$TP(引)_{2017} = 0.009\,CI_{2017} + 0.003 = 0.009 \times 0.6555 + 0.003 = 0.0088995$$

根据公式(5.5)，可由上述 TP 理论值和文献总量计算出文献增长的理论值。其中，2016年和2017年样本年度文献总量分别为2195篇和2055篇，且2016年是时间区间的起始年份，则2017年"引文分析"主题受跨学科引用刺激而增长的文献理论值为：

$$C_{2017} = TP(引)_{2017} \times \sum_{t=2016}^{2017} P_{2017} - TP(引)_{2016} \times P_{2016} = 0.0088995 \times (2195 + 2055) - 0.0087483 \times 2195 = 18.63(篇)$$

该年"引文分析"文献实际增长量为23篇，理论值与实际值偏差约4.37篇，可见理论值与实际值存在一定的误差。评估总体数据的误差率，使估算结果科学严谨，按上述方法计算该主题2001—2020年每年的文献增长理论值，并绘制理论值—实际值对比图，见图5-4：

图5-4中，横坐标为测度年份，纵坐标为文献增长量，计算每年理论值与实际值的误差平均值，得到平均误差率为25.07%。因此，估算可得"引文分析"跨学科引用度 CI 每增长0.0168，文献增长约18.63(±4.67)篇。

通过回归分析得出主题 TP-CI 回归方程，并代入实际值进行误差分析，得到一种估算跨学科引用刺激知识生长程度的方法。其意义为：(1)验证模型有效性。本节通过构建跨学科引用度模型和主题热度模型分别测度跨学科

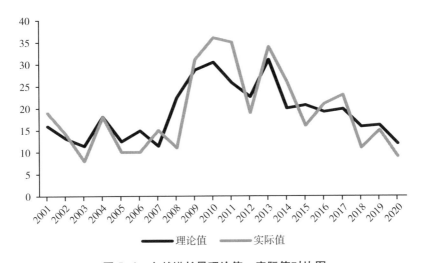

图 5-4　文献增长量理论值—实际值对比图

Fig 5-4　Theoretical-actual comparison of literature growth

引用和知识生长,并分析二者的关系,实证结论中理论值与实际值的平均误差率为 25.07%,证明构建的模型和方法可以有效反映跨学科引用和知识生长的关系;(2)提出并验证一种估算刺激程度的方法,能够通过跨学科引用度估算文献增长量,该方法为后续跨学科规律研究和潜在跨学科知识生长点预测提供研究基础,为把握学科创新趋势提供量化和预测方法。

五、小结

本节从跨学科引用率 CR_t、跨学科引用多样性 RDI_t 和跨学科引用集中度 $Gini_t$ 三方面构建跨学科性测度模型 CI,并将 2000—2020 年情报学前沿和稳定型主题的跨学科引用度 CI 与主题研究热度 TP 进行相关性分析。实证分析发现:(1)情报学热点主题的跨学科引用总体上能够刺激知识生长;(2)根据跨学科引用对知识生长的刺激作用不同,将主题分为有效促进、能够促进和不易促进三类;(3)针对跨学科引用有效促进知识生长的主题,提出一种估算其促进程度的方法,同时验证模型的有效性。本节研究发现的跨学科引用相关规律以及提出的量化方法,为识别跨学科知识生长点、预测跨学科潜在知识生长点提供研究基础。

后续研究中,本团队将继续验证模型在其他学科的引用,并深度分析跨学科引用刺激知识生长的发展规律与程度。

<h1 style="text-align:center">第二节 跨学科引用对跨学科
知识输出的影响分析</h1>

分析跨学科引用对跨学科知识输出的影响,一方面有利于促进学科之间的知识流动,另一方面有利于对跨学科引用起指导作用。本节用参考文献多样性指数(RDI)测度期刊的跨学科引用;以篇均被引频次表示期刊跨学科知识输出强度(IK);以基于普赖斯指数的被引及时性指数(A_i)与基于平均时间的被引速度指数(AS_i)共同表示跨学科知识输出时效性(TL);以引证文献多样性指数(CDI)表示知识输出跨学科性;从输出强度、时效性、跨科学性三个维度分析跨学科引用对跨学科知识输出的影响。

一、相关研究工作

Rafols I.等[1]发现基于引文的跨学科计量指标比作者间的学科联系更容易捕获跨学科知识的产生。跨学科引用(即跨学科参考文献)与跨学科知识输出(即跨学科被引文献)都是跨学科知识交流中的重要环节。

有学者利用跨学科引文网络分析跨学科知识输入或输出情况。Rinia E J.等[2]计算各学科所有出版物中每个学科加权后的参考文献份额,发现生物

---

① Rafols I., Meyer M., "How Cross-disciplinary is Bionanotechnology? Explorations in the Specialty of Molecular Motors", *Scientometrics*, 2007, 70(3):633-650.

② Rinia E J., Leeuwen T., Bruins E., "Measuring Knowledge Transfer between Fields of Science", *Scientometrics*, 2002, 54(3):347-362.

学、临床生命科学、食品、农业与生物技术、药理学以及心理与精神病学引用基础生命科学的文章数量超过了本学科;何荣利[①]统计图书情报领域内论文引用的学科分布,认为情报学、图书馆学、信息论、计算机科学、管理学、模糊数学、信息技术等学科是图书情报领域输入的核心学科,并指出图书情报领域引文的学科分布不是固定不变的,但引文核心学科不会发生很大变化;冯雪梅等[②]通过分析论文引用的学科占比,将情报学知识输入的相关学科总结为图书馆学、计算机科学与通信技术、经济学、信息科学、管理学、法律、政治、教育学、系统科学、自动化科学等学科,并发现随着情报学研究的发展,政治、法律、自动化科学、建筑科学等学科成为情报学新的相关学科,而档案学、目录学、文献学等现在与情报学的关系已经不那么密切了;陈传夫等[③]基于10年引用文献分析发现中美图书馆学理论均广泛借用其他学科知识,借用学科出现长尾现象;邱均平等[④]利用 Citespace Ⅱ 软件,对图书情报学领域的参考文献进行聚类分析,发现引用自身和计算机科学领域的知识很多,引用管理学和医疗保健与服务领域知识很少;张瑞[⑤]主要从学科类别、时滞性、机构、知识点以及主题演化方面分析知识流入特征,发现人文与社会科学、工程与技术科学是对图书情报学知识流入强度最大的两类领域,并且流入变化较为平稳;李樵[⑥]从施引文献的学科分布、时序变化以及主题分布方面分析知识输出情况,发现图情学科不仅向与自身属性相近的新闻传播学、管理学等学科进行知识输出,也向远缘的地球科学、生物学等硬科学、纯科学输出知识,并且施引主题类型随时间

①　何荣利:《80 年代以来我国图书馆学情报学论文引文的学科分布》,《图书情报工作》1999 年第 4 期。
②　冯雪梅、邓小昭:《论情报学的相关学科及发展》,《情报杂志》2008 年第 2 期。
③　陈传夫、王云娣:《中美图书馆学借用知识的比较观察——基于十年引文的分析》,《中国图书馆学报》2010 年第 6 期。
④　邱均平、曹洁:《不同学科间知识扩散规律研究——以图书情报学为例》,《情报理论与实践》2012 年第 10 期。
⑤　张瑞:《我国图书情报学跨学科知识流入特征研究》,《情报杂志》2019 年第 8 期。
⑥　李樵:《外部引用视角下的中国图书情报学知识影响力研究》,《中国图书馆学报》2019 年第 6 期。

增加。

还有学者利用引文网络分析跨学科知识输入和输出以及二者之间的关系,用以发现学科间的知识交流、传递、传播等,探索科学体系中知识的流动现状与趋势。Alfredo Y Y.等[1]利用参考文献学科分布计算引文多样性,发现跨学科引用处于中等程度的出版物,知识输出能力最强;刘智锋等[2]利用香农熵测度引文多样性,发现引文多样性与知识输出能力之间存在正相关关系;Larivière V.等[3]以论文引用其他学科参考文献的占比表示跨学科程度,发现可能存在一个最佳的跨学科引用,最有利于学科进行知识输出;冯志刚等[4]基于引用与被引用文献信息,发现图书情报领域知识输入和知识输出方面跨学科广度大、强度高,并且都表现为自然科学与社会科学并重;杨思洛等[5]从知识输入和输出层面,分析了 iSchools 院校研究的跨学科特征,发现其较多引用非本学科成果,其成果也被其他学科广泛引用。

以上研究多基于引文分析学科的知识交流情况,采用相关性分析等方法研究引文多样性与论文知识输出能力之间的关系。然而,目前大部分研究在利用引文分析学科知识交流情况时,仅考虑了学科分布以及影响力的情况,忽视了知识输出强度、时效性等方面的影响,并且没有系统地考虑跨学科知识输入与跨学科知识输出之间的关系。其次以上研究仅考虑了学科与学科间的关系,忽略了期刊作为学术成果的载体以及学科间知识交流的桥梁,其发展必定

① Alfredo Y Y., Ismael R., Pablo D., et al., "Does Interdisciplinary Research Lead to Higher Citation Impact? The Different Effect of Proximal and Distal Interdisciplinarity", *Plos One*, 2015, 10(8): e0135095.

② 刘智锋、马永强、杨金庆:《引文学科多样性与论文影响力的关系研究》,《情报杂志》2020 年第 7 期。

③ Larivière V., Gingras Y., "On the Relationship between Interdisciplinarity and Scientific Impact", *Journal of the American Society for Information Science & Technology*, 2010, 61(1):126-131.

④ 冯志刚、李长玲、刘小慧等:《基于引用与被引用文献信息的图书情报学跨学科性分析》,《情报科学》2018 年第 3 期。

⑤ 杨思洛、张一鸣:《iSchools 院校研究的跨学科特征:文献计量分析的视角》,《中国图书馆学报》2020 年第 6 期。

也会受到一定的影响。

因此,针对以上问题,本节将跨学科知识输出的影响分为三个层面进行分析。首先,基于跨学科引证文献的篇均被引频次表示跨学科知识输出强度(IK);其次,用被其他学科引用的及时性指数(A_i)和平均速度指数(AS_i)表示跨学科知识输出时效性(TL);第三,用其他学科引证文献多样性表示知识输出跨学科性(CDI)。从不同角度综合、客观地分析跨学科引用对跨学科知识输出的影响。

二、指标分析与模型构建

本节以期刊为研究单元,分析期刊参考文献的跨学科多样性,对期刊跨学科知识输出强度、时效性以及跨学科性的影响。具体研究问题包括:

(1)期刊跨学科引用是否会影响跨学科知识输出强度(IK);

(2)期刊跨学科引用是否会影响跨学科知识输出时效性(TL);

(3)期刊跨学科引用是否会影响知识输出跨学科性(CDI);

其中,期刊的跨学科引用是指某专业期刊的论文引用了其所在学科以外的其他学科的文献,吸收其他学科知识以丰富本学科的理论基础和技术方法;期刊的跨学科知识输出是指某专业期刊的论文被其所在学科以外的其他学科的文献引用,将本学科的知识输出到其他学科。研究思路框架图如图5-5所示。

(一)引用跨学科性测度指标

李江①将跨学科性定义为:跨学科研究中的跨学科特征,如各学科知识交叉的广度与强度、知识跨学科分布与扩散特征等。跨学科性测度的实质是测

---

①　李江:《"跨学科性"的概念框架与测度》,《图书情报知识》2014 年第 3 期。

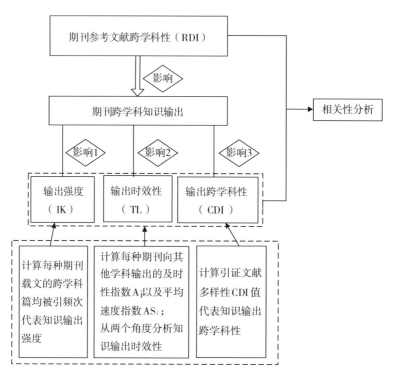

图 5-5 跨学科引用对跨学科知识输出影响的研究思路框架图

**Fig 5-5 Framework of research ideas on the impact of interdisciplinary
citations on interdisciplinary knowledge output**

度论文(或论文集合)涉及学科的多样性①②。本节选用 Chakraborty T.③提出
的参考文献多样性指数(RDI),测度期刊引用跨学科性。期刊引用跨学科性
测度指标计算公式为:

$$RDI = - \sum_j p_i log(p_i) \tag{5.7}$$

---

① Wagner C S.,Roessner J D.,Bobb K.,et al.,"Approaches to Understanding and Measuring Interdisciplinary Scientific Research(IDR):A Review of the Literature", *Journal of Informetrics*,2011,5 (1):14-26.

② Porter A L.,Cohen A S.,Roessner J D.,et al.,"Measuring Researcher Interdisciplinarity", *Scientometrics*,2007,72(1):117-147.

③ Chakraborty T.,"Role of Interdisciplinarity in Computer Sciences:Quantification,Impact and Life Trajectory", *Scientometrics*,2018,114(3):1011-1029.

RDI 是某期刊参考文献的跨学科性指数;j 为某期刊参考文献跨学科类别总数;p_i 为某期刊中某学科类别 i 的参考文献数占总参考文献数的比值(即 $p_i = n_i/N$,n_i 为某期刊属于学科类别 i 的参考文献量,N 为某期刊参考文献总量)。

(二)跨学科知识输出强度指标

知识输出强度是指文章发表后引起学者关注的程度,本节设计期刊载文被其他学科引用的篇均被引频次为输出强度指标,反映期刊跨学科知识输出关注程度。与总被引频次相比,篇均被引频次均衡了不同期刊载文量的不同带来的不平衡,更能突出某种期刊跨学科知识输出的能力。因此,期刊跨学科知识输出强度的计算公式为:

$$IK = \frac{\sum_{j=1}^{k} C_j}{k} \tag{5.8}$$

上式中,k 为某期刊载文总量;C_j 为某期刊中单篇论文的跨学科被引频次;$\sum_{j=1}^{k} C_j$ 是某期刊跨学科总被引频次;IK 为某期刊跨学科知识输出强度指数,即期刊篇均被引频次。

(三)跨学科知识输出时效性指标

知识输出时效性是指文章发表后其他学者引证本论文的效率高低。文章发表不久后,引用频次越多,被引速度越快,说明输出时效性越好。因此本节设计两个指标反映知识输出时效性。

(1)基于普赖斯指数的知识输出及时性指数 A_i

普赖斯认为出版年限小于 5 年的文献称为"现实有用"的文献,出版年限超过 5 年的文献称为"档案性"文献[①]。因此,从引证文献角度也可以按照时

① 邱均平:《信息计量学》,武汉大学出版社 2007 年版,第 305 页。

间划分文献利用程度。李凌英等①认为文献一般在发表后 1—5 年内达到被引峰值,所以选择 3 年作为时间间隔点,将文章发表后前 3 年内产生的引证文献称为"及时引用"文献,文章发表 3 年后产生的引证文献称为"延迟引用"文献。

因此,本节利用论文发表后 3 年内产生的跨学科引证文献数量与跨学科引证文献总量之比,度量文献被引的及时性。期刊跨学科知识输出及时性指数计算公式为:

$$A_i = \frac{\sum_b^{b+3} m_b}{M} \tag{5.9}$$

A_i 为期刊 i 的跨学科知识输出及时性指数;

b 为某论文出版时间;

m_b 为某期刊某年载文的跨学科引证文献数量;

$\sum_b^{b+3} m_b$ 为某期刊载文出版后前 3 年的跨学科引证文献数量;

M 为某期刊载文的跨学科引证文献总量。

(2)基于平均被引时间的知识输出平均速度指数 AS_i

从文献发表后整个被引时期来看,文献的平均被引时间越靠近文献的发表时间说明文献被及时引用,文献被引速度越快,知识输出时效性较强。同理,期刊也是如此,期刊载文平均被引时间越短,说明期刊知识输出的平均速度越快,知识输出时效性越强。

一般地,文献的平均被引时间的值越小,其时效性越强。平均被引时间为总被引时间除以引证文献数量。为了表达速度与时效性的正向关系,令知识输出平均速度为平均被引时间取倒数。将即年引证文献记作第一年引证文献,T=1,以此类推。跨学科知识输出平均速度计算公式为:

---

① 李凌英、闵超、孙建军:《引文波峰的量化与分布探究》,《情报学报》2019 年第 7 期。

$$AS_i = \frac{1}{\dfrac{\left(\sum\limits_{j=1}^{n} T_j\right)}{n}} \tag{5.10}$$

AS_i 为期刊 i 的知识输出平均速度；

T_j 为某期刊论文的跨学科引证文献距文献发表的时间；

$\sum\limits_{j=1}^{n} T_j$ 为某期刊载文的跨学科引证文献距文献发表的总时间，即跨学科总被引时间；

n 为某期刊跨学科引证文献总量；

通过以上两个公式的计算，对引证文献的时效性进行评估，分析期刊的跨学科引用与跨学科知识输出的时效性之间是否存在联系。

（四）知识输出跨学科性测度指标

选用 Chakraborty T.[①]提出的施引文献多样性指数（CDI），从期刊引证文献角度进行知识输出跨学科性测度。期刊知识输出跨学科性测度公式为：

$$CDI = -\sum\nolimits_i q_j log(q_j) \tag{5.11}$$

CDI 为某期刊的知识输出跨学科性指数；

i 为某期刊跨学科引证文献学科类别总数；

q_j 为某期刊中某学科类别 j 的引证文献数占总引证文献数的比值（即 $q_j = m_j/M$，m_j 是某期刊属于学科类别 j 的引证文献量，M 是某期刊引证文献总量）。

三、样本数据的指标值计算

（一）数据来源与预处理

为保证研究文献质量的可靠性，同时要保证每篇文章有着充足的引文期，

---

① Chakraborty T., "Role of Interdisciplinarity in Computer Sciences: Quantification, Impact and Life Trajectory", *Scientometrics*, 2018, 114(3): 1011-1029.

并且数据相对新颖,选择 CSSCI 图书情报领域的 18 种核心期刊作为数据来源样本,限定发表时间为 2015 年。选取的期刊分别为《大学图书馆学报》《国家图书馆学刊》《情报科学》《情报理论与实践》《情报学报》《情报杂志》《情报资料工作》《图书馆》《图书馆工作与研究》《图书馆建设》《图书馆论坛》《图书馆学研究》《图书馆杂志》《图书情报工作》《图书情报知识》《图书与情报》《现代图书情报技术》(现改名为《数据分析与知识发现》)《中国图书馆学报》,下载 18 种期刊的载文、参考文献和引证文献题录信息。

在探究参考文献和引证文献跨学科性时,需要对参考文献与引证文献的所属学科进行划分,在收集到的题录信息中,只有中文文献来源的"刊名"有区分学科类别的功能,可以按照期刊名称将每一篇参考文献和引证文献匹配到相应的学科中。维普数据库更专注于提供期刊文献和专业文章的阅读①,对于被引频次统计时,仅包含期刊文献的引用,并且更容易获取相对应的引证文献数据,与本节研究内容较为切合。因此,选取的数据来源是维普期刊数据库,选用的学科分类体系是《中国科技期刊引证报告(扩刊版)》,它将中文期刊分为 8 个学科大类及 124 个学科小类。

维普数据库收录的 18 种期刊在 2015 年共刊登论文 4903 篇,检索时间为 2020 年 8 月 15 日。去除本刊报道、卷首语、会议记录等文章后,有效论文共 4552 篇,其中文参考文献共有 27027 篇,中文引证文献共有 28870 篇。编写 VBA 程序,实现参考文献与引证文献的期刊名称与《中国科技期刊引证报告(扩刊版)》分类表一一匹配,即可得到参考文献与引证文献的学科分布。匹配结束后,得到可匹配学科类型的中文参考文献数据共 25096 条,其中跨学科中文参考文献数据 8034 条;可匹配学科的中文引证文献数据共 25898 条,其中跨学科中文引证文献数据 8179 条。匹配后的各期刊参考文献与引证文献所属学科种类与数量以《图书情报工作》为例,如表 5-8 所示:

---

① 林豪慧、陈如好:《知网、维普、万方的同质化和差异化评析》,《图书馆学研究》2009 年第 9 期。

表 5-8 参考文献和引证文献所属学科类别及数量

Tab 5-8 Discipline categories and numbers of references and citations

期刊	参考文献所属学科类别及数量（篇）	引证文献所属学科类别及数量（篇）
图书情报工作	图书情报 2805；自动化、计算机技术 202；科研管理 156；教育 137；新闻出版 100；经济与管理 65；自然科学总论 60；无线电电子学、电信技术 54；社会科学理论 42；经济学 29；医药卫生总论 28；贸易经济 19；政治 18；档案 17；法律 15；财政金融 15；艺术 11；心理学 9；哲学 9；社会学 8；一般工业技术 8；预防医学与卫生学 7；工业经济 6；历史 6；农业科学总论 6；冶金工业 6；外交 5；数学 5；地理学 4；环境与安全科学 4；中国医学 4；体育 4；语言文字 4；基础医学 4；测绘学 3；地球科学 3；轻工业、手工业 3；电工技术 3；化学工业 3；党建 3；劳动与人才 3；机械仪表工业 2；航空、航天 2；畜牧兽医 2；军事科技 2；建筑科学 2；运输 2；石油、天然气工业 2；动力工程 2；农业经济 1；物理学 1；地质学 1；医疗保健 1；农业工程 1；矿业工程 1；临床医学 1；外语 1；文物考古 1	图书情报 2938；自然科学总论 248；教育 187；经济与管理 116；新闻出版 111；自动化、计算机技术 98；科研管理 62；经济学 62；档案 50；医药卫生总论 47；贸易经济 40；无线电电子学、电信技术 40；社会科学理论 32；一般工业技术 24；畜牧兽医 21；社会学 16；预防医学与卫生学 14；农业科学总论 14；轻工业、手工业 12；政治 11；基础医学 11；临床医学 9；财政金融 7；环境与安全科学 6；化学工业 6；航空、航天 6；农作物 6；法律 6；地理学 5；农业工程 5；矿业工程 5；劳动与人才 5；体育 4；石油、天然气工业 3；水利工程 3；冶金工业 3；运输 3；生物学 3；测绘学 3；中国医学 3；海洋学 3；建筑科学 3；文学 3；艺术 3；地质学 2；地球科学 2；数学 2；医疗保健 2；语言文字 2；机械仪表工业 2；电工技术 2；肿瘤学 1；水产渔业 1；人口与民族 1；口腔科学 1；哲学 1；物理学 1；皮肤病与性病学 1；历史 1；神经病与精神病学 1；党建 1；农业经济 1
…	…	…

统计各种期刊的相关数据信息，依据期刊载文量的大小排序，跨学科知识输出基本数据如表 5-9 所示：

表 5-9 期刊文献相关数据统计表

Tab 5-9 Periodical literature related data statistics table

序号	期刊	载文量	参考文献量	跨学科参考文献量	引证文献量	跨学科引证文献量	前 3 年跨学科引证文献量	跨学科总被引时间
1	图书情报工作	632	4187	1113	5016	1344	580	4935
2	情报杂志	439	3210	1663	2715	1073	193	3824
3	图书馆学研究	419	2599	666	2181	586	313	1972
4	图书馆工作与研究	377	1611	303	1905	483	266	1621
5	情报科学	348	2254	951	1844	761	357	2728

续表

序号	期刊	载文量	参考文献量	跨学科参考文献量	引证文献量	跨学科引证文献量	前3年跨学科引证文献量	跨学科总被引时间
6	情报理论与实践	336	2234	717	1999	601	277	2147
7	图书馆	298	1699	294	1675	416	235	1372
8	图书馆建设	273	1325	203	1322	256	121	909
9	图书馆论坛	259	1405	273	1455	324	164	1134
10	图书馆杂志	243	924	163	1446	355	694	1222
11	现代图书情报技术	158	866	410	641	221	102	799
12	图书与情报	142	827	212	1363	465	213	1700
13	情报学报	131	1101	470	563	145	44	588
14	情报资料工作	130	881	183	734	175	92	601
15	大学图书馆学报	120	535	104	986	214	99	778
16	国家图书馆学刊	105	342	64	752	155	83	524
17	图书情报知识	87	585	129	843	207	91	748
18	中国图书馆学报	55	442	116	1430	398	200	1390

（二）指标计算

（1）期刊引用跨学科性测度指标计算（RDI）

探究期刊引用跨学科性对知识输出的影响,首先需要计算期刊引用跨学科性测度指标 RDI。将表 5-8 中各期刊跨学科参考文献数量和表 5-9 第 4 列参考文献量分别代入公式(5.7)中,计算各期刊跨学科引用测度值,结果见表5-10 第 3 列。

（2）期刊跨学科知识输出强度指标计算（IK）

首先,从跨学科知识输出强度方面研究期刊跨学科引用对知识输出的影响。利用期刊跨学科篇均被引频次代表期刊跨学科知识输出强度,将表 5-9第 3 列的载文量与表 5-9 第 7 列的跨学科引证文献数量代入公式(5.8),计算结果见表 5-10 第 4 列。

（3）期刊跨学科知识输出时效性指标计算（TL）

其次，从跨学科知识输出时效性方面研究期刊跨学科引用对跨学科知识输出的影响。利用两个指数从不同角度分析知识输出时效性：第一个指数是基于普赖斯指数的知识输出及时性指数（A_i），将表5-9第8列前3年跨学科引证文献量与表5-9第7列跨学科引证文献量代入公式（5.9），计算结果见表5-10第5列；第二个指数是基于平均被引时间的知识输出平均速度指数（AS_i），将表5-9第9列跨学科总被引时间和表5-9第7列跨学科引证文献总量代入公式（5.10），得到结果见表5-10第6列。

（4）期刊知识输出跨学科性指标测度计算（CDI）

最后，从知识输出跨学科性方面研究期刊跨学科引用对跨学科知识输出的影响。利用引证文献多样性代表知识输出跨学科性，将表5-8中各期刊跨学科的引证文献数量和表5-9第7列跨学科引证文献量代入公式（5.11），计算结果见表5-10第7列。

将18种期刊各个指标计算结果汇总，按照期刊引用跨学科性（RDI）由高到低顺序排列，最终结果如表5-10所示：

表5-10　各期刊特征值测度结果

Tab 5-10　**The eigenvalue measurement results of each journal**

序号	期刊	引用跨学科性 RDI	输出强度 IK	及时性 A_i	输出速度 AS_i	输出跨学科性 CDI
1	情报杂志	0.844	2.444	0.465	0.281	0.805
2	情报科学	0.702	2.187	0.469	0.279	0.794
3	情报学报	0.659	1.107	0.303	0.247	0.494
4	情报理论与实践	0.556	1.789	0.461	0.280	0.618
5	现代图书情报技术	0.517	1.399	0.462	0.277	0.613
6	图书情报工作	0.516	2.157	0.432	0.272	0.564
7	图书馆学研究	0.514	1.399	0.534	0.297	0.561
8	中国图书馆学报	0.491	7.236	0.503	0.286	0.564
9	图书与情报	0.481	3.275	0.458	0.274	0.649

序号	期刊	引用跨学科性 RDI	输出强度 IK	及时性 A_i	输出速度 AS_i	输出跨学科性 CDI
10	图书情报知识	0.450	2.379	0.440	0.277	0.515
11	图书馆论坛	0.414	1.251	0.508	0.285	0.443
12	情报资料工作	0.412	1.346	0.526	0.293	0.468
13	大学图书馆学报	0.399	1.783	0.463	0.275	0.434
14	图书馆工作与研究	0.396	1.281	0.551	0.298	0.506
15	国家图书馆学刊	0.382	1.476	0.535	0.296	0.439
16	图书馆杂志	0.381	1.461	0.544	0.291	0.501
17	图书馆	0.370	1.396	0.565	0.303	0.486
18	图书馆建设	0.329	0.938	0.473	0.282	0.408

四、相关性分析与结论

将表5-10中的计算结果导入SPSS19.0软件,利用Spearman秩相关分析期刊引用跨学科性(RDI)与跨学科知识输出强度(IK)、跨学科知识输出时效性(TL)以及知识输出跨学科性(CDI)的关系,相关性分析结果如表5-11到表5-13所示。对数据结果进行分析后,最终可得到以下结论。

(一)跨学科引用增强跨学科知识输出强度

表5-11　RDI-IK Spearman 相关系数结果

Tab 5-11　RDI-IK Spearman Correlation Coefficient Results

			RDI	IK
Spearman 的 rho	RDI	相关系数	1.000	0.424
		Sig.(双侧)	.	0.079
		N	18	18
	IK	相关系数	0.424	1.000
		Sig.(双侧)	0.079	.
		N	18	18

由表 5-11 可知,参考文献的跨学科性(RDI)与跨学科知识输出强度(IK)之间的 Spearman 相关系数为 0.424,其符号为正,表示二者之间是正相关,说明 RDI 与 IK 之间呈现不显著的正相关性。由此可以推断,期刊跨学科引用对于跨学科知识输出强度具有一定的积极影响,有助于提高本学科的知识输出能力,引起其他学科的关注。对于期刊而言,跨学科引用也有助于提高期刊在其他学科中的影响力,可以更好地发挥学科间知识交流的桥梁作用。

(二)跨学科引用降低跨学科知识输出时效性

表 5-12 RDI-A_i & AS_i Spearman 相关系数结果

Tab 5-12 RDI-A_i & AS_i Spearman correlation coefficient results

			RDI	A_i	AS_i
Spearman 的 rho	RDI	相关系数	1.000	-0.624**	-0.539*
		Sig.(双侧)	.	0.006	0.021
		N	18	18	18
	A_i	相关系数	-0.624**	1.000	0.952**
		Sig.(双侧)	0.006	.	0.000
		N	18	18	18
	AS_i	相关系数	-0.539*	0.952**	1.000
		Sig.(双侧)	0.021	0.000	.
		N	18	18	18

** 在置信度(双测)为 0.01 时,相关性是显著的。

* 在置信度(双测)为 0.05 时,相关性是显著的。

由表 5-12 结果分析可知,知识输出及时性指数 (A_i) 与知识输出平均速度指数 (AS_i) 的 Spearman 相关系数为 0.952,呈现显著的正相关性。说明及时性指数与平均被引速度具有明显正相关关系,即及时引证文献越多,平均被引时间越短,被引速度越快。期刊引用跨学科测度指标(RDI)与知识输出及时性指数 (A_i) 和知识输出平均速度 (AS_i) 的 Spearman 系数分别为 -0.624

和 -0.539,符号都为负,说明期刊跨学科引用(RDI)与跨学科知识输出时效性(TL)呈现负相关性,并且相关性较为显著。

由此推断,期刊的跨学科引用,可能不利于跨学科知识的及时输出,会降低知识输出时效性,即参考文献跨学科性越高,跨学科被引用需要的时间越长。Noorden R V.[①]在研究中发现跨学科论文发表后,前期被引量下降,而随着时间增长,引用率越高,本节研究结果与 Noorden R V. 的研究结果具有一致性。

(三)跨学科引用增强知识输出跨学科性

表 5-13 RDI-CDI Spearman 相关系数结果
Tab 5-13 RDI-CDI Spearman correlation coefficient results

			RDI	CDI
Spearman 的 rho	RDI	相关系数	1.000	0.777[**]
		Sig.(双侧)	.	0.000
		N	18	18
	CDI	相关系数	0.777[**]	1.000
		Sig.(双侧)	0.000	.
		N	18	18

** 在置信度(双测)为 0.01 时,相关性是显著的。

通过如表 5-13 所示的 Spearman 相关系数计算结果发现,期刊跨学科引用指数(RDI)与知识输出跨学科性(CDI)之间的 Spearman 系数为 0.777,符号为正,说明 RDI 与 CDI 之间正相关,并且相关性显著,即期刊的参考文献跨学科性强,会增强知识输出的跨学科性。由此说明,期刊跨学科引用有助于本学科与其他学科进行知识交流,将本学科知识输出到更多的学科中去,拓宽本

---

① Noorden R V., "Interdisciplinary Research by the Numbers", *Nature*, 2015, 525(7569): 306-307.

学科知识输出范围。

五、小结

本节以图书情报学为例,构建模型分析期刊跨学科引用对跨学科知识输出强度、知识输出时效性以及知识输出跨学科性的影响。研究结果发现,期刊跨学科引用对于跨学科知识输出强度与知识输出跨学科性具有积极影响,对于跨学科知识输出时效性具有不利影响。

以图书情报领域期刊为研究样本,虽然得出了相应的研究结论,但是否适用于其他学科需要进一步地验证和讨论。另外,后续研究将考虑对跨学科知识输出其他方面的影响进行分析,并综合评价。

第三节 跨学科输入知识对学科发展的影响力分析

"跨学科"概念于 1926 年首次提出,至今已有近百年历史,并逐渐成为科研和教育进步的代名词①,也是当今科学发展的显著特征和重要研究方向之一。跨学科知识交流是跨学科研究形成的前提和基础,跨学科引用与被引用直接反映学科间知识的流动。跨学科引用反映目标学科从其他学科吸收知识的能力,知识多次被目标学科引用,很容易成为目标学科研究内容的一部分,产生知识创新并内化为目标学科知识。

一、概念界定及相关研究

本节将这些来源于其他学科、被目标学科用于合作研究的跨学科知识定义为"跨学科输入知识"。跨学科输入知识内化为目标学科知识,并促进学科知识生长的关系见图 5-6:

---

① Rhoten D., Parker A., "Education: Risks and Rewards of an Interdisciplinary Research Path", *Science*, 2005, 306(5704): 2046.

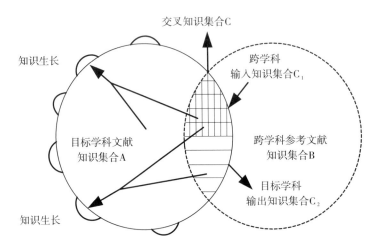

图 5-6 跨学科输入知识促进目标学科知识生长的关系图

Fig 5-6 The relationship between inputting knowledge across disciplines and promoting knowledge growth of target disciplines

图 5-6 中,目标学科,即所要研究学科;跨学科,即目标学科以外的其他学科。左边实线圆表示目标学科文献知识集合 A,右边虚线圆表示目标学科的跨学科参考文献知识集合 B,二者交集为学科交叉知识集合 C。集合 C 包括两部分:跨学科输入知识集合 C_1,来源于其他学科并内化为目标学科研究内容的知识;目标学科输出知识集合 C_2,被其他学科应用或研究的目标学科专业知识。

学科发展在宏观上表现为知识的生长。图 5-6 中,实线圆的凸起部分为目标学科的知识生长,知识生长的原因有多种,跨学科知识输入的外部刺激是学科创新发展的重要途径。因此,为深入分析和把握跨学科输入知识对目标学科知识生长与发展的影响程度与趋势,进一步了解跨学科交流的重要性、学科乃至科学的发展规律,本节从跨学科输入知识在目标学科的研究热度、研究广度、研究深度三方面,构建模型测度跨学科输入知识对目标学科发展的影响力。

不同学科之间的知识交流在知识创造过程中起着关键作用,引用与被引用关系是学科间知识流动最直接的体现。引文分析方法是量化跨学科研究的最主要和最有效工具,因此,国内外学者常利用引文分析方法对不同领域和学科之间的知识流动情况、规律或趋势展开研究。有的学者通过构建引文网络分析学科领域内或学科之间的知识流动。其中,Zhu Y.等[①]从引文网络及其动态特征等方面,揭示了计算机科学子领域之间的知识流动;Lee S.等[②]通过构建专利引文网络,分析移动生态系统中技术知识流动;Sun Y.等[③]利用物理学文献及其引用关系,构建物理学子领域间的知识网络,分析各领域知识从吸收到相互影响甚至反哺的演化过程;Gates A J.等[④]基于《Nature》期刊的88637篇文献及引文数据构建共引网络,分析生物医学、临床医学、地球科学和空间科学、物理以及化学等学科之间的知识流动。有的学者通过引文数据及特征,构建指标或模型分析某学科中跨学科知识交流。Amjad T.等[⑤]通过熵、跨学科引用和研究关键词 3 个指标探究计算机学科与物理学科之间的知识流动趋势;王静静等[⑥]通过网络中介中心势、网络密度、网络核心度、DIV 指标 4 个指标,探析国际数字人文研究的跨学科知识交流趋势;吕海华等[⑦]通过两个学科之间引用关系形成的相对位置确定学科势能,构建 63 个学科的势能网络,揭示学科间知识的直接与间接流动,进而探究跨学科知识流动规律。除此

①　Zhu Y.,Yan E.,"Dynamic Subfield Analysis of Disciplines:An Examination of the Trading Impact and Knowledge Diffusion Patterns of Computer Science",*Scientometrics*,2015,104(1):335-359.

②　Lee S.,Kim W.,"The Knowledge Network Dynamics in a Mobile Ecosystem:A Patent Citation Analysis",*Scientometrics*,2017,111(2):717-742.

③　Sun Y.,Latora V.," The Evolution of Knowledge within and across Fields in Modern Physics",*Scientific Reports*,2020,10(1):12603-12607.

④　Gates A J.,Ke Q,Varol O,et al.,"Nature's Reach:Narrow Work Has Broad Impact",*Nature*,2019,575(7781):32-34.

⑤　Amjad T.,Ali A.,"Uncovering Diffusion Trends in Computer Science and Physics Publications" *Library Hi Tech*,2019,37(4):794-810.

⑥　王静静、叶鹰:《国际数字人文研究中的跨学科知识扩散探析》,《大学图书馆学报》2021年第 2 期。

⑦　吕海华、李江:《1987—2016 年跨学科知识流动的规律:一个新的视角"学科势能"》,《图书情报知识》2021 年第 4 期。

之外,还有学者通过引文内容分析探究跨学科知识的交流与应用,如,Wang Y.等①通过引文内容分析,揭示了计算机科学知识在跨领域学科中的利用模式。

学科交叉知识具有多学科属性,被不同的学科从不同的视角进行研究,所以学科交叉知识更容易产生知识创新。对于跨学科交叉知识的识别,国内外学者多运用引文分析、共词分析、聚类分析等方法进行研究。李长玲等②③④采用重叠社群网络、共词网络与时序高频词聚类等方法,以情报学与计算机学科期刊间的互引文献、交叉文献为研究对象,挖掘情报学与计算机科学的主要交叉研究领域与潜在研究主题。闵超等⑤采用系统聚类和战略坐标分析方法,探讨情报学和新闻传播学两学科交叉研究热点的内在联系和发展脉络。董坤等⑥构建基于科技文献内容分析的多维学科交叉主题识别方法及流程,在识别学科交叉主题的同时还能有效识别潜在交叉主题。

综上所述,当前相关研究成果集中于学科间或领域间知识交流变化趋势、规律探究以及跨学科交叉主题的识别,鲜有文献研究跨学科输入知识对学科发展的影响。本节尝试基于引文分析和共词网络,从研究热度、广度、深度视角构建影响力模型,测度跨学科输入知识对学科发展的影响程度和未来趋势,并以图书情报学核心期刊 2016—2020 年载文和引文数据为例进行实证研究。

---

① Wang Y. , Zhang C. , "What Type of Domain Knowledge is Cited by Articles with High Interdisciplinary Degree?" , *Proceedings of the Association for Information Science and Technology* , 2018 , 55（1）:919-921.

② 李长玲、刘非凡、郭凤娇:《运用重叠社群可视化软件 CFinder 分析学科交叉研究主题——以情报学和计算机科学为例》,《图书情报工作》2013 年第 7 期。

③ 李长玲、郭凤娇、支岭:《基于 SNA 的学科交叉研究主题分析——以情报学与计算机科学为例》,《情报科学》2014 年第 12 期。

④ 李长玲、郭凤娇、魏绪秋:《基于时序关键词的学科交叉研究主题分析——以情报学与计算机科学为例》,《情报资料工作》2014 年第 6 期。

⑤ 闵超、孙建军:《学科交叉研究热点聚类分析——以国内图书情报学和新闻传播学为例》,《图书情报工作》2014 年第 1 期。

⑥ 董坤、许海云、罗瑞等:《基于科技文献内容分析的多维学科交叉主题识别方法研究》,《情报理论与实践》2018 年第 5 期。

一方面验证模型的有效性,另一方面对图书情报学科的跨学科知识生长与学科发展现状与趋势进行分析。

二、跨学科输入知识对目标学科发展的影响力模型构建

(一)研究思路

在图5-6所示的知识流动与合作关系中,分析跨学科输入知识促进目标学科知识生长、进而影响学科发展的研究思路,见图5-7:

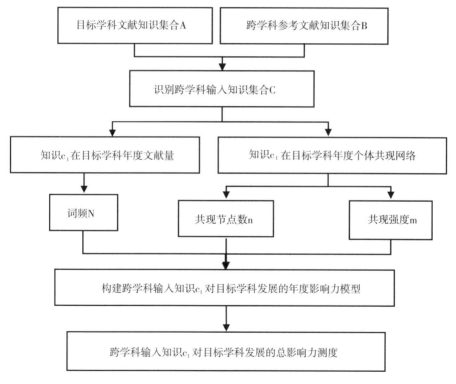

图5-7 跨学科输入知识对目标学科发展的影响力研究思路图

Fig 5-7 Research ideas on the influence of interdisciplinary input knowledge c_1 on the development of target disciplines

图5-7中,以目标学科文献及其跨学科参考文献为研究对象,研究思路为:

（1）提取知识集合 A 与 B。提取目标学科文献和跨学科参考文献的作者标注关键词,通过同义词、近义词合并、剔除无意义或背景词等,分别获得知识集合 A 与 B。

（2）识别跨学科输入知识集合 C_1。集合 A 与 B 的交集形成学科交叉知识集合 C,其中输入到目标学科的跨学科知识为集合 C_1,输出到其他学科的目标学科知识为集合 C_2。

（3）构建跨学科输入知识 C_1 在目标学科中的年度个体共现网络并提取数据。统计 C_1 在集合 A 中的年度词频,即 C_1 在目标学科的年度研究文献量 N;构建 C_1 在集合 A 中的年度个体共现网络,统计 C_1 的年度共现节点数 n 及共现强度 m。

（4）构建 C_1 对目标学科发展的年度影响力模型。从跨学科输入知识 C_1 在集合 A 中的年度词频 N、年度共现节点数 n 和年度共现强度 m 三个方面构建模型,测度 C_1 对目标学科发展的影响力。

（二）模型构建

跨学科知识被目标学科引用,并逐渐成为目标学科研究内容的一部分。跨学科知识对目标学科发展的影响力,表现在研究文献的数量、共现关键词的个数以及共现强度。因此,基于以上 3 个指标从研究热度、研究广度、研究深度三个方面构建跨学科输入知识 C_1 对目标学科发展的年度影响力模型（Annual Influence Model,AIM）。

$$AIM = \lg \left\{ \frac{N \times \left[\sum_{k=1}^{n} F(c_1, a_k) \right]^2}{n} \right\} = \lg N + \lg \left(\sum_{k=1}^{n} F(c_1, a_k) \times \frac{\sum_{k=1}^{n} F(c_1, a_k)}{n} \right) \tag{5.12}$$

公式（5.12）中,N 表示跨学科输入知识 c_1 在集合 A 中的年度词频,即年度研究文献量;n 表示 c_1 与目标学科知识年度共现节点数;$F(c_1, a_k)$ 表示 c_1

与第 k 个目标学科知识的共现强度。该模型中各变量的含义见表 5-14：

表 5-14　跨学科输入知识对目标学科发展影响力模型 AIM 变量表

Tab 5-14　AIM variable table of the influence model of interdisciplinary input knowledge c_1 on the development of target disciplines

数学表达式	变量名称及表示符	含义	与 AIM 关系
N	研究热度	跨学科输入知识 c_1 在目标学科的年度研究文献量（词频）	
$m = \sum_{k=1}^{n} F(c_1, a_k)$	研究广度	跨学科输入知识 c_1 在目标学科个体共现网络中的年度共现总强度	正相关
$\dfrac{m}{n} = \dfrac{\sum_{k=1}^{n} F(c_1, a_k)}{n}$	研究深度	跨学科输入知识 c_1 在目标学科个体共现网络中的年度平均共现强度	

表 5-14 中：

（1）研究热度。跨学科输入知识在目标学科的文献数量越多，表示研究成果越多，说明该跨学科输入知识受到的关注度越高，对目标学科产生的影响力越大。

（2）研究广度。当跨学科输入知识与目标学科知识年度共现的节点数 n 越多，年度共现总强度 m 越大，说明该知识在目标学科的应用与研究范围越广、影响力越大。

（3）研究深度。当共现总强度不变时，n 的数量越少，跨学科输入知识与目标学科知识的年度平均共现强度越大，说明该跨学科知识高度集中地、紧密地与某些目标学科知识合作研究与应用，影响力也越大。

研究热度、广度与深度都与跨学科输入知识对目标学科发展的影响力呈正相关。但三者直接相乘会过度放大某一方面的影响力，所以选择三者乘积的对数构建模型。一方面，基于对数函数（a>1）在其定义域上为单调递增函数，对数据取对数后，不会改变数据的相对关系；另一方面，对于数值较大的数据进行计算，超过常用数值的取值范围，取对数后可减小数据的绝对值，并且根据对数函数的运算法则,可将乘法计算变换成加法,方便计算。因此,取对数后模型不仅表达了正向关系,而且还限制了某一方面过度放大作用,更好地反映了跨学科输入知识对目标学科发展的影响力。

三、实证研究与模型有效性分析

(一)数据采集与预处理

本节选择以图书情报学为例进行实证研究,一方面验证模型的有效性,另一方面分析跨学科输入知识对图书情报学发展的影响力。上文第二节表5-10发现《中国图书馆学报》《图书情报工作》《情报理论与实践》《情报杂志》《情报科学》《图书与情报》是图书情报领域跨学科知识传递综合能力较强的期刊,而且综合了图书馆学情报学的研究内容。因此,本节以6种期刊为样本,以维普资讯中文期刊数据库为平台,检索2016—2020共5年的期刊文献及其参考文献。除去选题指南、征稿通知、研讨会通知等文献,共得到载文8595篇,参考文献79340篇。下载期刊文献和参考文献的标题、作者、刊名、年份以及关键词等信息保存在Excel表格中(检索时间为2021年8月1日)。

参考文献题录中包含期刊名称,且"刊名"有区分学科类别的功能①。为了实现跨学科参考文献的提取,以《中国科技期刊引证报告》(扩刊版)的学科分类体系为蓝本,编写VBA程序,将参考文献的"刊名"与图书情报学的期刊名称一一匹配,去除本学科参考文献,得到跨学科参考文献29571篇。

(二)跨学科输入知识集合识别

对预处理后的数据,分别提取图书情报学文献与其跨学科参考文献的关键词,对同义词、近义词进行合并,剔除无意义或背景词,共得到集合A图书

---

① 冯志刚、李长玲、刘小慧等:《基于引用与被引用文献信息的图书情报学跨学科性分析》,《情报科学》2018年第3期。

情报学的关键词46173个、集合 B 跨学科参考文献关键词50180个、集合 C 学科交叉关键词17450个。

在学科交叉关键词集合 C 中，既包括跨学科输入图书情报学的关键词集合 C_1，如大数据、知识图谱、社会网络分析、扎根理论等；也包括图书情报学输出其他学科的关键词集合 C_2，如情报分析、文献计量、引文分析等。通过 VBA 自编程序，结合人工判别和专家咨询等方法，在学科交叉知识集合 C 中识别出含有"方法""算法""模型""理论""系统"等关键词，组成跨学科输入知识集合 C_1，并且选择累计频次大于等于 10 的关键词共 83 个，结果如表 5-15 所示：

表 5-15　跨学科输入知识集合
Tab 5-15　Interdisciplinary input knowledge collection C₁

关键词					
大数据	相似度分析	云计算	word2vec	演化分析	主成分分析
智库	数字人文	层次分析法	社会资本	语义分析	网络结构
社会网络分析	数据挖掘	数据分析	实证分析	移动社交媒体	卷积神经网络
知识图谱	深度学习	比较分析	文本分析	主题分析	SIR 模型
可视化分析	复杂网络	区块链	自然语言处理	决策支持	文本聚类
信息生态系统	知识元	知识网络	知识表示	语义相似度	计划行为理论
人工智能	相关性分析	机器学习	链路预测	文本分类	主题挖掘
扎根理论	共现分析	结构方程模型	谣言传播	BP 神经网络	同行评议
LDA 模型	系统动力学	数据驱动	支持向量机	技术预测	定量分析
内容分析法	聚类分析	质量评价	移动社交网络	信息熵	无标度网络
情感分析	文本挖掘	时间序列	词向量	公共政策	文本相似度
专利分析	演化博弈	意见领袖	语义关联	熵权法	KANO 模型
生命周期理论	用户画像	应急决策	回归分析	条件随机场	德尔菲法
神经网络	因子分析	叙词表	技术接受模型	政策分析	

（三）跨学科输入知识影响力测度

将提取出的关键词按以下步骤处理：

（1）研究热度数据。对表 5-15 中图书情报学的跨学科输入知识 c_1 逐年统计 2016—2020 年共 5 年的词频，即研究文献数量 N，见表 5-16 中各年数据第 1 列。

（2）研究广度与深度数据。通过 VBA 自编程序，在图书情报学文献知识集合 A 中，对表 5-15 中每个跨学科输入知识 c_1 逐年构建 2016—2020 年的 5 个年度共现网络，分别统计年度共现节点数 n、年度共现总强度 m，计算年度平均共现强度 m/n，见表 5-16 各年数据 2-4 列。

（3）跨学科输入知识 c_1 对图书情报学发展的年度影响力和总影响力测度。将上述统计、计算结果，包括跨学科输入知识的年度文献量 N、年度共现节点数 n、年度共现总强度 m 代入公式（5.12），得到 2016—2020 年各年度影响力 AIM 以及年度求和的总影响力 IM，结果见表 5-16 各年度第 5 列，及表最后 1 列，由于篇幅有限，仅展示部分数据。

（四）模型有效性分析

表 5-16 中，AIM 模型能够从三个方面测度跨学科输入知识对图书情报学发展的影响力，模型有效性体现在：

（1）该模型能够从研究热度、广度、深度等多角度综合分析跨学科输入知识对图书情报学发展的影响力。表 5-16 中，2020 年"大数据"与"智库"的研究文献量分为 81 与 80，研究热度基本相等；但其合作关键词数量分别为 280 与 163、合作强度分别为 390 与 244，研究广度"大数据"明显大于"智库"；研究深度"大数据"1.39 小于"智库"的 1.50。三个指标变量的影响力综合测度结果"大数据"4.64 大于"智库"4.47。

表 5-16　跨学科输入知识对学科发展的影响力值

Tab 5-16　The influence of interdisciplinary input knowledge c_1 on the development of Library and Information Science

关键词	2016					2017					2018					2019					2020					IM
	N	关键词共现			AIM	N	关键词共现			AIM	N	关键词共现			AIM	N	关键词共现			AIM	N	关键词共现			AIM	
		n	m	m/n			n	m	m/n			n	m	m/n			n	m	m/n			n	m	m/n		
大数据	105	273	330	1.21	4.62	87	256	305	1.19	4.50	80	256	288	1.13	4.41	95	290	352	1.21	4.61	81	280	390	1.39	4.64	22.79
智库	30	53	57	1.08	3.26	62	107	120	1.12	3.92	88	126	151	1.20	4.20	66	151	165	1.09	4.08	80	163	244	1.50	4.47	19.93
知识图谱	19	71	89	1.25	3.33	28	83	110	1.33	3.61	26	79	93	1.18	3.45	23	77	88	1.14	3.36	27	85	109	1.28	3.58	17.33
社会网络分析	34	117	128	1.09	3.68	41	119	136	1.14	3.80	29	90	97	1.08	3.48	23	75	78	1.04	3.27	17	63	64	1.02	3.04	17.28
可视化分析	18	69	88	1.28	3.31	32	102	123	1.21	3.68	30	105	117	1.11	3.59	17	61	66	1.08	3.08	19	69	80	1.16	3.25	16.90
扎根理论	10	35	38	1.09	2.62	17	46	55	1.20	3.05	19	59	64	1.08	3.12	19	5	69	13.80	4.26	29	92	100	1.09	3.50	16.54
信息生态系统	39	88	105	1.19	3.69	14	56	61	1.09	2.97	21	60	67	1.12	3.20	17	53	59	1.11	3.05	17	57	60	1.05	3.03	15.93
LDA模型	8	22	27	1.23	2.42	21	69	76	1.10	3.24	23	73	80	1.10	3.30	18	69	73	1.06	3.14	22	78	79	1.01	3.14	15.36
内容分析法	18	63	72	1.14	3.17	11	53	56	1.06	2.81	12	48	50	1.04	2.80	13	54	59	1.09	2.92	20	85	88	1.04	3.26	14.96
情感分析	9	27	27	1.00	2.39	12	44	47	1.07	2.78	21	71	78	1.10	3.26	16	68	75	1.10	3.12	15	53	60	1.13	3.01	14.55
专利分析	23	67	72	1.07	3.25	19	58	60	1.03	3.07	9	29	30	1.03	2.45	9	35	35	1.00	2.50	13	50	54	1.08	2.88	14.15

续表

关键词	N	2016 关键词共现 n	m	m/n	AIM	N	2017 关键词共现 n	m	m/n	AIM	N	2018 关键词共现 n	m	m/n	AIM	N	2019 关键词共现 n	m	m/n	AIM	N	2020 关键词共现 n	m	m/n	AIM	IM
神经网络	8	24	25	1.04	2.32	14	51	54	1.06	2.90	18	61	66	1.08	3.11	14	43	47	1.09	2.86	11	37	39	1.05	2.66	13.84
生命周期理论	18	55	57	1.04	3.03	10	29	31	1.07	2.52	14	52	53	1.02	2.88	12	33	35	1.06	2.65	11	33	34	1.03	2.59	13.66
数据挖掘	10	39	42	1.08	2.66	19	61	66	1.08	3.13	13	46	48	1.04	2.81	9	34	36	1.06	2.54	8	30	30	1.00	2.38	13.52
相似度	5	20	20	1.00	2.00	12	34	35	1.03	2.64	11	37	39	1.05	2.66	18	59	68	1.15	3.15	18	58	59	1.02	3.03	13.47
人工智能	0	0	0	0.00	0.00	24	65	87	1.34	3.45	14	47	46	0.98	2.80	27	90	84	0.93	3.33	40	158	174	1.10	3.88	13.46
复杂网络	15	47	52	1.11	2.94	9	26	28	1.08	2.43	11	35	44	1.26	2.78	7	32	32	1.00	2.35	10	34	36	1.06	2.58	13.09
数字人文	4	12	12	1.00	1.68	9	36	38	1.06	2.56	11	35	36	1.03	2.61	17	51	53	1.04	2.97	22	71	74	1.04	3.23	13.05
相关性分析	13	41	45	1.10	2.81	13	45	46	1.02	2.79	8	25	25	1.00	2.30	10	37	38	1.03	2.59	7	21	21	1.00	2.17	12.65
共现分析	13	38	38	1.00	2.69	10	37	37	1.00	2.57	9	20	21	1.05	2.30	10	27	27	1.00	2.43	8	34	34	1.00	2.43	12.43
深度学习	2	6	6	1.00	1.08	6	24	30	1.25	2.35	9	28	31	1.11	2.49	15	58	62	1.07	3.00	23	76	82	1.08	3.31	12.23
系统动力学	13	36	41	1.14	2.78	14	37	40	1.08	2.78	8	23	24	1.04	2.30	6	20	20	1.00	2.08	7	25	26	1.04	2.28	12.22
⋮																										⋮

（2）该模型可动态分析跨学科输入知识对图书情报学发展的影响力。"数字人文"起源于人文计算，来源于计算机或数字技术领域①。2016 年，北京大学图书馆举办首届"数字人文论坛"②，之后引起图书情报领域越来越多的学者关注，研究热点主要集中于数字人文的基本理论、技术驱动下的人文学术实践转向、新合作模式引发的人文学术变革以及面向数字人文研究的基础设施建设等③，本节的研究结论与之相符。表 5-16 中，"数字人文"该跨学科知识的输入，使得图书情报学对该知识的关注度不断上升，文献量从 2016 年 4 篇发展至 2020 年 22 篇，并且其与本学科知识合作节点数量和年度共现总强度也呈快速上升趋势，但"数字人文"与本学科知识的年均共现强度较小，说明图书情报学对该跨学科知识正处于消化吸收阶段，在研究深度上还有待于加强。

四、跨学科输入知识影响力趋势预测及结果分析

（一）跨学科输入知识影响力趋势预测模型构建

为进一步了解跨学科输入知识对目标学科的未来影响，本节根据表 5-16 中跨学科输入知识年度影响力的变化，利用趋势分析法预测其未来发展变化。趋势分析法是经典定量预测分析方法之一，旨在通过变量的历史数据找出规律，预测其发展④。有学者利用该分析法对学术名词的未来发展⑤、研究热点趋势变化等进行预测。本节运用趋势分析法预测跨学科输入知识对图书情报

① Kirschenbaum M G., "What Is Digital Humanities and What's It Doing in English Departments?", *Ade Bulletin*, 2010(05):55-61.
② 北京大学图书馆:《首届北京大学"数字人文论坛":跨界与融合:全球视野下的数字人文》,2022 年 07 月 16 日,见 https://www.lib.pku.edu.cn/portal/cn/news/0000001259。
③ 柯平、宫平:《数字人文研究演化路径与热点领域分析》,《中国图书馆学报》2016 年第 6 期。
④ 李峰、刘静延、蒋录全:《预测方法的发展及最新动态》,《情报杂志》2005 年第 6 期。
⑤ 张瑞、赵栋祥、唐旭丽等:《知识流动视角下学术名词的跨学科迁移与发展研究》,《情报理论与实践》2020 年第 1 期。

学的影响力:从时间尺度上,对跨学科输入知识在不同时间点的影响力进行回归分析,运用最小二乘法对历史影响力数据拟合直线,分析变化量的大小以预测其发展趋势。

根据趋势分析法定义跨学科输入知识影响力趋势指数 KI,通过计算跨学科输入知识的影响力趋势,判断其对图书情报学未来发展的作用。公式为:

$$KI = \frac{y \times \sum\limits_{i=1}^{y} (i \times AIM_i) - \sum\limits_{i=1}^{y} i \times \sum\limits_{i=1}^{y} AIM_i}{y \times \sum\limits_{i=1}^{y} i^2 - \left(\sum\limits_{i=1}^{y} i\right)^2} \tag{5.13}$$

公式(5.13)中,y 值表示数据样本的时间跨度(年数),AIM_i 为跨学科输入知识 c_1 在第 i 年对目标学科发展的影响力。如果 $KI > 0$,说明跨学科输入知识对图书情报学发展的影响力为上升发展趋势;如果 $KI < 0$,跨学科输入知识对图书情报学发展的影响力为下降衰退趋势,并且 KI 的绝对值越大,说明其变化趋势越明显。因此,根据 KI 的变化值及界定标准,将跨学科输入知识 c_1 分为:上升型、波动型、下降型。

$$跨学科输入知识类型划分 = \begin{cases} 上升型 & KI \geq 0.1 \\ 波动型 & -0.1 < KI < 0.1 \\ 下降型 & KI \leqslant -0.1 \end{cases} \tag{5.14}$$

(二)分类与结果分析

将表 5-16 中各年度的 AIM 数据代入公式(5.13),并将计算结果依据公式(5.14)的判断标准细分为上升、波动、下降三种类型,相关结果见表 5-17:

表 5-17　跨学科输入知识影响力趋势分类表

Tab 5-17　Classification table of influence trend of cross-disciplinary input knowledge c_1

跨学科输入知识类型	划分标准	跨学科输入知识
"上升型"	$KI \geqslant 0.1$	人工智能（0.765）、区块链（0.723）、用户画像（0.703）、word2vec（0.598）、机器学习（0.552）、数据驱动（0.516）、深度学习（0.510）、技术预测（0.359）、词向量（0.352）、数字人文（0.351）、比较分析（0.341）、KANO 模型（0.314）、扎根理论（0.298）、语义相似度（0.295）、语义关联（0.288）、卷积神经网络（0.278）、文本分析（0.266）、相似度分析（0.258）、智库（0.256）、决策支持（0.235）、文本相似度（0.228）、条件随机场（0.212）、文本分类（0.210）、网络结构（0.191）、政策分析（0.183）、自然语言处理（0.169）、移动社交媒体（0.160）、情感分析（0.159）、LDA 模型（0.154）、公共政策（0.151）、数据分析（0.145）、熵权法（0.134）、链路预测（0.130）、移动社交网络（0.129）、无标度网络（0.107）
"波动型"	$-0.1 < KI < 0.1$	回归分析（0.094）、文本挖掘（0.068）、神经网络（0.063）、支持向量机（0.056）、实证分析（0.050）、演化博弈（0.029）、内容分析法（0.029）、知识图谱（0.025）、知识元（0.024）、演化分析（0.016）、大数据（0.015）、德尔菲法（0.008）、同行评议（0.003）、SIR 模型（-0.005）、信息熵（-0.035）、知识表示（-0.042）、谣言传播（-0.045）、聚类分析（-0.064）、共现分析（-0.066）、主题分析（-0.068）、可视化分析（-0.071）、生命周期理论（-0.075）、主题挖掘（-0.076）、复杂网络（-0.079）、云计算（-0.096）
"下降型"	$KI \leqslant -0.1$	时间序列（-0.102）、社会资本（-0.112）、数据挖掘（-0.115）、信息生态系统（-0.124）、专利分析（-0.131）、意见领袖（-0.134）、相关性分析（-0.148）、层次分析法（-0.163）、BP 神经网络（-0.167）、系统动力学（-0.172）、社会网络分析（-0.180）、因子分析（-0.259）、应急决策（-0.277）、主成分分析（-0.291）、语义分析（-0.301）、结构方程模型（-0.325）、文本聚类（-0.345）、计划行为理论（-0.352）、技术接受模型（-0.357）、质量评价（-0.390）、知识网络（-0.391）、叙词表（-0.400）、定量分析（-0.436）

通过趋势分析法将跨学科输入知识对图书情报学科的影响力分为上升型、波动型、下降型三类，分析结果如下：

（1）"上升型"跨学科输入知识多为图书情报学近年引进的新技术、方法或理论，图书情报学对其研究时间较短并未形成成熟的研究体系，正处于吸收、消化阶段。但是，该类跨学科输入知识在图书情报学的发展速度较快，发展空间较大,未来将会与更多该学科知识融合发展产生创新性知识,对学科知识生长与发展会作出更大贡献。

(2)"波动型"跨学科输入知识为图书情报学当今研究较多的技术、方法或理论,研究时间较长,有较多的研究成果,已形成较为成熟的研究系统,正处于拓展、应用阶段。但是,该类跨学科输入知识在图书情报学的发展较为稳定且未来可能出现下降趋势,未来对本学科知识生长与发展的影响力可能会有所下降。

(3)"下降型"跨学科输入知识为图书情报学以前应用较多的技术、方法或理论,其在图书情报学的发展达到成熟阶段,并且已经内化为图书情报学知识的一部分,影响力正处于下降、衰退阶段,与图书情报学知识结合产生创新性知识的可能性较小,对本学科未来发展的影响力较小。

五、小结

在学科发展中,跨学科知识的输入对学科知识的创新和发展起到关键作用。本节从跨学科输入知识在目标学科的研究热度、研究广度和研究深度三个方面构建其对目标学科发展的影响力 AIM 模型。以图书情报学为例,测度跨学科输入知识对学科发展的影响力,验证了模型有效性;并通过趋势分析法将跨学科输入知识分为"上升型""波动型""下降型",以预测学科未来知识生长与创新趋势。

虽然模型在图书情报领域已经得到有效验证,但在后续研究中,一方面,通过标题、摘要或全文分词识别跨学科知识,并通过相对数据对模型进行完善和改进,提高模型在其他学科的应用。另一方面,尝试从其他角度分析跨学科知识对目标学科发展的影响力。

第四节 基于参考文献关键词的
跨学科相关知识发现

当前,有学者利用引用与被引关系分析跨学科间知识转移及其特点,进而探索跨学科研究的规律与特征。Chakraborty T.[1]运用施引文献中其他学科文献所占的比重提出施引文献多样性指数,并整合参考文献多样性指标归纳出跨学科领域知识"吸收-内化-输出"的发展模式。Karunan K.等[2]在引文网络视角下,构建定量方法模型评估学科间知识相互作用的强度、相互作用的主导模式和相互贡献率等,并结合定性决策规则构造跨学科评估框架。冯志刚等[3]从文献的引用和被引用角度分析图书情报学的跨学科性,结果发现该学科的学科广度大、跨学科强度高、主要交流学科相对集中等特点。此外,有学者利用引文与引文分析方法构建模型,分析跨学科合作者的合作类型,识别潜在跨学科合作者。李长玲等[4]通过分析 5 种跨学科引用与被引用关系,构建作者潜在跨学科合作强度模型,识别出知识互惠型、知识吸收型和知识辐射型 3 种潜在跨学科合作者类型。

综上所述,学科成果间最显著的知识交流体现在引用关系中,而当前较少有根据文献的引文信息对跨学科知识发现进行探究。因此,本节以跨学科参考文献的关键词和节点文献间的引用关系为出发点,识别并挖掘对目标学科来说具有较大合作可能性的跨学科相关知识,以期为科研工作者解决本学科学术难题或寻找学科突破点提供参考。

一、跨学科相关知识被引用路径分析

引文是作者引用其他学者学术成果的凭证,因此可以通过分析引文的被引用路径揭示跨学科知识在目标学科文献中的被引用情况。关键词是标识文

①　Chakraborty T.,"Role of Interdisciplinarity in Computer Sciences:Quantification,Impact and Life Trajectory",*Scientometrics*,2018,114(3):1011-1029.

②　Karunan K.,Lathabai H H.,Prabhakaran T.,"Discovering Interdisciplinary Interactions between Two Research Fields Using Citation Networks",*Scientometrics*,2017,113:335-367.

③　冯志刚、李长玲、刘小慧等:《基于引用与被引用文献信息的图书情报学跨学科性分析》,《情报科学》2018 年第 3 期。

④　李长玲、冯志刚、刘运梅等:《基于引文网络的潜在跨学科合作者识别——以图书情报学为例》,《情报资料工作》2018 年第 3 期。

献主要研究内容的重要知识单元,而参考文献中的关键词能够揭示引文的核心研究内容①。因此,本节用参考文献的关键词代表引文的主要研究内容,这里简称"引文关键词",目标学科以外的其他学科参考文献的关键词称为"跨学科引文关键词"。所以,学科间相关知识的引用关系,可以根据节点文献关键词—跨学科引文关键词的引用路径呈现。如图5-8所示:

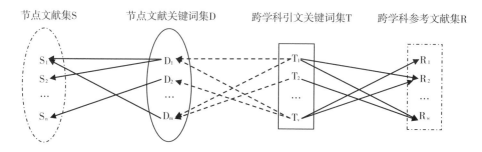

图 5-8　跨学科相关知识被引用路径示意图

Fig 5-8　**Interdisciplinary related knowledge citation paths**

在图 5-8 中,路径示意图共分为 4 个部分,从左至右分别是:目标学科所在的节点文献集 $S(S = \{S_1, S_2, \cdots, S_n\})$、节点文献关键词集 $D(D = \{D_1, D_2, \cdots, D_m\})$、跨学科引文关键词集 $T(T = \{T_1, T_2, \cdots, T_v\})$ 和跨学科参考文献集 $R(R = \{R_1, R_2, \cdots, R_w\})$。图中实线箭头表示各关键词所归属的文献路径,虚线箭头指向引用跨学科引文关键词的节点文献关键词。为方便数据的表述和统计,将节点文献集 S、节点文献关键词集 D、跨学科引文关键词集 T 和跨学科参考文献集 R 统称为数据集。

在跨学科参考文献与节点文献产生的繁杂引用关系中,存在许多尚未或很少与目标学科合作过的跨学科知识。因此,如何从中找出对目标学科来说具有较大合作潜能的跨学科知识,是进一步促进学科间知识合作的关键。本节尝试构建学科相关新颖性指数,以衡量跨学科引文关键词相对于目标学科

---

① 孙海生:《情报学跨学科知识引用实证研究》,《情报杂志》2013 年第 7 期。

的新颖性强度和相关性程度,从而筛选出未来与目标学科具有较大合作潜力的跨学科相关知识。

二、学科相关新颖性指数构建

基于上述对跨学科知识在目标学科文献中的被引用路径分析,本节结合跨学科引文关键词被目标学科引用的强度所体现的学科相关性、对目标学科的知识输入新颖性两方面属性,构造学科相关新颖性指数,计算跨学科知识在目标学科中的合作可能性大小,识别与目标学科有较高合作可能性的跨学科相关知识。

(1)学科相关性:跨学科引文关键词 T_i 被目标学科节点文献集 S 引用的强度,体现了其与目标学科的相关性程度。跨学科引文关键词与目标学科的相关性越强,越有可能与目标学科产生合作。引用强度体现在引用频次和引用文献分布篇数两方面。

(2)知识输入新颖性:跨学科引文关键词在目标学科中的应用情况,在一定程度上描述了它们作为知识输入方对目标学科来说的新颖性。若已有较多学术成果将某跨学科关键词融入目标学科的研究当中,那么它对于该学科新颖程度就会下降。因此,检索跨学科引文关键词发表在目标学科中的文献量,文献量越少,说明该跨学科知识在目标学科的学术成果中越少见,可作为一种新颖性较强的跨学科知识输入单元。

综合上述两方面属性,构造学科相关新颖性指数如下:

令 C_i 代表跨学科引文关键词 T_i 在节点文献集 S 中的被引次数,N_i 代表节点文献集 S 中引用该跨学科引文关键词 T_i 的目标学科文献量,则 T_i 和目标学科间的关联强度,与 C_i、N_i 正相关,可将两者相乘做分子。令 K_i 表示以 T_i 作为关键词发表在节点文献集 S 所属目标学科的文档数(发表时间限定在节点文献集的出版年之前),则 T_i 在目标学科中的新颖性程度与 K_i 成反比,可将 K_i 作分母。那么,跨学科引文关键词 T_i 的学科相关新颖性指数(IDN,Index of

Discipline-related Novelty）的计算公式如下：

$$IDN(T_i) = \frac{C_i \times N_i}{K_i + 1} \tag{5.15}$$

为使上式有意义，将分母中的 K_i 加一。由公式（5.15）可知，跨学科引文关键词 T_i 所属的跨学科参考文献数 C_i 越大、引用 T_i 的节点文献数 N_i 越多、将 T_i 作为关键词发表在目标学科中的文档数 K_i 越小，则跨学科引文关键词 T_i 的 IDN 指数越大，那么它相对于目标学科来说的相关性、新颖性越强，越有可能与目标学科的相关知识产生融合。

三、实证分析与识别结果创新趋势预测

（一）数据采集与预处理

学报是一种引领学科前沿并具有学科专业性的学术刊物之一，《中国图书馆学报》和《情报学报》分别是代表图书馆学和情报学领域的权威性学术期刊。此外，《图书情报工作》的内容涵盖情报学和图书馆学的相关知识，该刊的复合影响因子在图书情报学领域位列前茅，且具有较强的专业影响力。因此，本节选取《中国图书馆学报》《情报学报》和《图书情报工作》2018 年的载文为实证样本对象，分析图书情报学的跨学科相关知识。

中国社会科学引文索引（CSSCI）是用来检索中文社会科学领域内论文收录和文献被引用情况的引文类数据库，该数据库内的期刊载文信息与参考文献信息有对应关系并可批量下载。维普期刊资源整合服务平台，可以检索、批量下载源文献，且能批量下载参考文献及参考文献关键词。因此，选择 CSSCI 作为节点文献 S 和参考文献 R 的来源数据库，获取《中国图书馆学报》《情报学报》和《图书情报工作》2018 年的"节点文献—参考文献"关系数据。去掉期刊载文中的"会议通知""选题指南"和"新书推荐"等非学术型文章，最终共得到 516 篇图书情报学科的有效节点文献，16569 篇参考文

献。由于 CSSCI 无法获取参考文献关键词,所以从维普下载可获取的参考文献—参考文献关键词关系数据。然后用关系型数据库 MySQL,将维普数据库获得的参考文献—参考文献关键词数据与来自 CSSCI 中节点文献—参考文献题名信息进行匹配,获得节点文献 S−参考文献 R−参考文献关键词 T 的关系数据。维普数据库不完整的参考文献关键词数据,从 CNKI 数据库补充。

获得的节点文献—参考文献—参考文献关键词数据中,节点文献来源于 2018 年所选择的 3 种主要学科期刊。为抽取跨学科参考文献及其关键词,做如下工作:(1)跨学科参考文献识别。《中国科技期刊引证报告(扩刊版)》是以我国正式出版的各学科 6230 种中文期刊为统计源的期刊—学科分类体系,该体系将期刊分为 8 个学科大类,包含了绝大部分正式出版的中文期刊。运用冯志刚等[①]进行细粒度划分和补充调整的期刊—学科分类体系对参考文献进行学科分类,通过 VBA 程序对参考文献进行学科匹配,剔除图书情报与档案类后,共得 2079 篇其他学科类别的中文期刊类参考文献。(2)跨学科参考文献关键词数据获取。对识别到的跨学科参考文献,运用关系型数据库 MySQL 提取跨学科引文关键词,并与节点文献集中的文献信息进行匹配,数据结果以 Excel 格式储存。

获得的初始跨学科引文关键词既包含大数据、高校图书馆、电子政务、知识共享等在情报学中常见的主题词,也有如神经网络模型、时空数据模型、OPTICS 算法、扎根理论等较多或偶尔应用于情报学当中的跨学科理论、技术与方法,运行程序统计它们所属的跨学科参考文献总数即被引频次 C_i,节点文献总数即引用它们的文献量 N_i,部分数据结果如表 5−18 所示:

---

① 冯志刚、李长玲、刘小慧等:《基于引用与被引用文献信息的图书情报学跨学科性分析》,《情报科学》2018 年第 3 期。

表 5-18　跨学科引文关键词初始数据(部分)

Tab 5-18　Initial data on interdisciplinary citation keywords(part)

序号	跨学科引文关键词	C_i	N_i
1	大数据	57	30
2	高校图书馆	29	9
3	神经网络模型	24	15
4	电子政务	21	9
5	知识共享	14	5
6	条件随机场模型	16	7
7	扎根理论	11	7
8	层次分析法	9	8
…	…	…	…

在表 5-18 中,"大数据"这类学科交叉关键词虽然跨学科被引用频次较多,但新颖性较差。对于目标学科新颖性较强的往往是跨学科理论、技术与方法的引用。因此,对表 5-18 中第 2 列数据,运用自编程序识别含有"理论""方法""技术""模型""算法"等及其同义词、近义词的跨学科引文关键词,并做进一步处理分析。

(二)跨学科引文关键词的学科相关新颖性指数计算

统计理论、技术、方法类跨学科引文关键词 T_i 的被引总量 C_i、所在的节点文献总数 N_i,结果见表 5-19 第 3、4 列。以 CSSCI 中图书情报与文献学的 20 种来源期刊作为检索范围,统计该关键词 T_i 于 2018 年以前的研究文献量 K_i,结果见表 5-19 第 5 列。将得到的 3 个统计变量 C_i、N_i 和 K_i 代入公式(5.15),计算结果保留 3 位小数,计算所得的公式分子部分、分母部分和 IDN 指数分别见表 5-19 第 6、7、8 列,列表按 IDN 指数的计算结果降序排列。因篇幅限制,这里仅展示 IDN 指数值大于等于 2 的该类跨学科引文关键词。

表 5-19 理论、技术、方法类跨学科引文关键词的各指标统计与计算结果(部分)
Tab 5-19 Statistics and calculation results of various indicators of interdisciplinary citation keywords in theory, technology and method(part)

序号	跨学科引文关键词	C_i	N_i	K_i	$C_i \times N_i$	K_i+1	IDN
1	时空数据模型	9	2	0	18	1	18.000
2	政策过程理论	5	3	0	15	1	15.000
3	随机森林算法	7	3	3	21	4	5.250
4	条件随机场模型	16	7	24	112	25	4.480
5	OPTICS 算法	2	2	0	4	1	4.000
6	社会学习理论	2	2	0	4	1	4.000
7	神经网络模型	24	15	133	360	134	2.687
8	最大熵模型	6	4	9	24	10	2.400
9	自我效能理论	9	8	30	72	31	2.323
10	S-CAD 方法	2	1	0	2	1	2.000
11	指数随机图模型	2	1	0	2	1	2.000
12	SOVA 算法	2	1	0	2	1	2.000
13	ACP 方法	2	2	1	4	2	2.000
…	…	…	…	…	…	…	…

(三)模型有效性分析

(1)IDN 指数能有效识别对于目标学科来说新颖性高的跨学科相关知识。

观察表 5-19 可知,IDN 指数排名前两位的"时空数据模型""政策过程理论"的 K_i 值为 0,第 3 位"随机森林算法"的 K_i 值为 3,说明在 2018 年之前将这三者作为关键词发表在图书情报学领域的学术成果极少。因此,这些来源于跨学科参考文献的关键词对于图书情报学具有较好的知识输入新颖性。除此之外,它们的 C_i 与 N_i 相对于其他 K_i 值较小的关键词来说较大,表明它们在 3 种样本期刊 2018 年一年内的被引用强度较高,与目标学科的相关性较强,所以它们与图书情报学科产生知识融合的可能性较大。

观察表 5-19 第 5 列可以发现,IDN 指数值大于等于 2 的跨学科引文关键词中,除"时空数据模型"和"政策过程理论"外,K_i 值为零的还有"OPTICS 算法""社会学习理论""S-CAD 方法""指数随机图模型"和"SOVA 算法",表明这些跨学科知识在节点文献集的出版年(2018 年)之前没有作为关键词出现在图书情报学领域的 20 种期刊文献中,所以它们对于图书情报学的知识输入新颖性也较高。此外,这些关键词不同的被引用强度 C_i 与 N_i,说明它们与图书情报学的知识相关性大小。

因此,IDN 指数能从数据集中有效识别对于目标学科来说具有较高新颖性的跨学科知识。

(2)IDN 指数能有效结合被引用强度体现的学科相关性、知识输入新颖性两个属性,识别出与目标学科具有较大合作可能性的跨学科相关知识。

表 5-19 中,序号为 4 的"条件随机场模型"的 K_i 值为 24,即在 2018 年之前的所有年份中,将"条件随机场模型"作为关键词发表在 20 种图书情报学期刊里的文献量为 24 篇,相比于在 3 种期刊 2018 年一年内被引用 16 次,且分布于 7 篇文章中,说明"条件随机场模型"对于图书情报学来说虽然新颖性有所减弱,但依然具有较多的跨学科知识输入现象和应用价值,学科相关性较强。所以,综合"条件随机场模型"的知识输入新颖性和较大学科相关性,使得它的 IDN 指数值达到 4.480,学科相关新颖性指数排在列表第 4 位。

同时,表 5-19 中序号为 7 的"神经网络模型"的 K_i 值为 133,与列表中其他 IDN 指数值大于等于 2 的跨学科引文关键词相比具有相对较低的知识输入新颖性,但它凭借较大的学科相关性,C_i 与 N_i 乘积高达 360,使得它的 IDN 指数值达到 2.687。究其原因,局限于关系数据处理的复杂性,本节数据集中 C_i 与 N_i 的统计值来自三种样本期刊于 2018 年的载文数据和参考文献数据,而 K_i 值的检索范围是 CSSCI 数据库的 20 种图书情报学期刊在 2018 年之前的文献数据。因此,样本数据集中跨学科引文关键词的被引用范围要远远小于它的知识输入新颖性检索范围。这意味着,虽然在节点文献集的出版年之前已有不少学者将"神经网络模型"作为文献关键词运用到图书情报学的研究当中,但在 2018 年的三种样本期刊里有较多文献多次引用该模型所在的跨学科参考文献,使得它的学科相关性极高,说明"神经网络模型"作为一种跨学科知识在图书情报学领域依然具有较高的应用价值。

综上,学科相关新颖性指数能在考虑知识输入新颖性的基础上,结合被引用强度体现的学科相关性以及与目标学科的合作程度,有效识别与目标学科具有较高合作可能性的、新颖的跨学科知识。

(四)识别结果创新趋势预测

用学科相关性和知识输入新颖性构建跨学科知识的学科相关新颖性指数。通过样本数据识别到的图书情报学跨学科知识,根据概念原本的含义,以及后台数据,以"时空数据模型""政策过程理论"和"随机森林算法"为例,分析跨学科引文关键词在图书情报学中的相关应用如下:

(1)时空数据模型:该模型是用以处理数据与时间和空间的关系,得到信息对象由于时间和空间改变而产生行为状态变化的趋势[①]。Han J.等[②]将其定义为从拥有巨量、高维、高噪声和非线性等特点的时空数据中提取出隐含的、人们预先不知的、但有潜在价值的信息及知识的过程。在进行某创新技术或方法的有效性考察如专利技术的效果评估中,可运用时空数据模型从时间和空间多维角度考察评价对象的动态变化及其特征表现,从而精确衡量评价对象的效用性。此外,在情报学的舆情分析领域,可根据空间差异性实现人们对突发事件态度的地域划分,并根据数据的动态跟踪实现情绪的时序演变分析,挖掘其中隐含的舆情信息,进而促进建立更加综合全面的舆情检测系统。

---

① 秦超、高晓光、万开方:《深度卷积记忆网络时空数据模型》,《自动化学报》2020 年第 3 期。

② Han J., Kamber M., "Data Mining:Concepts and Techniques", *Data Mining Concepts Models Methods & Algorithms Second Edition*, 2006,5(4):1-18.

（2）政策过程理论：该理论属于公共政策与公共治理的范畴，在西方发展已较为成熟，主要分析政策主体、政策客体及与政策环境间的相互联系和有机互动①。此外，该理论又称为政策生命周期理论，它将公共政策看作是动态的过程，可分为政策议程设置、政策制定、政策执行和政策评估几个阶段②。智库提供各种信息资源、知识服务和咨询服务，是近年来图书情报学领域较为常见的研究内容。在衡量智库对政府决策的影响力及智库建设的研究中，可从定性、定量两个角度，利用政策过程理论对智库在议程决定、政策设计、政策执行、效果评估、政策修正等阶段的影响进行评价，并综合评价结果，剖析智库在政府决策过程中所发挥的作用与不足，针对政策过程各阶段和子系统的特点，构建有针对性的智库建设模型。

（3）随机森林算法：随机森林是 Breiman L.③在 2001 年提出并验证的一种算法，其本质是由很多决策树分类器组成的组合分类模型，每个决策树分类器都有一票选择权筛选出最优的分类结果④。随机森林算法的一个独特之处是每棵树的子分类器相互独立，因此减小了运算量的负担并保证了输出结果的精度，它对非平衡数据和缺失数据的反应较为稳健，所以能高效运算海量数据，是当前生物信息学、数据挖掘的最热门前沿研究领域之一⑤。在跨学科研究方面，可经过跨学科合作者之间的共著关系分析，设定待选特征值的范围，通过众多独立决策树产生的分类结果，筛选出有强合作可能性的具有不同学科背景的学者。该算法也可应用于学科研究热点的识别当中，将数据集内的主题设定为随机变量，设置热点研究主题的特征集合，通过每个变量在分裂节

---

①　周悦：《政策过程理论下我国老年人补贴制度研究——基于 2016 年全国省市层面数据》，《社会福利（理论版）》2017 年第 8 期。

②　桑颖：《政策过程视角下私人志愿组织参与美国对外援助政策研究——以美国凯尔为例》，《国际关系研究》2018 年第 2 期。

③　Breiman L.,"Random Forests", *Machine Learning*,2001,1(45):5-32.

④　吕红燕、冯倩：《随机森林算法研究综述》，《河北省科学院学报》2019 年第 3 期。

⑤　李欣海：《随机森林模型在分类与回归分析中的应用》，《应用昆虫学报》2013 年第 4 期。

点的概率统计,判别学科的热点研究方向。

四、小结

跨学科相关知识的挖掘有利于促进学科知识的创新性发展。本节尝试通过引文分析,将跨学科引文关键词在目标学科节点文献集中的被引用强度表示其与目标学科的相关性程度,结合跨学科引文关键词在目标学科中的知识输入新颖性,构造学科相关新颖性指数 IDN,挖掘对于目标学科来说具有较大合作潜力的跨学科相关知识。以图书情报学的 3 种主要期刊为例,构建节点文献—参考文献—参考文献关键词关系数据,识别跨学科相关知识,识别结果可行、有效。

本节提出的学科相关新颖性指数虽能从引用关系角度识别出与目标学科具有较高合作潜力的跨学科知识输入单元,但因数据处理的复杂性,所选的样本数据量较少,还需大规模数据集的验证。此外,在后续的研究过程中,可将具有高合作可能性的跨学科相关知识与图书情报学的知识进行匹配,根据实际需求应用于目标学科的相关研究中,从而进一步促进学科间知识的交融,同时也可为攻克科研难题提供解决思路与灵感。

第六章　跨学科潜在知识生长点识别

学科之间、学科知识之间都或多或少存在某种联系,为了使联系密切的不同学科之间的知识能够有效合作,本章根据第三四章识别到的学科关键知识节点、第五章识别的跨学科相关知识,基于共词网络、引文网络、媒体数据中的弱关系,构建模型,识别跨学科合作可能性大的知识配对,即跨学科潜在知识生长点,并分析其未来创新趋势,为跨学科合作研究提供参考。

第一节　基于共词网络的跨学科潜 在知识生长点识别

新世纪以来,教学、科研、人才培养等各个领域均呈现学科融合的大趋势,跨学科现象越来越频繁,学科研究主题不仅随着时间的变化在纵向上有联系,而且在各学科之间也产生着越来越多的横向联系。不同学科领域中的两个研究主题可能看似没有关联,但实际它们之间很有可能通过或多或少的主题词存在间接联系。跨学科非相关知识发现就是要找出某几个不同的学科中存在间接关联的研究主题,揭示跨学科合作研究思路,以促进跨学科合作研究的深入发展。

关键词是论文作者对文章研究内容的概括,所以本节用关键词表示文章的研究主题,用非相关知识发现方法识别没有直接联系但通过某种路径存在间接联系的两个跨学科研究主题。

一、非相关知识发现方法与数据来源

非相关知识发现方法也称为 Swanson 理论,由美国芝加哥大学 Don R. Swanson 教授于 1986 年提出①。非相关知识发现的基本思想是对于两组非相关文献 A 和 C,通过某中间词或中间文献 B 建立起二者之间的关联,通过三者之间的关系挖掘文献中尚未被发现的知识。该方法包括闭合式和开放式两种:

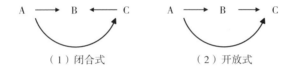

（1）闭合式　　　　　（2）开放式

图 6-1　非相关知识发现研究方法
Fig 6-1　Literature-based discovery research method

现用 A、B、C 分别表示 3 个不同的概念,且假设在已发表的文献中 A 和 B、B 和 C 分别存在共现关系,但 A 和 C 之间不存在共现关系。那么,闭合式方法可表示为图 6-1(1),即:如果由 A 能检索到 B,且由 C 也能检索到 B,则 A 与 C 之间存在内在联系;开放式方法可表示为图 6-1(2),即:如果由 A 能检索到 B,且由 B 能检索到 C,则 A 与 C 之间应该也存在内在联系。

影响因子是评价期刊质量的重要指标②,《〈中国学术期刊影响因子年报〉数据统计规范》克服传统影响因子的局限性,引进博、硕、会议论文,定义了"复合影响因子":以期刊综合统计源文献、博士学位论文统计源文献、硕士学位论文统计源文献、会议论文统计源文献为复合统计源文献,计算被评价期

①　Swanson D R.,"Fish Oil,Raynaud's Syndrome,and Undiscovered Public Knowledge",*Perspectives in Biology and Medicine*,1986,30(1):7-18.
②　史庆华:《影响因子评价专业学术期刊的科学性与局限性》,《现代情报》2006 年第 1 期。

刊前 2 年发表的可被引文献在统计年的被引用总次数与该期刊在前 2 年内发表的可被引文献总量之比。计算公式为①：

$$U\text{-}JIF = \frac{\text{期刊前 2 年发表的可被引文献在统计年被复合统计源文献引用的总次数}}{\text{该期刊前 2 年发表的可被引文献总量}}$$

复合影响因子的统计数据和计算结果能更全面地反映期刊在学术研究和人才培养方面的影响力②，所以为提高研究结论的准确性，本节按照"复合影响因子"选取样本期刊进行实证研究。期刊的复合影响因子可以通过 CNKI 首页"特色导航—期刊大全"进行检索。分别选取情报学与计算机科学领域复合影响因子最高的前 3 种期刊作为数据来源，情报学学科中的《图书情报知识》(1.788)、《图书情报工作》(1.748)、《情报学报》(1.635)，以及计算机科学中的《自动化学报》(3.404)、《软件学报》(3.316)、《计算机学报》(3.098)，分别是两学科中复合影响因子最高的前 3 种期刊，其中，各期刊刊名之后括号里的数字均是该刊的复合影响因子。提取以上 6 种期刊 2016—2020 年的关键词作为实证研究的样本数据。

在 CNKI 数据库中，输入"刊名＝期刊名称"，时间范围为 2016—2020，进行"精确"检索。去掉"会议通知""征稿启事"等非学术性文章，最终得到有效文献 6533 篇，其中情报学领域 3392 篇，计算机科学领域 3141 篇；得到两学科不重复关键词 29747 个。检索时间为 2021 年 11 月 1 日。

将以上 29747 个关键词数据保存到 Excel 文件中，通过 VBA 程序处理成 Bibexcel 可以识别的格式。为区分每个关键词的学科来源，设计 VBA 程序给每个关键词加上后缀，即只在情报学中出现的关键词，加后缀"(Q)"，只在计算机科学中出现的关键词，加后缀"(J)"，在两个学科中都出现过的关键词，不加后缀。

---

① 王万钢：《〈中国学术期刊影响因子年报〉(2010 版)公布〈消防科学与技术〉文献计量统计数据》，《消防科学与技术》2011 年第 2 期。

② 伍军红：《复合影响因子与期刊影响力评价》，《编辑学报》2011 年第 6 期。

二、基于闭合式非相关知识发现的跨学科潜在知识生长点识别

本节利用闭合式非相关知识发现方法,结合关键词共现理论与社会网络分析方法,建立两学科的关键词整体链接网络,对于某一学科的某个主题词 a_i,通过距离矩阵查找到在另一学科中距离为 2 的间接联系主题词 c_i,然后寻找中间词 b_i 以验证 $a_i \rightarrow c_i$ 的主题发现过程。具体实现步骤见图 6-2:

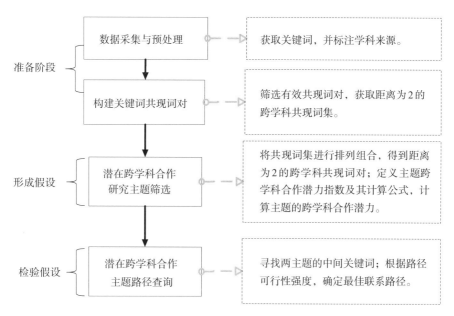

图 6-2 闭合式非相关知识发现方法识别跨学科潜在知识生长点思路图

Fig 6-2 Interdisciplinary related knowledge combination identification ideas method

(一)关键词共现网络中的共现词对识别

将采集到的原始数据导入 Bibexcel,对其进行按篇分词,并分别统计每一个关键词的出现频次,根据分篇分词和频次统计结果,得到所有关键词之间的共现结果。此时的共现关系为不区分学科的所有关键词之间的共现,如表 6-1 所示:

表 6-1　关键词共现表

Tab 6-1　Co-occurrence of keywords

共现次数	关键词	关键词
33	深度学习	卷积神经网络
12	物联网	信息物理融合系统(J)
11	区块链	智能合约
11	图书馆(Q)	阅读推广(Q)
10	人工智能	图书馆(Q)
9	高校图书馆(Q)	创客空间(Q)
9	深度学习	计算机视觉(J)
9	阅读推广(Q)	高校图书馆(Q)
9	政府数据(Q)	数据开放(Q)
9	智慧图书馆(Q)	智慧服务(Q)
…	…	…

表 6-1 得到的共现词对为所有存在共现关系的词对，这部分关键词对既包括同一学科领域内存在间接联系的非相关主题，也包括两个学科领域间存在间接联系的非相关主题。

其中同学科之间、中间词之间的关键词共现为无效共现，将其剔除后得到有效共现词对 1903 对，即分属于两学科关键词与中间词之间的共现，其中计算机学科 871 对，情报学学科 1032 对。

（二）距离为 2 的跨学科关键词词对识别

若两个关键词距离为 1，说明它们在同一篇文章中共现过；若距离为 2，说明这两个关键词是二阶非相关主题，通过中间的某一个关键词存在间接联系。

对表 6-1 识别出的两学科关键词与中间词之间的有效共现词对，构建同一中间词下的跨学科共现词集。此时构建的共现关系为同一中间词下距离为 2 的两学科的关键词词集之间的共现，词集中的每一个关键词都通过中间词与对应跨学科词集中的所有关键词共现。如表 6-2 所示：

表 6-2　跨学科关键词共现词集

Tab 6-2　Interdisciplinary keyword co-occurrence word set

共现次数	情报学关键词词集	中间词	计算机关键词词集	共现频次
2	知识服务(Q)		矩阵分解(J)	6
1	电子商务(Q)		评论文本(J)	3
1	信息服务(Q)	推荐系统	位置隐私(J)	1
1	智慧图书馆(Q)		负载均衡(J) 上下文感知(J) 频繁模式(J) 因子分解机(J)	1 1 1 1
…	…	…	…	…

将得到的每一个跨学科关键词词集进行两学科关键词之间关于同一中间词的排列组合,得到跨学科关键词词对共计 5034 对。此时由于中间路径的不同,存在重复的跨学科关键词词对。

将重复的跨学科关键词词对进行合并,得到距离为 2 的不重复跨学科共现词对,即为情报学与计算机科学两个领域将来最有可能发生跨学科合作的研究主题,它们分别就是前文所指的主题词 a_i 与 c_i。

以"知识服务(Q)"为例,通过上述程序得到该词通过中间词"推荐系统"对应的二阶非相关关键词有:矩阵分解(J)、评论文本(J)、位置隐私(J)、负载均衡(J)、上下文感知(J)、频繁模式(J)、因子分解机(J)等。这些词与"知识服务(Q)"有潜在跨学科合作研究的可能,属于本节的识别目标。

经处理,最终共得到 4693 对存在间接联系的跨学科关键词。由于数量过多,不再一一展示。那么,对于这 4693 对潜在跨学科合作主题,它们有多大的合作可能性? 二者跨学科合作的潜力有多大?

(三)跨学科潜力合作指数构建与识别结果

为评估有潜在跨学科合作可能的关键词对的合作潜力,定义词对 a_i 与 c_i

的联系路径的可行性强度和主题跨学科合作潜力指数。

假设关键词 a_i 与 c_i 共有 n 个中间关键词，即二者之间有 n 条联系路径，如图 6-3 所示：

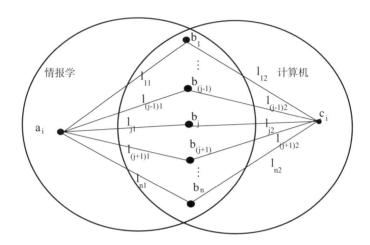

图 6-3　目标关键词之间各个量标示意图

Fig 6-3　Marking diagram of each quantity between target keywords

图 6-3 中，b_j（j=1,$\cdots$,n）是 a_i 与 c_i 的第 j 个中间关键词，l_{j1} 为关键词 a_i 与中间关键词 b_j 的共现次数，l_{j2} 为关键词 c_i 与中间关键词 b_j 的共现次数。

联系路径 b_j 的可行性强度（Practicable Value，PV）计算公式为：

$$PV_j = \frac{(l_{j1} \times l_{j2})^2}{|l_{j1} - l_{j2}| + \beta} \tag{6.1}$$

a_i 与 c_i 的主题跨学科合作潜力指数（TICPI 指数）计算公式为：

$$TICPI = 0.5 \times n + 0.5 \times \sum_{j=1}^{n} \frac{(l_{j1} \times l_{j2})^2}{|l_{j1} - l_{j2}| + \beta} \tag{6.2}$$

其中，为避免分母为 0 公式无意义，增加参数 β，当 $l_{j1}-l_{j2}=0$ 时，令 $\beta=1$；$l_{j1}-l_{j2}\neq0$ 时，令 $\beta=0$。

应用公式（6.2），计算距离为 2 的 4693 对关键词的 TICPI 值，按照由高到低排列，其中前 10 对关键词及相关数据见表 6-3 的前 3 列。

表 6-3　闭合式非相关跨学科潜在知识生长点识别结果(部分)
Tab 6-3　Identification results of interdisciplinary knowledge combination(part)

初始词 a_i	目标词 c_i	TICPI 指数	中间词 b_j	b_j 的可行性强度 PV_j
情报工程(Q)	MapReduce(J)	56.75	大数据	112.50
学术文本(Q)	生成式对抗网络(J)	25.50	深度学习	50.00
知识服务(Q)	矩阵分解(J)	21.00	推荐系统	36.00
应急决策(Q)	并行计算(J)	18.50	大数据	36.00
在线评论(Q)	社会媒体处理(J)	18.50	情感分析	36.00
科学计量学(Q)	图聚类(J)	8.50	复杂网络	16.00
智慧图书馆(Q)	数据库系统(J)	11.00	人工智能	16.00
数字图书馆(Q)	访问控制(J)	7.85	区块链	7.20
数字人文(Q)	计算机视觉(J)	7.05	深度学习	11.11
知识共享(Q)	社会媒体(J)	6.60	社交网络	7.20
…	…	…	…	…

*表中数据均为四舍五入的估计值

通过以上过程,识别了潜在跨学科合作组合,即初始主题词集 A 和对应的目标词集 C,以及其中 a_i 与 c_i 的跨学科合作潜力指数。那么对于词集 A 中的每一个关键词 a_i 可以通过怎样的路径与词集 C 中的关键词 c_i 联系起来呢?下面将寻找其中间的桥梁中间词 b_j。

(四)跨学科潜在合作研究主题中间路径查询

设计相应 VBA 程序,通过跨学科关键词共现网络,获取 4693 对关键词的所有联系路径和共现次数。当然,对于某对跨学科合作主题得到的中间关键词不一定只有 1 个,可能有 2 个或者更多。用联系路径可行性强度 PV_j,便可找到最容易促成这对研究主题的跨学科合作的中间关键词。

图 6-4 以"数字图书馆(Q)"与"访问控制(J)"为例,展示了 3 条不同的联系路径。

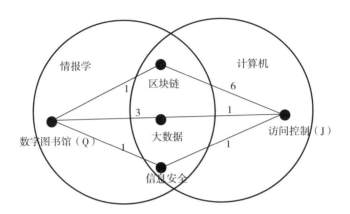

图 6-4 二阶非相关关键词共现路径示意图
Fig 6-4 Schematic diagram of unrelated keyword path

由图 6-4 可知,"数字图书馆(Q)"与"访问控制(J)"有三条联系路径,分别是"区块链""大数据"和"信息安全"。经公式(6.1)分别计算 3 条路径的可行性强度 PV_j 分别为 7.2、4.5 和 1,因此"数字图书馆"与"访问控制"通过"区块链"产生关联的可能性更大,所以最有效的中间词是"区块链"。

利用该方法找到 4693 对跨学科合作主题的中间词,计算每对合作主题每条联系路径的可行性强度,找出可行性强度 PV_j 最大的最佳联系路径。表 6-3 中跨学科合作主题可行性强度最大的联系路径及对应的可行性强度见表 6-3 的第 4 列与第 5 列。

以上仅展示了情报学与计算机科学两个学科中的二阶非相关知识发现过程,但在实际中,两个不同的学科领域,有很多看似非相关的主题词可能通过更多阶主题词存在着间接联系,运用以上方法便可以查询任意两个非相关主题的多阶间接联系路径,如三阶非相关主题、四阶非相关主题、五阶非相关主题等。不过,两非相关主题间跨越的阶数越大,两主题的关联性越低,实际研究意义越小,因为跨学科合作发展的速度有限,各学科的研究主题在未来几十年内实现较大程度融合的可能性较小。

（五）识别结果创新趋势预测

在以上研究过程中,找到了两个学科领域的二阶非相关主题及其中间连接主题词,这可以为解决某领域的难题提供新思路,使各学科的知识或方法通过跨学科合作发挥更大的价值。以表 6-3 数据,对其中的部分结论进行分析,探索情报学前沿问题的计算机技术解决方案。

知识服务（Q）→推荐系统←矩阵分解（J）:用矩阵分解方法帮助实现知识服务的精准推荐。

非相关知识发现方法发现情报学领域"知识服务"一词通过"推荐系统"与计算机科学中的"矩阵分解"存在间接联系。知识服务是指从各种显性和隐性知识资源中按照人们的需要有针对性地提炼知识和信息内容,搭建知识网络,为用户提出的问题提供知识内容或解决方案的信息服务过程。这种服务其特点就在于,它是一种以用户需求为中心的,面向知识内容和解决方案的服务。矩阵分解是将矩阵拆解为数个矩阵的乘积,其目的是为简化计算,深化理论。矩阵分解最为显著的优点是在稀疏数据集下也能保持良好的推荐性能。而推荐系统可以根据用户的信息需求、兴趣等,将用户感兴趣的信息、产品等推荐给用户。将矩阵分解应用于用户需求分析,可以提高知识服务的效率和质量。

数字图书馆（Q）→区块链←访问控制（J）:通过安全访问技术保护数字资源的合法利用。

本节研究发现情报学中的"数字图书馆"与计算机科学中"访问控制"存在间接联系。数字图书馆是用数字技术处理和存储各种图文并茂文献的图书馆,实质上是一种多媒体制作的分布式信息系统,使人们获取信息消费不受空间限制,很大程度上也不受时间限制。访问控制是按用户身份及其所归属的某项定义组来限制用户对某些信息项的访问,或限制对某些控制功能使用的一种技术。将区块链技术应用于构建数字图书馆体系和安全访问控制机制,可以使数字图书馆对其数字化资源实施有效控制,以确保信息发布者的合法权益,保证合法用户可以快速高效利用网络信息资源,有效防止非法用户的未经授权的访问和入侵,保护电子资源的知识产权。

数字人文(Q)→深度学习←计算机视觉(J):通过计算机视觉技术对古籍进行数字人文应用研究。

"计算机视觉"是本节通过非相关知识发现方法发现的"数字人文"在计算机科学中的间接联系主题。计算机视觉是一门研究如何使机器"看"的科学,更进一步,就是指用摄影机和电脑代替人眼对目标进行识别、跟踪和测量等,并进一步做图形处理,使电脑处理成为更适合人眼观察或传送给仪器检测的图像。数字人文是针对计算机科学与人文学科之间的交叉领域进行学习、研究、发明以及创新的一门学科。将计算机视觉技术应用于数字人文的数据获取、标注和分析方法对于典籍进行实体自动识别,结合深度学习模型构建古籍语料库,对于后续应用研究具有重要意义。

三、基于开放式非相关知识发现的跨学科潜在知识生长点识别

关键词是对论文研究内容的概括和提炼,本节以上文跨学科的论文关键词共现网络为数据基础展开研究。首先,构建关键词共现网络中节点的二维向量空间模型,将每个关键词 a_i 以向量的形式表示出来;其次,按照一定的标准筛选每个关键词 a_i 的中间词集 B,以构建核心向量模型;然后,定义关键词核心向量模型的代入法运算,在确定了中间词 b_i 的基础上,通过代入法找到目标词 c_i;最后,根据 a_i 与 c_i 的路径数量和相互之间的共现频次,计算每对关键词对 a_i 与 c_i 的跨学科合作潜力。研究思路如下:

图 6-5　开放式非相关知识发现方法识别跨学科潜在知识生长点思路图
Fig 6-5　Open non related knowledge discovery method to identify
interdisciplinary related knowledge combination

（一）关键词的二维向量空间模型构建

关键词共现网络可以直观展现存在直接联系的两个节点之间的共现关系,但不存在直接联系的二阶关联词不易查找,跨学科的二阶关联词更是让人眼花缭乱。为了准确、直观地表达跨学科关键词共现网络中节点的属性,同时便于通过运算获取每一个关键词的潜在跨学科合作主题,构建基于上节获取数据的网络节点二维向量空间模型,将每一个关键词节点都用向量矩阵的形式表述出来。

一个无向网络 $W = (N, L)$,是由节点集 N 和边集 L 构成。其中,与节点 N_i 相邻的点称为该点的"邻点";关键词共现网络是无向网络,网络中节点的大小表示该关键词的频次;边的粗细表示两节点之间边的权值,该权值表示对应两个节点的共现次数。

图 6-6 是一个关键词共现网络, a_i 表示初始词节点, b_{ij} (j=1,…,n)是 a_i 的第 j 个邻点; c_i 是其中一个或几个 b_{ij} 的邻点(不含 a_i),即识别结果中 a_i 对应的其中一个目标词节点。 l_{j1} 是初始词 a_i 与中间词 b_{ij} 的共现次数, l_{j2} 是中间词 b_{ij} 与目标词 c_i 的共现次数。

关键词的二维向量空间模型,指在关键词共现网络中,通过关键词的频次、边的权值、邻点这三个属性来描述节点的一种表示方法。例如,图 6-6 中节点 a_i 应表示为:

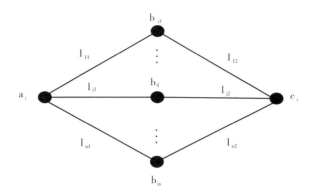

图 6-6 关键词共现网络示意图

Fig 6-6 Schematic diagram of keyword co-occurrence network

$$a_i = \begin{bmatrix} T_i & l_{11} & b_{i1} \\ T_i & l_{21} & b_{i2} \\ \vdots & \vdots & \vdots \\ T_i & l_{n1} & b_{in} \end{bmatrix} \tag{6.3}$$

在节点的二维向量空间模型(6.3)中，a_i 是一个 $n \times 3$ 的矩阵，矩阵第一列 T_i 为节点关键词 a_i 的频次；第二列 $l_{j1}(j = 1 \cdots n)$ 为该节点与各个邻点之间边对应的权值；第三列 b_{ij} 为节点 a_i 的所有邻点。

通过 Excel 编辑样本数据的.cit 文件和.coc 文件，将跨学科关键词共现网络中各关键词节点 a_i 用上述向量模型表示出来。在这种表示方式中，各关键词 a_i 及其邻点 b_{ij} 之间的关系都一目了然。同时，对于开放式非相关知识发现方法寻找各词的潜在跨学科合作主题而言，每个关键词矩阵中的邻点便是该词对应的中间词候选词，但是由于有些邻点与 a_i 关系强度不大，所以并不是每个候选词都适合做中间词，因此需要对邻点进行筛选。

（二）有效关键词的二维空间向量

在关键词共现网络中，并不是所有的关键词对都是有效的。需要对这些关键词对进行筛选,剔除其中的无效关键词对,只保留有效的关键词对,然后再构建有效关键词的向量模型。

如,关键词"情报学(Q)"在公式(6.3)的向量模型中的相关数据,排序后如表6-4所示:

表6-4　节点与邻点相关数据

Tab 6-4　Relevant data of pointand adjacent points

节点 a_i	a_i 的频次 T_i	共现频次 l_{ij}	邻点 b_{ij}
情报学(Q)	97	33	《图书情报工作》(Q)
		22	图书馆(Q)
		13	图书馆学(Q)
		8	大数据
		…	…

根据上述表格,不难看出,情报学(Q)与《图书情报工作》(Q)、图书馆(Q)以及图书馆学(Q)这三个关键词属于学科内共现关键词,无法通过这些词借助代入法直接找到情报学(Q)的跨学科共现关键词,因此将此类关键词对视为无效关键词对,将其从关键词共现网络中剔除。此外像深度学习—卷积神经网络这一类的中间词共现,同样无法通过这些词直接找到跨学科共现关键词,也需要将这类的关键词对从关键词共现网络中剔除,最后只保留一个含有后缀(Q)和一个不含后缀的关键词对。计算机科学学科也做相同的处理,只保留一个含有后缀(J)和一个不含后缀的关键词对。将筛选后的有效关键词对分别构建情报学和计算机科学两学科的有效关键词共现网络。

有效关键词的向量模型,是指通过根据上一步中得到的情报学有效关键词共现网络,来表示与节点 a_i 所有共线的关键词矩阵,记作 $a_i{'}$。为突出关键词 a_i 与中间词 b_{ij} 之间的关系,向量模型矩阵仅保留中间词 b_{ij} 的相关信息。如"情报学(Q)"的有效关键词向量模型为:

$$情报学(Q)' = \begin{bmatrix} 8 & 大数据 \\ 5 & 知识图谱 \\ 2 & 深度学习 \\ \cdots & \cdots \end{bmatrix} \qquad (6.4)$$

这样,在数据样本中,"大数据""知识图谱"和"深度学习"等为筛选的"情报学(Q)"的中间词,分别与之共现过 8 次、5 次、2 次。

(三)定义代入法识别跨学科潜在知识生长点

由于处理过程是对所有关键词统一做相同的处理,所以在以上过程得到的关键词核心向量模型中,既包含着 A 与 B,也包含着 B 与 C。为识别出对应的 A 与 C,本节基于开放式非相关知识发现方法的思想,提出一种适用于关键词向量模型的运算方法——代入法。将关键词 a_i 的二阶关联矩阵记为 a_i^*,以"情报学(Q)"为例,详细介绍用代入法求"情报学(Q)*"的运算过程。

通过前述过程及样本数据,计算并构建相关核心向量模型为:

$$情报学(Q)' = \begin{bmatrix} 8 & 大数据 \\ 5 & 知识图谱 \\ 2 & 深度学习 \\ & \cdots \end{bmatrix}$$

且

$$大数据' = \begin{bmatrix} 3 & 并行计算(J) \\ 2 & MapReduce(J) \\ \cdots & \cdots \end{bmatrix}$$

$$知识图谱' = \begin{bmatrix} 2 & 深度学习(J) \end{bmatrix}$$

$$\text{深度学习}(Q)^{'} = \begin{bmatrix} 12 & \text{生成对抗网络}(J) \\ 10 & \text{计算机视觉}(J) \\ \cdots & \cdots \end{bmatrix}$$

通过"代入法"求得与 情报学$(Q)^*$ 的跨学潜在合作关键词c_i,即:

$$\text{情报学}(Q)^* = \begin{bmatrix} 8 & \text{大数据} & 3 & \text{并行计算}(J) \\ 8 & \text{大数据} & 2 & MapReduce(J) \\ 8 & \text{大数据} & \cdots & \cdots \\ 5 & \text{知识图谱} & 2 & \text{深度学习}(J) \\ 2 & \text{深度学习} & 12 & \text{生成对抗网络}(J) \\ 2 & \text{深度学习} & 10 & \text{计算机视觉}(J) \\ 2 & \text{深度学习} & \cdots & \cdots \end{bmatrix} \tag{6.5}$$

在 a_i^* 中,第 2 列为中间词 b_{ij},第 1 列为 a_i 与中间词的共现频次 l_{j1},第 4 列即为 a_i 对应的二阶关联词 c_i,第 3 列为中间词与二阶关联词的共现频次 l_{j2}。因此,代入法是一个将每一个计算机科学学科的有效关键词向量模型代入到情报学学科的有效关键词向量模型中的过程,该过程可通过 Excel 及 VBA 编程实现。

由于前期工作中剔除了无效关键词对,因此上述过程计算求得的二阶关联词全部都是跨学科词。但是由于共现频次不同,各个关键词对之间的联系强度也不同,因此需要将筛选出来的各个关键词对进行联系强度的计算,最后识别出潜在跨学科合作可能性较大的关键词对。

(四)计算跨学科潜在知识生长点的合作潜力

在上述过程中,通过建立无向网络二维向量空间模型将跨学科关键词共现网络中所有节点 a_i 用矩阵形式表述出来;经一定规则筛选 a_i 的中间词集 B,并建立 a_i 的有效关键词向量模型 a_i';定义代入法运算,通过代入法和进一步的筛选识别出了 2016—2020 年情报学中 a_i 对应的计算机科学潜在合作主

题 c_i。但由于彼此共现次数不同,识别出的潜在跨学科合作关键词对的合作可能性也会不同。

公式(6.2)中,n 为连接 a_i 与 c_i 的中间词 b_{ij} 的总数,$j=1\cdots n$;l_{j1} 为 a_i 与 b_{ij} 的共现频次,l_{j2} 为 b_{ij} 与 c_i 的共现频次。当 $l_{j1}=l_{j2}$ 时,令 $\beta=1$;当 $l_{j1}\neq l_{j2}$ 时,令 $\beta=0$。该公式同样适用于本节中计算两个主题的跨学科合作潜力。

根据公式(6.2),计算由开放式非相关知识发现方法识别出的潜在跨学科合作主题的合作潜力,将计算结果按由大到小排序,其中前 10 对潜在跨学科合作主题见表6-5:

表6-5　开放式非相关跨学科潜在知识生长点识别结果(部分)

Tab 6-5　Identification results of interdisciplinary knowledge combination of Informatics and Computer Science(part)

初始词 a_i	中间词 b_{ij}	目标词 c_i	跨学科合作潜力
学术文本(Q)	深度学习	生成对抗网络(J)	72.5
信息素养(Q)	大数据	并行计算(J)	41
智慧城市(Q)	大数据	MapReduce(J)	41
情报学(Q)	深度学习	深度强化学习(J)	38
知识服务(Q)	推荐系统	矩阵分解(J)	21
智慧图书馆(Q)	人工智能	深度强化学习(J)	18.5
在线评论(Q)	情感分析	社会媒体处理(J)	18.5
网络舆情(Q)	知识图谱	机器学习(J)	18.5
情报分析(Q)	大数据	函数依赖(J)	18.5
专利分析(Q)	主题模型	矩阵分解(J)	8.5
…	…	…	…

(五)识别结果创新趋势预测

表6-5是运用开放式非相关知识发现方法识别出的情报学与计算机科学的潜在跨学科合作研究主题。对跨学科合作潜力比较大的几对潜在合作主题进行应用分析,探讨利用计算机理论方法解决情报学问题的技术方案。选

其中三对关键词进行应用分析:

智慧城市(Q)→大数据→MapReduce(J):借助 MapReduce 的技术与方法帮助实现城市的精细化和动态化管理。

本节的开放式非相关知识发现方法发现,计算机科学领域中"MapReduce"可以与情报学的"智慧城市"开展合作。"智慧城市"的概念最初来自传媒领域,是指利用各种信息技术或创新概念,将城市的系统和服务打通、集成,以提升资源运用的效率,优化城市管理和服务,帮助实现城市的精细化和动态化管理。而 MapReduce 是计算机领域面向大数据并行处理的计算模型、框架和平台。MapReduce 技术,可以帮助把城市管理过程中产生的各种杂乱无章的数据按照某种特征归纳起来,然后进行处理,以解决城市管理过程中产生的问题。

智慧图书馆(Q)→人工智能→深度强化学习(J):应用深度强化学习技术帮助构建更加数字化、网络化、智能化的图书馆。

在识别结果中,"深度强化学习"是"智慧图书馆"在计算机领域的潜在合作研究主题。智慧图书馆是指把智能技术运用到图书馆建设中而形成的一种智能化建筑,是智能建筑与高度自动化管理的数字图书馆的有机结合和创新。深度强化学习将深度学习的感知能力和强化学习的决策能力相结合,可以直接根据输入的信息进行控制,是一种更接近人类思维方式的人工智能方法。借助深度强化学习技术,可以实现更加智慧化的服务和管理,使图书馆具有知识共享性、服务高效性和使用便利性的特点。

专利分析(Q)→主题模型→矩阵分解(J):利用矩阵分解算法帮助简化从专利说明书、专利公报等专利文献中采集大量的专利信息。

通过开放式非相关知识发现方法,计算机领域的"矩阵分解"算法可以与情报学中的"专利分析"开展跨学科合作。专利分析需要从专利说明书、专利公报等各种专利文献中采集大量无序的专利信息,然后对这些专利信息进行加工、整理、组合和分析,而计算机领域的矩阵分解算法的主流思想之一就是进行协同过滤,对目标函数进行最优化解法,那么借助矩阵分级算法帮助简化专利文献中的各种信息,然后利用统计学的方法将这些信息转化为具有预测作用的竞争情报,为企业各个活动中的决策提供参考。

四、两种方法识别结果的对比分析

对比表6-3与表6-5中闭合式及开放式非相关知识发现方法的识别结果可以发现:

(1)两种方法的识别结果有一致性。在两种非相关知识发现方法分别展示的10对识别结果中,出现了3对相同的跨学科主题词,它们分别是学术文本—生成式对抗网络、知识服务—矩阵分解、在线评论—社会媒体处理,在这3对跨学科主题词中,尽管其跨学科合作潜力指数有所不同,但起中间桥梁作用的中间词表现为对应一致。在不考虑相同强度中间词的不同选择会对最终共现结果产生影响的前提下,仅在展示的10对跨学科主题词中两种识别方法的重合识别结果便已近1/3;若对同一跨学科词对中强度相同的中间词的选择作进一步要求,使中间词的选择在相同强度基础上遵循一定原则,则两种识别方法中同样的跨学科词对通过同一中间词共现的概率进一步上升。由此可以得出结论:通过开放式与闭合式两种非相关知识发现方法对潜在跨学科合作主题的识别具有较高的一致性,两种方法在根本上是相通的。

(2)两种方法的识别结果也存在一定的差异性。这些差异性直观地体现在最终共现词对的不同上,也表现在通过两种方法共同识别出的跨学科词对合作潜力强度的不同。通过前文研究发现,跨学科合作潜力指数的大小与中间词 b_i 的可行性强度 PV_j 有关,同时也与联系路径的数量 n 有关,不同的识别方法会导致识别的中间词及联系路径的差异。

因此,在学术文本(Q)、知识服务(Q)、在线评论(Q)既是开放式也是闭合式非相关知识发现方法识别出的跨学科合作潜力较大的主题,且在计算机科学中识别出的合作目标词也相同。可以看出:①两种方法的研究结果有相同的部分,这说明开放式与闭合式的非相关知识发现方法虽然研究方法完全不同,但两者在根本上是相通的;②两种方法的识别结果有差异,这说明二者在研究过程中各有侧重,有相互借鉴的空间。

同时,综合观察所得到的跨学科主题词对可以发现,与情报学学科跨学科合作潜力大的计算机科学学科多为技术方法类主题词,如并行计算、矩阵分解、生成式对抗网络等;而相应的情报学主题词多表现为研究对象、研究领域等,说明计算机科学为情报学的发展提供了一定程度上的技术支持。毫无疑问未来将会有更多的计算机技术应用于情报学领域,推动情报学的发展,而计算机科学的哪些技术能应用于情报学领域还需进一步探索。

五、小结

本节运用关键词共现理论分析方法,分别采用闭合式及开放式非相关知识发现方法对存在跨学科合作潜力的主题进行识别,并计算主题跨学科合作潜力指数,发现两个学科中跨学科合作可能性最大的非相关研究主题;计算联系路径的可行性强度,发现最有效的主题联系路径;最终实现跨学科非相关合作主题识别和非相关主题间接联系路径查询。以情报学和计算机科学的3种期刊做实证研究样本,不仅发现了这两个学科存在间接联系的非相关主题词集 A 和主题词集 C,还找出了将二者联系起来的中间主题词集 B,并就该方法的应用价值做了分析与展望,通过分析识别到的合作主题,发现本节提出的闭合式及开放式非相关知识发现方法的识别结果确实有一定的跨学科合作意义,在理论上切实可行。

非相关知识发现方法不仅适用于二阶非相关主题的发现,而且可以推及到发现任意指定阶数的非相关主题,并查询关联路径。潜在跨学科合作研究主题识别虽然可以发掘某些问题的跨学科解决方法,但只是迈出了方向性的第一步。对于跨学科合作的开展而言,还需确定合适的跨学科合作者。因此,未来的研究应落脚于跨学科合作者的识别,从而使潜在跨学科合作主题的识别更有实践意义。

第二节　基于多路径分析的跨学科潜
在知识生长点识别

　　跨学科潜在相关知识组合一般存在于跨学科关键词引文网络、共现网络等弱关系中,其中跨学科引文网络更能体现跨学科知识交流与传递、传承与演化[①],在跨学科知识的多路径演化中更能有效识别潜在知识组合。

　　目标学科文献引用跨学科参考文献,形成了跨学科知识交流。图 6-7中,集合 A 与 C 分别代表目标学科文献与跨学科参考文献全文提取的知识集,两个集合的交集形成学科交叉知识集 B。同时,交叉知识 b 作为桥链接了集合 A、B 中知识的共现网络。那么,在"引用—交叉—共现"关系网络中,通过多路径 a-b-c 及其路径强度识别跨学科潜在知识组合 a-c,具有更好的跨学科合作潜力。

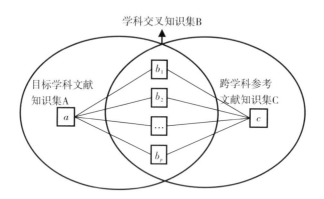

图 6-7　跨学科引用—共现关系中多路径示意图

Fig 6-7　Schematic diagram of multi-path in interdisciplinary citation co-occurrence relationship

　　① Song M., Kang K., An J Y., "Investigating Drug-disease Interactions in Drug-Symptom-Disease Triples Via Citation Relations", *Journal of the Association for Information Science and Technology*, 2018, 69(11): 1355-1368.

一、知识路径分析及相关研究

知识路径分析是在分析国内外文献的基础上,整合梳理知识的主要分支与各个关键环节,以把握知识的创新路径。目前,国内外专家学者运用不同的方法、技术、模型分析不同研究领域的路径演化。Xu J.等[1]采用关键词提取、共现分析等方法分析共同注意力与人工智能等领域的跨学科知识演化路径;范少萍等[2]提出基于关键关联与核心主题的路径识别方法,识别肝癌致病机制领域的主题演化路径;焦红等[3]采用主路径分析法与文本挖掘技术,绘制粗糙集研究领域的知识演化路径图;许海云等[4]构建创新演化路径拐点识别方法,分析干细胞研究领域不同关键时间点对新兴研究主题影响力的不同表征能力;孙倬等[5]采用内容分析法和社会网络分析法探索网络舆情领域的知识演化路径;田依林等[6]提出基于主题时态关联的领域研究演化识别模型,识别国外在线评论有用性领域的知识演化路径;谭春辉等[7]基于生命周期和时间片理论绘制国内外数据挖掘领域的知识演化路径,并对比国内外研究的异同。

近年来,有学者运用不同数据和方法,在学科领域内、跨学科范围内识

①　Xu J., Bu Y., Ding Y., et al., "Understanding the Formation of Interdisciplinary Research From the Perspective of Keyword Evolution: A Case Study on Joint Attention", *Scientometrics*, 2018, 117(2): 973-995.

②　范少萍、安新颖、单连慧等:《基于医学文献的主题演化类型与演化路径识别方法研究》,《情报理论与实践》2019 年第 3 期。

③　焦红、李秀霞:《基于研究主题的学科领域知识演化路径识别——以图书情报领域粗糙集为例》,《情报理论与实践》2019 年第 3 期。

④　许海云、张慧玲、武华维等:《新兴研究主题在演化路径上的关键时间点研究》,《图书情报工作》2021 年第 8 期。

⑤　孙倬、赵红、王宗水:《网络舆情研究进展及其主题关联关系路径分析》,《图书情报工作》2021 年第 7 期。

⑥　田依林、李星:《基于主题时态关联的科学领域研究演化识别》,《情报科学》2021 年第 5 期。

⑦　谭春辉、熊梦媛:《基于 LDA 模型的国内外数据挖掘研究热点主题演化对比分析》,《情报科学》2021 年第 4 期。

别潜在知识组合。刘俊婉等[①]、吴胜男等[②]采用 LDA 主题模型与链路预测法,识别 Web of Science 数据深度学习领域、社交媒体数据医药领域的关联主题。

综上所述:目前,一方面路径分析多采用共现分析、引文分析、社会网络分析、文本挖掘等方法,应用于分析学科知识演化、识别学科热点等研究;另一方面跨学科潜在知识组合的识别大多采用共现或引用单一数据方法,未考虑潜在知识组合之间可能存在的多条知识路径,识别结果不全面;同时,跨学科潜在知识组合识别研究中,各类知识的识别数据往往来源于文献作者标注的关键词,知识提取不够全面。因此,本节提取研究文献及其跨学科参考文献全文中的关键词作为研究对象,构建能够测度多条有效路径的跨学科潜在知识组合识别模型,并分析识别结果的潜在合作思路和可行性,意图提出一种预测未来跨学科知识创新趋势的方法。

二、跨学科潜在知识生长点识别思路

在图 6-7 所示的引用、共现、交叉关系中,跨学科潜在知识组合(a,c)的识别思路见图 6-8:

图 6-8 中,采集目标学科文献及其跨学科参考文献,并按以下步骤处理:

(1)构建词表。采用机器识别与人工标注相结合的方法构建词表,提高分词结果的准确率,词表的主要来源为 NLPIR-ICTCLAS 系统根据语料识别的新词、图书情报学核心高频词和人工调整的部分词汇。

(2)全文知识提取。采用 NLPIR-ICTCLAS 系统,导入词表进行全文分词、词性标注、语言统计,并进行数据筛选。从目标学科文献全文中提取出目

---

① 刘俊婉、龙志昕、王菲菲:《基于 LDA 主题模型与链路预测的新兴主题关联机会发现研究》,《数据分析与知识发现》2019 年第 1 期。
② 吴胜男、田若楠、蒲虹君等:《基于社交媒体的医药领域关联主题预测方法研究》,《数据分析与知识发现》2021 年第 12 期。

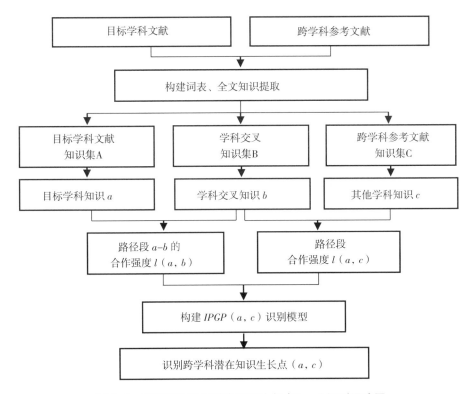

图 6-8　多路径跨学科潜在知识生长点(a,c)识别思路图

Fig 6-8　Identification idea of interdisciplinary potential knowledge combination(a,c)

标学科文献知识集 A,集内知识标注为目标学科知识 a,从跨学科参考文献全文中提取出跨学科参考文献知识集 C,集内知识标注为其他学科知识 c。则集合 A 与 C 的交集为学科交叉知识集 B,集内知识标注为学科交叉知识 b。

(3)构建跨学科潜在知识组合识别模型 $IPGP(a,c)$。通过共现频次与频率,构建已经形成共现关系的路径段 a-b 和 b-c 合作强度模型,构建 $IPGP(a,c)$ 模型测度跨学科知识 a-c 潜在合作的路径连通性、平衡性、可行性等。

(4)计算跨学科潜在知识组合测度值 $IPGP(a,c)$,识别合作潜力高的跨学科知识组合。

三、多路径分析的跨学科潜在知识生长点识别模型构建

(一)已形成共现关系的路径段合作强度模型

全文分词分析方法中,两知识可以多次共现,能更全面地反映两节点关系的强弱,测度路径的合作强度。潜在合作路径 a-c 由两段已形成的共现路径组成,即路径段 a-b 和 b-c,两段路径的联系强度直接影响潜在合作路径 a-c 的合作潜力。因此,构建路径段 a-b 合作强度模型,表示为:

$$l(a,b) = \sum f_{ab} \times \sum (\frac{f_{ab}}{f_a} \times \frac{f_{ab}}{f_b}) \tag{6.6}$$

公式(6.6)中,$l(a,b)$ 为路径段 a-b 的合作强度,是共现频次与共现频率之积;f_a 与 f_b 分别为知识 a 与 b 在单篇文献中的总词频;f_{ab} 为知识 a 与 b 在某文献中的共现频次,即知识 a 与 b 在该篇文献中的低频次,

$f_{ab}\begin{cases} =f_a, f_a < f_b \\ =f_b, f_a > f_b \end{cases}$; $\sum (\frac{f_{ab}}{f_a} \times \frac{f_{ab}}{f_b})$ 为知识 a 与 b 在目标学科文献知识集 A 中的

总共现频率,其中,$\frac{f_{ab}}{f_a}$ 或 $\frac{f_{ab}}{f_b}$ 中必有一项值为 1;$\sum f_{ab}$ 为目标学科文献知识集

A 中知识 a 与 b 的总共现频次。同理,路径段 b-c 的合作强度为:

$$l(b,c) = \sum f_{bc} \times \sum (\frac{f_{bc}}{f_b} \times \frac{f_{bc}}{f_c}) \tag{6.7}$$

公式(6.7)中,$\sum f_{bc}$ 与 $\sum (\frac{f_{bc}}{f_b} \times \frac{f_{bc}}{f_c})$ 分别为跨学科参考文献知识集 C 中知识 b 与 c 的总共现频次和总共现频率。路径段强度模型能够从共现绝对频次和共现占比两方面反映两种知识的合作情况,从而测度两段已形成路径的合作紧密程度。

(二)跨学科潜在知识组合合作潜力识别模型

潜在路径 a-c 的合作潜力与已形成路径的连通性、平衡性、有效潜在路径

数有关。本节改进上节提出的 TICPI 指数,结合全文知识提取和多路径分析,构建跨学科潜在知识组合 (a , c) 识别模型 (Interdisciplinary potential knowledge growth point identification model,IPGP) ,公式如下:

$$IPGP(a,c) = \frac{1}{2}p + \frac{1}{2}\sum_{i=1}^{p}\frac{l(a,b_i) \times l(b_i,c)}{|N_{ab_i} - N_{b_ic}| + 1} \qquad (6.8)$$

公式(6.8)中,如图 6-7 所示, p 为有效潜在路径数; i 为路径编号,$1 \leqslant i \leqslant p$; N_{ab_i} 为路径段 a-b_i 中知识 a 与 b_i 共现的论文篇数; N_{b_ic} 为路径段 b_i-c 中知识 b_i 与 c 共现的论文篇数。该模型中各变量的含义见表 6-6:

表 6-6　跨学科潜在知识组合识别模型 IPGP(a,c)变量表

Tab 6-6　$IPGP(a,c)$ **Variables of interdisciplinary potential knowledge combination identification model**

符号	变量名	含义	与 $IPGP(a,c)$ 的关系
$l(a,b_i) \times l(b_i,c)$	单条路径 a-c 连通性	为已形成路径段 $a - b_i$ 和 $b_i - c$ 的合作强度之积,在两路径合作强度均不等于 0 时有意义。	正相关
$|N_{ab_i} - N_{b_ic}|$	单条路径 a-c 平衡性	为连通路径段 $a - b_i$ 和 $b_i - c$ 的文献量之差。其数值越小,说明该条路径越平衡,合作的潜力越大。	负相关
p	有效潜在路径数	某路径 a-c 中,若 $l(a,b)$ 与 $l(b,c)$ 均不为零,则该条路径为有效潜在路径。	占权重 0.5
$\sum_{i=1}^{p}\frac{l(a,b_i) \times l(b_i,c)}{|N_{ab_i} - N_{b_ic}| + 1}$	知识 a 与 c 合作可行度	单条路径的合作可行度为连通性与平衡性之商;知识 a 与 c 的合作可行度为全部有效潜在路径 a-c 合作可行度之和。	占权重 0.5

四、实证研究与识别结果创新趋势预测

（一）数据来源与知识提取

第五章第一节研究发现,情报学部分主题领域的跨学科引用能够有效促进知识生长,其中"引文分析"领域促进效果最好,每增长 0.0168 跨学科引用度,会刺激文献增长约 18.63（±4.67）篇。因此,本节以图书情报学"引文分析"领域为例进行实证研究,样本来源期刊选择依据为:2019 年 CNKI 综合影响因子排名前 50% 的 CSSCI 期刊,即《中国图书馆学报》《图书情报知识》《大学图书馆学报》《图书与情报》《情报理论与实践》《图书情报工作》《情报资料工作》《情报科学》《情报杂志》9 种。以中国知网期刊数据库为数据来源,维普期刊数据库补充,采集"引文分析"领域 2016—2020 年目标学科文献全文 136 篇,及其对应的跨学科参考文献全文 502 篇,参考文献学科按中图分类号划分。

根据本节构建的词表,采用张华平开发的 NLPIR-ICTCLAS 汉语分词系统对样本数据进行全文分词、词性标注和词频统计,从上述 638 篇文献全文分词得到目标学科文献知识集 A,含词表内关键词 2133 个,跨学科参考文献知识集 C,含词表内关键词 3224 个。在集合 A 中提取频次大于 10 的词,得到 129 个目标学科知识 a;在集合 C 中提取频次大于 10 的词,得到 499 个其他学科知识 c;编写 VBA 程序,提取既在集合 A,又在集合 C 中,即集合 B＝A∩C 中,且频次大于 10 的词,得到 36 个学科交叉知识 b。

（二）跨学科潜在知识组合合作潜力值计算

将提取出的三类知识按下列步骤处理:

（1）计算两段已形成路径的合作强度。编写 PHP 连接 Mysql 程序,分别构建路径段 a-b 共现矩阵和路径段 b-c 共现矩阵,表达已形成路径的共现关系。将路径段 a-b 矩阵中单篇文献共现频次 f_{ab} 与单篇文献总词频 f_a、f_b 代入

公式(6.6),计算 $l(a,b)$,部分结果见表6-7:

表6-7　路径 a-b 合作强度 $l(a,b)$ 计算结果(部分)

Tab 6-7 Calculation results of path a-b cooperation intensity $l(a,b)$ (part)

排序	目标学科知识 a	学科交叉知识 b	$\sum f_{ab}$	$\sum(\frac{f_{ab}}{f_a} \times \frac{f_{ab}}{f_b})$	$l(a,b)$
1	引文网络	技术轨道	142	1.26	178.54
2	数据挖掘	社会网络分析	80	1.24	98.94
3	相似度	自然语言处理	127	0.76	96.49
4	聚类	社会网络分析	149	0.46	68.00
5	知识产权	技术转移	59	1.15	67.69
6	研究热点	社会网络分析	94	0.47	44.58
7	相似度	词向量	83	0.46	38.25
8	竞争情报	技术链	100	0.38	37.85
9	引文网络	社会网络分析	134	0.28	37.83
10	相似度	神经网络	100	0.34	34.13
…	…	…	…	…	…

将路径段 b-c 矩阵中单篇文献共现频次 f_{bc} 与单篇文献总词频 f_b 、f_c 代入公式(6.7),计算 $l(b,c)$,部分结果见表6-8:

表6-8　路径 b-c 合作强度 $l(b,c)$ 计算结果(部分)

Tab 6-8　Calculation results of path b-c cooperation intensity $l(b,c)$ (part)

排序	学科交叉知识 b	其他学科知识 c	$\sum f_{bc}$	$\sum(\frac{f_{bc}}{f_b} \times \frac{f_{bc}}{f_c})$	$l(b,c)$
1	价值链	技术跨越	24	0.50	12.00
2	新闻传播	公共危机	7	0.88	6.13
3	社会网络分析	扩散曲线	22	0.20	4.40
4	新闻传播	公众情绪	7	0.54	3.77
5	新闻传播	媒介素养	5	0.71	3.57
6	词向量	记忆元件	18	0.17	3.00

排序	学科交叉知识 b	其他学科知识 c	$\sum f_{bc}$	$\sum(\dfrac{f_{bc}}{f_b} \times \dfrac{f_{bc}}{f_c})$	$l(b,c)$
7	技术链	技术跨越	30	0.10	2.87
8	自然语言处理	校正模型	16	0.16	2.51
9	新闻传播	分界定律	4	0.57	2.29
10	拓扑结构	余弦相似性	9	0.25	2.25
…	…	…	…	…	…

(2)识别有效潜在路径。同一条路径中,若 $l(a,b)$ 与 $l(b,c)$ 均不为零,则路径 a–c 为有效潜在路径。编写 VBA 程序,从 94179 条潜在路径中识别出 5334 条有效潜在路径,连通知识组合 (a,c) 的有效潜在路径数 p 见表 6-9 第 7 列。

(3)跨学科潜在知识组合合作潜力值 $IPGP(a,c)$ 计算。将表 6-7 路径段 a–b 合作强度 $l(a,b)$,表 6-8 路径段 b–c 合作强度 $l(b,c)$,采用 Bibexcel 统计的共现篇次 N_{ab_i} 与 N_{b_ic},以及有效路径数 p,代入公式(6.8),排名前 10 的计算结果见表 6-9:

表 6-9　多路径跨学科潜在知识生长点合作潜力值计算结果(部分)
Tab 6-9　Calculation results of interdisciplinary potential knowledge combination cooperation potential value(part)

排序	目标学科知识 a	学科交叉知识 b	其他学科知识 c	N_{ab_i}	N_{b_ic}	有效潜在路径数 p	$IPGP(a,c)$
1	引文网络	技术轨道	技术跨越	4	4	1	167.85
2	数据挖掘	社会网络分析	扩散曲线	6	5	1	109.33
3	研究热点	社会网络分析	扩散曲线	7	5	1	33.19
4	竞争情报	价值链	技术跨越	2	3	2	29.67
		技术链		2	3		

续表

排序	目标学科知识 a	学科交叉知识 b	其他学科知识 c	N_{ab_i}	N_{b_ic}	有效潜在路径数 p	$IPGP(a,c)$
5	相似度	命名实体	激活函数	3	3	8	23.15
		条件随机场		4	3		
		神经网络		9	3		
		自然语言处理		8	1		
		机器学习		8	3		
		词性标注		1	2		
		深度学习		4	3		
		特征提取		4	1		
6	知识扩散	社会网络分析	扩散曲线	6	5	1	20.56
7	引文网络	技术轨道	光伏阵列	4	4	1	20.00
8	学科交叉	社会网络分析	扩散曲线	5	5	1	17.13
9	聚类	社会网络分析	扩散曲线	13	5	1	17.12
10	引用动机	条件随机场	校正模型	1	2	5	15.92
		神经网络		1	2		
		自然语言处理		2	2		
		机器学习		3	2		
		词性标注		1	2		
...	...	...	...	...	...	...	...

表6-9中，$IPGP(a,c)$模型能够通过多路径识别合作潜力高的跨学科知识组合(a,c)。模型的有效性表现在：

（1）能够通过已形成路径段的合作强度反映潜在知识组合的合作潜力。表6-9中识别出5组以"社会网络分析"为中介，其他学科知识为"扩散曲线"的跨学科潜在知识组合，是因为包含这两种知识的已形成路径段合作强度都较高。表6-7合作强度 $l(a,b)$ 前10名中，含有4条学科交叉知识 b 为"社会网络分析"的路径段，说明社会网络分析是已形成路径中最稳定的学科交叉知识,进一步验证了表3-4的研究结论。同时,已形成路径段 b-c 中,"社会网络分析-扩散曲线"的合作强度 $l(b,c)$ 排在表6-8中的第3位。

（2）能够识别平衡性较好的潜在知识组合。分析表6-9第5、6列可见,排名靠前的识别结果连通文献数差值较小,且来自多篇文献。说明该模型不仅能通过全文知识提取更全面地反映知识共现情况,还能反映知识共现的文献篇数和连通平衡性。

（3）多路径识别合作潜力较高的潜在知识组合。表6-9中,知识组合"相似度—激活函数"由8条有效潜在路径连接,说明"相似度"具有通过8种中介知识与"激活函数"合作的能力。分析第7列,发现有效潜在路径数 p 能够影响 $IPGP(a,c)$ 计算结果排名,但无法起决定性作用。因此,该模型能够达到多路径综合识别合作潜力的预期作用。

（三）识别结果创新趋势预测

为探讨识别结果的有效性,分析其他学科知识与目标学科知识合作的可行性和技术方案,促进跨学科合作研究,对表6-9中部分代表性跨学科潜在知识组合进行应用分析:

（1）引文网络—技术跨越:技术跨越是技术创新活动的最高层次,是一种非连续、短周期、跳跃式的技术进步,能够提升国家或机构核心竞争力。高宇等[1]将技术跨越分为轨道内和跨轨式两种,其中,轨道内技术跨越是在现有技术轨道上产生的、跨越某一技术阶段的技术进步;跨轨式技术跨越则突破了原有的技术范式,形成新的技术领域。Lee K.等[2]指出,技术跨越需要技术的创新积累,才能实现临界点突破。

---

[1]　高宇、高山行:《本土企业技术跨越的路径跃迁阈值研究——基于专利竞赛理论的视角》,《科学学研究》2010年第8期。

[2]　Lee K., Lim C., "Technological Regimes, Catching-Up and Leapfrogging: Findings from the Korean Industries", *Research Policy*, 2001, 30:459-483.

文献间的引用经过一定时间积累,就会自发形成复杂的引文关系网络,网络的结构和特征可以反映知识或技术的扩散情况[①]。目前,引文网络在情报学应用较为广泛,可用于分析知识的流动和扩散[②]、识别主路径[③]、把握学科发展现状[④]等,但尚未有研究将引文网络方法与技术跨越结合。因此,未来研究中可以构建技术跨越引文网络分析模型,将引文网络分析方法应用于定量分析技术跨越的过往案例,识别跨越路径和临界节点,对技术跨越发生的条件和特点进行分析和解读,有效推进技术跨越相关规律的研究,有利于科研机构或企业制定合理的研究策略。

(2)相似度—激活函数:相似度作为一种指标,在引文和文本分析领域应用较为广泛。例如,Ma S.等[⑤]、章成志等[⑥]、张玉洁等[⑦]将相似度分析应用于论文结构化摘要、被引片段识别和语义降噪等。目前,领域内文献大多采用神经网络模型进行相似度分析,如词向量 Word2vec 等。

激活函数是神经网络中的非线性映射层函数,激活函数的选择对神经网络收敛性具有重要作用[⑧]。激活函数的种类较多,如早期应用较广的 sigmoid 和

---

① 邱均平、李小涛:《基于引文网络挖掘和时序分析的知识扩散研究》,《情报理论与实践》2014 年第 7 期。

② 贵淑婷、彭爱东:《基于专利引文网络的技术扩散速度研究》,《情报理论与实践》2016 年第 5 期。

③ 刘向、万小萍、闫肖婷等:《基于引文路径叠加网络的主路径分析》,《情报学报》2019 年第 8 期。

④ Angel S M., Cristina A., Jose S., et al., "Current State and Future Trends: A Citation Network Analysis of the Orthokeratology Field", *Journal of ophthalmology*, 2019, 2019: 1-6.

⑤ Ma S., Xu J., Zhang C., "Automatic Identification of Cited Text Spans: A Multi-Classifier Approach Over Imbalanced Dataset", *Scientometrics*, 2018, 116: 1303-1330.

⑥ 章成志、徐津、马舒天:《学术文本被引片段的自动识别研究》,《情报理论与实践》2019 年第 9 期。

⑦ 张玉洁、白如江、刘明月等:《融合语义联想和 BERT 的图情领域 SAO 短文本分类研究》,《图书情报工作》2021 年第 16 期。

⑧ 王海燕、袁雪琴、宋超:《相似度分析结合人工神经网络鉴别苹果香精》,《计算机工程与应用》2018 年第 4 期。

tanh 函数,能够解决梯度消失问题的 ReLU 函数①,谷歌提出的 Swish 函数②,以及诸多学者针对 ReLU 函数不足而提出的 Leaky ReLU③、PReLU④ 等函数。研究者发现,在其他参数不变的条件下,改变原模型中的激活函数对模型最终结果的准确率有较大影响⑤,但是目前引文分析领域的文献往往忽略激活函数的机器训练实验步骤。因此,未来可以分析不同激活函数对相似度计算准确率、收敛精度等参数的影响,并将多种语料和激活函数进行交叉对比和分析,找出更适合引文分析领域语料的激活函数,增强相似度分析的准确性和科学性。

（3）聚类—扩散曲线:扩散曲线是描述新事物(如新思想、新方法等)扩散过程的 S 形曲线,完整的扩散曲线与 Logistic 函数类似,可划分为引入期、成长期、成熟期、衰退期 4 个阶段⑥。通过扩散曲线,可以计算新事物的接受速度、临界量、介数、曝光值、阈值等参数,并可以通过这些参数测度新事物的易接受程度、最少接受者维持数量、节点重要程度、可能接受程度、节点创新性等属性。

聚类分析是根据研究对象的特征,按照物以类聚的原则,将研究对象进行分类的一种分析方法⑦,广泛应用于学科研究结构⑧、研究进展⑨、研究热

————————————

① Gulcehre C.,Moczulski M.,Denil M.,et al.,"Noisy Activation Functions",*JMLR.org*,2016,1603(3):1-10.

② Ramachandran P.,Zoph B.,Le Q V.,"Swish:A Self-Gated Activation Function",*arXiv.org*,2017,1710(16):1-12.

③ Maas A L.,Hannun A Y.,Ng A Y.,"Rectifier Nonlinearities Improve Neural Network Acoustic Models",*ICML Workshop on Deep Learning for Audio*,*Speech and Language Processing*,2013,28:1-6.

④ He K.,Zhang X.,Ren S.,et al.,"Delving Deep into Rectifiers:Surpassing Human-Level Performance on ImageNet Classification",*IEEE Computer Society*,2015,15:1026-1034.

⑤ 张焕、张庆、于纪言:《激活函数的发展综述及其性质分析》,《西华大学学报(自然科学版)》2021 年第 4 期。

⑥ 高霞、陈凯华、官建成:《科学知识扩散的网络模型》,《研究与发展管理》2013 年第 2 期。

⑦ 储节旺、闫士涛:《知识管理学科体系研究(下)——聚类分析和多维尺度分析》,《情报理论与实践》2012 年第 3 期。

⑧ 余良如、冯奕程、冯立杰等:《国内企业知识管理研究结构、脉络与热点探究》,《情报科学》2020 年第 12 期。

⑨ 许晓阳、郑彦宁、赵筱媛等:《研究前沿识别方法的研究进展》,《情报理论与实践》2014 年第 6 期。

点识别①等方面的研究,是情报学较为成熟的研究方法。因此,未来可将扩散曲线与聚类分析方法融合,分析学科研究进展,形成一种新的引文分析及可视化方法:主题扩散网络。该方法可以从横向与纵向两方面分析学科发展情况,横向上具备聚类分析的特点,能够将学科研究主题分类,分析学科的研究结构;纵向上具备扩散曲线的特点,能够通过文献引用关系反映主题的源头、扩散路径、扩散速度、主题演化情况、接受程度等,多角度综合分析学科研究热点及其发展趋势。

五、小结

本节基于多路径分析,构建跨学科潜在知识组合识别模型 $IPGP(a,c)$,从已形成路径段 a-b 合作强度、路径段 b-c 合作强度、有效路径强度、路径连通性、路径平衡性多方面反映跨学科潜在知识组合 (a,c) 的合作潜力。对情报学 2016—2020 年"引文分析"领域的研究文献及其跨学科参考文献进行全文知识提取,并代入 $IPGP(a,c)$ 模型进行实证分析,识别引文分析领域的跨学科潜在知识组合。选取其中部分识别结果分析合作可能性,并提出"引文网络—技术跨越""聚类—扩散曲线""相似度—激活函数"的潜在合作思路。发现本节跨学科潜在知识组合的识别结果具有理论可行性和一定的跨学科合作意义。

未来研究中,一方面咨询相关领域的专家,进一步验证和实施本节提出的潜在合作思路;另一方面采用更大规模的样本数据进行识别,为各学科各领域的跨学科知识融合和知识发现提供参考和借鉴。

第三节　弱引文关系视角下的跨学科潜在知识生长点识别

学科是人类对知识的系统归类。科学系统的逐渐复杂化,致使诸多社会

---

① 阮光册、夏磊:《基于 Doc2Vec 的期刊论文热点选题识别》,《情报理论与实践》2019 年第 4 期。

问题和科学研究都无法依靠单一学科知识解决,打破学科界限的科学知识交流与合作日益频繁,跨学科研究成为现代科学创新发展不可或缺的模式①。在此背景下,为解决本学科研究难题、突破科研瓶颈或实现科研创新,需要不断引入其他学科的相关概念、理论、方法和技术等,进行跨学科合作研究。然而在实际工作中,研究者一般对本学科知识比较了解,不熟悉哪些跨学科知识可以进行合作研究。因此,跨学科相关知识组合的识别,成为跨学科合作研究的关键。

在引文网络的低阈值、子网间、间接联系 3 种弱关系中,没有直接联系的子网间的间接关系节点,更具有潜在合作价值,也更适合于跨学科相关知识发现②。本节主要内容包括提取学科源文献关键词及其跨学科参考文献关键词、其跨学科引证文献关键词,构建跨学科知识关联网络,在子网间识别间接联系知识节点,作为弱关系关联数据,探讨跨学科相关知识组合的发现方法;并以情报学为例进行实证研究,以期为该学科未来开展跨学科合作研究,进行有针对性的科研创新,提供重要的决策参考。

一、跨学科引文网络中的弱关系分析

本节基于跨学科子网间、间接联系知识节点的弱引文关系,识别跨学科相关知识组合。步骤分为以下 3 个阶段:①构建跨学科知识引用/被引用弱关联网络;②识别跨学科引文网络中的目标学科知识节点 a-知识媒介 b-跨学科知识 c 的弱关系结构;③构建跨学科相关知识组合 a-c 评价识别模型。具体步骤与方法如图 6-9 所示:

① Gates A J., Ke Q., Varol O., et al., "Nature's Reach: Narrow Work Has Broad Impact", *Nature*, 2019, 575(7781):32-34.

② Song M., Kang K., An J Y., "Investigating Drug-Disease Interactions in Drug-Symptom-Disease Triples via Citation Relations", *Journal of the Association for Information Science and Technology*, 2018, 69(11):1355-1368.

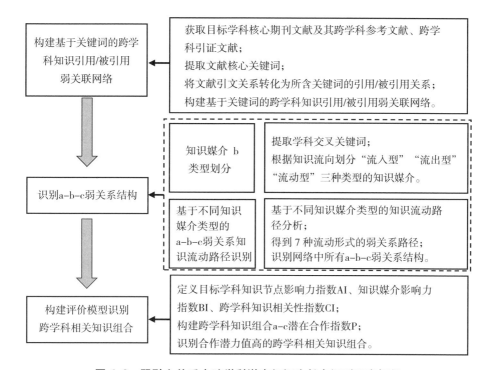

图 6-9　弱引文关系中跨学科潜在知识生长点识别研究框架

Fig 6-9　Framework for identifying interdisciplinary potential knowledge growth points in weak citation pelationships

(一)跨学科知识引文关系网络构建

所研究学科,即目标学科。目标学科源文献的参考与引证文献,一部分来源于目标学科,即本学科;另一部分来源于非目标学科,即跨学科。知识以文献作为载体,通过文献间的引用与被引用实现不同学科知识流动与融合,构成知识动态交流与关联网络①。这一网络是由若干强连接关系和弱连接关系构成的交互网络②。其中,目标学科文献之间基于引用与被引用产生的多为内

————————

①　张瑞、赵栋祥、唐旭丽等:《知识流动视角下学术名词的跨学科迁移与发展研究》,《情报理论与实践》2020 年第 1 期。

②　Louadi M E.,"Knowledge Heterogeneity and Social Network Analysis—Towards Conceptual and Measurement Clarifications", *Knowledge Management Research & Practice*,2008,6(3):199–213.

部知识交流,知识关联密切、共享性强,能够进行深层次交流,属于强关系连接;而跨学科参考/引证文献与目标学科知识的交流频次少,且关联程度低,则为弱连接关系。利用目标学科与跨学科关键词构建引文知识关联网络 G,如图 6-10 所示:

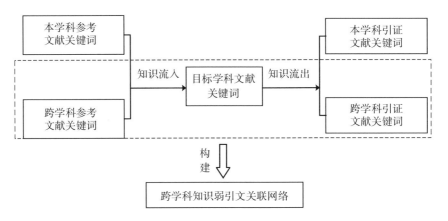

图 6-10　基于关键词的跨学科知识弱引文关联网络构建
Fig 6-10　Construction of interdisciplinary knowledge weak citation association network based on keywords

(二)跨学科引文网络中弱关系结构识别

弱关系理论指出,在社交网络中,若 a 和 c 有一个共同的朋友 b,那么 a 和 c 成为朋友的概率会增加,从而建立某种联系①。同样在跨学科知识引文网络中也适用该原理,如图 6-11 所示:

目标学科知识节点 a 与跨学科相关知识 c,通过知识媒介 b 建立联系。因为 a 与 b、b 与 c 有直接引文关系,但 a 与 c 没有,那么 a 与 c 就有潜在合作、共现于同一篇文章的可能。本节称引文知识关联网络中的这类 a-b-c 结构

---

① Granovetter M S.,"The Strength of Weak Ties",*American Journal of Sociology*,1973,78(6):1360-1380.

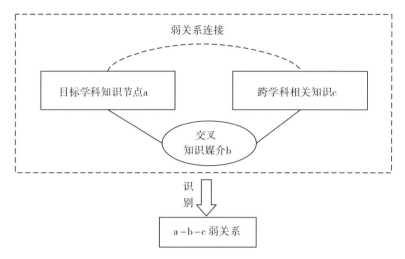

图 6-11　跨学科引文网络中弱关系结构图
Fig 6-11　Structure diagram of weak ties in interdisciplinary citation networks

为弱关系结构。其中,节点 b 是使 a 与 c 通过弱关系建立连接的"关系桥"①,即知识媒介,在跨学科引文网络中,知识媒介往往是学科交叉节点。

二、弱关系网络中知识媒介类型划分

判断目标学科知识 a 能否与某跨学科相关知识 c 通过弱关系连接形成知识关联,首先寻找二者之间的知识媒介 b 作为"搭桥者"。跨学科文献的引用与被引用,本质上是将来自不同学科的知识基因进行自由组合,形成交叉知识进入到科学知识交流系统中,进而产生不同学科联系的知识链、知识网②。因此,学科交叉关键词是目标学科知识与跨学科相关知识建立弱连接的知识媒介。如图 6-12 所示:

设目标学科文献关键词集合 S、其跨学科参考文献关键词集 R、引证文献

---

①　Chakraborty T.,"Role of Interdisciplinarity in Computer Sciences:Quantification,Impact and Life Trajectory",*Scientometrics*,2018,114(3):1011-1029.

②　王雪、李睿:《知识生态学视角下的各类引文现象阐释》,《情报杂志》2018 年第 9 期。

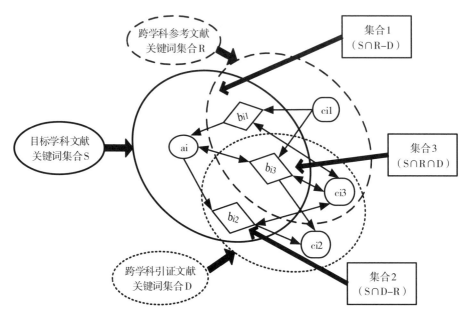

图 6-12 知识媒介类型与弱关系连接路径

Fig 6-12 Connection path between knowledge media type and weak relationship

关键词集合 D,则跨学科知识弱引文关联网络 G 是由 S、R、D 集合中的关键词,基于引用与被引用建立的知识关联。那么,学科知识节点 a 用关键词 a_i 表示,且 $a_i \in S$;跨学科相关知识 c 用关键词 c_i 表示,$c_i \in (R \cup D - S)$;知识媒介 b,用关键词 b_i 表示,$b_i \in$ 集合 1 ∪ 集合 2 ∪ 集合 3,其中集合 1 $(S \cap R - D)$、集合 2 $(S \cap D - R)$、集合 3 $(S \cap R \cap D)$ 表示网络 G 中跨学科交叉研究关键词。

根据知识流向,知识媒介 b_i 细分为 3 种类型:①流入型知识媒介 $b_{i1} \in$ 集合 1,跨学科知识经参考文献流入目标学科;②流出型知识媒介 $b_{i2} \in$ 集合 2,目标学科通过跨学科引证文献输出知识;③流动型知识媒介 $b_{i3} \in$ 集合 3,通过引用与被引在学科之间传递知识。

以学科知识节点 a_i 为例,基于知识媒介 b_{1i}、b_{2i}、b_{3i},可分别与跨学科相关知识 c_i 建立连接,形成 a-b-c 弱关系结构。图 6-12 中,单向箭头表示参考或引证行为,即知识流入或流出;双向箭头表示互引行为,知识既有流入又有流出。则共有 7 种不同流动形式的弱连接路径,分别是:①基于"流入型"知识媒介 b_{i1} 的 2 种路径: $a_i \leftarrow b_{i1} \leftarrow c_{i1}$ 、 $a_i \leftarrow b_{i1} \leftarrow c_{i3}$;②基于"流出型"知识媒介 b_{i2} 的 2 种路径: $a_i \rightarrow b_{i2} \leftrightarrow c_{i3}$ 、 $a_i \rightarrow b_{i2} \rightarrow c_{i2}$;③基于"流动型"知识媒介 b_{i3} 的 3 种路径: $a_i \leftrightarrow b_{i3} \leftarrow c_{i1}$ 、 $a_i \leftrightarrow b_{i3} \leftrightarrow c_{i3}$ 、 $a_i \leftrightarrow b_{i3} \rightarrow c_{i2}$ 。编写程序,遍历网络 G 中的所有关系,抽取所有的 a-b-c 弱关系结构。

三、跨学科潜在知识生长点识别模型构建

学科知识节点 a_i 的活跃程度、知识媒介 b_i 的中介能力、节点之间的联系强度,都是分析 a-b-c 弱关系结构中 a 与 c 潜在合作可能的影响性因素。因此,本节分别定义目标学科知识节点影响力指数 A_I 、知识媒介影响力指数 B_I 、跨学科知识相关性指数 C_I ,对 a-b-c 弱关系各节点的特征及相关性进行量化描述;在此基础上,构建跨学科相关知识组合潜在合作指数 P 模型,以科学、合理地识别跨学科相关知识组合。

(一)学科关键知识节点影响力指数

上述第三章、第四章以图书情报学领域展开实证研究得到学科关键知识节点,但研究指出,受热点浮现效应的影响,知识创新更易在呈明显上升趋势的热点主题研究过程中产生[1]。因此,研究热度呈明显上升趋势的学科关键知识节点,活跃度高,更有可能与跨学科知识进行合作。趋势分析法是一种经典的定量预测方法,其原理是从时间尺度上对关键词在不同时间点出现的频率进行回归分析,运用最小二乘法对历史数据拟合直线,分析变化率大小以预测其未来发展趋势[2],有学者利用这一算法对学术名词的发展趋势进

---

[1]　Fajardo-Ortiz D.,Lopez-Cervantes M.,Duran L.,et al.,"The Emergence and Evolution of the Research Fronts in HIV/AIDS Research",*Plos One*,2017,12(5):178-293.

[2]　周复恭等:《应用线性回归分析》,中国人民大学出版社 1989 年版,第 255 页。

行判定①②。本节运用趋势分析法定义目标学科知识节点影响力指数 A_I，通过判断学科知识节点的热度变化趋势，描述其在学科研究中的活跃程度，公式为：

$$A_I = \frac{Y \times \sum_{y=1}^{Y}(y \times F_y) - \sum_{y=1}^{Y}y \times \sum_{y=1}^{Y}F_y}{Y \times \sum_{y=1}^{Y}y^2 - \left(\sum_{y=1}^{Y}y\right)^2} \tag{6.9}$$

公式（6.9）中，Y 值表示数据样本的时间跨度（年数），F_y 为关键词 a_i 第 y 年在目标学科的研究频次。A_I 是拟合直线的斜率（变化率），若 $A_I > 0$，说明该关键词的研究热度为上升发展趋势，且 A_I 值越大，变化率越大，活跃度越高。

（二）知识媒介影响力指数

根据弱关系理论，相比较于学科内部知识，跨学科知识之间的连接较难建立。知识媒介 b_i 作为关键搭桥者，与越多学科有关联，就越能接触到多样化的信息，激发知识创新的可能性就越大。因此，知识媒介的多学科程度是其媒介能力的重要体现。本节借鉴 Porter A L.等③提出的论文学科分布多样性测度指标，定义知识媒介影响力指数 B_I：

$$B_I = \frac{(F_1 + F_2 + \cdots + F_N)^2}{F_1^2 + F_2^2 + \cdots + F_N^2} = \frac{\left(\sum_{n=1}^{N}F_n\right)^2}{\sum_{n=1}^{N}F_n^2} \tag{6.10}$$

公式（6.10）中，若知识媒介 b_i 在 N 个学科中出现过，则 F_n 表示第 n 个学科研究 b_i 的学术论文篇数，即 F_1、$F_2 \cdots F_N$ 之和为 b_i 在 N 个学科的总论文篇数。其中，$B_I \geq 1$，值越大，表明 b_i 跨学科多样性程度越高，影响力越大；当知识媒介 b_i 只在一个学科的文献中出现过时，B_I 值为 1。

---

① 李峰、刘静延、蒋录全：《预测方法的发展及最新动态》，《情报杂志》2005 年第 6 期。
② 张瑞、赵栋祥、唐旭丽等：《知识流动视角下学术名词的跨学科迁移与发展研究》，《情报理论与实践》2020 年第 1 期。
③ Porter A L., Cohen A S., Roessner J D., et al., "Measuring Researcher Interdisciplinarity", *Scientometrics*, 2007, 72(1): 117-147.

（三）跨学科知识相关性指数

该指标主要测度跨学科相关知识 c_i 通过知识媒介 b_i 与学科知识节点 a_i 建立弱关系连接的强度，体现了 a_i 与 c_i 的相关性程度。令 I_{ab} 为 a_i 与 b_i 的引用/被引用频次，I_{bc} 为 b_i 与 c_i 的引用/被引用频次，则节点 c_i 与 a_i 的相关性程度，与 I_{ab}、I_{bc} 呈正相关。基于此，依据上文定义的联系路径的可行性强度，定义跨学科相关知识相关性指数 C_I，计算公式为：

$$C_I = \frac{(I_{ab} \times I_{bc})^2}{|I_{ab} - I_{bc}| + \beta} \tag{6.11}$$

为使公式(6.11)有意义，引进 β，当 $I_{ab} = I_{bc}$ 时，令 $\beta = 1$，当 $I_{ab} \neq I_{bc}$ 时，令 $\beta = 0$。

（四）跨学科相关知识组合潜在合作指数

17世纪，牛顿提出的万有引力定律是测量空间相对的一种方法，其计算公式为：$I_{ij} = \dfrac{K \times M_i \times M_j}{D_{ij}}$，式中 I_{ij} 表示点 i 与 j 之间的引力大小；M_i、M_j 分别为点 i 和点 j 的质量，D_{ij} 为 i、j 之间的最短距离，k 为引力系数。

在跨学科相关知识组合中，学科知识节点 a_i 通过知识媒介 b_i 与跨学科相关知识 c_i 产生合作可能性的大小，可视为在整个引文关联网络中 a_i、c_i 节点引力的大小，受学科关键知识节点影响力指数 A_I、知识媒介影响力指数 B_I、跨学科知识相关性指数 C_I 的影响。因此，基于引力模型定义跨学科相关知识组合潜在合作指数 P，其公式为：

$$P = A_I \times B_I \times C_I = \frac{Y \times \sum_{y=1}^{Y}(y \times F_y) - \sum_{y=1}^{Y} y \times \sum_{y=1}^{Y} F_y}{Y \times \sum_{y=1}^{Y} y^2 - \left(\sum_{y=1}^{Y} y\right)^2} \times$$

$$\frac{\left(\sum_{n=1}^{N} F_n\right)^2}{\sum_{n=1}^{N} F_n^2} \times \frac{(I_{ab} \times I_{bc})^2}{|I_{ab} - I_{bc}| + \beta} \tag{6.12}$$

四、实证研究与识别结果创新趋势预测

(一)数据来源与预处理

本节研究选择 CSSCI 来源期刊中 9 种情报学期刊刊载的论文作为实证样本进行研究,验证基于弱引文关系跨学科知识合作组合识别方法的可行性与有效性。9 种期刊包括:《情报学报》《情报资料工作》《图书情报工作》《情报理论与实践》《图书情报知识》《图书与情报》《情报科学》《数据分析与知识发现》《情报杂志》。时间跨度为 2015—2019 年。

(1)源文献数据下载。利用 CNKI 数据库,通过专业检索功能,检索上述 9 种期刊 5 年间刊载的有效文献共 18 052 篇,下载含标题、关键词、摘要、出版时间等字段的题录信息,批量下载为 test 文本格式,并导入 MySQL 关系型数据库中存储。

(2)参考/引证文献数据获取。采集 18052 篇论文的参考文献和引证文献的题录数据,包括标题、关键词、摘要、出版时间、刊名等。

(3)跨学科参考/引证文献匹配与预处理。根据《中国科技期刊引证报告》中对期刊—学科的分类,编写 VBA 程序读取题录数据中的"刊名"字段信息,并匹配判断文献的学科归属。去除文献引用格式错误、缺失等无效文献和英文文献,筛选来自跨学科中文期刊的参考和引证文献数据,结果同样下载为 test 文本格式,导入 MySQL 中,并分别对应其目标学科数据信息。最终得 45 086 篇跨学科参考文献和 40 103 篇跨学科引证文献。

(二)构建跨学科知识弱引文网络

对经过预处理的样本数据,构建情报学科文献关键词—跨学科参考文献关键词—跨学科引证文献关键词的知识关联共现网络,操作步骤如下:

(1)提取关键词。因为论文自带关键词数量有限,不能很好地反映全文

内容,本节抽取 MySQL 数据库中存储的目标学科文献及其对应的跨学科参考和引证文献"标题"和"摘要"字段的数据,构成语料库。利用 MySQL 关系型数据库中的"text mining"选项,将中国规范术语数据库提供的各学科规范关键词作为对象,对语料库进行中文分词、去停用词、词频统计、合并同义词、统一规范化等处理,不考虑频次,只要出现就保存,得到代表每篇文献核心知识点的关键词,并将抽取到的关键词对应其所属的文献保存。经过最终处理,得到 21023 个情报学科关键词的集合 S、52805 个跨学科参考文献关键词的集合 R、51917 个跨学科引证文献关键词的集合 D。

(2)构建引文关系网络。利用 MySQL 中的关系型规则匹配方法,将基于文献的引文关系转换为所包含关键词之间的引证关系。同时,编写程序,遍历 S、R、D 集合中的所有关键词及其引证关系,构建基于关键词的跨学科知识引文关系网络 $G_\text{总}$。

(3)检索第三章、第四章研究得到的学科关键知识节点,抽取以其为节点的引文关系网络 G。该网络是有向加权网络,反映关键词之间的引证关系,方向表示引用或被引用,权重代表两者引用/被引用行为产生的连接次数。

(三)识别跨学科引文网络中的弱关系

在情报学关键知识节点跨学科引文关系网络 G 中,识别知识媒介 b 和 a-b-c 弱关系结构,方法与步骤如下:

(1)知识媒介 b 识别。学科交叉研究关键词是 a-b-c 弱关系结构建立的重要知识媒介,因此首先需提取学科交叉研究关键词。如图 6-12 所示,对集合 S、集合 R、集合 D 中的关键词进行共现分析,得到 3 部分交叉研究关键词,集合 1 中有 4817 个流入型知识媒介、集合 2 中 2805 个流出型知识媒介、集合 3 中 218 个流动型知识媒介。

(2)a-b-c 弱关系结构识别。以 S 集合中情报学的每一个关键词为起点,利用 Apriori 关联游走算法,编写程序,遍历 MySQL 数据库及其所有的关联数据,寻找 S 集合中的学科知识节点 a 在网络 G 中的知识媒介 b、7 种不同连接路径的所有跨学科相关知识 c,去除 a 与 c 的直接引用与被引用关系,最终仅得到 657 条 a-b-c 弱关系结构。

(四)跨学科相关知识组合指数计算与识别

(1)相关指数计算。对表征情报学科知识节点的所有关键词 a,抽取 MySQL 数据库中存储记录的"出版时间"字段信息,统计该关键词在 2015—2019 年内每一年的出现频数,应用公式(6.9),计算知识节点影响力指数 A_I,计算结果见表 6-10 第 6 列;对表征知识媒介 b 的所有关键词,利用 MySQL 数据库获取其所属的全部文献记录,根据期刊—学科分类来确定关键词分布在哪些学科,并分别统计于每一个学科的分布篇数,应用公式(6.10),得知识媒介影响力指数 B_I,计算结果见表 6-10 第 7 列;编写程序,遍历网络 G,得每一条 a-b-c 弱关系结构中 b 与 a、b 节点的连接次数,应用公式(6.11),计算跨学科知识相关性指数 C_I,见表 6-10 第 8 列;最后,应用公式(6.12),计算每一条 a-b-c 弱连接的 a 与 c 潜在合作指数 P,见表 6-10 第 9 列。

(2)跨学科相关知识组合识别结果。按照跨学科相关知识 a 与 c 潜在合作指数 P 值由高到低顺序排列,选择排名前 10 位的结果展示,相关数据见表 6-10:

表 6-10　弱引文关系跨学科潜在知识生长点识别结果相关数据(部分)

Tab 6-10　Interdisciplinary potential knowledge growth point identification results related data of weak citation relationship(part)

排名	目标学科知识节点 a	知识媒介 b	跨学科相关知识 c	流动路径	目标学科知识节点影响力指数 A_I	知识媒介影响力指数 B_I	跨学科知识相关性指数 C_I	潜在合作指数 P
1	科研合作	知识流动	种群动力学模型	a ↔ b ← c	2.60	2.73	5.33	37.35
2	引文网络	多元数据融合	有限元分析法	a ← b ← c	2.50	2.34	6.25	35.85
3	跨学科	链路预测	随机森林算法	a ← b ↔ c	2.60	1.99	6.25	32.48

排名	目标学科知识节点 a	知识媒介 b	跨学科相关知识 c	流动路径	目标学科知识节点影响力指数 A_I	知识媒介影响力指数 B_I	跨学科知识相关性指数 C_I	潜在合作指数 P
4	高被引文献	复杂网络	羊群效应	a←b←c	2.70	2.83	4.00	30.87
5	智库	大数据	MongoDB 数据库	a↔b↔c	2.30	3.24	4.00	29.82
6	Altmetrics	开放存取	信息网络传播权	a↔b→c	3.10	2.08	4.50	29.25
7	知识图谱	关联规则	多标签学习	a↔b←c	2.00	2.17	6.25	26.77
8	网络舆情	实体相似度	信息茧房	a↔b←c	2.50	2.09	4.00	20.60
9	睡美人文献	超弦理论	超弦引力模型	a←b→c	2.40	1.68	4.50	18.37
10	社交媒体	人际情报网络	概念格	a→b←c	2.30	1.73	4.00	16.02
…	…	…	…	…	…	…	…	…

根据表 6-10 研究结果所示,第三章、第四章研究得到的学科关键知识节点中,对它们基于弱引文关系、构建弱引文关系网络、建立综合指标识别模型得到情报学科合作潜力值大的跨学科相关知识组合,其中,如"科研合作""引文网络""跨学科"等关键知识节点均找到其在弱引文网络中合作潜力值大的跨学科相关知识"种群动力学模型""有限元分析法""随机森林模型"等。

（五）识别模型有效性分析

（1）目标学科知识节点影响力指数 A_I 可有效识别呈上升趋势的学科热点。

表 6-10 中,第 2 列数据是表征目标学科知识节点 a 的关键词,其中"Altmetrics""智库""科研合作""跨学科"等的第 6 列影响力指数 A_I 值相对较高,说明情报学科 2015—2019 年间这些关键词的研究文献呈逐年增多的趋势,是学科研究热点。这些结果恰恰是文献①识别得到的情报学领域发展趋势为

---

① 冯志刚、李长玲、刘小慧等:《基于引用与被引用文献信息的图书情报学跨学科性分析》,《情报科学》2018 年第 3 期。

"上升类"研究热点的一部分。"睡美人文献""高被引文献"等也是近年情报学中研究热度与关注度持续增长的关键词①②。这说明,基于趋势分析法的 A_l 指数用于分析上升趋势的研究热点是可行有效的,识别结果有更大可能引入其他学科的相关概念、理论、方法和技术等跨学科相关知识实现跨学科合作。

(2)知识媒介影响力指数 B_l 可识别跨学科性强的搭桥者。

观察表 6-10 第 3 列和第 7 列数据,"大数据"的知识媒介影响力指数 B_l 为 3.24,数值最高。表明其跨学科性明显,涉及学科领域多样,相关知识广泛,具有较高的媒介能力,成为促进不同学科间知识交流与融合的有力"搭桥者"。同时,研究表明:大数据作为信息社会纵深发展的产物,其研究已经成为科技界的研究热点,横跨信息科学、社会科学、数学、教育学、心理学、经济学等诸多学科领域,表现出典型的跨学科性③④,这与本节的研究结论存在一致性。因此,知识媒介影响力指数 B_l 可用来计算关键词的跨学科性,识别媒介能力强的"搭桥者"。

(3)相关性指数 C_l 能有效识别与目标学科相关性高的跨学科知识。

表 6-10 中,第 4 列和第 8 列数据,关键词"有限元分析法""随机森林算法""多标签学习""种群动力学模型"等的跨学科知识相关性指数 C_l 值较高,说明它们分别基于知识媒介"多元数据融合""链路预测""关联规则""知识流动"作为"搭桥者",与情报学科的"引文网络""跨学科""知识图谱""科研合作"等关联度高。例如,引文网络—多元数据融合—有限元分析法,流动路

① 李月琳、章小童、王姗姗等:《情报学的坚守与拓展——基于 2018 年 ASIS&T 年会论文的综述》,《图书情报知识》2019 年第 3 期。
② 宗张建:《睡美人文献识别方法研究进展》,《图书情报工作》2019 年第 16 期。
③ 李国杰、程学旗:《大数据研究:未来科技及经济社会发展的重大战略领域——大数据的研究现状与科学思考》,《中国科学院院刊》2012 年第 6 期。
④ 吕晓赞、王晖、周萍:《中美大数据论文的跨学科性比较研究》,《科研管理》2019 年第 4 期。

径为 a←b←c，"引文网络"引用"多元数据融合"频次高，"多元数据融合"引用"有限元分析法"频繁，说明"有限元分析法"可以用于"引文网络"的研究。文献分析发现，二者有一定的关联性，见下文的分析结论。因此，相关性指数 C_l 可以有效识别与目标学科相关性高的跨学科知识。

（4）潜在合作指数 P 能有效结合 a-b-c 弱连接中目标学科知识节点 a 的活跃度、知识媒介 b 的跨学科性、跨学科相关知识 c 的相关性特征，识别具有高合作潜力的跨学科相关知识组合。

表 6-10 中，观察第 9 列潜在合作指数 P 值排名第一位的"科研合作—知识流动—种群动力学模型"a-b-c 弱关系的相关数据，其中 A_l 值为 2.60，B_l 值为 2.73，C_l 值为 5.33，分别位居第 4 位、第 3 位、第 2 位，虽然目标学科知识节点活跃度、知识媒介多样性程度、跨学科知识相关性不是最高，但都比较高，所以"科研合作"与"种群动力学模型"的吸引力最强，之间有比较密切的潜在联系，弱关系连接的潜力值最大，为 37.35，成为合作潜力最高的跨学科相关知识组合。因此，潜在合作指数 P 能有效结合 a-b-c 弱关系中各节点的属性及相互关系，识别具有高合作潜力的跨学科相关知识组合。

（六）识别结果创新趋势预测

表 6-10 为识别得到合作潜力值高的跨学科相关知识组合。为探讨识别结果的有效性，分析跨学科相关知识解决情报学问题的技术方案，促进跨学科合作研究创新，对排名前两位的结果进行应用分析：

（1）"科研合作"↔"知识流动"←"种群动力学模型"。"科研合作"可以使不同的知识实现集成，使不同知识背景的研究人员、组织或机构之间进行知识的碰撞，是加速知识扩散的重要方式之一[1]。从科研合作角度出发，合作双方基于知识势能差获取互补性知识资源实现知识流动。"知识流动"过程推

---

[1] 李纲、巴志超：《科研合作超网络下的知识扩散演化模型研究》，《情报学报》2017 年第 3 期。

动知识传播、扩散、融合及创新,形成知识链、知识网①。"种群动力学模型"是一种研究种群间以及种群与不确定性环境间相互作用的行为动力学模型②。知识流动与种群移动有一定的知识关联,知识流动又嵌入在科研合作过程中。因此,可尝试将种群动力学模型代入科研合作过程,模拟分析该过程中知识扩散模式、知识融合的演化路径等,挖掘科研合作中主体合作模式、关系结构、地位变化等特征,以揭示科研合作发展的潜在规律。

(2)"引文网络"←"多元数据融合"←"有限元分析法"。"引文网络"是由研究文献构成的大规模知识网络,包含了大量的引用关系和文本属性等多元数据。"多元数据融合"是指利用数据融合算法高效整合多种关联数据,从而通过更丰富的信息抽取与识别,获得更加准确的知识单元之间的潜在语义关系③。"有限元分析法"将求解域看成由许多称为有限元的小的互连组成,对每一单元假定一个合适的近似解,然后推导求解这个域总的满足条件,从而得到问题的解④。引文网络中存在各种各样的复杂网络,按照有限元分析法的思想,可将这些复杂网络分解为多个简单的子网络,对每个子网络中的多元数据进行有效融合,用较简单的问题代替复杂问题,继而模拟得到实现多元数据融合的整体网络。因此,可以尝试应用有限元分析法,融合引文网络中的多元数据,提高引文网络数据挖掘和知识发现的效率。

五、小结

本节基于弱引文关系提出跨学科相关知识组合发现方法。首先,构建基

---

① 张瑞、赵栋祥、唐旭丽等:《知识流动视角下学术名词的跨学科迁移与发展研究》,《情报理论与实践》2020 年第 1 期。

② Křivan V.,Lewis M.,Bentz B J.,et al.,"A Dynamical Model for Bark Beetle Outbreaks", *Journal of Theoretical Biology*,2016,407:25-37.

③ 陈文杰、许海云:《一种基于多元数据融合的引文网络知识表示方法》,《情报理论与实践》2020 年第 1 期。

④ Brekelmans W A M.,Poort H W.,Slooff T.,"A New Method to Analyse the Mechanical Behaviour of Skeletal Parts",*Acta Orthopaedica Scandinavica*,1972,43(5):301-317.

于关键词的跨学科知识弱引文关联网络；其次，识别引文网络中 a-b-c 弱关系结构，定义学科关键知识节点影响力指数 A_l、知识媒介影响力指数 B_l、跨学科知识相关性指数 C_l，构建合作潜力指数 P 模型；最后，选择情报学领域 9 种优秀期刊 2015—2019 年的载文及其跨学科参考/引证文献为样本进行实证研究。对识别结果进行有效性分析，发现本节研究提出的跨学科相关知识组合发现方法具有合理性和有效性；同时，探讨识别结果的应用前景，发现基于该方法的识别结果具有一定的跨学科合作意义。

本节研究的实证样本来源于情报学科的中文文献。一方面，该方法是否适用于其他学科或其他语种文献，有待于进一步验证；另一方面，网络社交媒体等非正式学术交流方式的发展，也为跨学科知识的交流与合作提供了研究视角与数据来源。因此，未来研究可利用跨语言文献及网络社交媒体数据进一步对跨学科相关知识组合的识别工作展开研究，以得到更深入、全面的结论，从而进一步促进学科间知识的交流合作，推动知识创新。

第四节　社交媒体数据中的跨学科潜
在知识生长点识别

任何一门学科都有其独特的概念和理论体系①。同时，学科的专业知识得以积累，为其他学科所共享。近现代科学发展的历史表明，科学上的重大突破、新的学科生长点、新学科的出现，常常在不同学科彼此交叉和相互渗透的过程中形成②。因此，学科独立性和开放性共存。随着学科交叉和综合化进程的加快，课题研究、项目研究等科研活动需要众多拥有不同学术背景。思维模式、知识技能的科研人员共同合作完成，跨学科知识合作与融合，成为大科

① Rhoten D.，Parker A.，"Risks and Rewards of an Interdisciplinary Research Path"，*Science*，2004，306(5704)：2046.

② 刘仲林：《交叉科学时代的交叉研究》，《科学学研究》1993 年第 2 期。

学时代知识生产的主要模式。

第五章研究利用学术论文引文关系发现跨学科相关知识,但社交媒体视角下非正式学术交流逐渐成为学者们学术交流的又一新天地。在学科交叉融合的背景和趋势下,科研人员基于社交媒体上的跨学科研究行为促进了知识在不同学科之间的共享与流动,加速知识融合,使出现不同于原有科学领域的知识相互合作,新的研究范式出现。为全面跨学科相关知识组合的识别结果提供了新的研究平台。

因此,基于社交媒体视角弱关系视角识别跨学科相关知识组合,对于推动跨学科合作研究、预测知识融合新趋势、加速知识创新以及引导新兴技术的形成和发展具有重要意义。本节基于社交媒体中的弱关系识别跨学科相关知识组合。

一、社交媒体中的弱关系及其研究思路

(一)社交媒体中的弱关系网络

本节的研究思路如图6-13所示。图6-13中,以科学网某学科领域学者A为例,在社交平台上,其与跨学科学者用户B为好友关系,两者形成潜在的跨学科合作学者。而学者基于社交媒体平台重点关注、研究的知识节点基于学者的好友关系形成弱关系连接,成为具备合作潜力的跨学科相关知识组合。在跨学科相关知识组合的识别中,以科学网中学者之间的好友关系为基础,构建好友链接网络,围绕学者博文研究内容抽取得到的研究主题作为知识节点,基于好友链接网络得到知识节点弱关系网络,从而从微观层面识别科学研究中潜在的跨学科相关知识组合。

(二)研究思路

本节基于某一学科用户基于社交媒体与跨学科用户建立的好友链接关

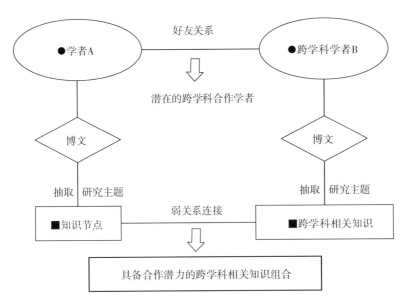

图 6-13 社交媒体中的弱关系网络示意图
Fig 6-13 Weak tie networks in social media

系,基于用户博文筛选代表用户主要研究内容的核心关键词,基于学者好友关系构建知识节点联系的弱关系网络,进行社交媒体跨学科相关知识组合识别的研究。社交媒体中的弱关系网络分析的具体步骤主要包括:①用户信息获取;②好友网络构建;③知识网络构建。具体步骤与方法如图流程图 6-14 所示:

(1)用户信息获取

作者是科学研究的主导者。在科学网上,一方面,受到正在兴起的研究领域或者方向的影响,追随着已有的研究而创造新的产出;一方面基于学识、经历与洞察力等探求着科学技术发展的趋向,进而产生可能引导多学科领域知识融合发展的研究内容。由此,科学研究在作者的主导下不断地发展与变化。所以,在跨学科相关知识组合的识别中,以科学网中学者之间的好友关系构建链接网络,抽取学者博文研究内容得到研究主题作为知识节点,构建好友—博文知识节点的二模链接关系网络,从而通过好友关系微观层面深度识别潜在

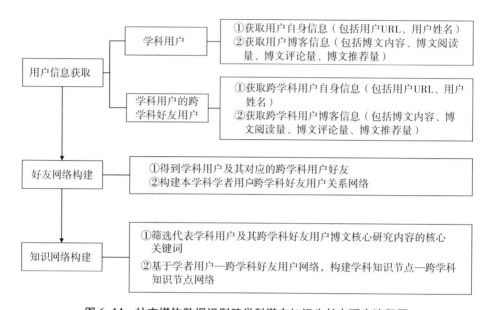

图 6-14 社交媒体数据识别跨学科潜在知识生长点研究流程图
Fig 6-14 Research flow chart of identifying potential knowledge growth points across disciplines from social media data

的、创新可能的跨学科相关知识组合。

因此,本节研究主要获取学科领域全部学者用户及好友关系数据,根据用户基于社交媒体所填的学科研究方向确定其学科归属,筛选好友用户与本学科学者用户不是隶属于同一学科的跨学科好友用户。同时获取隶属于某一学科全部用户信息,包括用户自身信息(包括用户 URL、用户姓名)和用户博客信息(包括博文内容及博文阅读量、评论量、推荐量等指标信息);获取跨学科好友用户信息(包括用户 URL、用户姓名)、跨学科好友用户博客信息(包括博文内容及博文阅读量、评论量、推荐量等)。

(2)好友网络构建

上述得到本学科用户对应的跨学科好友用户关系后,根据这种对应关系构建本学科学者用户—跨学科好友用户的关系网络。对获取得到的学科学者用户及跨学科好友博文信息,利用文本挖掘工具及计算机处理技术对博文内容进行处理,抽取得到博文的关键词,同时利用文本清洗工具、人工方法干预,对每篇博文得到的关键词进行数据清洗,筛选代表博文核心研究内容的核心关键词。

（3）知识网络构建

本学科知识节点—跨学科知识节点的核心关键词知识网络构建。根据核心关键词与学者用户之间的对应关系,基于学者用户—跨学科好友用户网络,构建学科知识节点—跨学科知识节点网络。从而直观展现本学科知识节点通过弱关系与可能存在合作潜力的跨学科知识节点之间的对应关系。

得到上述基于用户好友关系的知识网络后,在接下来的研究中将进行跨学科相关知识组合发现模型构建。根据潜在跨学科研究主题的合作潜力,构建计算模型,识别合作潜力较大的跨学科合作组合。其中,学者与知识节点的关系转化模型如图 6-15 所示:

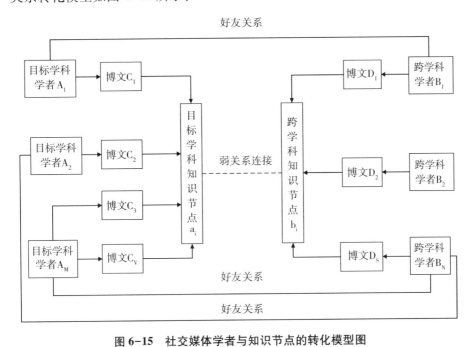

图 6-15　社交媒体学者与知识节点的转化模型图

Fig 6-15　The transformation model diagram of social media scholars and knowledge nodes

图 6-15 中，以目标学科知识节点 a_i 为例，假设其在 C_1、C_2、C_3、C_v 共 4 篇博文中出现，博文 C_1、C_2 对应目标学科学者 A_1、A_2，博文 C_3、C_v 对应目标学科学者 A_M；跨学科知识节点 b_i 在 D_1、D_2、D_s 共 3 篇博文中出现，分别属于目标学科用户的跨学科好友用户 B_1、B_2、B_N 所发表的博文。图 6-15 中，用户好友关系包括：目标学科学者 A_1 - 跨学科学者 B_1、目标学科学者 A_2 - 跨学科学者 B_N、目标学科学者 A_M - 跨学科学者 B_N，则知识节点 a_i 与 b_i 基于存在的好友关系，形成 C_1 - D_1、C_2 - D_s、C_3 - D_s、C_v - D_s 弱关系连接。所以，a_i 与 b_i 基于用户博文通过用户好友关系以及关系强度形成了知识网络，通过体现关系强度的知识网络，可以识别存在潜力的跨学科相关知识合作组合。

二、跨学科潜在知识生长点识别模型构建

学科关键知识节点 a 与跨学科相关知识 b 能否形成跨学科相关知识组合的潜力值大小，一方面与它们开展合作本身属性与热度有关，另一方面与两者之间基于学者与其跨学科基于好友链接关系形成的弱关系链接有关。

（一）学科关键知识节点影响力指标

学科关键知识节点影响力的大小与该知识节点在博文中出现的博文总数、总阅读量、总推荐量、总评论量等数据正向相关，其中表 6-11 为指标数据信息。熵权法是利用各个数据项所提供信息的不确定性来确定各项权重，是一种可用于多对象、多指标的综合评价方法[①]，可以在很大程度上避免人为因素的干扰、用于任何评价问题中的确定指标权重。因此本节将这 4 项数据的熵权值定义为学科关键知识节点影响力指标。

---

① 邱均平：《信息计量学》，武汉大学出版社 2007 年版，第 152 页。

表 6-11 社交媒体指标数据信息

Tab 6-11 Indicator data information

编号	数据名称	数据说明
f_1	出现博文总次数	关键词在博客中出现博文次数之和
f_2	总阅读数	关键词在博客中出现博文总阅读数之和
f_3	总推荐数	关键词在博客中出现博文总推荐数之和
f_4	总评论数	关键词在博客中出现博文总评论数之和

首先,为便于比较与计算,需要对上述指标做归一化处理。其中,指标归一化过程也称之为指标的无量纲化,即将指标实际值转化为不受量纲影响的指标平价值。采用无量纲方法中的阈值法(也称临界值法)对原始数据进行处理[①],得到归一化值,X_{ij} 计算公式如下:

$$X_{ij} = \frac{X}{X_{max}} \tag{6.13}$$

如表 6-12 所示,设置有 m 个关键词待评价,n 个评价指标,X 为各指标原始数值,X_{ij} 表示为第 j 个指标下第 i 个评价项目的经过初始化处理之后的归一化值。

表 6-12 博文关键词初始化指标数据

Tab 6-12 Keyword initialization index data

指标/数值	指标 1	指标 2	...	指标 j	...	指标 n	...
关键词 a_1	X_{11}	X_{12}	...	X_{1j}	...	X_{1n}	...
关键词 a_2	X_{21}	X_{22}	...	X_{2j}	...	X_{2n}	...
...	...	...	...	...	...	...	...
关键词 a_i	X_{i1}	X_{i2}	...	X_{ij}	...	X_{in}	...
...	...	...	...	...	...	...	...
关键词 a_m	X_{m1}	X_{m2}	...	X_{mj}	...	X_{mn}	...

① 张涛:《应用数学》,西北大学出版社 2019 年版,第 121 页。

则学科关键知识节点影响力指标 I_{ai} 的熵权法计算过程为：

（1）即计算第 j 个指标下第 i 个项目的指标值的比重 P_{ij}：

$$P_{ij} = \frac{X_{ij}}{\sum_{i=1}^{m} X_{ij}}$$ (6.14)

（2）计算第 j 个指标的熵值 H_j：

$$H_j = \frac{-\sum_{i=1}^{m} P_{ij} \ln(P_{ij})}{\ln m}$$ (6.15)

（3）计算第 j 个指标的熵权 W_j：

$$W_j = \frac{1 - H_j}{\sum_{j=1}^{n}(1 - H_j)}$$ (6.16)

（4）分配不同权值后综合指标 I_{a_i}：

$$I_{a_i} = \sum_{j=1}^{n} W_j \times X_{ij}$$ (6.17)

（二）跨学科相关知识影响力指标

跨学相关知识能否与学科关键知识节点基于学者好友关系形成弱关系连接，继而成为具备合作潜力的跨学科相关知识组合，与这些跨学科知识在社交媒体中的引起学者关注和交流的热度有关。因此与学科关键知识节点影响力类似，本节研究认为，跨学科相关知识影响力的大小与该关键词在博文中出现的博文总数、总阅读量、总推荐量、总评论量等数据正向相关，因此与学科关键知识节点影响力指标 I_a 的构建原理类似，将这 4 项数据的熵权值定义为跨学科相关知识影响力指标 I_b。

设与 m 个学科知识节点关键词具有弱连接关系的跨学科知识节点关键词共有 α 个，Y 为这些 α 个跨学科知识节点关键词原始数值，Y_{ij} 表示在第 j 个指标下第 i 个评价项目的归一化值，则参照公式（6.14）-公式（6.17）处理数

据项和权重系数,得以下公式:

$$Y_{ij} = \frac{Y}{Y_{max}} \qquad (6.18)$$

则跨学科相关知识影响力指标 I_{bi} 的熵权值求解过程为:

(1)即计算第 j 个指标下第 i 个项目的指标值的比重 P_{ij}:

$$P_{ij} = \frac{Y_{ij}}{\sum_{i=1}^{\alpha} Y_{ij}} \qquad (6.19)$$

(2)计算第 j 个指标的熵值 H_j:

$$H_j = \frac{-\sum_{i=1}^{\alpha} P_{ij} \ln(P_{ij})}{\ln\alpha} \qquad (6.20)$$

(3)计算第 j 个指标的熵权 W_j:

$$W_j = \frac{1 - H_j}{\sum_{j=1}^{n} (1 - H_j)} \qquad (6.21)$$

(4)分配不同权值后综合指标 I_{ai}:

$$I_{b_i} = \sum_{j=1}^{n} W_j \times Y_{ij} \qquad (6.22)$$

(三)跨学科合作组合潜力指数模型

万有引力定律是测量空间相互作用的一种方法[1],点 i 与 j 之间的引力大小 $I_{ij} = \frac{K \times M_i \times M_j}{D_{ij}}$,其中,$M_i$、$M_j$ 分别为点 i 和点 j 的质量,D_{ij} 为两点之间的最短距离,k 为引力系数。

在社交媒体中,学科关键知识与跨学科相关知识产生合作可能性的大小,可视为在整个知识节点关联网络中关键词 a_i、b_i 节点通过好友连接关系形成

---

[1] 王雪、李睿:《知识生态学视角下的各类引文现象阐释》,《情报杂志》2018 年第 9 期。

的引力的大小,受学科知识节点影响力指标、跨学科相关知识影响力指标以及两者之间弱关系联系次数的多少有关。因此可定义跨学科合作组合潜力指数模型 I 为:

$$I = k_n \times I_{ai} \times I_{bi} \tag{6.23}$$

其中,k_n 为学科关键知识节点 a 与跨学科相关知识 b 之间的弱关系连接次数。

三、实证研究

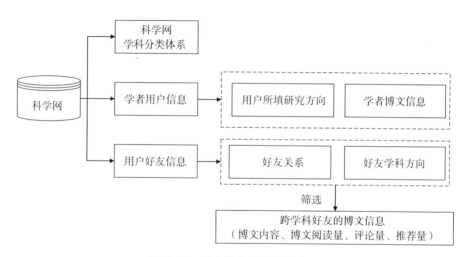

图 6-16　社交媒体数据信息获取
Fig6-16　Social media data

(一)数据来源与收集

科学网博客是由中国科学院、中国工程院、国家自然基金委主管,主要为网民提供快捷权威的科学新闻报道、丰富实用的科学信息服务以及交流互动的网络平台,致力于全方位服务华人科学与高等教育界,以网络社区为基础构建起面向全球华人科学家的网络新媒体,促进科技创新和学术交流,是国内权威性最强的综合性科学网站。因此,如图 6-16 所示,本节以科学网作为研究数据来源。

（1）目标学科用户信息采集与存储。采集科学网博主"学术名片"下的研究方向，提取出在前 3 个研究方向中填有"图书馆、情报与文献学"的用户，作为目标学科用户。筛选得到 989 位该领域的目标学科用户，并获取这些用户的用户信息、博客信息，以 Excel 格式保存在 MySQL 数据库中。去除博文分类标签为"生活点滴""诗酒雅兴"等非学术类的博文，最终得到 5203 篇学术博文。采集时间为 2021 年 3 月 15 日。目标学科用户、博文数据分别见表 6-13 与 6-14 示例：

表 6-13　目标学科用户信息示例

Tab 6-13　Examples of target discipline user information

目标学科用户 ID	目标学科用户姓名
…	…
45134	俞立平
1557	武夷山
…	…

表 6-14　目标学科用户博文信息示例

Tab 6-14　Examples of blog posts for users of target disciplines

目标学科用户 ID	目标学科用户姓名	博文标题	博文内容	博文阅读量	博文推荐量	博文评论量	博文关键词
45134	俞立平	如何对待程式化论文	全文信息略	2811	13	1	程式化论文学术论文
		…	…	…	…	…	…
1557	武夷山	数据科学基础之跨学科研究面临的挑战	全文信息略	3448	10	4	数据科学跨学科研究
		…	…	…	…	…	…

（2）好友信息采集与存储。在获得科学网上"图书馆、情报与文献学"目

标学科用户后,采集每一个目标学科用户对应的好友关系数据,并获取其用户信息。与上述 989 位目标学科用户进行对比,去除本学科好友,筛选跨学科好友用户 2504 位。获取这些跨学科好友用户的博文信息,同样剔除非学术类博文,共得到学术博文 10820 篇。对应与目标学科学者用户的关系,以 Excel 表格式保存在 MySQL 数据库中。以目标学科用户"俞立平"为例,其跨学科好友用户及其博文数据分别见表 6-15 与 6-16:

表 6-15　跨学科好友用户信息示例

Tab 6-15　**Examples of cross-disciplinary friend user information**

对应目标学科用户 ID	对应目标学科用户姓名	跨学科好友用户 ID	跨学科好友用户姓名
		…	…
		290937	
45134	俞立平	53483	陈安
		456633	施玉梅
		673617	
		…	…

表 6-16　跨学科好友用户博文信息示例

Tab 6-16　**Examples of cross-disciplinary friend user information**

对应目标学科用户 ID	对应目标学科用户姓名	跨学科好友用户 ID	跨学科好友用户姓名	博文标题	博文内容	博文阅读量	博文推荐量	博文评论量	博文关键词
		290937	闵应骅	第五波计算	全文信息略	8423	14	9	量子计算计算科学
45134	俞立平			…	…	…	…	…	
		53483	陈安	于决定论	全文信息略	3241	3	0	决定论
				…	…	…	…	…	
	…	…		…	…	…	…	…	…

（二）数据预处理

（1）核心关键词抽取与筛选。

对获取的目标学科用户、跨学科好友的博客信息中的博文标题、博文内容数据列,将中国规范术语数据库提供的各学科规范关键词作为自定义对象,对博文内容进行中文分词、词性标注、停用词过滤、合并同义词、统一规范化等处理,得到代表用户博客内容的关键词。另外为概括博文的主要研究内容,突出博客用户的研究主题,对每篇博文得到的关键词进行"清洗",在人工干预的基础上,只保留能概括文章从属学科研究对象、研究问题、研究方法的部分。经过最终处理,得到6051个图书情报学学科核心关键词,12054个跨学科核心关键词,并将这些关键词与其所属博文对应保存在 MySQL 数据库中,见表6-16"博文关键词"列数据。

（2）学科知识节点—跨学科相关知识节点的关键词弱关系网络构建。

根据图 6-15 学者与知识节点的转化关系所示,利用 MySQL 中的关系型规则匹配方法将基于学科用户与跨学科用户之间的好友关系转换为其博文核心关键词之间的弱连接关系,编写程序,遍历目标学科的所有关键词对应的弱连接关系,构建基于核心关键词的跨学科知识弱关系网络 G。

（三）跨学科相关知识组合指数计算与识别

（1）熵值与熵权计算结果

对于抽取得到的表征学科知识节点的关键词 a_i 和表征跨学科相关知识节点的关键词 b_i,首先将它们分别对应 f_1、f_2、f_3、f_4 指标的原始数据导入 Spssau 统计工具中进行标准化处理,得到归一化值;继而选择该软件中"综合评价"下的"熵值法"选项,计算学科关键知识节点影响力指标 I_{a_i}、跨学科相关知识影响力指标 I_{b_i} 中各数据项信息熵 H_j 与权重系数 W_j 的值,结果见表6-17 与 6-18(结果均保留三位小数):

表 6-17　学科关键知识节点影响力指标信息熵与权重系数
Tab 6-17　Information entropy and weight coefficient of each data item of positivity index I_{a_i}

数据项	f_1	f_2	f_3	f_4
H_j	0.663	0.817	0.687	0.701
W_j	0.298	0.185	0.267	0.250

表 6-18　跨学科相关知识影响力指标信息熵与权重系数
Tab 6-18　Information entropy and weight coefficient of each data item of positivity index I_{b_i}

数据项	f_1	f_2	f_3	f_4
H_j	0.769	0.847	0.795	0.662
W_j	0.239	0.199	0.283	0.279

熵权法基于数据的离散程度确定其权重,如果某个指标的熵值 H_j 越小,说明其指标值的变异程度越大,提供的信息量越多,在综合评价中该指标起的作用越大,其权重应该越大。从表 6-17、表 6-18 中可以看出,对 I_{a_i}、I_{b_i} 指标结果贡献最大的数据项都是表征学科关键知识节点、跨学科相关知识节点的关键词的总评论数,这说明关键词在博客中出现博文总评论数这项指标相较于其他数据项离散性大,包含的信息量最大且信息的不确定性最小。作为管理方的科学网一直鼓励用户分享、交流各类内容,将科学网打造成活跃的学术交流社区,上述指标权重分布特征可以更好地将交流信息、能够引起学者关注的有影响力的知识节点识别出来。

（2）跨学科相关知识组合识别结果

以数据库表 Q-users-BK 中得到的图书情报学的每一个核心关键词 a_i 为起点,利用关联游走算法,编写程序,遍历其与表 I-users-BK 中得到的跨学科相关知识节点关键词 b_i 对应的弱关系,得到学科关键知识节点 a_i 与跨学科相关知识 b_i 之间的弱关系连接次数 k_n。

计算学科知识节点基于社交媒体平台的影响力指标 I_a 值,并按照学科关键知识节点 a_i 与跨学科相关知识 b_i 的潜在合作指数 I 值由高到低顺序排列,选择排名前 10 位的结果展示,相关数据见表 6-19:

表 6-19 社交媒体弱关系的跨学科潜在知识生长点识别结果(部分)
Tab 6-19 Interdisciplinary potential knowledge growth point identification results of weak ties in social media(part)

排名	学科知识节点关键词 a_i	跨学科相关知识节点关键词 b_i	I_{a_i}	I_{b_i}	k_n	I
1	高被引论文	生态学理论	0.483707	0.689486	29	9.671776
2	学术评价	递归神经网络(RNN)	0.572316	0.590419	28	9.461367
3	科研合作	波士顿矩阵	0.534755	0.532810	22	6.268305
4	替代计量学	随机复杂网络	0.375314	0.546249	29	5.945429
5	信息检索	SOOI 分类体系	0.390771	0.632183	24	5.928927
6	用户推荐行为	资源多属性分类	0.376412	0.582116	25	5.477892
7	数据驱动	ACP 算法	0.356444	0.396978	35	4.952507
8	科学交流	稀疏矩阵算法	0.363667	0.560724	23	4.690084
9	情报转化理论	内容概念知识	0.271760	0.415081	19	2.143243
10	开放科研数据	梯度提升决策树	0.314758	0.371595	18	2.105321

四、模型有效性与识别结果创新趋势预测

(一)模型有效性分析

(1)学科知识节点影响力指标 I_{a_i} 可有效识别社交媒体中学科关键知识节点—跨学科相关知识弱关系结构中影响力高的学科关键知识节点。

表 6-19 中,第 2 列数据是表征 a-b 弱关系连接结构中图书情报学学科关键知识节点积极性高的关键词 a_i,其排名第 2 位的关键词"学术评价"以及排名第 3 位的关键词"科研合作"以及排名第 5 位的"信息检索"等影响力指标 I_{a_i} 值相对较高,说明基于科学网社交媒体图书情报学这些关键知识节点

与其他学科的知识节点产生潜在合作的积极性较高,表现较为活跃。其中,检索中国知网发现近半年内 4000 多篇情报学领域文献,含关键词"学术评价""科研合作"等的热点文献较多,在实际使用过程中,用户基于这些关键词内容的交流与讨论相对较多,从而积极使用各项功能并为平台贡献高影响力博文。

这说明,本节构建的影响力指标 I_{a_i} 用于分析社交媒体中积极活跃的学科关键知识节点是可行有效的,识别结果有更大可能与跨学科用户交流合作,引入其他学科的相关概念、理论、方法和技术等跨学科相关知识实现跨学科合作。

(2)跨学科相关知识影响力指标 I_{b_i} 能有效识别社交媒体弱关系结构中影响力较高的跨学科知识。

表 6-19 中,第 3 列和第 5 列数据,表征跨学科相关知识关键词 b_i "生态学理论""递归神经网络(RNN)"等的影响力指标值较高,说明它们在跨学科学者的研究中备受关注,研究交流热度较高,从而影响力较高,与图书情报学科的学科关键知识节点的关键词"高被引论文""科研合作"建立弱关系连接可能性较大。同时,检索发现含这些跨学科相关知识的跨学科好友的相关博文的阅读数和评论数、推荐数较高。

因此,影响力指标 I_{b_i} 能有效识别弱关系结构中与学科关键知识节点产生潜在合作影响力程度高的跨学科知识。

(3)学科关键知识节点与跨学科相关知识之间的弱关系连接次数 k_n 能有效衡量社交媒体弱关系结构中学科关键知识节点与跨学科相关知识的相关性,识别与学科知识节点产生潜在合作可能性高跨学科相关知识。

观察表 6-19 中第 2、3 列数据和第 6 列数据,例如,社交媒体 a-b "高被引论文—生态学理论""替代计量学—随机复杂网络""数据驱动-ACP 算法"弱关系链接结构,关键词基于用户好友关系建立的弱关系连接次数 k_n 分为 29、29、35,这说明它们之间的关联度高,产生潜在合作可能性就越高。

　　另外,观察排名第 4 位的"替代计量学—随机复杂网络"弱关系结构与排名第 5 位的"信息检索—SOOI 分类体系"弱关系结构,前者的学科关键知识节点的影响力和跨学科相关知识影响力都低于后者,但前者的弱关系连接次数多,即 k_n 值大,预示其合作越密切,开展跨学科合作的潜力大。

　　(4)跨学科合作组合潜力指数模型 I 能有效结合社交媒体弱关系连接中学科关键知识节点的影响力、跨学科相关知识的影响力,以及两者之间的相关性,识别具有高合作潜力的跨学科相关知识组合。

　　表 6-19 中,观察第 7 列潜在合作指数 I 值排名第一位的"高被引论文—生态学理论"弱关系的相关数据,其中 I_{a_i} 值为 0.483707, I_{b_i} 值为 0.689486, k_n 值为 29,分别位居第 4 位、第 1 位、第 2 位,虽然学科关键知识节点"高被引论文"影响力程度、与跨学科知识"生态学理论"相关性程度不是最高,但都比较高,所以关键词"高被引论文"与关键词"生态学理论"的吸引力最强,之间有比较密切的潜在联系,弱关系连接的潜力值最大,为 9.671776,成为合作潜力最大的跨学科相关知识组织。因此,潜在合作指数 I 能有效结合社交媒体弱关系中各节点的属性及相互关系,识别具有高合作潜力的跨学科相关知识组合。

　　(二)识别结果创新趋势预测

　　为探讨识别结果的有效性,分析跨学科相关知识解决图书情报学问题的技术方案,促进跨学科合作研究创新,对表 6-19 中的部分结果进行应用分析:

　　(1)"高被引论文—生态学理论"。根据 ESI 数据库的界定,高被引论文指近十年间累计被引用次数进入各学科世界前 1%的论文[①]。近年来,生态学相关理论体系发展较为成熟,广泛应用于教育学、经济学、政治学等多个领

----

　　① 邱均平:《信息计量学》,武汉大学出版社 2007 年版,第 213 页。

域①,高被引论文中的某些现象、规律可从生态学理论的视角进行诠释,二者具有一定的知识关联性。有研究文献②指出,基于知识生态学的理论基础,对学术中的引文现象及其产生的结果进行解读,可为引文网络及其知识网络的形成发展提供一个科学的解释,从而推动引文系统的可持续发展。因此,可将生态学理论与引文结合,从观念联系、知识流动等角度对高被引论文形成机制及其分析过程进行探讨,或者从生态学循环、再生等角度客观分析科学文献高被引现象的形成与演变机制。

(2)"科研合作—波士顿矩阵"。"科研合作"可以使不同的知识实现集成,使不同知识背景的研究人员、组织或机构之间进行知识的碰撞,是加速知识扩散的重要方式之一③。从科研合作角度出发,合作双方基于相互科研需要而获得交流合作。波士顿矩阵(BCG Matrix)④,其原理是通过市场引力、企业实力两个因素的相互作用,在决策过程中形成销售增长率和市场占有率"双高"、销售增长率和市场占有率"双低"、销售增长率与市场占有率"一低一高"四种不同性质的产品类型,从而对不同的产品发展前景进行分析。科研合作中存在机构、学者等各种各样的影响因素,按照波士顿矩阵的思想,可将这些复杂的影响因素纳入整个合作"市场"引力的测度,对涉及影响该市场引力的所有指标进行分析,继而模拟得到实现最优科研合作的推荐对象。因此,可以尝试应用波士顿矩阵,对科研合作网络中影响合作效率、合作指数增长率的相关因素进行数学分析,提高科研合作推荐和交流效率。

五、小结

本节研究通过构建与分析社交媒体科学网平台的跨学科好友链接网络,

---

① 张粤磊等:《Python 深度学习》,机械工业出版社 2019 年版,第 187 页。
② 王雪、李睿:《知识生态学视角下的各类引文现象阐释》,《情报杂志》2018 年第 9 期。
③ 张大勇、王少鹏:《二十一世纪的理论生态学》,《生物多样性》2020 年第 11 期。
④ 马航通、杨春燕:《基于可拓集方法改进波士顿矩阵研究》,《数学的实践与认识》2020 年第 12 期。

建立学科关键知识节点及能与其产生潜在合作可能的跨学科相关知识网络，综合社交媒体上多个指标，建立$f_1 - f_4$指标，利用熵权法计算得到反映学科关键知识节点在社交媒体平台的影响力指标I_{a_i}、反映跨学科知识社交媒体平台上的影响力指标I_{b_i}，以及反映两者之间联系相关性程度高低的弱关系连接次数k_n指标，并基于引力模型构建跨学科合作组合潜力指数 I，对学科关键知识节点及其跨学科相关知识之间的未来的合作关系进行研究与预测，使社交媒体上跨学科科研合作识别结果更加科学。

但需要注意的是跨学科相关知识合作的决策和选择是一个非常复杂的决策过程，致使跨学科合作研究主题的影响因素也复杂多样，包括主观因素、客观因素等。本节研究基于社交媒体弱关系连接结构的研究从定量分析方法上提供了一个新的视角。

第七章　跨学科知识生长点发展规律及未来创新趋势预测

　　前面几章识别了学科关键知识节点、跨学科相关知识，以及跨学科合作可能较大的跨学科知识组合，即跨学科潜在知识生长点，本章分析已经产生的跨学科知识生长点的生命周期特征，并探索其产生的宏观、微观影响因素。在此基础上，对前文识别结果进行综合分析，对高效的跨学科潜在知识生长点进行趋势预测。

　　本章通过构建综合知识影响力与合作强度的跨学科知识生长点识别模型，计算年度测度值，依据测度值的时间序列趋势变化，分析不同阶段跨学科知识生长点的生长规律与特征；基于 SWOT 分析方法，从内外部环境分析跨学科知识生长点产生的宏观影响因素。通过访谈法、问卷调查法对跨学科知识生长点产生的微观因素进行探索性与验证性分析；对识别的学科关键知识节点、跨学科相关知识、二者组合配对的跨学科潜在知识生长点，依据属性特征与跨学科知识生长点产生的影响因素，进行综合研判，识别高潜力的跨学科潜在知识生长点，并预测其未来创新趋势。

第一节　跨学科知识生长点的生命周期特征分析

一、跨学科知识生长点及其产生来源

跨学科引用是跨学科知识交流的主要形式。一些跨学科的概念、理论、方法等多次被目标学科引用,就有可能与目标学科的研究热点、重点等产生共现,解决目标学科的瓶颈问题,这时跨学科知识生长点产生。

2020年,本团队首次提出跨学科知识生长点的概念,定义为:引入跨学科相关概念、理论、技术与方法,与活跃的学科关键知识点融合研究,产生创新知识的生长点。那么,学科原有知识与某主题或领域新知识生长的关系见图7-1:

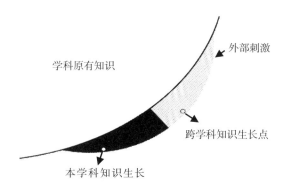

图 7-1　学科新知识生长示意图

Fig 7-1　Schematic diagram of the growth of new knowledge in disciplines

图7-1中,学科原有知识圈上的凸起部分为新生长的知识,新知识可以分为两类:一类是与本学科知识合作产生的新知识表示为黑色部分,是学科知识生长点;一类是与跨学科知识合作产生的新知识表示为虚线部分,是跨学科知识生长点。Michael S.等①认为跨学科知识生长点具有更好的创新性和被

---

① Michael S., Yifang M., Roberta S., "A Nobel Opportunity for Interdisciplinarity", *Nature Physics*, 2018, 14(11):1075-1078.

引量。

一方面第三章第一节构建主题热度加速度指数,识别目标学科前沿、稳定和衰退型研究热点;另一方面第五章第一节构建跨学科引用度模型,分析跨学科引用对知识生长的刺激作用,发现跨学科引用有效促进"引文分析"等情报学核心方法类主题的知识生长。因此,本节在上文研究的基础上,以"引文分析"主题领域的研究文献及其跨学科参考文献为例,通过全文分词,识别目标学科知识 a 与跨学科知识 b 合作研究产生的跨学科知识生长点,分析其合作的持续性与增长性,判定其所处形成、成长、成熟等生命周期的不同阶段,以利于把握学科发展现状与未来趋势,促进跨学科合作创新与科学发展,并为识别跨学科潜在知识生长点提供研究基础。

目前,已产生的跨学科知识生长点识别研究存在空白,与其相近的跨学科潜在知识生长点识别,是指识别具有潜在合作可能的目标学科与跨学科知识配对,主要采用共现分析、引文分析和作者网络分析的方法。本团队相关研究工作如下:第六章分别采用开放式与闭合式非相关知识发现方法,识别情报学与计算机科学"知识服务—矩阵分解"等潜在合作研究主题;基于弱引文关系网络构建潜在合作指数模型,识别"引文网络—有限元分析法"等潜在知识组合;构建基于作者—关键词 2-模网络的合作潜力指数模型,识别"知识图谱—路网模型"等潜在跨学科知识组合[1]。

此外,跨学科知识生长点往往产生于两学科或多学科的交叉研究主题中[2],学科交叉研究主题的识别主要采用共现网络分析方法。如,李长玲、郭凤娇[3][4]

---

[1] 刘小慧、李长玲、刘运梅等:《基于作者—核心关键词 2-模网络的潜在跨学科合作组合识别——以图书情报学与计算机科学为例》,《情报理论与实践》2018 年第 2 期。

[2] 张道民:《试论科学生长点》,《科学、技术与辩证法》1986 年第 1 期。

[3] 李长玲、刘非凡、郭凤娇:《运用重叠社群可视化软件 CFinder 分析学科交叉研究主题——以情报学和计算机科学为例》,《图书情报工作》2013 年第 7 期。

[4] 李长玲、郭凤娇、支岭:《基于 SNA 的学科交叉研究主题分析——以情报学与计算机科学为例》,《情报科学》2014 年第 12 期。

分别运用重叠社群可视化软件 CFinder 以及社会网络分析方法,识别情报学与计算机科学的交叉研究主题和潜在交叉研究主题;隗玲等①采用弱共现关系和突发词检测方法识别到电子商务、社区、电子政府等为情报学的交叉研究主题;许海云等②③提出基于共现网络的 TI 系列关联分析指标,并采用对应分析 2-模网络社区识别方法,识别情报学的交叉主题;商宪丽④采用 LDA 模型结合潜在主题标注法识别数字馆藏、谱分析等数字图书馆领域潜在交叉主题。

　　综上所述,跨学科潜在知识生长点的识别,可以预测目标学科知识与跨学科知识未来合作的可能,但无法把握已经产生的跨学科知识生长点的发展情况;学科交叉研究主题易于产生知识生长点,但未见知识生长点、跨学科知识生长点识别的研究文献;并且,上文目标学科知识、跨学科知识、学科交叉知识的识别数据往往来源于文献作者标注的关键词,知识提取不够全面。因此,本节以"引文分析"主题领域为例,提取其研究文献及其跨学科参考文献全文中的关键词作为研究对象,构建能够反映知识影响力和知识共现关系的跨学科知识生长点识别模型,并对识别结果进行分类,分析其所处生命周期的不同阶段,意图把握该领域的知识生长规律。

二、跨学科知识生长点识别模型构建

(一)跨学科引用中的共现与交叉关系

　　目标学科文献的跨学科引用,在引用关系网络中同时存在共现与交叉关

　　①　隗玲、许海云、郭婷等:《基于弱共现和突发监测的情报学学科研究主题及交叉性分析》,《图书情报工作》2015 年第 21 期。
　　②　许海云、郭婷、岳增慧等:《基于 TI 指标系列的情报学学科交叉主题研究》,《情报学报》2015 年第 10 期。
　　③　许海云、董坤、刘昊等:《基于异构网络的学科交叉主题发现方法》,《情报科学》2017 年第 6 期。
　　④　商宪丽:《基于 LDA 的交叉学科潜在主题识别研究——以数字图书馆为例》,《情报科学》2018 年第 6 期。

系,见图 7-2:

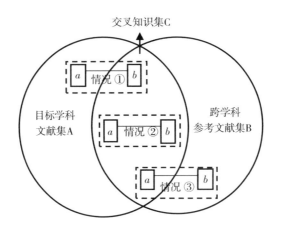

图 7-2 跨学科引用中的共现与交叉关系示意图

Fig 7-2 Schematic diagram of co-occurrence and crossover in interdisciplinary references

图 7-2 中,目标学科文献集 A 引用跨学科参考文献集 B,集合 A 与集合 B 的交集形成学科交叉知识集 C;集合 A 与集合 B 中的知识除了独立共现关系外,还有交叉共现关系,例如情况①②③,这些跨学科知识的合作研究,产生了跨学科知识生长点。其中,情况①:跨学科知识 b 被目标学科引用,并与目标学科知识 a 合作,在目标学科形成跨学科知识生长点。情况②:知识 a 与 b 在目标学科文献和跨学科参考文献中均有合作,在目标学科与其他学科都形成了跨学科知识生长点,但在不同学科的研究角度和内容不同。情况③:知识 a 与 b 在其他学科有合作,产生知识生长点;但在目标学科只有引用关系未有共现关系,没有形成跨学科知识生长点。

在图 7-2 的引用、共现、交叉关系中,识别跨学科知识生长点(a,b)的思路,见图 7-3:

图 7-3 中,采集目标学科文献为集合 A、跨学科参考文献为集合 B,并按以下步骤处理:

(1)构建词表。采用机器识别与人工标注相结合的方法构建词表,提高

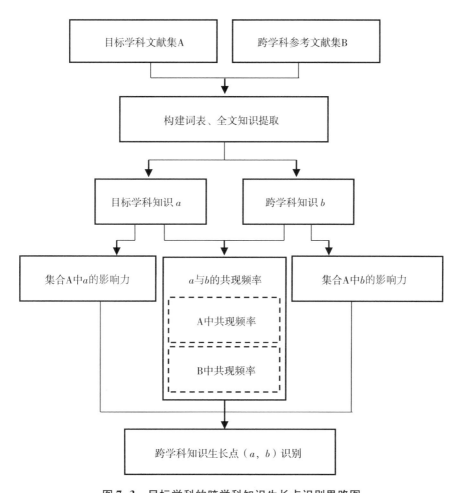

图 7-3 目标学科的跨学科知识生长点识别思路图
Fig 7-3 Mind map of identifying interdisciplinary knowledge growth points of target disciplines

分词结果的准确率,词表的主要来源为 NLPIR-ICTCLAS 系统根据语料识别的新词、情报学高频词和人工调整的部分词汇。词表中将目标学科知识标注为 a ,跨学科知识标注为 b ;

(2)全文知识提取。采用 NLPIR-ICTCLAS 系统,导入词表进行全文分词、词性标注、语言统计,并进行数据筛选,从集合 A 与 B 中提取出目标学科知识 a 与跨学科知识 b ;

（3）构建跨学科知识生长点（ a,b ）识别模型。从集合 A 中目标学科知识 a 的影响力、知识 a 与 b 的共现频率、集合 A 中跨学科知识 b 的影响力三方面构建模型；

（4）逐年计算跨学科知识生长点测度值，识别每年合作强度较高的跨学科知识生长点。

（二）知识影响力测度

信息熵是信息论之父香农提出的一种量化信息的度量，该概念能够在大量文本中描述其中某一信息的不确定度，信息熵在自然语言处理领域应用较为广泛，可以有效度量文献中的信息量。本节将信息熵作为量化文献中知识 a 与 b 的度量，可以分别测度目标学科知识 a、跨学科知识 b 的影响力。目标学科知识 a 在目标学科文献集 A 中的知识影响力可以表示为：

$$H(a) = \sum_1^i -p(a)\log p(a) \tag{7.1}$$

公式（7.1）中，$p(a)$ 为知识 a 在集合 A 中的一元概率，即知识 a 在文献分词总词频中的占比；i 为集合 A 中的文献总量。$H(a)$ 越高，说明该知识 a 越容易受到外来刺激。

同理，跨学科知识 b 在目标学科文献集 A 中的知识影响力 $H(b)$ 为：

$$H(b) = \sum_1^j -p(b)\log p(b) \tag{7.2}$$

公式（7.2）中，$p(b)$ 为知识 b 在集合 A 中的一元概率，j 为集合 A 中的文献总量。$H(b)$ 越高，说明该知识 b 越容易对目标学科知识产生刺激。

信息熵虽然能分别反映知识 a 与 b 的影响力，但无法反映二者合作的紧密程度，因此构建知识共现频率模型。

（三）知识共现频率测度

以往知识共现多基于文献作者标注关键词或者题名摘要提取关键词的

方式,这时的共现关系强度往往为 1,但全文分词的文献中两个知识节点可以多次共现,能更好地反映两节点的关系强弱,共现强度在数量上等于出现次数少的节点频次。因此,构建能够同时反映图 7-2 中 3 种情况的知识共现频率模型,其中目标学科知识集 A 中知识 a 与 b 的共现频率可表示为:

$$f(ab)_A = \sum_{n=1}^{i} \left(\frac{A(ab)_n}{A(a)} \times \frac{A(ab)_n}{A(b)} \right) \tag{7.3}$$

公式(7.3)中,$f(ab)_A$ 为目标学科知识集 A 中知识 a 与 b 的共现频率;$A(a)$ 为集合 A 中知识 a 的频次;$A(b)$ 为集合 A 中知识 b 的频次;n 为文献编号;i 为集合 A 中的文献总量;$A(ab)_n$ 为文献 A_n 中 a 与 b 共现的频次,即知识 a 与 b 中的低频次。同理,跨学科参考文献集 B 中知识 a 与 b 的共现频率为:

$$f(ab)_B = \sum_{n=1}^{j} \left(\frac{B(ab)_n}{B(a)} \times \frac{B(ab)_n}{B(b)} \right) \tag{7.4}$$

公式(7.4)中,j 为跨学科参考文献集 B 中的文献总量。公式(7.3)和(7.4)分别反映各自集合中知识的共现频率,共现频率越高,说明在该集合中知识 a 与 b 的合作越紧密。根据图 7-2 所示 3 种情况,构建知识 a 与 b 的知识共现频率模型:

$$f(ab)_{AB} = f(ab)_A \times (1 - f(ab)_B) \tag{7.5}$$

公式(7.5)中,情况①:$f(ab)_A \neq 0$ 且 $f(ab)_B = 0$,此时总共现频率 $f(ab)_{AB} = f(ab)_A \neq 0$,知识 a 与 b 在目标学科形成新颖有效的跨学科知识生长点;情况②:$f(ab)_A \neq 0$ 且 $f(ab)_B \neq 0$,此时目标学科中知识 a 与 b 合作越多,说明目标学科跨学科知识生长点合作越紧密,而跨学科参考文献中其他学科的知识 a 与 b 合作越多,说明目标学科的跨学科知识生长点新颖性越弱;情况③:$f(ab)_A = 0$,此时 $f(ab)_{AB} = 0$,说明目标学科并未形成知识 a 与 b 的跨学科知识生长点。因此,知识共现频率模型能够较好地测度 3 种知识共现情况,

反映知识 a 与 b 的合作紧密程度,$f(ab)_{AB}$ 越高,目标学科形成的跨学科知识生长点合作越紧密。

(四)跨学科知识生长点识别模型

从 3 方面构建目标学科跨学科知识生长点(a,b)识别模型(Interdisciplinary knowledge growth point identification model,IGP):(1)目标学科知识 a 的影响力;(2)知识 a 与 b 的共现频率;(3)目标学科中跨学科知识 b 的影响力,公式如下:

$$IGP(a,b) = H(a) \times f(ab)_{AB} \times H(b) = H(a) \times f(ab)_A \times (1 - f(ab)_B) \times H(b) \tag{7.6}$$

公式(7.6)的 3 个指标中,$H(a)$ 与 $H(b)$ 分别反映目标学科知识 a、跨学科知识 b 在目标学科的影响力,$H(a)$ 越高,说明知识 a 在目标学科的研究量越多,形成跨学科知识生长点影响力越高;$H(b)$ 越高,说明跨学科知识 b 引入目标学科后的应用越多,越容易刺激目标学科产生新知识;共现频率 $f(ab)_{AB}$ 越高,说明知识 a 与 b 在目标学科的合作越紧密。因此,$IGP(a,b)$ 识别模型的 3 个指标均对跨学科知识生长点的识别产生正向作用,$IGP(a,b)$ 测度值越高,说明跨学科知识生长点的影响力与合作强度越高。

三、跨学科知识生长点测度值计算

(一)数据来源与知识提取

第五章第一节构建跨学科引用度模型 CI 与主题研究热度模型 TP,分析跨学科引用与知识生长的相关性,并根据相关性高低,将情报学热点主题分为跨学科引用有效、能够、不易促进知识生长三类,见表 7-1:

表 7-1　各类主题跨学科引用对知识生长的刺激作用

Tab 7-1　Stimulating effects of interdisciplinary references on knowledge growth

相关性	主题	数据特征	跨学科引用的刺激作用
高度相关	引文分析、信息计量、电子政务、人工智能	参考文献跨学科性提高时,主题热度较大概率随之提高。	有效促进知识生长
显著相关	大数据、网络舆情、科学数据、数据挖掘	参考文献跨学科性提高时,主题热度有一定概率随之提高。	能够促进知识生长
低度、不相关	情报工作、本体、情报学、扎根理论	参考文献跨学科性提高时,主题热度不会随之变化。	不易促进知识生长

通过上述研究结论可以看出,"引文分析""信息计量""电子政务"和"人工智能"等 4 个主题的跨学科引用可以有效促进知识生长。选取其中 CI 与 TP 符合正态分布,同时二者相关系数最高的主题"引文分析"进行分析。

为确保样本数据一致,本节选择样本来源期刊与上文研究相同,即《中国图书馆学报》《图书情报知识》《大学图书馆学报》《图书与情报》《情报理论与实践》《图书情报工作》《情报资料工作》《情报科学》《情报杂志》9 种期刊。以维普期刊数据库为数据来源,CNKI 补充,采集"引文分析"主题 2016—2020 年 136 篇文献作为目标学科文献集 A,502 篇跨学科参考文献为跨学科参考文献集 B,参考文献学科划分依据与上文研究保持一致,按中图分类号划分。

采用张华平开发的 NLPIR-ICTCLAS 汉语分词系统对样本数据进行全文分词、词性标注和年度一元概率计算,从 638 篇文献中提取标注为 a 的目标学科关键词 2133 个,标注为 b 的跨学科关键词 3224 个。分别筛选年度一元概率 $p(a)$ 与 $p(b)$ 大于 0.0005 的词,得到目标学科关键词 129 个,跨学科关键词 36 个。

(二)测度值计算结果

(1)a 与 b 的知识影响力计算。将知识的年度一元概率 $p(a)$ 与 $p(b)$ 分别代入公式(7.1)和(7.2),计算 a 与 b 在目标学科中的知识影响力 $H(a)$ 与

$H(b)$,部分结果见表7-2,由于数值较小,表中数据放大千倍后展示。

表7-2　知识影响力计算结果(部分)

Tab 7-2　Calculation results of knowledge influence(part)

类别	序号	知识提取结果	知识影响力计算结果				
			2016	2017	2018	2019	2020
$H(a)$	1	跨学科	3.274	0.644	11.196	0.995	15.512
	2	相似度	6.128	2.260	3.752	11.659	5.681
	3	耦合	5.550	10.405	0.813	2.500	2.878
	4	研究热点	2.670	5.950	3.581	5.474	2.383
	5	知识图谱	3.096	17.326	9.554	2.377	1.755
	6	学科交叉	4.480	1.371	1.876	1.185	1.648
	7	研究前沿	8.692	8.849	0.911	0.579	1.105
	8	主路径	18.506	4.821	0.000	6.335	0.826
	9	专利申请	1.540	4.816	0.896	1.006	0.584
	10	专利价值	5.011	0.354	0.000	0.000	0.145
	…	…	…	…	…	…	…
$H(b)$	1	技术链	3.703	0.130	0.150	2.201	5.131
	2	价值链	5.834	0.246	0.000	0.027	2.359
	3	条件随机场	1.964	0.130	2.492	1.701	2.053
	4	技术轨道	1.623	0.130	0.181	0.618	1.702
	5	社会网络分析	3.734	3.660	2.630	2.516	1.678
	6	情感分析	0.446	0.001	0.222	2.546	0.828
	7	命名实体	1.956	0.000	0.763	0.977	0.029
	8	技术转移	5.680	0.133	1.726	0.251	0.016
	9	语义泛化	2.177	0.000	0.000	0.000	0.000
	10	技术接受模型	2.017	0.243	0.000	0.132	0.000
	…	…	…	…	…	…	…

＊表中,知识影响力$H(a)$与$H(b)$放大千倍展示,保留3位小数。

(2)a-b共现频率计算。编写 PHP 连接 Mysql 程序,构建129x36 阶矩阵,表达目标学科知识 a 与跨学科知识 b 的共现关系与强度。将矩阵中目标学科知识共现频次代入公式(7.3)计算 $f(ab)_A$,跨学科参考文献知识共现频次代入公式(7.4)计算 $f(ab)_B$。以 2020 年目标学科文献《基于 BERT 和引文上下文的文献表征与检索方法研究》①(样本编号:2020-A_{17})为例,其部分共现频率矩阵见表 7-3:

表 7-3 知识共现频率矩阵(部分)

Tab 7-3 **Frequency of knowledge co-occurrence** $f(ab)_{A17}$ **matrix(part)**

样本 2020-A_{17}		跨学科知识 b						
		技术转移	⋯	神经网络	自然语言处理	⋯	词向量	⋯
目标学科知识 a	主路径	0.000	⋯	0.000	0.000	⋯	0.000	⋯
	⋯	⋯	⋯	⋯	⋯	⋯	⋯	⋯
	相似度	0.000	⋯	0.546	0.188	⋯	2.408	⋯
	⋯	⋯	⋯	⋯	⋯	⋯	⋯	⋯
	研究热点	0.000	⋯	0.252	0.348	⋯	0.494	⋯
	⋯	⋯	⋯	⋯	⋯	⋯	⋯	⋯
	引文网络	0.000	⋯	0.166	0.102	⋯	0.325	⋯
	引文文本	0.000	⋯	0.000	0.000	⋯	0.000	⋯
	聚类	0.000	⋯	0.096	0.133	⋯	0.189	⋯
	⋯	⋯	⋯	⋯	⋯	⋯	⋯	⋯

* 表中,单篇年度知识共现频率 $f(ab)_{A17}$ 放大千倍展示,保留 3 位小数。

最后,将 $f(ab)_A$ 与 $f(ab)_B$ 计算结果代入公式(7.5),计算知识 a 与 b 的共现频率 $f(ab)_{AB}$,若结果不为零,则是已形成的跨学科知识生长点,部分计算结果见表 7-4。

(3)跨学科知识生长点测度值 $IGP(a,b)$ 计算。将表 7-2 知识影响力 $H(a)$、$H(b)$ 计算结果与表 7-4 知识共现频率 $f(ab)_{AB}$ 计算结果代入公式(7.6)逐年计算 $IGP(a,b)$ 的值,部分计算结果见表 7-5。

① 牛海波、赵丹群、郭倩影:《基于 BERT 和引文上下文的文献表征与检索方法研究》,《情报理论与实践》2020 年第 9 期。

表7-4 跨学科知识生长点（a,b）共现频率 $f(ab)_{AB}$ 计算结果（部分）

Tab 7-4 Calculation results of co-occurrence frequency $f(ab)_{AB}$ of interdisciplinary knowledge growth points (a,b) (part)

序号	2016 本学科	2016 跨学科	2016 $f(ab)_{AB}$	2017 本学科	2017 跨学科	2017 $f(ab)_{AB}$	2018 本学科	2018 跨学科	2018 $f(ab)_{AB}$	2019 本学科	2019 跨学科	2019 $f(ab)_{AB}$	2020 本学科	2020 跨学科	2020 $f(ab)_{AB}$
1	专利价值	技术转移	0.168	信息检索	时间切片	0.219	理论识别	深度学习	0.072	引用位置	情感分析	0.226	新兴主题	模态	0.426
2	专利价值	价值链	0.125	专利申请	生态系统	0.088	合著	随机森林	0.023	引文网络	协同效应	0.023	竞争情报	技术链	0.110
3	信息检索	语义泛化	0.115	信息检索	均线理论	0.071	引用半衰期	随机森林	0.019	专利申请	协同效应	0.010	信息素养	拓扑结构	0.018
4	专利价值	技术链	0.100	研究热点	均线理论	0.068	知识产权	社会网络	0.006	数据挖掘	深度学习	0.009	信息素养	云计算	0.014
5	理论识别	隐马尔可夫	0.077	竞争情报	生态系统	0.032	合著	机器学习	0.005	引用位置	自然语言处理	0.008	发展趋势	云计算	0.012
6	引用动机	情感分析	0.045	新兴主题	拓扑结构	0.031	知识产权	生态系统	0.005	发展趋势	社会网络分析	0.006	信息检索	隐马尔可夫	0.011
7	理论识别	条件随机场	0.035	学科交叉	新闻传播	0.026	学科交叉	社会网络	0.004	数据挖掘	云计算	0.006	信息素养	神经网络	0.010
8	理论识别	命名实体	0.034	相似度	语义分析	0.026	理论识别	自然语言处理	0.004	数据挖掘	人工智能	0.005	发展趋势	模态	0.008
9	研究热点	技术接受模型	0.034	知识图谱	均线理论	0.025	竞争情报	深度学习	0.004	数据挖掘	神经网络	0.005	信息检索	自然语言处理	0.006
10	引文文本	情感分析	0.021	知识产权	生态系统	0.023	合著	社会网络	0.004	数据挖掘	自然语言处理	0.004	新兴主题	特征提取	0.006
…	…	…	…	…	…	…	…	…	…	…	…	…	…	…	…

*表中，共现频率 $f(ab)_{AB}$ 保留3位小数。

表7-5 跨学科知识生长点测度值计算结果（部分）

Tab 7-5 Calculation results of measurement values $IGP(a,b)$ of interdisciplinary knowledge growth points (part)

序号	2016 本学科	2016 跨学科	2016 $IGP(a,b)$	2017 本学科	2017 跨学科	2017 $IGP(a,b)$	2018 本学科	2018 跨学科	2018 $IGP(a,b)$	2019 本学科	2019 跨学科	2019 $IGP(a,b)$	2020 本学科	2020 跨学科	2020 $IGP(a,b)$
1	专利价值	技术转移	4.774	信息检索	时间切片	6.672	引用半衰期	随机森林	0.107	引用位置	情感分析	2.571	竞争情报	技术链	8.592
2	专利价值	价值链	3.650	专利申请	生态系统	0.825	合著	随机森林	0.106	引文网络	协同效应	0.477	新兴主题	模态	2.853
3	专利价值	技术链	1.849	信息检索	均线理论	0.691	引用半衰期	机器学习	0.047	引用位置	自然语言处理	0.081	知识流动	人工智能	0.091
4	研究热点	技术接受模型	0.183	知识图谱	均线理论	0.484	合著	机器学习	0.047	相似度	机器学习	0.074	聚类	模态	0.089
5	聚类	技术接受模型	0.167	研究热点	均线理论	0.455	知识产权	社会网络分析	0.023	相似度	词向量	0.073	跨学科	人工智能	0.068
6	主路径	技术轨道	0.136	知识图谱	时间切片	0.437	合著	社会网络分析	0.022	相似度	神经网络	0.069	聚类	技术轨道	0.068
7	引用动机	机器学习	0.110	研究热点	时间切片	0.411	学科交叉	社会网络分析	0.021	相似度	深度学习	0.061	发展趋势	模态	0.059
8	专利价值	社会网络分析	0.103	知识扩散	拓扑结构	0.318	知识图谱	社会网络分析	0.020	相似度	自然语言处理	0.037	发展趋势	云计算	0.054
9	信息检索	技术接受模型	0.065	竞争情报	生态系统	0.183	竞争情报	深度学习	0.020	聚类	深度学习	0.035	引文网络	词向量	0.047
10	引文网络	技术轨道	0.057	引文网络	隐喻思维	0.134	聚类	随机森林	0.018	发展趋势	社会网络分析	0.034	竞争情报	价值链	0.042
⋯	⋯	⋯	⋯	⋯	⋯	⋯	⋯	⋯	⋯	⋯	⋯	⋯	⋯	⋯	⋯

* 表中，跨学科知识生长点测度值 $IGP(a,b)$ 放大 10^6 展示，保留 3 位小数。

表 7-5 中的计算结果能够反映跨学科知识生长点的合作紧密程度以及影响力,分析表中数据,可得以下结论:

(1)跨学科知识生长点往往是领域研究的前沿。与研究热点的识别结果不同,"引文分析"主题的跨学科知识生长点几乎没有连续、稳定排名靠前的情况出现,而每年排名靠前的跨学科知识生长点均是迅速突显且离散分布,符合研究前沿高影响力、高增长速度和不确定性的特点[1],因此往往是领域前沿;

(2)跨学科知识生长点的外部刺激具有多元性。上文研究中,假设跨学科知识生长点是由本学科某知识受到某外部知识刺激而形成的。而表 7-5 测度结果中,"引文分析"主题的目标学科知识可以受到多个跨学科知识同时刺激,如 2020 年"聚类—模态"和"聚类—技术轨道"两个跨学科知识生长点,说明该年目标学科文献同时与两种跨学科知识结合,促进目标学科"聚类分析"的研究。

四、跨学科知识生长点生命周期判定与特征分析

生命周期理论最初来自生物学,引入情报学后,应用于信息或科学数据的衰变规律研究[2]。马费成等[3]认为生命周期的适用对象需具备连续性、不可逆转性和迭代性。目前,生命周期理论已经在高校科学数据研究[4][5]、技术标

---

① Wang Q., "A Bibliometric Model for Identifying Emerging Research Topics", *Journal of the Association for Information Science and Technology*, 2018, 69(2): 1-25.

② 丁宁、马浩琴:《国外高校科学数据生命周期管理模型比较研究及借鉴》,《图书情报工作》2013 年第 6 期。

③ 马费成、望俊成:《信息生命周期研究述评(Ⅰ)——价值视角》,《情报学报》2010 年第 5 期。

④ 陈欣、詹建军、叶春森等:《基于高校科学数据生命周期的社会科学数据特征研究》,《情报科学》2021 年第 2 期。

⑤ 刘桂锋、阮冰颖、包翔:《数据生命周期视角下高校科学数据安全内容框架构建》,《情报杂志》2021 年第 2 期。

准和产业演化路径研究①、技术预测方法②、数据质量管理③、知识规律研究④等方面应用。本节表7-5中为跨学科知识生长点识别结果,构建界定方法,将其区分为"形成期""成长期"和"成熟期"3个生命周期阶段,并分析各阶段的不同特征。跨学科知识生长点的生长周期见图7-4:

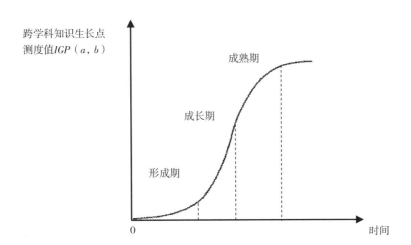

图7-4　跨学科知识生长点生命周期示意图
Fig 7-4　Schematic diagram of the life cycle of interdisciplinary knowledge growth points

图7-4中,参照学科的生命周期增长规律,界定跨学科知识生长点各阶段的区分标准如下:(1)形成期的跨学科知识生长点,具有零散分布的特点,界定为5年中跨学科知识生长点测度值 $IGP(a,b)$ 离散分布,偶有年份排名靠前;(2)成长期的跨学科知识生长点,具有快速生长的特点,界定为表7-5中 $IGP(a,b)$ 测度值连续分布,且排名具有持续上升的趋势;(3)成熟期跨学

　　① 瞿羽扬、周立军、杨静等:《基于技术标准生命周期的移动通信产业演化路径》,《情报杂志》2021年第5期。
　　② 张洋、林宇航、侯剑华:《基于融合数据和生命周期的技术预测方法:以病毒核酸检测技术为例》,《情报学报》2021年第5期。
　　③ 夏义堃、管茜:《基于生命周期的生命科学数据质量控制体系研究》,《图书与情报》2021年第3期。
　　④ 詹国梁:《学科视角下的知识生命周期》,《情报资料工作》2012年第1期。

科知识生长点,具有研究稳定的特点,界定为表7-5中5年间 $IGP(a,b)$ 测度值排名存在波动但总体较为平稳,近年排名略有回落趋势。

对全部跨学科知识生长点进行编号处理并统计表7-5中每年计算结果排名,依据上述分类原则编写 VBA 程序。识别形成期跨学科知识生长点共126个,按5年中最高排名排序;成长期58个,按最近年份排名排序;成熟期7个,按平均排名排序,取各类前10名的跨学科知识生长点,分类结果见表7-6:

表7-6　跨学科知识生长点生命周期分类结果(部分)

Tab 7-6 Classification results of interdisciplinary knowledge growth points(part)

类型	排序	目标学科知识 a	跨学科知识 b	2016排名	2017排名	2018排名	2019排名	2020排名
形成期	1	专利价值	技术转移	1	213	179	187	217
	2	信息检索	时间切片	453	1	460	477	499
	3	引用半衰期	随机森林	733	745	1	737	749
	4	专利价值	价值链	2	214	180	188	218
	5	引文网络	协同效应	812	818	813	2	823
	6	合著	随机森林	960	960	2	960	960
	7	专利价值	技术链	3	218	184	192	222
	8	信息检索	均线理论	458	3	465	483	505
	9	引用半衰期	机器学习	716	728	3	720	732
	10	研究热点	技术接受模型	4	296	270	276	308
	...	...	...	...	...	...	...	...
成长期	1	跨学科	人工智能	152	172	148	98	5
	2	聚类	技术轨道	54	860	855	54	6
	3	发展趋势	云计算	606	627	613	73	8
	4	引文网络	词向量	814	820	815	50	9
	5	引文网络	拓扑结构	91	12	817	23	15
	6	相似度	云计算	175	204	48	40	17
	7	聚类	人工智能	860	86	863	64	18

类型	排序	目标学科知识 a	跨学科知识 b	2016排名	2017排名	2018排名	2019排名	2020排名
成长期	8	引文网络	神经网络	82	110	800	28	19
	9	发展趋势	技术轨道	52	617	600	69	21
	10	相似度	神经网络	167	193	40	6	22
	…	…	…	…	…	…	…	…
成熟期	1	引文网络	社会网络分析	11	64	69	17	30
	2	研究热点	社会网络分析	43	15	15	18	126
	3	数据挖掘	社会网络分析	67	14	16	52	107
	4	研究热点	云计算	100	42	53	45	35
	5	相似度	社会网络分析	42	83	52	14	99
	6	合著	社会网络分析	41	33	72	78	79
	7	相似度	自然语言处理	79	94	30	8	40

分析表7-6,各类跨学科知识生长点具有以下特点:

（一）形成期跨学科知识生长点偶尔合作紧密

该时期的跨学科知识生长点偶尔合作较为密切,其余时间未合作或少量合作。该时期的跨学科知识生长点,数量上最多,但在年代分布上较为离散,仅有小部分会发展为成长期的跨学科知识生长点。

例如,通过共现矩阵定位目标学科应用"专利价值—技术转移"的文献,朱相丽等[①]综述了对专利价值和质量测度方法的研究(样本编号:2016- A_{16}),并认为专利价值和质量可以间接评估技术转移的潜力。该跨学科知识生长点虽然年度测度值排名最高,但其实质为:专利价值是技术转移的替代变量,后续引文分析领域中,使用专利价值作为替代变量研究技术转移的方法并未受

---

①　朱相丽、谭宗颖、万昊:《识别有技术转移潜力的专利方法综述》,《图书情报工作》2016年第8期。

到广泛应用,该生长点昙花一现,迅速淡出。

因此,该时期的跨学科知识生长点虽然已有少量应用,但其未来合作趋势难以从数据角度定量分析,需从知识研究内容、外部环境等角度评估其合作潜力。

(二)成长期跨学科知识生长点合作逐渐紧密

该时期的跨学科知识生长点具有合作逐渐紧密的趋势,并在近几年逐渐成为"引文分析"领域测度值排名靠前的跨学科知识生长点。该时期的跨学科知识生长点,数量上介于形成期和成熟期之间,年代分布上具有一定的连续性,部分知识组合会发展为成熟的跨学科知识生长点。

本节识别结果中,跨学科知识 b 除"技术轨道"外,排名前 10 的"人工智能""云计算""词向量""拓扑结构""神经网络"均来自计算机学科,说明计算机学科的跨学科知识刺激目标学科知识成为跨学科知识生长点的潜力较大,其中"跨学科—人工智能"潜力最大。杨思洛等[①]对 iSchools 院校研究的跨学科特征进行分析(样本编号:2020-A_8),也得出相似结论:iSchools 院校大多都具备图书情报与计算机科学的跨学科背景,且人工智能的知识输入占到全部学科的第 6 名,验证了本节的识别结果。

(三)成熟期跨学科知识生长点合作稳定

该时期的跨学科知识生长点在历时 5 年中均具有合作,是已形成较为成熟的跨学科知识生长点,仅识别出 7 个。其中,跨学科知识 b 为"社会网络分析"的跨学科知识生长点占其中 5 个。可见,社会网络分析是目前与情报学合作最为密切且稳定的跨学科知识,广泛应用于本学科引文网络分析、研究热点识别等方面的研究。

---

① 杨思洛、张一鸣:《iSchools 院校研究的跨学科特征:文献计量分析的视角》,《中国图书馆学报》2020 年第 6 期。

五、小结

本节构建跨学科知识生长点识别模型 $IGP(a,b)$，一方面测度目标学科知识 a 和跨学科知识 b 的影响力；另一方面反映 a 与 b 知识组合的合作紧密程度。对情报学"引文分析"领域的研究文献及其跨学科参考文献进行全文知识提取，并代入 $IGP(a,b)$ 模型进行实证分析，将识别出的跨学科知识生长点分为"形成期""成长期"和"成熟期"3 个阶段，并分析得出：(1)形成期的跨学科知识生长点数量最多，在年代分布上较为离散；(2)成长期跨学科知识生长点发展迅速，有较大合作趋势，其跨学科知识大多来自计算机学科；(3)成熟期跨学科知识生长点中，最稳定的跨学科知识为社会网络分析。

通过实证分析识别情报学引文分析领域已经产生的跨学科知识生长点，并总结跨学科知识生长点的生长规律，一方面把握该领域的研究现状与未来趋势，另一方面为潜在跨学科知识生长点的预测提供研究基础。

第二节　跨学科知识生长点产生的宏观因素分析

"大科学时代"背景下，科学问题呈现高度综合性和复杂性，单一学科无法独立解决复杂的社会问题。跨学科合作研究成为促进知识协同创新、推动学科融合发展、解决社会复杂问题的重要途径。本团队将跨学科知识相互碰撞产生的创新知识生长点，定义为"跨学科知识生长点"，其概念界定为：引入跨学科相关概念、理论、技术与方法，与活跃的学科关键知识点融合研究，产生创新知识的生长点。

　　社会网络分析方法起源于西方的社会学,2003 年包昌火等①在《情报学报》上发表《人际网络分析》。随之,社会网络分析方法越来越广泛地应用于我国图书情报学领域,与"合著分析"合作研究,"合著网络"由此诞生。因此,"合著网络"是跨学科知识生长点。其产生原理见图 7-5:

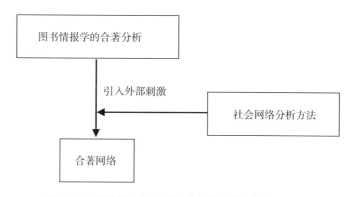

图 7-5　跨学科知识生长点"合著网络"产生原理图
Fig 7-5　The principle diagram the"co-authorship network"
ofinterdisciplinary knowledge growth points

　　基于此,本节以图书情报学领域的"合著网络"为例,从外部环境、学科知识节点关键地位和发展需要以及跨学科知识的特性 3 个方面,探析跨学科知识生长点产生的影响因素,一方面有利于促进跨学科知识生长点的产生、推动科学进步,另一方面拓展跨学科知识生长点研究的深度与广度。

一、跨学科知识在目标学科的应用分析

(一)社会网络分析方法在图书情报学科的应用历程分析

　　以 CSSCI 数据库 2021—2022 年收录的 18 种图书情报学期刊为数据来源,在 CNKI 中以"社会网络+社会网络分析+核心-边缘+中心性+中心度+SNA+结构洞"为主题进行模糊检索,时间范围界定 2003—2020 年,共检索到

① 　包昌火、谢新洲、申宁:《人际网络分析》,《情报学报》2003 年第 3 期。

928 篇相关文献;《情报学报》2003—2012 年数据在 CNKI 缺失,通过维普中文期刊服务平台进行补充,共 40 篇;下载共计 968 篇样本文献的年份、篇名、机构、作者、关键词等保存到 Excel 中。

首先,通过 Excel 表格统计社会网络分析的年度文献量;然后,运用 SATI 对每年文献中的关键词进行同义词合并、通用词去除等,统计社会网络分析每年共现的关键词数量;最后,横坐标表示年份,左侧纵坐标轴表示年度文献量,右侧纵坐标轴对应关键词共现数量。社会网络分析在图书情报学的应用历程,结果见图 7-6:

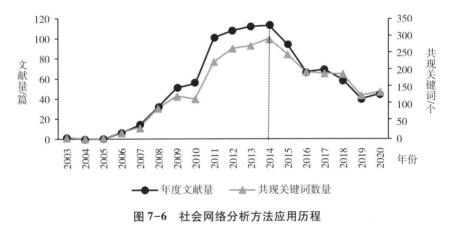

图 7-6　社会网络分析方法应用历程

Fig 7-6　The application process of social network analysis method

从图 7-6 可以看出,社会网络分析在图书情报学的应用可以分为 3 个时期:

(1)2005 年以前属于萌芽诞生期。20 世纪 80 年代社会网络分析的思想和方法引入中国,主要应用于社会学领域,图书情报学领域对社会网络分析的研究和关注开始于 2003 年①。因此,该时期图书情报领域对于社会网络分析方法的关注较少,相关研究文献较少。

(2)2006—2014 年属于快速成长期。该时期关于社会网络分析方法的研

---

① 　包昌火、谢新洲、申宁:《人际网络分析》,《情报学报》2003 年第 3 期。

究成果迅速增长,尤其是在 2011 年,文献量的增长率为 83.6%。这是由于 2008 与 2009 连续 2 年的图书情报与文献学的国家社科基金课题指南中发布"社会网络与企业内部知识共享研究"和"社会网络分析在企业知识管理中的应用研究"的选题,由此开启了社会网络分析方法在图书情报学领域的广泛应用,研究文献迅速增长。

(3)2015—2020 年属于成熟期,发文量呈现波动下降的趋势。社会网络分析在图书情报学的应用趋于成熟,在识别学科热点、评价科研工作人员等方面发挥重要作用,主要应用领域相对集中,并稳定发展。

(二)社会网络分析方法在图书情报学科的主要应用领域及发展脉络

关键词是对文献内容的凝练和表达,统计与"社会网络分析"共现的关键词,可以把握社会网络分析的主要应用领域。对样本文献的关键词进行去重、合并等处理,按总频次由高到低顺序排列,排名前 20 位的关键词词频年代分布见表 7-7:

表 7-7　社会网络分析方法共现关键词词频年代分布(部分)
Tab 7-7　The frequency distribution of co-occurrence keywords in social network analysis method(part)

年份\关键词	03	04	05	06	07	08	09	10	11	12	13	14	15	16	17	18	19	20	总频次
合著分析	0	0	0	2	0	2	4	1	12	15	21	21	16	13	4	9	9	8	137
共词分析	0	0	0	0	0	1	3	3	4	11	8	15	11	8	7	2	3	2	78
引文分析	0	0	0	0	0	5	7	6	13	9	12	3	2	2	0	2	1	1	71
可视化	0	0	0	0	0	1	3	7	10	8	6	7	3	4	3	2	1	2	57
微博	0	0	0	0	0	0	2	6	6	9	6	3	2	3	2	3	3	2	56
知识共享	0	0	0	1	1	1	5	7	9	5	3	3	1	3	2	3	1	3	48
文献计量学	0	0	0	0	2	3	3	4	6	10	6	2	3	1	2	2	1	2	47
聚类分析	0	0	0	0	1	0	2	7	3	5	4	4	2	2	3	2	0	0	40

年份 关键词	03	04	05	06	07	08	09	10	11	12	13	14	15	16	17	18	19	20	总频次
竞争情报	0	0	0	1	3	3	4	6	3	7	7	0	2	1	1	1	1	0	40
知识管理	0	0	0	1	4	3	2	2	7	5	1	4	1	1	1	1	1	0	34
知识图谱	0	0	0	0	0	0	3	0	6	7	3	3	1	1	3	0	1	0	28
网络结构	0	0	0	0	0	0	1	1	0	2	4	4	2	2	4	2	0	3	25
UCIENT	0	0	0	0	0	0	0	1	2	4	3	5	4	2	1	2	0	0	24
网络舆情	0	0	0	0	0	0	0	0	2	0	3	2	2	5	7	1	1	1	24
信息传播	0	0	0	0	1	1	0	0	3	3	4	0	2	2	4	2	1	2	24
中心性分析	0	0	0	0	0	0	2	2	0	3	4	3	4	1	1	0	1	1	22
研究热点	0	0	0	0	0	0	0	0	5	4	2	3	1	3	2	1	0	0	21
多维尺度分析	0	0	0	1	0	1	0	0	3	3	2	4	1	1	0	2	0	0	18
复杂网络	0	0	0	0	0	3	0	1	1	2	4	0	1	0	3	1	0	2	18
情报学	0	0	0	0	0	2	1	0	1	3	2	3	5	1	0	0	0	1	16
…										…	…								

从图 7-6 和表 7-7 可以看出：

(1)社会网络分析方法在图书情报学的应用范围广。后台关键词数据统计,社会网络分析方法与图书情报学关键词共现数量高达 1696 个,并随时间变化先增多后减少。2003—2005 年与社会网络分析方法共现的关键词数量很少,仅有 4 个;2006—2014 年与之共现的关键词数量迅速增加,由 2006 年共现 18 个关键词到 2014 年共现 291 个关键词,共现关键词数量增加高于 16 倍;2015—2020 年,虽然关键词共现数量有所下降,但稳定在合著分析、共词分析、微博等方面。

(2)社会网络分析方法主要应用领域相对集中。关键词两两出现在一篇文章中的次数越多,说明两个研究主题的关系越紧密。由表 7-7 可知,2003—2010 年,社会网络分析方法主要应用在引文分析、知识共享、竞争情报等主题研究中;2011—2014 年,多应用于合著分析、共词分析、引文分析等领域;2015—2020 年,在合著分析、共词分析、微博、网络舆情等领域应用集中。因此,"合著网络"是社会网络分析方法在图书情报学领域创新性最强的知识生长点,本节选择以"合著网络"为例,分析跨学科知识生长点产生的影响因素。

二、跨学科知识生长点产生的宏观因素

合著网络作为跨学科知识生长点,其产生必然与外部环境、学科知识点关键地位和发展需要以及跨学科知识的特性等因素密不可分。因此,本节从"合著网络"产生的外部环境、合著分析知识点的关键地位与发展需求以及跨学科知识"社会网络分析方法"的特性3个方面分析跨学科知识生长点产生的影响因素。

(一)外部环境促进合作数量与规模的快速增长

PEST分析方法常用于分析行业或企业的外部宏观环境因素,包括:政治(Politics)、经济(Economic)、社会(Society)和技术(Technology)4个方面。同时,事物的发生必然有其外因与内因,本节选用PEST方法分析跨学科知识生长点"合著网络"产生的外部影响因素。

(1)国家出台多项政策鼓励科技合作。21世纪以来,中国综合国力显著提高,科学技术高速发展,与国际各国合作不断扩大。在此背景下,我国把国际科技合作提升至国家战略高度,确立了"互利共赢"、全方位、多层次、宽领域的国际科技合作政策,并出台一系列规划和措施。《"十五"期间国际科技合作发展纲要》首次推出了"国家重大国际科技合作计划"并单列了"国际科技合作重点项目计划"①;"十一五"期间(2006—2010),提出双边、多边科技合作协议框架下实施国际合作项目②,颁布了《国家"十一五"科学

---

① 中华人民共和国科学技术部:《"十五"期间国际科技合作发展纲要》,2022年7月17日,见 http://www.scio.gov.cn/xwfbhxwbfbh/vgfbh/2000/1227/Document/327770/327770.htm。

② 胡锦涛:《坚持走中国特色自主创新道路 为建设创新型国家而努力奋斗》,人民出版社2006年版。

技术发展规划》①《"十一五"国际科技合作实施纲要》②等对国际科技合作领域、合作主体、合作方式、合作内容和合作成效进行了科学部署。

(2)国家划拨专项经费促进科研合作。Stokes 和 Hareley③ 研究了科学合作与经济发展的关系,强调经济因素对科学合作的重要性。国务院印发实施《国家中长期科学和技术发展规划纲要(2006—2020 年)》④,提出建立多元化、多渠道的科技投入体系,提高科技经费使用效益。随之,科研机构(基地)正常运转经费、科研项目经费、科技基础条件经费等比例大大提高。

(3)国家颁布条例规范学术署名和著作权。文献和信息资源的规范有助于资源共享和传播。2005 年,国家标准化管理委员会重新发布中华人民共和国 GB/T7714-2005《文后参考文献著录规则》⑤,推进了文献资源的规范化、数字化、国际化进程;2009 年,科学技术部出版的《科研诚信知识读本》⑥规定署名顺序应共同讨论决定,通常按照贡献大小依次排列或按照学科署名惯例或合作者之间的约定安排署名排序。

(4)网络分析、可视化方法等发展成熟。伴随网络关系、数据挖掘、可视化等技术的发展,Pajek、Ucinet、Gephi、Netdraw 等社会网络分析工具应运而生,不仅使网络资料的收集与处理更加便捷,而且使网络资料的表达与展示更加丰富,为构建大型复杂网络提供了技术支撑。

---

① 中华人民共和国科学技术部:《国家"十一五"科学技术发展规划》,2022 年 7 月 17 日,见 http://www.gov.cn/gzdt/2006-11/01/content_429857.htm。

② 中华人民共和国科学技术部:《"十一五"国际科技合作实施纲要》,2022 年 7 月 17 日,见 htp:/www.gov.cn/govweb/irzg/2006-12/03/content 460262_2.html。

③ Stokes T D.,Hartley J A.,"Coauthorship,Social Structure and Influence Within Specialties",*Social Studies of Science*,1989,19(01):101-125.

④ 中华人民共和国国务院:《国家中长期科学和技术发展规划纲要(2006—2020 年)》,2022 年 7 月 17 日,见 https://www.gov.cn/gongbao/content/2006/content_240244.htm。

⑤ 中华人民共和国国家质量监督检验检疫总局、中国国家标准化管理委员会:《中华人民共和国国家标准:文后参考文献著录规则(GB/T 7714-2005)》,中国标准出版社 2005 年版。

⑥ 科学技术部科研诚信建设办公室:《科研诚信知识读本》,科技文献出版社 2009 年版,第 16 页。

国家鼓励科技合作,促进了合作数量增多、合作规模扩大;国家加大对科技合作的科研投入,使参与合作的研究人员不断增多,研究成果数量不断上升;规范署名是学术健康环境的重要标志,也是合著分析和合著网络形成的客观依据;同时,网络关系、数据挖掘、信息可视化以及知识图谱等技术的成熟,使构建大型复杂、多模网络关系成为可能。这些都为图书情报学合著分析的深入研究提出了挑战,也为"合著网络"研究的产生与发展奠定了基础。

(二)合著分析的学科关键地位与发展局限性

(1)合著分析是图书情报学活跃的学科关键知识节点

合著分析一直是图书情报学的主要研究内容和方向,文献计量学三大定律之一洛特卡定律以及普莱斯定律都是研究作者分布规律的著名学说。图书情报领域早期的合著研究比较成熟,主要集中在:科学合著规模、程度和质量、不同学科领域的合著规律与特点等,见图7-7:

由此可见,早期的合著问题都是基于离散数据的分析,但是合著本身就是关系数据,不能从关系网络的角度分析合著问题,就不能揭示更深层次的合著本质。

(2)图书情报学合著分析研究的局限性

第一,离散数据不能准确反映科研人员的学科定位。早期的合著研究,一方面从作者年龄、职称、学位、单位、发文数量等分析作者现状,另一方面从论文合著率、篇均作者量等分析合著规模与程度。这些指标虽然一定程度上了解了学科作者和合著情况,但不能深入分析作者在学科关系网络中的地位和桥梁作用。

第二,离散数据不能识别潜在合作者与合作团队。合著现象的本质是分析作者和作者之间的关系,但传统离散数据的计量分析未涉及作者合作、派系关系等研究。因此,不能识别具有相同研究兴趣的潜在合作者与合作团队。

第三,离散数据不能分析学科生产力结构和发展趋势。整个学科的生产力结构,乃至学科结构以时间序列不断向前发展,仅以信息计量、统计分析的

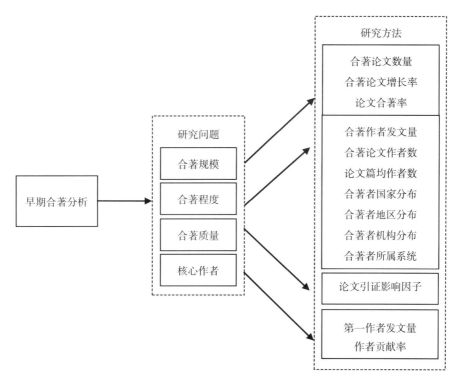

图 7-7　早期合著现象研究问题与方法
Fig 7-7　Research questions and research methods for the early co-authorship phenomenon

方法不能以关系网络形式呈现各科研人员、知识节点、机构甚至国家之间的相互联系、趋势变化。

因此,合著数量与规模的快速增长,使作者角色和地位、作者关系分析成为合著研究亟待解决的问题,但传统分析方法的局限妨碍了合著研究的发展,研究者急需新的研究方法。

(三)社会网络分析方法的优势

20 世纪 30 年代,美国社会心理学家 Moreno J L.①创立了"社会计量学",

_____

① Moreno J L., Jennings HH., "Statistics of Social Configurations", *Sociometry*, 1938, 1(4): 342-374.

发明了"社群图",并采用点和线构成的二维关系图描述抽象的社会关系和结构;随后,提出了"社会网络"的一些关键概念,包括密度、可达性、度中心性、接近中心性、中介中心性和特征向量中心性等[1]。1978 年《社会网络》杂志创刊和网络分析技术的快速发展,标志着社会网络分析理论与体系形成,并得到广泛应用。

(1)社会网络分析方法的成熟性

目前,社会网络分析已成为一种成熟的社会科学研究范式,形成了一系列的概念、术语、分析方法和工具。社会网络分析常用的分析方法有密度、中心性、核心—边缘、凝聚子群等分析,见表 7-8;常用的 3 种社会网络分析工具,见表 7-9:

表 7-8 社会网络分析方法及作用

Tab 7-8 Social network analysis methods and functions

分析方法	含义	分类法	类别	作用
密度分析	实际存在的连线数与最大可能连线数的比例	基于密度差异	全联图	衡量网络的连通性、紧密度和信息流通度等
			高密图	
			低密图	
			无联图	
中心性分析	测量社会行动者在网络中的核心地位及权力影响	基于度数分类	点度中心度	评价社会行动者在网络中的位置或优势差异
		基于捷径分类	中介中心度	
		基于距离分类	接近中心度	
凝聚子群分析	分析社会行动者集合中具有较强的、直接的、紧密联系的一个行动者子集	基于距离分类	n-派系、n-宗派	确定整体网络中可联系紧密的小团体
		基于度数分类	k-丛、k-核	

---

① Freeman L. C., "Centrality in Social Networks Conceptual Clarification", *Social Networks*, 1978,1(3):215-239.

续表

分析方法	含义	分类法	类别	作用
核心—边缘分析	由相互联系的社会行动者组成的中心紧密、外围稀疏的网络结构	基于定类数据分类	离散的核心—边缘模型	确定网络中核心的行动者和边缘行动者
		基于定比数据分类	连续的核心—边缘模型	
结构洞分析	结构洞是两个行动者之间非冗余的联系	基于 Burt 分类	结构洞指数	处于该位置的行动者更具竞争力，能获取信息或控制利益
		基于 Freeman 分类	中介中心性指数	

表 7-9　社会网络分析工具及功能

Tab 7-9　Social network analysis tools and functions

软件	Ucient	Pajek	Gephi
最早版本	5.3	0.1	
最早发表时间	2000.4.1	1997.1.15	——
最新版本	6.721	5.12	0.9.2
最新发表时间	2021.2.24	2021.5.25	2017.9.25
下载网址	http://www.analytictech.com/ucinet/	http://pajek.imfm.si/doku.php? id=pajek	https://gephi.github.io/
类型	独立软件	独立软件	独立软件
运行平台	Windows	Windows、Linux、Mac	Windows、Linux、Mac
开发语言	——	Delphil	Java
是否免费	否(有试用版)	是	是
网络规模	重型网络	大型网络	大型网络
数据类型	原始数据、Excel 数据、语言数据	文本数据、各类软件导出的数据(net、vec 等)	大多数图形文件格式，但也支持 CSV 和关系数据库
可视化图谱	散点图、树状图、树形图以及 NetDraw 内置的画图工具	2D、3D、有/无向图、动态图、2-模图、多重图	有/无向图、动态图
分析功能	中心性分析、凝聚子群、结构洞分析、核心边缘分析	中心性分析、凝聚子群分析、PageRank 等	中心性分析、凝聚子群分析、PageRank 等

社会网络分析成熟的软件工具可以形象地可视化其各种方法对"合著网

络"的分析结果,包括:作者的网络中心性地位、网络中核心作者、网络中的合作团队与潜在合作团队等。这样能更深层次地挖掘作者在网络中的合著关系和地位,拓展合著研究的深度和广度。

(2)社会网络分析关系数据的独特性

第一,社会网络关系数据可以揭示节点的角色与地位。社会网络分析研究的是行动者之间的关系数据,这类数据会把一个行动者与另一个行动者联系起来,并可采用矩阵或社群图表达。矩阵中每个元素都有自己的标签和位置,能清楚看到行和列的关系或关系强度。社群图由节点(代表行动者)和连线(代表行动者之间的关系)构成①,能够清晰、直观地展示网络结构和各成员的关系或位置。所以,大量的作者合作数据可以用矩阵和社群图表达,并分析作者学科角色和地位。

第二,社会网络分析可以构建多模的关系网络,分析更复杂和深层次的结构关系。社会网络分析除了能分析一种属性的1-模关系数据,还能表达和分析两种及以上属性的多模关系数据。如,作者-关键词2-模网络、作者-关键词-时间3-模网络等,这些多模网络可以分析更复杂的网络数据,揭示作者合作现状以外的合作内容、潜在合作、合作趋势等。

第三,社会网络分析方法应用的广泛性。以CNKI数据库的CSSCI文献为基础,时间设置为截至2005年以前,分析社会网络方法应用到图书情报学科之前其在科学领域的应用情况,根据论文的《中图法》分类号分布,发现社会网络分析方法被广泛应用于经济管理F2、社会学C91、中国政治D6、教育学G4、信息传播G2、管理学C93等社会科学各领域,分布结果见图7-8:

由图7-8可知,社会网络分析在广泛应用于合著分析之前,已经应用于管理学、社会学、经济学、教育学等学科,因此其理论体系、方法、应用都相对比较成熟。

---

① 刘军:《整体网分析讲义——UCIENT软件实用指南》,格致出版社2009年版,第86页。

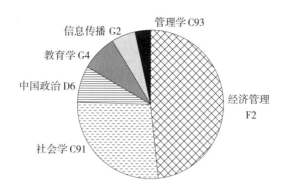

图 7-8　社会网络分析方法应用的主要学科

Fig 7-8　Main disciplines of social network analysis method application

合著数量与规模的迅速增长是合著分析深入研究的外部环境条件；合著分析的学科核心地位及发展局限是跨学科知识生长点——"合著网络"产生的必要条件；社会网络分析方法的成熟性、独特性与广泛应用性是"合著网络"产生的必备刺激条件；"合著网络"是合著分析与社会网络分析方法跨学科合作研究的必然结果。

三、跨学科知识生长点的研究创新

目前，合著网络分析已经成为合著研究最常见的方法，合著网络的产生拓展了合著分析的研究空间，并且推动了图书情报学的研究深入与发展。

Newman[①] 是最早将网络分析方法引入科研合作网络中的学者，界定合著网络的定义为：以科学家为网络的节点，如果两位科学家共同发表了一篇或多篇论文，他们就被认为是有联系的，这种联系可以用数据构建成合著网络。合著网络属于社会网络和复杂网络的一种，是对传统合著分析的一种创新和补充。

目前，合著网络研究的重点方向有：评价学者在合作网络中的作用和影响力、研究团队的划分或识别、国家或机构合著网络的特征及影响因素、学科领

①　Newman M E J., "The Structure of Scientific Collaboration Networks", *Proceedings of the National Academy of Sciences of the United States of America*, 2001, 98(2): 404-409.

域的结构和演化、识别潜在合作者等。合著网络在图书情报学应用的部分案例见表 7-10：

表 7-10　合著网络的研究创新

Tab 7-10　Research innovations of the co-authorship network

合著网络的创新作用	分析方法	研究文献
评价研究者科研表现	运用 Ucient、Gephi 软件构建合著网络，并通过中心性、核心—边缘分析处于某研究领域的核心作者或作者合作强度等，以评价研究者的科研表现	黄丽霞① 高瑾②
识别科研团队	构建合著网络，利用中心性分析、凝聚子群分析和加权点度中心度等方法从整体网和个体网、1-模网络和 2-模网络等角度绘制动态的可视化知识图谱，识别领军科研团队	余厚强③ 李纲④
识别潜在合作者	基于高频作者和关键词，构建合著网络和作者-关键词 2-模网络，挖掘基于作者桥或相同研究内容的潜在合作研究团队	李长玲⑤ 刘非凡⑥
合作网络结构特征及演化规律分析	以高校、机构、企业为节点，通过 Ucient 构建合著网络并可视化，采用网络的各项指标来衡量机构、校企合作网络的整体特征、阶段演化特征、网络属性等	王珊珊⑦ 李雨浓⑧ 李长玲⑨

---

① 黄丽霞、纪苏桐：《基于 SNA 国内阅读推广领域作者合作关系研究》，《图书情报工作》2020 年第 7 期。

② 高瑾：《数字人文领域女性学者的影响力研究——以合著网络分析为例》，《图书馆论坛》2022 年第 1 期。

③ 余厚强、白宽、邹本涛等：《人工智能领域科研团队识别与领军团队提取》，《图书情报工作》2020 年第 20 期。

④ 李纲、李春雅、李翔：《基于社会网络分析的科研团队发现研究》，《图书情报工作》2014 年第 7 期。

⑤ 李长玲、支岭、纪雪梅：《基于 SNA 的我国情报学潜在合作者分析》，《情报科学》2013 年第 9 期。

⑥ 刘非凡、李长玲、魏绪秋：《基于 2-模网络和 G-N 社群聚类算法的潜在合作者研究——以国内图情领域的社会网络分析研究为例》，《情报理论与实践》2014 年第 6 期。

⑦ 王珊珊、邓守萍、Sarah Yvonne Cooper 等：《华为公司专利产学研合作：特征、网络演化及其启示》，《科学学研究》2018 年第 4 期。

⑧ 李雨浓、王博、张永忠等：《校企专利合作网络的结构特征及其演化分析——以"985 高校"为例》，《科研管理》2018 年第 3 期。

⑨ 李长玲、支岭、郭凤娇：《基于 SNA 的我国图书情报学研究机构合作情况分析》，《情报杂志》2012 年第 7 期。

从表7-10可以看出,社会网络分析方法的引入,使图书情报领域合著分析的研究更加深入和广泛,从只能用离散数据的微观分析到网络关系数据的宏观与更高层次的微观分析,使合著分析有了质的飞跃——合著网络分析。

四、宏观影响因素分析

从上文"合著网络"的产生、发展可以看出,跨学科知识生长点的产生与外部环境和内部因素都有关系,具体表现在:

(1)外部科研环境的变化是跨学科知识生长点产生的土壤。国家政治、经济、文化、社会与技术的政策等变化,都会引起科研活动外部环境的变化,两者相辅相成、相互促进。因此,跨学科知识生长点的产生与国家政策、专项经费、社会环境、科学技术的发展变化密不可分,可以通过PEST方法分析跨学科知识生长点产生的外部环境。

(2)学科知识点的关键地位与发展需求是跨学科知识生长点产生的必要条件。从学科发展角度看,跨学科知识生长的产生必然与学科知识点的关键地位和发展需求分不开。随着大科学时代的到来,学科的研究方向不断细分,研究深度不断加强,研究问题越来越复杂。因而,学科传统的研究方法也不断受到挑战,对综合复杂问题的深入研究必然会产生瓶颈,尤其是学科研究的主要内容或备受研究者关注的研究主题,其研究方法会不断更新、融合。因此,跨学科知识生长点的产生必须以学科活跃的关键知识节点为基础。

(3)跨学科相关知识的特性是跨学科知识生长点产生的必备刺激条件。不同学科的理论、方法、技术是在学科深入研究中不断发展而成,因此每一种理论、方法、技术都有其学科独特性。当理论、技术、方法在某一学科发展成熟,知识就会随研究人员的研究方向和合作交流,流向或被移植到其他学科,并被广泛应用。因此,跨学科知识生长点的产生与跨学科知识的独特性、成熟性和广泛应用性密切相关。

五、小结

本节以图书情报学领域的"合著网络"为例,从外部环境、内部需求、外部刺激3个方面阐述并分析了跨学科知识生长点产生的影响因素。发现:(1)外部环境为图书情报学合著问题的深入研究提供了机会。在合著网络产生之前,国家颁布各种政策文件鼓励科研合作、规范论文署名和参考文献书写规则,使合著数量与规模迅速增长、合著格式更加规范,合著问题的研究更加迫切与便利。(2)内部需求是合著网络产生的必要条件。图书情报学的核心研究内容——合著一直是用合著率、篇均作者数等离散数据进行分析,很难揭示作者或合作者在整个学科网络中的角色和地位,合著问题的研究发展遇到了挑战与瓶颈,迫切需要引入跨学科方法解决现实问题。(3)跨学科方法的外部刺激是合著网络产生的必备条件。社会网络自产生以来,形成了成熟的理论体系、分析方法、可视化软件,并广泛应用于社会科学各个领域。文献作者的合作正是网络的点与线的关系体现,社会网络分析方法自然而然地被应用到合著问题的研究,合著网络由此产生。

本节从宏观上分析了跨学科知识生长点产生的影响因素,后续尝试从知识流动等角度研究跨学科知识生长点产生的微观因素,并构建跨学科知识生长点产生的趋势预测模型,识别潜在的跨学科知识生长点,为跨学科科研合作、知识融合创新提供参考和借鉴。

第三节 跨学科知识生长点产生的
微观因素分析

要有效推动跨学科知识合作研究,实现不同学科知识的融合创新,产生新的知识生长点,最根本的是要掌握跨学科知识生长点产生的微观因素及其规律,即研究人员的跨学科知识合作研究参与态度和意愿。为探究跨学科知识生长点产生的微观因素,采用访谈法和问卷调查法相结合的方法,通过对跨学科知识合作研究的科研人员进行访谈探索跨学科知识生长点产生的微观影响因素,通过问卷调查保证被访者有足够的数量,验证微观因素的准确性,使结论有普遍性和说服力。

一、跨学科知识生长点产生的微观因素探索性分析

扎根理论强调从具体情境中发现问题,通过与受访者的交流提取概念,具有较强的灵活性,被认为是最能保持研究客观性的质性研究方法。因此,本节运用扎根理论方法,对访谈数据进行编码,提取跨学科知识生长点产生的微观影响因素。

(一)访谈数据获取与预处理

本节旨在探索跨学科知识生长点产生的微观影响因素,并对前文识别的跨学科潜在知识生长点识别结果进行判别,所以将受访对象的范围确定为图书情报学硕士(包括在读)及其以上学历的学生、教师及其他科研人员,受访对象共23人。性别比例为男:女=1.25:1;学历背景方面,硕士占比30.43%(7人),博士占比为65.22%(15人),博后占比为4.35%(1人);职业背景方面,在读学生占比为69.57%(16人),教师占比为21.74%(5人),其他科研工作者占比为8.70%(2人)。

对受访对象采用半结构化形式进行深度访谈。访谈开始之前,向受访对象介绍此次访谈的目的,尽量使受访者心理上保持放松,不受访谈形式影响,以便我们得到受访者的真实想法。经受访者同意,对访谈过程进行录音。

访谈过程大致包括以下步骤:①向受访者解释跨学科合作和跨学科知识生长点的概念,使其对跨学科知识合作研究有基本的理解;②周围有没有跨学科知识合作研究现象? 如果有,对此有什么看法? ③向受访者作出假设,即通过科学文献数据、网络媒体数据识别出的跨学科潜在知识生长点,双方研究主

题是否熟知？产生既成跨学科知识生长点的可能性有多大？④基于该假设，是否愿意开展跨学科知识合作研究？为什么？访谈过程中，访谈者会根据实际情况与受访者进行交流，一方面，要确保受访者对概念和假设条件有正确的理解，另一方面，要准确获取受访者在跨学科知识合作研究方面面临的状况、现有的顾虑和给出的建议。

访谈结束后，对受访者进行编号，1号、2号……23号。将23份收集到的音频资料转化成文本文字，以便对资料进行编码处理。其中，音频资料总计507分钟，转化成文本总计201026字。从硕士资料中抽取1份，博士资料中抽取2份，用于后期检验理论模型饱和度，剩余20份用于构建理论模型。

本节严格遵循Strauss A.等①开发的逐级编码程序进行概念和范畴的整理与归纳，基本程序包括开放性编码、主轴编码和选择性编码。

（二）开放性编码

开放性编码是扎根理论资料分析过程的最重要一步，该过程将收集到的原始资料"打破""揉碎"，重新整理，进行概念化和范畴化，其目的是界定概念并发现基本的范畴。

QSR Nvivo8.0是一种质性数据分析软件，可以分析图像、视频、音频、中文文本等多种类型的资料，通过编码将非结构化的文本资料进行编码、概念化、范畴化，从而提炼出较为精简的理论。

本节使用Nvivo 8.0进行初始编码，其原理是：将20份资料分别导入Nvivo 8.0，进行反复研读。当发现一个新的与主题相关的文本片段时，就新建一个节点，并临时用词语或短句表述该节点的含义，用一个可以概括片段意义的概念给该节点命名，由此便得到一个初始范畴。若某文本片段可以被某一个已有的节点解释，那么，该文本片段直接编入该节点。在分析过程中，只要

---

① Strauss A., Corbin J., *Basics of Qualitative Research*: *Grounded Theory Procedures and Tech-niques*: Sage Publications, 1990.

是与跨学科知识合作研究相关的态度、认识、建议等语词、语句或段落,均被视为编码对象。据统计,20 份资料共有 144 个文本片段编码参考点。为节省文章篇幅,表 7-11 只给出了部分原始语句、初始概念和范畴。

表 7-11　跨学科知识生长点产生的微观影响因素开放性编码示例

Tab 7-11　Open coding example of micro-influencing factors generated by interdisciplinary knowledge growth points

原始语句	概念化	初始范畴
P3 我选择的跨学科知识,不知道是否真的与我的研究内容相关	顾虑相关性	印象匹配
P10 跨学科知识运用得巧妙,研究成果的影响力也会更受关注	成果影响力	外在激励
P11 新知识被接受需要一定的过程,短时间内研究成果可能不被认可	担心成果不被认可	成果风险
P18 跨学科知识合作研究成果可以发表到高水平的期刊上	成果水平高	外在激励
P17 我能不能学会、深入领会跨学科知识的运用是开展跨学科知识合作研究的基础	自我能力估测	自我感知
P9 希望我们学科的理论、方法等,对其他学科也会有所帮助和启发,一起促进学科发展	合作态度	情感回应
P9 得保证有时间、有精力学习跨学科相关知识	更多时间	时间成本
P16 跨学科知识生长点能提高科研效率和质量,我觉得我以后会坚持跨学科知识合作研究	合作态度	情感回应
P7 有个朋友的大学专门集聚各学院的科研人员,定期一起交流,碰撞科研灵感	朋友宣传	朋友影响
P14 会对做研究更感兴趣,更有动力	提高科研动力	内在激励
P12 能学到一些新的知识,能力也会提高	个人提高	内在激励
P15 通过跨学科知识合作研究,我对现在的专业应该会有一个新的认识	拓宽视野	内在激励
P8 跨学科知识的应用可以提高研究的创新程度和成果产出	提高科研效率	外在激励
P2 跨学科知识合作研究更容易成功,我也会有成就感	成就感	内在激励
P6 同事进行跨学科知识合作研究,获得了一项国家级课题	身边事例	同事影响
P11 参加会议时,领导讲话很鼓励开展跨学科知识合作研究	会议讲话	会议宣传
...	...	...

（三）主轴编码

开放式编码已经完成了范畴的发现，但是由此得到的范畴相互之间是独立的，因此，要对各独立范畴进行主轴编码，以发现和建立各范畴之间的联系，更好地概括主范畴的性质和层面①。根据各独立范畴的内在逻辑关系，重新比较、分析、整合，最终形成 5 个主范畴，如表 7-12 所示：

表 7-12　跨学科知识生长点产生的微观影响因素主轴编码示例
Tab 7-12　Spindle coding example of influencing factors of
interdisciplinary knowledge collaboration

主范畴	初始范畴	关系的内涵
相对优势	内在激励 外在激励	知识、视野的拓展和成就感等内在激励，更高水平创新成果等外在激励，是跨学科知识合作研究特有的优势
复杂度	时间成本 物质成本 成果风险	跨学科知识生长点的产生，需要科研人员付出一定的物质、时间和精力成本学习跨学科知识，成果的顺利发表，在跨学科知识合作研究过程中均有较大的弹性
影响力	知识前沿性 知识易用性 知识成熟性	研究人员对跨学科知识的认知是跨学科知识生长点产生的前提
匹配度	相关性 交叉性 互补性	跨学科知识合作研究的开展，需要满足学者的科研需求，也要有理想的跨学科知识，才能产生跨学科知识生长点
自我效能	自我感知	合理的自我感知和评估是跨学科知识合作研究中自我效能的保障

（四）选择性编码

主轴编码阶段经主范畴化深入分析，范畴与范畴之间的联系显现出来。

① Strauss A., Corbin J., *Basics of Qualitative Research: Grounded Theory Procedures and Techniques*: Sage Publications, 1990.

选择性编码主要是通过主范畴进一步发掘核心范畴,并建立核心范畴与其他范畴之间的关系,同时把概念化未形成的范畴补充完整,并以"故事线"的形式描绘跨学科知识合作参与意愿影响因素的关系。"故事线"基本代表了发展的实质理论框架。如图7-9所示,本节的核心范畴是"跨学科知识生长点产生的微观影响因素",相对优势、复杂度、匹配度、影响力、自我效能5个主范畴对学者开展跨学科知识合作研究有显著影响。

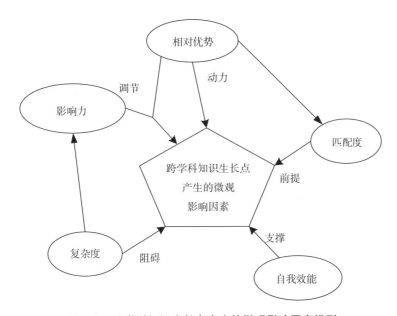

图7-9 跨学科知识生长点产生的微观影响因素模型
Fig 7-9 The micro-influencing factor model ofinterdisciplinary
knowledge growth points

(五)提出假设

基于创新扩散理论,本节提出学者跨学科知识合作研究参与态度影响因素研究模型,如图7-10所示:

在图7-10所示的"学者跨学科知识合作研究参与态度影响因素研究模型"中,包含潜在变量、控制变量和跨学科知识合作研究参与态度与跨学科知

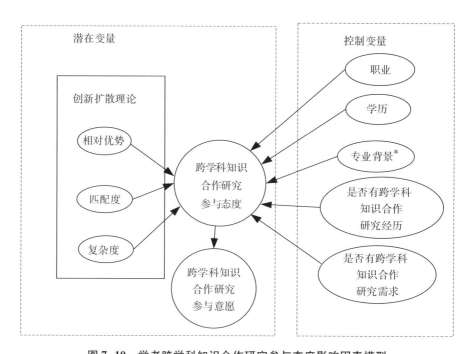

图 7-10　学者跨学科知识合作研究参与态度影响因素模型

Fig 7-10　Research model of influencing factors of scholars' attitude towards participation in interdisciplinary knowledge collaboration research

识合作研究参与意愿之间的关系：

潜在变量。不同于创新产品或创新方法的采纳行为扩散,跨学科知识合作研究是关于合作学科选择和知识合作研究的一种具体实践,所以罗杰斯提出的5个创新特性中,相对优势、匹配度和复杂度在跨学科知识生长点产生的微观因素研究中更有研究价值,因此将之作为模型的潜在变量。

控制变量。不同的职业、学历和专业背景,有着不同的科学研究特点和需求;跨学科知识合作研究参与经历和目前是否有跨学科知识合作研究需求,直接影响学者对跨学科知识合作研究的认识。这些均在最基本的层面上决定着学者对跨学科知识合作研究(即跨学科知识生长点产生)的参与态度,因此将学者的职业、学历、专业背景、是否有跨学科知识合作研究经历以及是否有跨学科知识合作研究需求设置为控制变量。

参与态度与参与意愿的关系。一般情况下,人们对某事物的态度直接影响着采纳或参与意愿,因此在"学者跨学科知识合作研究参与态度影响因素模型"中,本节探索跨学科知识合作研究参与态度和参与意愿之间的影响关系。

参与跨学科知识合作研究态度是指学者对跨学科知识合作研究的积极感知或消极感知,包含了对参与跨学科知识合作研究行为认同与否的观点,可以反应对参与跨学科知识合作研究的支持与反对。

关于跨学科知识合作研究参与态度,设置以下4个测量题项:

①开展跨学科知识合作研究,是一个很好的主意;

②相比同一学科内的知识合作,跨学科知识合作研究是一种更好的科研方式;

③跨学科知识合作研究,利大于弊;

④跨学科知识合作研究会使科研工作变得更有趣、更具有创新性。

(1)关于跨学科知识合作研究参与态度影响因素的假设

根据创新扩散理论,在跨学科知识合作研究中,学者的跨学科知识合作研究态度会受到相对优势、匹配度和复杂度这3个影响因素的影响。因此,关于跨学科知识合作研究参与态度及其影响因素之间的关系,本节提出以下3个假设:

H1:相对优势对学者跨学科知识合作研究参与态度有正向影响

相对优势是指一项创新在多大程度被感知到比它所替代的原有观念、实践或事物更好①。本研究中,相对优势是指学者在科学研究过程中,所感知到的在跨学科知识的合作研究过程和所产生效果上,相比于同一学科内知识的合作研究具有的优势。在做一件事情时,如果有两种途径可以选择,人们会倾向于获利更多的途径。同理,如果学者感受到跨学科知识合作研究可以使他们的研究更高效,或可获取到更多的利益,那么,他们很有可能会对跨学科知识合作研究持有积极态度。因此,提出假设H1。

---

① Klein J T.,"A Conceptual Vocabulary of Interdisciplinary Science", *Practising Interdisciplinarity*, 2000(1):3-24.

关于跨学科知识合作研究的相对优势,设置以下 5 个测量题项:

①跨学科知识合作研究,可以使我更快地完成研究任务;

②跨学科知识合作研究,可以提高我的研究质量;

③跨学科知识合作研究,可以增加我的研究产出;

④跨学科知识合作研究,可以提高我的研究效率;

⑤跨学科知识合作研究,可以使我的研究特长充分发挥,更能体现自己的价值。

H2:匹配度对学者参与跨学科合作行为态度有正向影响

匹配度是指一项创新与现有的价值观、经验、需求等相一致的程度。本研究中,匹配度是指学者根据自身的科学研究习惯、特点,结合积累的研究经验和正在研究的课题的特征,以及达到目标过程中解决难点可预知的需求,从而感知到的跨学科知识合作研究可以与之相一致的程度。一般认为,如果跨学科知识与自己的研究内容有着密切关联,或跨学科知识的合作研究对问题的解决更有利,那么学者会更倾向于参与跨学科知识合作研究,所以提出假设 H2。

关于匹配度,设置以下 3 个测量题项:

①跨学科知识,与我的科研主题相关性强;

②跨学科知识合作研究,与我的科研主题存在交叉现象;

③跨学科知识合作研究,与我的科研主题互为补充。

H3:复杂度对学者参与跨学科知识合作研究态度有负面影响

复杂度指一项创新被感知到的难易程度。跨学科知识合作研究对象来自两个学科领域,研究过程中,难免会遇到一些障碍,如对跨学科知识不熟悉等。本研究中,复杂度是指学者在跨学科知识合作研究过程中对障碍的感知程度。复杂度与技术接受模型中的易用性在内涵上相近[1],如果被感知到跨学科知识合作研究是十分容易的,那么学者会对参与跨学科知识合作研究持有积极

---

[1]　Moore G C.,Benbasat I.,"Development of an Instrument to Measure the Perceptions of Adopting an Information Technology Innovation",*Information Systems Research*,1991,2(3):192-222.

态度;但如果学者感知到在参与跨学科知识合作研究过程中会要花费很多的精力克服障碍,甚至克服障碍付出的代价要大于可获取的利益,那么学者一般会对参与跨学科知识合作研究持有消极态度。因此,提出假设 H3。

关于复杂度,设置以下 3 个测量题项:

①开展跨学科知识合作研究,虽然要付出更多物质成本,但科研创新更高效;

②开展跨学科知识合作研究,虽然要付出更多时间成本,但能提高科研效率;

③开展跨学科知识合作研究,虽然要付出更多精力成本,但能取得理想效果。

(2)关于跨学科知识合作研究参与意愿和参与态度之间关系的假设

一般地,态度与意愿之间有着密不可分的关系,那么,对于跨学科知识生长点的产生而言,学者的参与跨学科知识合作研究态度与参与意愿之间是否也有直接联系呢?

H4:跨学科知识合作研究参与态度对参与意愿有正向影响

跨学科知识合作研究参与意愿是指学者在多大程度上愿意付出努力克服感知到的障碍,为跨学科知识合作研究付出行动,参与到跨学科知识合作研究的实践过程。结合不同的环境,大量的文章都认为参与态度与参与意愿有直接联系,且验证了前者对后者有正向影响[1][2][3][4][5]。本研究中,如果对跨学科

① 查先进、杨海娟:《大数据背景下信息管理专业人才培养模式改革创新影响因素研究——以湖北高校为例》,《图书情报知识》2016 年第 2 期。

② Huang Q.,Davison R M.,Gu J.,"Impact of Personal and Cultural Factors on Knowledge Sharing in China",*Asia Pacific Journal of Management:APJM*,2008,25(3):451-471.

③ Kuo Y F.,Yen S N.,"Towards an Understanding of the Behavioral Intention to Use 3G Mobile Value-Added Services",*Computers in Human Behavior*,2008,25(1):103-110.

④ Zha X.,Li J.,Yan Y.,"Understanding Preprint Sharing on Sciencepaper Online from the Perspectives of Motivation and Trust",*Information Development*,2013,29(1):81-95.

⑤ Lin H F.,*An Empirical Investigation of Mobile Banking Adoption:The Effect of Innovation Attributes and Knowledge-Based Trust*;Elsevier Science Publishers B. V.,2011.

知识合作研究持有积极(或消极)的态度,则表示对其过程和结果抱有比较大(或小)的期望,因此对跨学科知识合作研究的参与意愿会更强烈(或不强烈)。基于此,提出假设 H4。

关于参与意愿,设置以下 3 个测量题项:

①我希望在不久的将来,开展一次跨学科知识合作研究;

②我期盼在不久的将来,开展一次跨学科合作;

③我现在就渴望开展一次跨学科知识合作研究。

二、跨学科知识生长点产生的微观因素验证性分析

(一)问卷设计与数据描述

为节约数据收集成本、节省数据收集时间,经慎重考虑,决定通过一篇问卷一次性收集数据。因此,该问卷共分为 3 个部分:基本信息、主客观特征和影响因素,详见附件 2。

筛选"您开展过跨学科知识合作研究创新吗?"一题中回答"开展过"的所有回馈问卷,进行进一步分析。

由于本节的调查对象限定为具备一定科研经历的科研人员,所以问卷发放对象锁定为高校教师、在读研究生和各科技情报院所的研究人员。为方便受访者填写和数据的收集整理,问卷全部使用在线作答的方式。共计收回有效问卷 324 份,问卷有效率为 92.83%。

样本基本信息反映了调查对象的人口统计学特征和对跨学科知识合作研究的基本认知情况。具体信息如表 7-13 所示:

表 7-13 受访者基本信息统计

Tab 7-13 Basic information statistics of interviewees

个人特征	类别	人数	占比（%）
性别	男	155	47. 84
	女	169	52. 17
年龄	18—25 岁	130	40. 12
	26—30 岁	102	31. 48
	31—35 岁	41	12. 65
	36—40 岁	14	4. 32
	41—45 岁	13	4. 01
	46—50 岁	6	1. 85
	51—55 岁	11	3. 40
	56—60 岁	7	2. 16
	>60 岁	0	0
专业背景 （因含跨学科情况，所以各学科占比之和大于 1）	哲学	7	2. 16
	经济学	41	12. 65
	法学	20	6. 17
	教育学	25	7. 72
	文学	15	4. 63
	历史学	9	2. 78
	理学	52	16. 05
	工学	63	19. 44
	农学	23	7. 10
	医学	29	8. 95
	管理学	67	20. 68
	艺术学	9	2. 78

个人特征	类别	人数	占比(%)		
从事科研工作时间	1—3 年	142	43.83		
	4—7 年	99	30.56		
	8—10 年	54	16.67		
	11—15 年	18	5.56		
	16—20 年	7	2.16		
	21—25 年	3	0.93		
	26—30 年	1	0.31		
	>30 年	0	0		
职业	学生	131	40.43		
	教师	113	34.88	正高	20(21.51%)
	其他科研工作者	80	24.69	副高	14(15.05%)
				中级	13(13.98%)
				中级以下	46(49.46%)
学历	硕士(包括在读)	190	58.64		
	博士(包括在读)	123	37.96		
	博后(包括在读)	11	3.40		
目前是否有跨学科知识合作研究愿望	有	234	72.22		
	无	90	27.78		
是否进行过跨学科知识合作研究	是	134	36.61		
	否	232	63.39		

由表 7-13 可知,本节调查对象具有以下基本特征:

(1)调查对象男女比例均衡、全部为具有一定科研经历的科研人员,且从事科研工作时间在 3 年以上的共占比 56.17%。在 324 名调查对象中,男性 155 人,女性 169 人,男女比例接近 1∶1,分布较为均衡。结合年龄、从事科研工作的时间、职业和专业这 4 个控制变量来看,调查对象以 18—35 岁,从事科研工作时间 1—10 年科研人员为主,约占样本总数的 80%;教师和其他科研人员所占比例高达 59.57%,且调查对象专业背景涉及文学、理学、工学、教育学、经济学和管理学所有学科大类。从人口统计学特征来看,本节的调查样本符合预期要求,代表性较强。

(2)调查对象对跨学科知识合作研究有较好的认知程度。在 324 名调查对象中,72.22%对跨学科知识有较高的需求程度,36.61%有过跨学科知识合作研究。较好的认知程度保证了调查对象在测量题项部分的填写质量,也进一步保证了样本的代表性与结果的准确性。

对收集到的问卷数据进行整理,统计描述潜在变量的相关数据,如表 7-14 所示:

表 7-14　测量变量描述统计
Tab 7-14　Measurement variables description statistics

测量变量	N	最大值	最小值	平均数	标准偏差	变异数
相对优势 1	324	5	1	4.14	0.059	0.037
相对优势 2	324	5	3	4.38	0.158	0.033
相对优势 3	324	5	2	4.19	0.080	0.008
相对优势 4	324	5	2	4.32	0.058	0.075
相对优势 5	324	5	3	4.37	0.008	0.090
匹配度 1	324	5	2	4.11	0.182	0.078
匹配度 2	324	5	2	4.00	0.280	0.074
匹配度 3	324	5	2	4.22	0.170	0.056
复杂度 1	324	5	1	3.35	0.054	0.011
复杂度 2	324	5	1	3.22	0.196	0.003
复杂度 3	324	5	2	3.56	0.080	0.066
参与态度 1	324	5	3	4.49	0.107	0.052
参与态度 2	324	5	3	4.27	0.197	0.036
参与态度 3	324	5	2	4.24	0.092	0.078
参与态度 4	324	5	3	4.32	0.018	0.080
参与意愿 1	324	5	2	4.02	0.146	0.016
参与意愿 2	324	5	2	4.37	0.109	0.055

续表

测量变量	N	最大值	最小值	平均数	标准偏差	变异数
参与意愿3	324	5	1	3.84	0.096	0.102
有效 N	324					
KMO 测量取样适当性	0.762					
Bartlett 球形验定	近似卡方	751.275				
	df	153				
	显著性	.000				

由表 7-14 知,样本检验系数 KMO＝0.762>0.5,Bartlertt 球形检验的卡方值的显著性概率 P 小于 0.05,因此该样本适合做因子分析。基于表 7-14 数据样本,对量表进行模型检验。

(二)基于因子分析的模型检验

应用 SPSS 软件,输入表 7-14 所代表的样本数据,通过因子分析,采取主成分分析方法进行萃取,用具有 Kaiser 标准化的正交旋转法转轴,得到测量变量的因素负荷量,见表 7-15:

表 7-15　因素负荷量和交叉因素负荷量表

Tab 7-15　Factor load and cross-factor load scale

	相对优势	匹配度	复杂度	参与态度	参与意愿
相对优势 1	0.945	0.601	0.834	0.654	0.468
相对优势 2	0.932	0.653	0.561	0.561	0.654
相对优势 3	0.899	0.504	0.453	0.456	0.555
相对优势 4	0.921	0.611	0.789	0.641	0.486
相对优势 5	0.897	0.525	0.443	0.321	0.781
匹配度 1	0.809	0.965	0.783	0.567	0.568
匹配度 2	0.753	0.953	0.831	0.538	0.768
匹配度 3	0.821	0.926	0.613	0.231	0.864
复杂度 1	0.651	0.761	0.928	0.156	0.842

续表

	相对优势	匹配度	复杂度	参与态度	参与意愿
复杂度 2	0.522	0.782	<u>0.967</u>	0.186	0.546
复杂度 3	0.547	0.659	<u>0.943</u>	0.351	0.156
参与态度 1	0.833	0.738	0.752	<u>0.983</u>	0.153
参与态度 2	0.406	0.516	0.453	<u>0.945</u>	0.486
参与态度 3	0.332	0.317	0.163	<u>0.961</u>	0.568
参与态度 4	0.763	0.496	−0.863	<u>0.898</u>	0.438
参与意愿 1	0.531	0.548	0.156	0.561	<u>0.883</u>
参与意愿 2	0.492	0.218	0.264	0.161	<u>0.925</u>
参与意愿 3	0.732	−0.567	0.466	0.236	<u>0.916</u>

由表 7-15 中各因素负荷量(带有下划线部分),通过以下公式:

$$\rho_v = \frac{\sum \lambda^2}{\sum \lambda^2 + \sum(\theta)} = \frac{\sum 因素负荷量^2}{\sum 因素负荷量^2 + \sum(\theta)} \tag{7.7}$$

计算得到各因子的 AVE 值,见表 7-16 第 7 行。对表 7-14 数据通过斜交转轴法得到各因子的相关系数,见表 7-16 前 5 行;通过"度量"→"信度分析",得到 Cronbach α 系数,见表 7-16 第 8 行。

表 7-16　测量变量的相关统计值

Table 7-16　Related statistics of measurement variables

行号			相对优势	匹配度	复杂度	参与态度	参与意愿
1	相关系数	相对优势					
2		匹配度	0.653				
3		复杂度	0.421	0.593			
4		参与态度	0.749	0.586	0.467		
5		参与意愿	0.684	0.672	0.589	0.762	
6		$\sqrt{AVE}$	0.919	0.948	0.946	0.947	0.908
7		AVE	0.845	0.899	0.895	0.897	0.825
8		Cronbach Alpha	0.902	0.898	0.891	0.950	0.895

(1)信度检验。信度检验可以检测收回问卷的可靠性和稳定性,对于态度量表法常用 L.J.Cronbach 所创的 Cronbach α 系数,即克隆巴赫系数 α。该系数可以代表测量变量的内部一致性信度,其值越大,代表测量变量的内部一致性越高。一般认为 Cronbach α 系数达到 0.7 表明量表具有良好的信度,达到 0.8 信度极佳。由表 7-16 第 8 行知,各潜在变量的 Cronbach α 系数,均不小于 0.891,因此该量表具有极佳的信度。

(2)内容效度检验。内容效度的测量主要来自主观判断。由于本节基于已有理论模型,所有潜在变量和测量变量均改编自已有文献,且在正式调查前已根据预试调查反馈结果对问卷进行过调整,因此基本可以认为该量表表意清晰、准确。

(3)建构效度检验。建构效度包括收敛效度和判别效度。

收敛效度是指测量相同潜在特质的题项或测验之间的相关程度。收敛效度可通过“平均方差提取值”(Average Variance Extracted,AVE)来表征。AVE可以反映测量变量解释潜在变量的程度,当 AVE 大于 0.5 时,该潜在变量具有较好的收敛效度。表 7-16 第 7 行是本研究测量模型的 AVE 值,均大于0.5,因此,本节量表具有较好的收敛效度。

判别效度是指一个潜在变量与其他变量之间的不关联程度。对于各个因子,如果该因子的 AVE 平方根比该因子与其他因子之间的相关系数都大,则判别效度较高。通过表 7-16 第 1-6 行可知,各潜在变量的 $\sqrt{AVE}$ 比该变量与其他变量之间的相关系数都大,因此本节量表有较好的判别效度。

同时,由表 7-15 可以看出,每一个测量变量与该变量所属潜在变量的因素负荷量(因为是正交旋转,所以也是相关系数)均大于其他测量变量与该潜在变量的因素负荷量,这也可以说明该量表具有较好的判别效度。

（三）基于结构方程模型的运算结果

应用 Amos 软件,采用结构方程模型进行模型参数估计,对表 7-14 所示的样本数据,使用最大似然估计进行模型运算。在理论模型的基础上得到标准化模型结果,如图 7-11 所示:

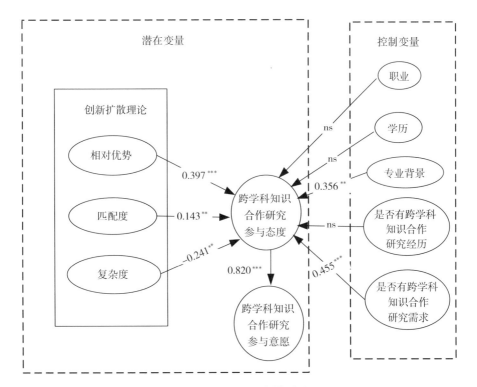

图 7-11　标准化研究模型结果
Fig 7-11　Standardized research model results

* p<0.1; ** p<0.05; *** p<0.001;ns:no significant

Amos 输出的该模型基准线比较适配统计量及其适配标准如表 7-17 所示:

表 7-17　模型适配度检验表
Tab 7-17　Model suitability test table

	NFI		IFI		CFI		RMSEA		GFI	
适配标准	>0.9	>0.95	>0.9	>0.95	>0.9	>0.95	<0.08	<0.05	>0.9	>0.95
	可接受	适配度良好	可接受	适配度良好	可接受	适配度良好	可接受	适配度良好	可接受	适配度良好
该模型指标值	0.972		0.998		0.986		0.04		0.947	
适配结果	适配度良好		适配度良好		适配度良好		适配度良好		可接受	

模型图 7-11 中，标准化路径系数的绝对值均小于 1，表明所有参数均为合理性解值。表 7-17 中，各项指标均在合理范围内，模型适配度良好，整体可行。

在潜在变量方面，本节提出的假设 H_1、H_2 和 H_3 都得到了支持。相对优势对跨学科知识合作研究参与态度的直接效果值为 0.397，有显著正向影响，$p<0.001$；匹配度对跨学科知识合作研究参与态度的直接效果值为 0.143，有显著正向影响，$p<0.05$；复杂度对跨学科知识合作研究参与态度的直接效果值为 -0.241，有显著负向影响，$p<0.05$；参与态度对参与意愿的直接效果值是 0.820，有显著正向影响，$p<0.001$。

在控制变量方面，职业、学历和是否有跨学科知识合作研究经历对跨学科知识合作研究态度都没有显著影响；专业背景（学者拥有知识的专业数量）对跨学科知识合作研究参与态度的直接效果值为 0.356，有显著正向影响，且 $p<0.05$；是否有跨学科知识合作研究需求对参与态度的直接效果值是 0.455，有显著正向影响，$p<0.001$。

由模型图 7-11 可知，相对优势、匹配度、复杂度、专业背景数量和是否有跨学科知识合作研究需求，通过跨学科知识合作研究参与态度，对跨学科知识合作研究参与意愿产生间接影响，因此，间接效果值分别为 0.326（0.397×0.820）、0.117（0.143×0.820）、-0.198（-0.241×0.820）、0.292（0.356×

0.820）、0.373（0.455×0.820）。

三、微观影响因素分析结果

（1）相对优势是跨学科知识合作研究参与意愿的驱动因素,是跨学科知识生长点产生的内驱动力。根据访谈,跨学科合作的相对优势主要包括"增长知识技能""拓宽学术视野""提升科研兴趣"等内在激励和"提高科研效率""有高水平的创新"等外在激励。受访者表达的"主要是它可以""尤其是""更能"等语词,可以体现出相对优势是学者参与跨学科知识合作研究的动力,同时也表达了学者对跨学科知识合作研究受益的期望。因此,应鼓励学者积极参与跨学科知识合作研究,在给科研过程带来便利和效率的同时,完善个人知识体系,这在一定程度上也是一种跨学科教育。

（2）复杂度是学者跨学科知识合作研究参与意愿的阻碍因素,是跨学科知识生长点产生的不利因素。复杂度这一主范畴包括跨学科知识学习的时间成本、物质成本、机会成本等初始范畴,虽然对参与意愿有负向影响,但在一定程度上是可以采取措施控制。如有受访者表示"不同学科的知识,虽然有一定的关联,但还是要花时间成本提前深入学习领会跨学科知识的含义、应用等,否则不知道有联系的知识怎样合作研究产生知识生长点,进行知识创新。""跨学科知识虽然有合作研究的可能性,但需要设备的实验,要资金投入。如果真能取得创新成果,经费投入也是值得的。""如果能提高科研效率和产出,我愿意投入更多的时间精力学习一些跨学科知识,用于我的跨学科知识合作研究"等,其中的"不知道""经费投入""时间成本"等语词表明学者对跨学科合作中的某些情境存有顾虑,不过"提前学习""我愿意"等,表明当问题复杂度较低时,顾虑是可以想办法解决的;但当复杂度较高,完全无法协调时,学者倾向不参与跨学科知识合作研究,跨学科知识生长点就难以诞生。

（3）匹配度是学者参与跨学科知识合作研究的前提,也是跨学科知识生长点产生的基本条件。其中的匹配是指目标学科知识与跨学科知识相关性的匹配,主要受主观因素和客观因素的影响。如有受访者表示,"这个跨学科知识从字面上看,与我的研究领域可能有一定的关联""既然你们前期识别到该跨学科知识与我的研究主题有一定的相关性,而且相关性还比较大,那么我愿意多学习了解一下这些跨学科知识,希望对我的跨学科知识合作研究有帮助""这个跨学科主题正好是我想要研究的课题,太好了"等,"有一定关联""我愿意""有帮助""正好是"等语词表明对于跨学科知识的选择,学者会比较慎重,同时也会将科研需求的匹配作为跨学科知识合作研究开展的前提条件。如果目标学科知识与跨学科知识匹配度高,机会成本低,学者会更乐意接受跨学科知识合作研究。因此,寻找匹配度较高的跨学科相关知识组合,即识别跨学科潜在知识生长点,是开展跨学科知识合作研究产生跨学科知识生长点的重要因素之一。

(4)自我效能是跨学科知识合作研究参与意愿、跨学科知识生长点产生的支撑性因素。自我效能主要是指学者对自己学习能力、科研能力的评价以及跨学科知识合作研究表现的预估,可以体现学者开展跨学科知识合作研究的信心,将直接对参与意愿产生影响。如有学者表示,"我对跨学科的知识一点都不了解,没法开展跨学科知识合作研究""学习了这么长时间了,也积累了不少,我应该没问题"等,其中的"没法开展""没问题"等语词表明,自我效能直接影响学者的自信心,支撑开展跨学科知识合作研究的勇气,是跨学科知识合作研究产生知识生长点参与意愿的支撑性因素。即自我效能会使学者通过自我评估对自己产生一定的压力,压力过大,便会影响跨学科知识合作研究的意愿,没有压力便会刺激科研欲望。

(5)专业背景数量对跨学科知识合作研究参与态度、产生跨学科知识生长点有积极影响。学科背景数量越多的学者,拥有的知识宽度越广,越能满足个人对跨学科知识的需求,该学者在研究过程中对问题的解决就越得心应手,所以这类学者对跨学科知识合作研究越容易越有积极性。从侧面体现了多学科知识在课题研究中的重要性,与Klein J T.的观点①一致。因此,在人才教育领域,应鼓励跨学科教育、培养知识综合人才,这有利于知识和技术的创新,与跨学科知识合作研究、知识生长点产生的初衷一致;对于学科背景比较单一的学者,只能鼓励多学习跨学科知识,或者参与跨学科合作,通过跨学科学习与合作弥补自身知识背景单一的不足。

(6)职业、学历、是否有跨学科知识合作研究经历均对跨学科知识合作研究参与态度、产生跨学科知识生长点没有显著影响。这说明,无论是何种职业、何等学历的学者,他们都有跨学科知识合作研究的需求。且无论是否有过跨学科知识合作研究经历、效果如何、过程如何,学者依然对以后的跨学科知识合作研究充满着期待。因此,只要有合适的跨学科相关知识组合,即跨学科潜在知识生长点,科研人员都愿意尝试开展跨学科知识合作研究,进行知识创新,产生新的跨学科知识生长点。

(7)跨学科知识合作研究参与态度对参与意愿有显著正向影响。在跨学科知识合作研究中,学者对跨学科知识合作研究的认识和参与态度越积极,参与意愿越强烈。所以,应正确引领学者对跨学科知识合作研究的认识,从制度、资源、权益等多方面保障跨学科知识合作研究过程的顺利进行,关注学者对跨学科知识合作研究的态度与需求,对于促进跨学科知识合作研究创新、产生新的跨学科知识生长点尤为重要。

四、小结

本节以各学科学者为考察对象,综合有跨学科知识合作经历和没有跨学科知识合作经历的学者的观点,基于扎根理论和创新扩散理论从个人层面分析跨学科知识合作研究、跨学科知识生长点产生的微观影响因素。

扎根理论是一种自下而上的质性研究方法,可以对访谈结果进行数据编

---

① Klein J T.,"A Conceptual Vocabulary of Interdisciplinary Science", *Practising Interdisciplinarity*, 2000(1):3-24.

码,探索性分析跨学科知识生长点产生的微观影响因素。发现相对优势、复杂度、匹配度、自我效能等是科研人员开展跨学科知识合作研究参与意愿、跨学科知识生长点产生的微观因素。

依据创新扩散理论,设计调查问卷,通过结构方程模型对问卷结果进行建模分析,发现:①相对优势、匹配度、学者学科背景数量、跨学科知识合作研究需求对跨学科知识合作研究参与态度、跨学科知识生长点的产生有显著正向影响,所以在跨学科知识合作研究推广过程中,应注重发挥并强调其相对优势,尽量协调好跨学科知识合作研究的知识组合匹配性问题,使跨学科知识融合研究,创新发展;②复杂度对跨学科知识合作研究参与态度有负向影响,与职业、学历、有无跨学科知识合作研究经验无关。因此,学术机构的相关部门应在力所能及的范围内,消除学者对参与跨学科知识合作研究的顾虑;③跨学科知识合作研究参与态度直接影响着跨学科知识合作研究参与意愿。

第四节 跨学科潜在知识生长点创新趋势预测

本章前三个小节在分析已经形成跨学科知识生长点生命周期特征的基础上,从量化与质性数据角度,分析其产生的宏观与微观影响因素。本节综合前文各方面的研究结论,基于学科关键知识节点、跨学科相关知识和已经形成的知识生长点的识别结果及属性特点,进一步分析和预测跨学科潜在知识生长点的创新趋势。

一、跨学科潜在知识生长点创新属性分析

跨学科潜在知识生长点是基于学科关键知识节点与跨学科相关知识合作创新的可能性,识别出的跨学科相关知识组合配对(见图2-7)。跨学科潜在知识生长点成为跨学科知识生长点的可能性大小与创新趋势的预测,需要基于学科关键知识节点和跨学科相关知识的发展趋势和二者的关系密切程度。

因此,分别分析学科关键知识节点的创新属性、跨学科相关知识的创新属性,以及二者的关联性,为实证层面的跨学科潜在知识生长点的创新趋势预测提供研究基础。

（一）学科关键知识节点的创新属性

前文界定了知识生长点的概念,并阐述了其属性特征,认为知识生长点具有学科先进性、关键性、综合性的特征,同时具有该类特征的知识节点更容易成为知识生长点。因此,本节研究认为具有以下属性的学科关键知识节点形成的跨学科潜在知识生长点拥有更好的未来创新趋势,如图7-12所示:

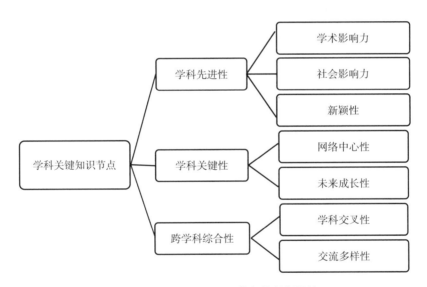

图 7-12　学科关键知识节点的创新属性
Fig 7-12　Innovative attributes of key knowledge nodes of the discipline

图7-12中,具备学科先进性、学科关键性和跨学科综合性的学科关键知识节点更容易与跨学科相关知识结合形成跨学科知识生长点。第三、四章分别从主题热度加速度指数、高被引论文、引文网络中间人等角度识别学科前沿、热点、交叉主题等关键知识节点,并发现其创新属性具有以下特点:

(1)学科关键知识节点的先进性体现在其学术影响力、社会影响力和新颖性三方面。其中,学术影响力是学科关键知识节点先进性最重要的表现形式,分别构建 TP * TAI 模型、基于 Z 指数的高被引学科热点识别模型、当采跨学科交叉知识中间人能力识别模型等,测度知识节点的学术影响力;社会影响力能够通过科研成果的社会化媒体关注程度测度,通过构建基于时间序列的Altmetrics 评价指标、构建基于社交媒体数据和时间序列的学科热点前沿识别模型、基于 Z 指数的改进 AAS 值测度方法等测度学科知识节点的社会影响力大小;新颖性是判断学科关键知识节点发展前景的重要因素,分别采用构建主题热度加速度指数、改进时间因子等方法,测度知识节点的新颖程度。

(2)学科关键知识节点的关键性能够体现在其网络中心性和未来成长性两个方面。其中,社会网络分析方法中,网络的中心性可以有多种度量方式,例如,介数中心性是最短路径穿过某节点的次数,能够衡量节点的信息传递能力;接近中心性描述了某节点与其他所有节点距离的远近;特征向量中心性取决于某节点连接其他节点的数目;度中心性则定义为与某节点直接相连的节点数目。未来成长性概念起源于经济学,最初用来评估上市公司的 EPS、PEG、销售收入增长率。将该概念引入情报学,通过知识节点现有研究热度、学术影响力的变化情况,计算其增长率,评估知识节点的未来潜力。

(3)学科关键知识节点的跨学科综合性体现在其学科交叉性和交流多样性两个方面。其中,学科交叉性是某知识点在各学科知识交叉的强度、知识跨学科分布特征等,测评指标包括:跨学科指数、跨学科研究热度、学科差异性等,能够量化知识节点与其他学科合作的深度;跨学科交流多样性是指某知识点在引用与被引网络中,多学科的交流广度与强度,相关指标包括:学科丰富度、多学科交流程度、信息熵等,能够测度研究该知识节点引用/被引用的学科数量多少,量化知识节点与其他学科合作的广度。

从以上 3 个属性,构建模型识别学科关键知识节点,一方面,有利于把握学科研究现状,掌握学科的研究热点和前沿;另一方面,学科关键知识节点是跨学科知识生长点的必要组成部分,把握前者属性并对其进行识别能够为跨学科知识生长点的识别提供研究基础。

(二)跨学科相关知识的创新属性

跨学科的理论、技术、方法等相关知识与目标学科的关键知识节点合作研究,成为跨学科知识生长点。那么,哪些跨学科的知识更容易参与其他学科的跨学科研究,一方面与二者的联系程度相关,另一方面取决于跨学科知识的自身属性。本书认为,具有成熟性、独特性、应用广泛性的跨学科知识,拥有更好的创新属性,如图7-13所示:

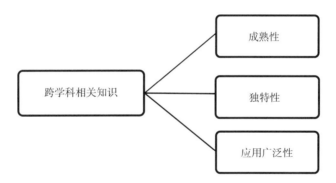

图 7-13　跨学科相关知识的创新属性
Fig 7-13　Innovative properties of interdisciplinary related knowledge

图7-13中,具备成熟性、独特性和应用广泛性的跨学科相关知识更容易与学科关键知识节点结合形成跨学科知识生长点。第五章分别从跨学科引用率、多样性、集中度等方面构建基于跨学科参考文献的跨学科相关知识识别模型,识别跨学科性较强、可能与本学科产生合作的其他学科相关知识,并分析跨学科相关知识对图书情报学的影响力,发现其创新属性具有以下特点:

(1)跨学科相关知识在与学科关键知识节点合作前,已在其他学科相对研究成熟。以图书情报学为例,实证分析发现,大多跨学科相关知识在引入图书情报学前,已经具备成熟的研究范式,形成一系列概念、术语、分析方法和工具等。例如,社会网络分析方法在引入图书情报学之前,就已经具备密度、中心性、核心—边缘、凝聚子群等成熟分析方法。说明在跨学科知识深度合作、产生创新、生成跨学科知识生长点之前,跨学科相关知识已在其主研究学科形成相对成熟的研究体系,具备大量的理论和技术基础。

(2)跨学科相关知识应具备解决研究问题的独特性。实证分析发现,合作可能性较大的跨学科相关知识均能够在其研究领域通过特有研究方法,解决相应的研究问题,且该知识节点在应用中具有不可替代的优势。例如,发现社会网络分析方法在揭示多模社会关系网络、反映节点的角色地位等方面具有显著优势,且该方法在社会学相关领域具有不可替代性。说明学科在引入相关知识解决本学科问题时,该知识应具备解决相关问题的独特性,因而具备学科交叉融合的基本条件。

(3)跨学科相关知识在其他学科的应用已相对广泛,技术和理论层面均应具备跨学科知识合作的基本条件。研究发现,活跃的跨学科相关知识一般已在其他多个学科广泛应用,在引入图书情报学之前,已在其他多个学科开展跨学科知识合作。例如,社会网络分析方法在引入图书情报学之前已经广泛应用于管理学、政治学、教育学、经济传播等学科,具备广泛的跨学科合作基础。说明跨学科相关知识在其他学科的跨学科合作案例,对图书情报学的应用方案和知识合作具有一定参考价值,因此跨学科应用越广泛的其他学科知识,越容易与新的学科产生知识交融,生成跨学科知识生长点。

(三)学科关键知识节点与跨学科相关知识的关联性

具有以上创新属性的学科关键知识节点和跨学科相关知识,具有形成跨学科知识生长点的基本条件。那么,上述两类知识的合作潜力大小,取决于二者的关联性强弱。关键知识节点与跨学科相关知识关联程度可以从共词网络、引文网络和社交媒体数据三个角度进行分析,如图7-14所示:

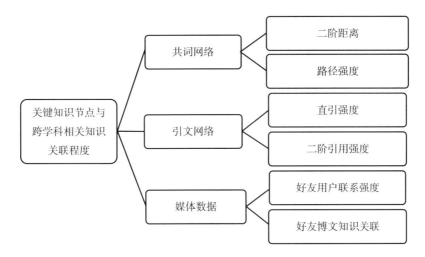

图 7-14　学科关键知识节点与跨学科相关知识的关联性测度
Fig 7-14　A measure of the correlation between key knowledge nodes of
disciplines and interdisciplinary related knowledge

图 7-14 中,学科关键知识节点与跨学科相关知识的关联程度可以从三个方面测度,第六章通过构建基于共词关系、多路径分析、弱引文关系和社交媒体数据的跨学科潜在知识生长点识别模型,对跨学科潜在知识生长点进行识别,同时,第七章基于全文分词和共词网络构建跨学科知识生长点识别模型,识别图书情报学已形成的跨学科知识生长点,并从生命周期、影响因素等方面分析其发展规律。发现以下角度能够分析二者的关联程度:

(1)共词网络的二阶距离和路径强度能够测度已生成跨学科知识生长点的合作强度。识别并研究已生成的跨学科知识生长点并分析其发展规律和影响因素,有利于把握跨学科知识生长点的合作特点。共词网络中的二阶距离能够测度学科关键知识节点与跨学科相关知识的合作路径距离,而路径强度能够反映二者合作量的多少,因而从二阶距离和路径强度两方面能够构建模型反映已生成跨学科知识生长点的合作紧密程度和关联性。

(2)引文网络的直接引用强度和二阶引用强度能够评估跨学科潜在知识生长点的合作潜力。直接引用强度是指学科关键知识节点直接引用跨学科相关知识的强度,能够较为直观地反映二者合作的潜力;二阶引用强度是指在引文网络中由两次引用路径连接的潜在知识组合引用强度,可能由多个引用路径组成,通过分析多个引用路径之间平衡性、连通性、有效二阶引用路径数等,能够综合分析二阶引用强度连接的潜在合作可行度,从而测度学科关键知识节点和跨学科相关知识的合作潜力。

(3)社交媒体数据中的好友用户联系强度和好友博文知识关联度能够为科学文献共词网络和引文网络提供补充识别。跨学科相关知识能否与学科关键知识节点形成弱关系连接,继而形成具备合作潜力的跨学科相关知识组合,与学者的关注和交流热度有关。其热度能够体现在社交媒体网络中的用户联系强度,即学者间的好友关系,以及博文中知识的关联程度,可以从知识的博文总数、总阅读量、总推荐量、总评论量等方面反映。因此,除了构建基于科学数据的跨学科潜在知识生长点识别模型以外,还基于社交媒体数据,分别构建学科关键知识节点影响力指标和跨学科相关知识影响力指标,并组成跨学科合作组合潜力指数模型,识别跨学科潜在知识生长点。

二、实证研究的识别结果

通过以上多角度,构建识别方法模型,以图书情报学为例,分别识别学科关键知识节点、跨学科相关知识,以及跨学科潜在知识生长点。分析上述识别结果,总结跨学科潜在知识生长点的相关规律,并分析其潜在合作方案和未来发展趋势,对把握学科知识创新规律、促进跨学科交融具有重要意义。

(一)学科关键知识节点识别结果分析

学科关键知识节点是跨学科潜在知识生长点的必要组成部分,第三章和第四章分别基于科学文献数据和社交媒体数据,构建相应方法模型识别图书情报学的关键知识节点,分析该识别结果有助于把握图书情报学发展的现状和发展趋势,并以此推测情报学知识未来受影响的可能性。学科关键知识节

点识别结果见表7-18:

表 7-18　学科关键知识节点识别结果
Tab 7-18　Key knowledge nodes of the discipline identify the results

序号	数据	方法	代表性学科关键知识节点
1	科学文献学科载文	研究词频热度加速度	新冠肺炎、大数据、突发公共卫生事件、人工智能、情报工作、科学数据、扎根理论、网络舆情、情报学、高校图书馆、引文分析、本体、公共图书馆、电子政务、数据挖掘、文献计量
2	科学文献高被引论文	时间因子改进Z指数	智库、Altmetrics、社交媒体、网络舆情、微信、用户行为、知识服务、健康信息、隐私、物联网、微博、期刊评价、科学数据、跨学科、信息行为、核心作者、信息安全、科研合作、高被引论文
3	科学文献引文网络	中间人理论分析方法	国家安全、智库、数字人文、学术期刊、反恐情报、在线评论、突发事件、政府数据、社交媒体、专利、开放数据、文本挖掘、微博、信息共享、指标体系、期刊评价、影响因素
4	网络媒体Altmetrics数据	Z指数方法	Altmetrics、social media、collaboration、user behavior、open access、peer review、gender、information seeking、替代计量、社交媒体、合作、用户行为、开放获取、同行评议、性别、信息查询

表 7-18 中,分别通过科学文献数据和网络媒体数据识别图书情报学的关键知识节点,代表学科的研究重点和发展方向,既有助于研究人员把握学科发展历程和方向、选择研究主题、合理分配研究资源,同时也为热点主题评价、未来发展趋势预测及跨学科知识生长点识别。识别的图书情报学关键知识节点具体如下:

(1)突发事件、网络舆情、Altmetrics(替代计量)分析等网络媒体相关研究被多次识别,因此网络媒体数据相关研究是图书情报学近年的高热度主题。上述识别结果中,网络舆情是指在互联网上流行的对社会问题不同看法的网络舆论,是社会舆论的一种表现形式,是通过互联网传播的公众对现实生活中某些热点、焦点问题所持的有较强影响力、倾向性的言论和观点。在互联网自媒体时代,网络舆情的作用和影响力正不断提升,网络舆情检测模型和相关规律的研究正逐渐发挥其重要作用。同时,随着网络媒体对科学研究的影响越来越大,替代计量学的相关研究也逐渐引起学者重视,如何通过社交媒体的用户行为补充评价学术成果的影响力成了图书情报学持续关注的研究问题。

(2)大数据、开放数据、期刊评价等研究主题被多次识别,因此科学数据相关研究是图书情报学的核心研究内容,也是相对稳定的热点研究主题。科学数据主要有两个内涵:一个是研究数据本身,另一个是为自然科学和社会科学研究提供一种新方法,称为科学研究的数据方法。当前数据时代,科学数据正以指数级不断增长,如何采用科学方法管理和评价海量数据,成了图书情报学的核心研究内容之一;科学数据的开放获取也获得了图书情报学研究者的广泛关注,开放获取是国际学术界、出版界、图书情报界为了推动科研成果利用互联网自由传播而采取的行动。2016 年,德国马普学会等机构发起OA2020 国际倡议,并为世界范围内的期刊开放获取提供了指导方针,使得开放获取这一议题受到广泛关注;此外,期刊评价是期刊为对象展开的各种定性和定量的评价活动,或利用文献计量学的各种指标对期刊进行评价,区分出核心期刊和一般期刊的过程。如何构建相关指标,科学评价期刊水平,也是图书情报学长期持续研究的核心内容。

(3)图书情报学对科研合作等用户行为相关研究的关注度不断提升。用户行为研究的目的是要了解人们对问题或现象的认识与态度如何影响他们的行为,涉及教育、营销、服务、管理、信息系统设计等多研究领域。情报学对用户行为、科研合作的研究主要集中于用户的信息行为分析方法研究,如研究用户的信息查询、需求表达、信息获取、信息利用等行为。

(4)智库相关研究是情报学为社会发展提供决策支持的重要手段,也是情报学的重要研究内容。智库又称智囊团,指专门从事开发性研究的咨询研究机构,为社会经济领域的发展提供优化方案,是现代领导管理体系中一个不可缺少的重要组成部分。

(5)新冠疫情等社会热点事件研究也是图书情报学关键知识节点形成的

原因之一。上述识别结果中,包括新冠肺炎、公共突发卫生事件等社会热点事件。2020 年,随着新冠疫情在全球范围内引起广泛关注,突发公共卫生事件、网络舆情等时事类研究热度不断上升,主要研究新冠疫情对图书情报工作的影响和新环境下的网络舆情研究。说明社会热点事件是影响学科发展,左右学科研究热点的重要诱因之一。

(二)跨学科相关知识识别结果分析

跨学科相关知识是具有潜在合作可能的其他学科研究内容,是跨学科潜在知识生长点的必要组成部分,也是促进跨学科创新、知识融合和技术引进的关键。第五章以图书情报学为例进行实证分析,对跨学科相关知识进行识别,并从多角度分析其影响力,识别结果见表 7-19:

表 7-19　跨学科相关知识识别结果
Tab 7-19　Identify results of interdisciplinary knowledge

数据	方法	代表性跨学科相关知识
跨学科参考文献	相关新颖性模型	时空数据模型;政策过程理论;随机森林算法;条件随机场模型;OPTICS 算法;社会学习理论;神经网络模型;最大熵模型;自我效能理论;S-CAD 方法;指数随机图模型;SO-VA 算法;ACP 方法

表 7-19 中,基于科学文献的跨学科参考文献,构建相关新颖性模型识别可能与图书情报学产生合作的跨学科相关知识。发现其他学科的方法和模型更具备与本学科知识合作、形成跨学科潜在知识生长点的潜力。识别结果中,时空数据模型是一种有效组织和管理时态地理数据,属性、空间和时间语义更完整的地理数据模型,表达了随时间变化的动态结构,常用于地理空间数据的时态变化分析;政策过程理论属于公共政策和管理的相关理论,政策主体、政策客体及其与政策环境的相互联系与相互作用,使得政策系统呈现一连贯动态的过程。包括政策过程的阶段性方法、多元分析框架、制度理性选择框架、间断—平衡理论、支持联盟框架、政策研究中的创新和传播模型、政策过程与

大规模比较研究等。

其中,结合上文识别到的图书情报学关键知识节点,对上述代表性跨学科相关知识进行潜在合作方案分析,认为时空数据模型与情报学舆情分析领域的合作可能性较高,二者结合能够根据舆情的空间差异性和时序演化趋势,分别进行地域、时间角度的情感演变分析,进一步挖掘其中的舆情信息,帮助建立更加全面的网络舆情检测系统;政策过程理论可以与智库建设研究相结合,从定性和定量两方面,综合评价智库决策的结果,同时剖析智库在政府决策中发挥的作用与不足。

(三)跨学科潜在知识生长点识别结果分析

第六章基于图书情报学关键知识节点识别结果和跨学科相关知识的识别结果,进一步从科学文献数据、社交媒体数据等多角度构建模型,识别图书情报学的跨学科潜在知识生长点,并分析其合作潜力,有助于促进知识融合和跨学科知识创新,从而促进科学进步与发展。跨学科潜在知识生长点,即跨学科相关知识组合的识别结果见表7-20:

表7-20　跨学科潜在知识生长点识别结果

Tab 7-20　The result of interdisciplinary of potential knowledge growth points

（Interdisciplinary combination of relevant knowledge）

序号	数据	方法	跨学科潜在知识生长点识别结果
1	跨学科共词网络	闭合式非相关文献知识发现方法	情报工程－MapReduce;学术文本—生成式对抗网络;知识服务—矩阵分解;智慧图书馆—数据库系统;应急决策—并行计算;在线评论—社会媒体处理;科学计量学—图聚类;数字图书馆—访问控制;数字人文—计算机视觉;知识共享—社会媒体
2	跨学科共词网络	开放式非相关文献知识发现方法	学术文本—生成式对抗网络;信息素养—并行计算;智慧城市-apReduce;情报学—深度强化学习;知识服务—矩阵分解;智慧图书馆—深度强化学习;在线评论—社会媒体处理;智慧图书馆—数据库系统;情报分析—函数依赖;专利分析—矩阵分解

序号	数据	方法	跨学科潜在知识生长点识别结果
3	引用关系	多路径分析方法	引文网络—技术跨越;数据挖掘—扩散曲线;研究热点—扩散曲线;竞争情报—技术跨越;相似度—激活函数;知识扩散—扩散曲线;引文网络—光伏阵列;学科交叉—扩散曲线;聚类—扩散曲线;引用动机—校正模型
4	引文网络	弱关系方法	科研合作—种群动力学模型;引文网络—有限元分析法;跨学科—随机森林算法;高被引文献—羊群效应;智库—MongoDB 数据库;Altmetrics—信息网络传播权;知识图谱—多标记学习;网络舆情—信息茧房;睡美人文献—超弦引力模型;社交媒体—概念格
5	媒体数据	弱关系方法	高被引论文—生态学理论;学术评价—递归神经网络(RNN);科研合作—波士顿矩阵;替代计量学—随机复杂网络;知识工程—SOOI 分类体系;用户推荐行为—资源多属性分类;数据驱动—ACP 算法;科学交流—稀疏矩阵算法;情报转化理论—内容概念知识;开放科研数据—梯度提升决策树

表 7-20 中,分别采用科学文献数据和社交媒体数据识别图书情报学的跨学科潜在知识生长点,其中采用科学文献数据的识别方法包含基于跨学科共词网络的开放式、闭合式非相关文献知识发现方法、基于引用关系的多路径分析方法、基于引文网络的弱关系识别方法。由于各部分采用的样本数据、分析方法不同,各组识别结果存在较大差异。综合各组实证分析,发现具有较高合作潜力的跨学科潜在知识生长点具有如下特点:

(1)图书情报学文献计量、专利分析等数据分析方法,与计算机领域的图聚类、矩阵分解等算法具有较高的跨学科合作潜力。研究发现,科学计量学—图聚类算法、专利分析—矩阵分解算法、研究热点—扩散曲线、知识图谱—多标记学习、替代计量学—随机复杂网络、开放科研数据—梯度提升决策树等跨学科潜在知识生长点均是由计算机领域的相关算法与情报学核心知识的合作。这类跨学科潜在知识生长点往往具备技术和方法层面的创新潜力,例如,计算机领域的矩阵分解算法将科研信息进行协同过滤,从而实现对目标函数的最优化解法,因此,若将矩阵分解算法应用于图书情报学的专利分析领域,能够进一步简化专利文献中的信息提取;多标记学习是指采用多标记框架的机器学习,与传统的单标记机器学习相对应,能够对常用的监督学习算法进行改进,并直接用于多标记数据的学习,能够增加机器学习的灵活性和适应性。因此,多标记的机器学习算法具备改进知识图谱相关算法的潜力。

(2)图书情报学网络舆情领域的研究,可以借助于社会媒体处理、信息茧房、概念格等方法扩展研究视角。研究识别到网络舆情—社会媒体处理、网络舆情—信息茧房、社交媒体—概念格等社交媒体相关的跨学科潜在知识生长点,其中跨学科相关知识的主要作用为扩展研究视角,而非研究方法和技术的创新。例如,社会媒体处理是从社会媒体数据中挖掘、分析和表示有价值信息的过程,即通过挖掘用户生成内容和社交媒体关系网络,来衡量用户之间的相互作用。社会媒体处理方法能够扩展网络舆情检测系统中的用户关系管理;概念格,又称形式概念分析,是一种从数据集中生成概念聚类的过程,当前该思想应用在信息检索、数字图书馆、软件工程和知识发现等方面。概念格思想与网络舆情分析相结合,能够帮助舆情数据分析删减节点、压缩数据。

(3)图书情报学对于跨学科知识扩散规律的研究,与其他学科随机森林算法、扩散曲线、稀疏矩阵算法等知识产生合作的潜力较大。研究识别到跨学科—随机森林算法、知识扩散—扩散曲线、科学交流—稀疏矩阵算法等跨学科潜在知识生长点,其中图书情报学关键知识节点均聚焦于学科交融和跨学科合作。跨学科相关知识中,随机森林是一种监督学习算法,通过建立多个决策树的方式,获取更准确和稳定的预测。随机森林应用在跨学科研究中,能够提升跨学科潜在知识的识别准确度;扩散曲线是描述新事物扩散过程的S形曲线,完整的扩散曲线与 Logistic 函数类似,能够计算新事物的接受速度、临界量、介数、曝光值等参数,能够测度新事物的易接受程度、节点重要度、节点创新性等属性。扩散曲线应用在跨学科知识扩散路径分析中,能够分析知识在扩散初期的易接受程度、创新性等属性,从而扩展跨学科研究的分析方法和分析角度。

　　综上,图书情报学未来跨学科研究的发展趋势将围绕三个方面开展:首先,文献计量、专利分析等数据分析方法具有进一步与计算机领域机器学习、人工智能、文本处理等算法结合的趋势,从技术层面提升分析方法的有效性和分析效率;其次,网络舆情及网络舆情检测系统相关研究将进一步向社会媒体处理、信息茧房机制研究、概念格思想等方向扩展;最后,情报学对跨学科知识融合规律的相关研究将大概率受到随机森林算法、扩散曲线、稀疏矩阵算法等知识的影响。

三、识别结果的创新趋势预测

　　前文采用研究词频热度加速度、时间因子改进 z 指数、中间人理论分析方法、相关新颖性模型、多路径分析法、非相关知识发现法等,识别图书情报学关键知识节点、跨学科相关知识、跨学科潜在知识合作组合。本节以上述识别结果为样本,构建跨学科潜在知识生长点创新趋势预测模型,分析识别结果的未来潜在合作趋势。

(一)创新趋势预测模型构建

　　跨学科潜在知识生长点是由关键知识节点和跨学科相关知识组成的,二者尚未共现,但具有较大合作可能性,其潜在合作路径见图 7-15:

　　图 7-15 中,目标学科文献集 A 引用跨学科参考文献集 C,集合 A 与 C 知识的交集形成交叉知识集 B,即阴影部分 $B = A \cap C$,图中直线代表共现关系,箭头代表引用关系。关键知识节点 a 与中间知识 b 组成的知识对(a,b)为已形成的跨学科知识生长点,关键知识节点 a 与跨学科相关知识 c 通过中间知识 b 的引用,形成跨学科潜在知识生长点(a,c)。其中,潜在合作路径(图中加粗标注)由 3 部分组成:共现路径 a-b、引用路径 b-b'、共现路径 b-c。基于图 7-15 所示的共现、交叉、引用关系,测度跨学科潜在知识生长点的未来合作趋势思路见图 7-16:

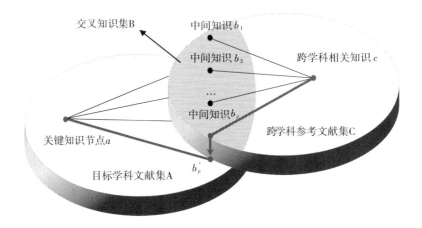

图 7-15　跨学科潜在知识生长点路径示意图

Fig 7-15　Schematic diagram of the growth point of
interdisciplinary potential knowledge

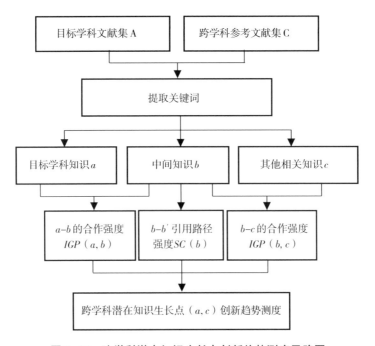

图 7-16　跨学科潜在知识生长点创新趋势测度思路图

Fig 7-16　Interdisciplinary potential knowledge growth point
innovation trend measurement idea

图 7-16 中,以表 7-20 的识别结果为样本,采集目标学科文献为集合 A、跨学科参考文献为集合 C,分别提取目标学科文献和跨学科参考文献的关键词,并将关键词划分为目标学科知识 a 和其他相关知识 c。除知识 a 与 c 之外的关键词均标注为中间知识 b。

(1)共现路径 a-b、b-c 合作强度测度

共现路径 a-b 和 b-c 是在目标学科中已形成的共现关系,测度目标学科知识 a 与学科交叉知识 b 的合作紧密程度,可以反映路径 a-b 的合作强度。其中,共现路径 a-b 的合作强度由知识 a 的信息熵 H(a)、知识共现频率 f(ab)、知识 b 的信息熵 H(b)三部分组成。

信息论之父香农提出信息熵概念,用以量化大量文本中某一信息的不确定度,信息熵在自然语言处理领域应用较为广泛,可以有效度量文献中的信息量。本节将信息熵作为量化文献中知识 a 与 b 的度量,分别测度目标学科知识 a、学科交叉知识 b 的影响力。目标学科知识 a 在目标学科文献集 A 中的知识影响力可以表示为:

$$H(a) = \sum_1^i - \frac{p_a}{P} \log p \frac{p_a}{P} \tag{7.8}$$

上式中,p_a 为知识 a 在集合 A 中的词频,P 为总词频,$\frac{p_a}{P}$ 为知识 a 在总词频中的占比;i 为集合 A 中的文献总量。$H(a)$ 越高,说明该知识 a 越容易受到外来刺激。

同理,潜在中间词 b 在目标学科文献集 A 中的知识影响力 $H(b)$ 为:

$$H(b) = \sum_1^j - \frac{p_b}{P} \log \frac{p_b}{P} \tag{7.9}$$

上式中,p_b 为知识 b 在集合 A 中的词频,j 为集合 A 中的文献总量。$H(b)$ 越高,说明该知识 b 越容易对目标学科知识产生刺激。

信息熵仅能反映信息量的多少,而无法反映不同知识之间的共现强度。

因此,构建共现频率模型,测度共现路径 a-b 和 b-c 的合作紧密程度,公式如下:

$$f(ab) = \frac{C_{ab}^{\ 2}}{P_a \times P_b} \tag{7.10}$$

公式(7.10)中,$f(ab)$ 为知识 a 与 b 的共现频率;C_{ab} 为知识 a 与 b 的共现频次;P_a 为知识 a 的词频;P_b 为知识 b 的词频。

则共现路径 a-b 的合作强度可以表示为:

$$IGP(a,b) = H(a) \times f(ab) \times H(b) \tag{7.11}$$

同理,共现路径 b'-c 的合作强度可以表示为:

$$IGP(b,c) = H(b) \times f(bc) \times H(c) \tag{7.12}$$

(2)引用路径 b-b' 合作强度测度

图 7-15 中,潜在合作路径 a-c 含有引用路径 b-b',作为连接目标学科文献集 A 与跨学科参考文献集 C 的桥梁,也是路径 a-b 与路径 b-c 的连接点。对于单条路径 a-c 而言,若路径 a-b 成立,即知识 a 与 b 在同一文献中存在共现关系,则测度知识 b 的自引率就能反映该引用路径的强度。因此,引用路径的强度可表示为:

$$SC(b) = \frac{R(b)}{R} \tag{7.13}$$

公式(7.13)中,R 为集合 A 中研究知识 b 的文献的参考文献总量;$R(b)$ 为 R 所表示的参考文献中含有知识 b 的参考文献量。$SC(b)$ 通过测度参考文献中知识的利用率,反映引用路径的强度。

(3)跨学科潜在知识生长点(a,c)创新趋势测度

图 7.15 所示的多路径关系中,每条有效路径由 3 部分组成,即共现路径 a-b、引用路径 b-b'、共现路径 b-c。构建能够反映多路径关系的跨学科潜在知识生长点(a,c)创新趋势测度模型(Interdisciplinary potential knowledge growth point identification model,IPGP),公式如下:

$$IPGP(a,c) = \sum_{i=1}^{p} [IPG(a,b) \times SC(b_i) \times IPG(b,c)] \qquad (7.14)$$

公式(7.14)中,$IPG(a,b)$ 反映目标学科知识 a 与中间知识 b 在目标学科文献集 A 中的合作强度,即路径 a-b 的合作强度;$IPG(b,c)$ 反映中间知识 b 与其他相关知识 c 在跨学科参考文献集 C 中的合作强度,即路径 b-c 的合作强度;$SC(b_i)$ 反映路径 a-b 和路径 b-c 的连接强度;p 为目标学科知识 a 与 c 之间的有效路径数。

该模型的作用为:①对于路径内部,采用路径拆分的方法,分别测度 2 个共现路径、1 个引用路径的强度,量化目标学科知识 a 与其他相关知识 c 之间单条路径的强度,若有任一部分路径不通,则知识 a 与 c 之间的该条潜在路径为无效路径,反之则为有效路径;②对于含多条有效路径的跨学科潜在知识生长点,采用路径强度累加的方法,测度知识 a 与 c 之间全部路径的强度,表示跨学科潜在知识生长点(a , c)的合作潜力,$IPGP(a,c)$ 测度值越高,说明知识 a 与 c 的合作潜力越大。

（二）跨学科潜在知识生长点创新趋势计算

以表 7-20 的识别结果为关键知识节点 a、跨学科相关知识 c 研究样本,其中,跨学科潜在知识生长点识别结果拆分为知识 a 与 c 后进行识别。采用本节构建的跨学科潜在知识生长点(a,c)创新趋势测度模型,对识别结果进行进一步趋势预测分析。具体步骤如下:

(1)样本数据采集。以《中国图书馆学报》《图书情报知识》《大学图书馆学报》《图书与情报》《情报理论与实践》《图书情报工作》《情报资料工作》《情报科学》《情报杂志》9 种图书情报学期刊为样本来源。编写脚本程序,采集上述 9 种期刊 2016—2020 年的题录信息 11596 条,标注为目标学科文献集 A,对应参考文献题录 77259 条,从中按照《中国科技期刊引证报告》收录的期刊学科归属,提取出 26148 条跨学科参考文献,标注为跨学科参考文献集 C。

题录信息包括:题名、刊名、年份、关键词等。

(2)提取关键知识节点 a 和跨学科相关知识 c。首先,采用 bibexcel 对题录中的关键词字段进行提取。其次,采用 vlookup 函数,对应表 7-20 中的识别结果,分别从目标学科文献集 A 和跨学科参考文献集 B 中提取关键知识节点 a 和跨学科相关知识 c。共提取 64 个关键知识节点 a 和 233 个跨学科相关知识 c,其余关键词均具有作为中间词的可能性,因而标注为中间知识 b。

(3)跨学科潜在知识生长点联系路径识别。首先,采用 bibexcel 分别生成目标学科、跨学科参考文献关键词共现矩阵,并提取矩阵中的关键知识节点 a 和跨学科相关知识 c。其次,采用 vlookup 函数,核验中间知识 b 在目标学科文献集 A 和跨学科参考文献集 B 中的引用关系。编写 VBA 程序,以 b-b' 引用路径为搜寻标识,生成跨学科潜在知识生长点连接路径 a-b-b'-c。

(4)数据预处理。从目标学科文献集 A 中统计情报学文献量 P、关键知识节点 a 词频 Pa、目标学科文献中间词频次 Pb、关键知识节点 a 和中间知识 b 的共现频次 Cab,并从跨学科参考文献集合 C 中提取情报学跨学科参考文献量 R、跨学科参考文献中间词频次 Rb'、跨学科相关知识 c 词频 Rc、中间知识 b' 和跨学科相关知识 c 的共现频次 Cbc。

(5)分别计算共现路径 a-b、引用路径 b-b' 和共现路径 b'-c 的合作强度。首先,将 Pa、P、Pb、Cab 代入公式(7.11),计算共现路径 a-b 的合作强度,IPG(a,b)的计算结果见表 7-21:

表 7-21　共现路径 a-b 合作强度 IPG(a,b)计算结果

Tab 7-21　Co-occurrence path a-b cooperation strength

IPG(a,b)calculation results

序号	a-b	Ha	Hb	fab	IPG(a,b)
1	数字人文—机器学习	0.020	0.041	216. 964	0.177
2	大数据—机器学习	0.051	0.041	59. 951	0.127
3	科学数据—机器学习	0.017	0.041	12. 857	0.009

序号	a-b	Ha	Hb	fab	IPG(a,b)
4	网络舆情—情感分析	0.039	0.014	10.010	0.006
5	微博—情感分析	0.018	0.014	19.521	0.005
6	智慧图书馆—智慧服务	0.013	0.006	41.176	0.003
7	智库—美国	0.022	0.020	7.958	0.003
8	新冠肺炎—机器学习	0.005	0.041	15.000	0.003
9	网络舆情—信息传播	0.039	0.011	5.122	0.002
10	在线评论—情感分析	0.010	0.014	13.500	0.002
…	…	…	…	…	…

其次,将 Rb' 与 R 代入公式(7.13),计算引用路径 b'-b 的合作强度,SC(b')的计算结果见表 7-23 第 5 列。再者,将 Rb'、R、Rc、Cbc 代入公式(7.12),计算共现路径 b'-c 的合作强度,IPG(b',c)的计算结果见表 7-22:

表 7-22　共现路径 b'-c 合作强度 IPG(b',c)计算结果
Tab 7-22　Co-occurrence path b'-c cooperation strength
IPG(b',c)calculation results

序号	b'-c	Hb	Hc	fbc	IPG(b'-c)
1	自然语言处理—贝叶斯网络	0.002	0.016	4887.451	0.187
2	自然语言处理—波士顿矩阵	0.001	0.016	1682.333	0.022
3	互联网+—云计算	0.002	0.012	678.140	0.017
4	知识网络—贝叶斯网络	0.001	0.016	919.643	0.011
5	知识元—概念格	0.001	0.016	715.278	0.011
6	机器学习—技术接受模型	0.002	0.004	540.000	0.005
7	情感分析—深度学习	0.003	0.007	144.421	0.002
8	情感分类—机器学习	0.001	0.005	545.833	0.001
9	数据安全—云计算	0.001	0.012	205.714	0.001
10	word2vec-词向量	0.001	0.003	406.250	0.001
…	…	…	…	…	…

将上述数据预处理结果代入公式(7.14),计算跨学科潜在知识生长点连接路径强度,反映其创新趋势和合作潜力,对 IPGP(a,c)归一化处理,结果见表7-23:

表7-23　跨学科潜在知识生长点创新趋势 IPGP(a,c)计算结果

Tab 7-23　IPGP(a,c)calculation results of innovation trend of interdisciplinary potential knowledge growth points

序号	a	b	c	SC(b')	IPG(a,b)	IPG(b',c)	IPGP(a,c)	序号
1	数字人文	机器学习	技术接受模型	0.0033	0.1765	0.0004	2.4E-07	1
2	网络舆情	情感分析	贝叶斯网络	0.0033	0.0097	0.0004	1.33E-08	2
3	文献计量	机器学习	种群动力学模型	0.0008	0.0056	0.0024	1.16E-08	3
4	微博	情感分析	概念格	0.0008	0.005	0.0024	1.03E-08	4
5	电子政务	互联网+	时空数据模型	0.0006	0.0006	0.0168	6.06E-09	5
6	在线评论	情感分析	信息茧房	0.0008	0.002	0.0024	4.2E-09	6
7	新冠肺炎	机器学习	深度学习	0.0033	0.003	0.0004	4.07E-09	7
8	引文网络	扩散曲线	波士顿矩阵	0.0003	0.0005	0.0005	6.69E-11	8
9	智库	政策分析	梯度提升决策树	0.0003	0.0009	0.0002	6.23E-11	9
10	知识扩散	知识网络	贝叶斯网络	0.0004	8E-05	0.0017	5.75E-11	10
11	微信	信息生态	生态系统	0.0006	0.0005	0.0001	4.24E-11	11
12	网络舆情	系统动力学	时空数据模型	0.0003	0.0001	0.0009	3.52E-11	12
13	大数据	知识管理	随机森林	0.0008	0.0005	9E-05	3.09E-11	13
14	开放数据	评价指标	条件随机场	0.0007	0.0023	9E-06	1.48E-11	14
15	智库	用户	MongoDB 数据库	0.0004	5E-05	0.0006	1.37E-11	15
16	网络舆情	知识元	概念格	0.0004	0.0002	0.0001	1.08E-11	16
17	政府数据	数据科学	深度学习	0.0004	5E-05	0.0005	9.08E-12	17
18	科研数据	自然语言处理	ACP 算法	0.0003	6E-05	0.0005	7.81E-12	18
19	科研合作	聚类分析	OPTICS 聚类算法	0.0003	0.0002	4E-05	1.8E-12	19
20	突发事件	信息公开	梯度提升决策树	0.0004	6E-05	4E-05	8.01E-13	20
…	…	…	…	…	…	…	…	…

(三)模型有效性分析

本节成功识别了图书情报学关键知识节点、跨学科相关知识、跨学科潜在知识合作组合,并构建跨学科潜在知识生长点创新趋势预测模型对识别结果进行创新趋势预测,分析识别结果的未来潜在合作趋势,该模型具有以下优势:

(1)基于引文分析与共现分析的创新趋势预测模型具有良好的理论基础。跨学科潜在知识相关组合一般存在于跨学科引文网络、共现网络等弱关系中,体现了知识的交流与传递、传承与演化。本节构建的创新趋势预测模型基于引文分析法,以客观数据为基础,对目标学科与其他学科之间的引用和被引现象进行分析,可以揭示不同学科之间知识联系的数量特征和内在规律;对文献集中知识进行共现分析,可以确定该文献集所代表学科中各知识之间的关系,一般认为知识对在同一篇文献中出现的次数越多,则代表这两个知识的关系越紧密,共现分析可以对知识组合的共现现象进行定量研究,揭示知识组合的内容关联和隐含的创新趋势。

(2)可以分别从学科关键知识节点和跨学科相关知识的创新属性及二者关联性方面对识别结果的创新趋势进行测度。跨学科潜在知识生长点成为跨学科知识生长点的可能性与创新趋势,依赖于学科关键知识节点与跨学科相关知识的研究现状、趋势以及二者的关系密切程度。在构建的创新趋势预测模型中,为对知识组合的创新属性及发展趋势进行测度,首先利用信息熵对信息量大易受外来知识刺激的目标学科关键知识节点、具有成熟广泛应用性的跨学科知识进行筛选,则识别到的知识点是学科中具有高影响力、具有一定创新属性的知识,双方合作的创新趋势与可能性较大;其次在对关键知识节点与跨学科相关知识对的识别过程中,从共词网络、引文网络、媒体数据等方面对其关联程度进行测度,识别出的知识对具有高合作潜力,在构建的创新趋势预测模型中将知识对的关联强度问题考虑在内,对知识对合作过程中的共现、引用强度进行测度,衡量知识对的创新桥梁"稳固"性,寻找最为稳健的合作路径,则知识组合的合作与创新渠道更为稳固可靠,创新趋势良好。综上,本节构建的创新趋势预测模型综合考虑了目标学科与跨学科知识点的创新属性与其关联强度大小,可以有效预测所识别的知识组合的创新趋势。

(四)跨学科潜在知识生长点创新趋势分析

跨学科潜在知识生长点是由关键知识节点和跨学科相关知识组成的,二者尚未共现,但具有较大合作可能性。本节构建跨学科潜在知识生长点创新趋势预测模型,通过测度跨学科潜在知识生长点连接路径的强度以分析识别结果的未来潜在合作趋势。表7-23中,识别到的情报学关键知识节点及其具有潜在合作可能的跨学科相关知识具有多种交叉合作可能性,见图7-17:

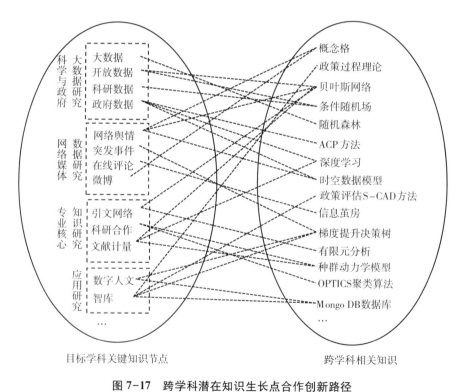

图7-17 跨学科潜在知识生长点合作创新路径

Fig 7-17 Interdisciplinary potential knowledge growth point cooperation path

图 7-17 中,具有较高合作可能性的跨学科潜在知识生长点包含一对一、一对多的潜在合作可能性。其中,贝叶斯网络、梯度提升决策树、概念格等跨学科相关知识有较大潜力与图书情报学多个关键知识节点合作。为分析跨学科潜在知识生长点的潜在合作规律,探讨识别结果的创新趋势,从而促进跨学科合作研究,对图 7-17 中的代表性识别结果的创新趋势预测如下:

(1)科学与政府数据研究的创新趋势

随着互联网与大数据技术的飞速发展,人们生产、搜集、处理、管理和共享数据的方式从根本上发生了改变。《Big data》①一书中提到,大数据时代最大的转变就是放弃对因果关系的追求,转而去追求相关关系,大数据技术能够帮助人们获得对数据与信息的全新认识,借此创造出全新的价值。从宏观角度看,大数据技术是针对数据信息所呈现出的特征进行规模化、深度化的分析运用,保证数据本身存在的本体价值可以在海量数据库中进行价值化挖掘②。

目前科学大数据、商业大数据、医疗大数据、教育大数据、政务大数据等多领域的数据资源不断丰富和持续积累,每天都存在着数量巨大且多样的数据,对数据的搜集、处理以及管理都面临挑战,各国都在加快大数据战略布局,抢占大数据制高点③。大数据需要搭载网络技术,确保传输过程中对大容量的信息流传输业务进行高效处理,满足云端处理诉求。从微观角度看,可以将大数据技术看成是单一化的数据存储及分析载体,进一步深化数字化资产的重要性。数据挖掘作为知识发现中的关键部分,在融合人工智能、机器学习、云计算、智库、神经网络、数据可视化、区块链等技术后,将人们日常生活与工作

---

① ［英］维克托·迈尔·舍恩伯格:《大数据时代:生活、工作与思维的大变革》,周涛译,浙江人民出版社 2012 年版,第 213 页。

② 林碧洪:《大数据环境下计算机应用技术的分析与发展》,《产业与科技论坛》2022 年第 14 期。

③ 王芳:《关于数据要素市场化配置的十个问题》,《图书与情报》2020 年第 3 期。

通过信息予以呈现,建设数字化经济,推动社会发展。

因此,数据研究成为目前图书情报学科的前沿研究内容,并可以与跨学科知识合作研究产生新的知识生长点。创新趋势预测如下:

①大数据—随机森林。

随机森林(Random forest,简称 RF)是 Breiman L.①在 2001 年提出并验证的一种算法,它是利用 bootsrap 重抽样方法从原始样本中抽取多个样本,对每个 bootsrap 样本进行决策树建模,然后组合多棵决策树的预测,通过投票得出最终预测结果。随机森林算法的一个独特之处是每棵树的子分类器相互独立,减小了运算量的负担,并保证了输出结果的精度,它对非平衡数据和缺失数据的反应较为稳健,所以能高效运算海量数据②。大量的理论和实证研究都证明了随机森林具有很高的预测准确率,对异常值和噪声具有很好的容忍度,且不容易出现过拟合。随机森林是一种自然的非线性建模工具,在图书情报领域的应用时间较短,并未形成研究体系,综合其他方法主要应用在谣言识别③④、图书采购等方面。

大数据本身是一个比较抽象的概念,单从字面来看,它表示数据规模的庞大,对大数据的定义比较有代表性的是 3V 定义⑤,即认为大数据需满足 3 个特点:规模性(volume)、多样性(variety)和高速性(velocity)。2011 年,大数据被定义为:"大数据技术描述了新一代的技术和架构体系,通过高速采集、发现或分析,提取各种各样的大量数据的经济价值",特点可以总结为 4 个 V⑥,

---

①　Breiman L.,"Random Forests",*Machine Learning*,2001,45(01):5-32.

②　李欣海:《随机森林模型在分类与回归分析中的应用》,《应用昆虫学报》2013 年第 4 期。

③　曾子明、王婧:《基于 LDA 和随机森林的微博谣言识别研究——以 2016 年雾霾谣言为例》,《情报学报》2019 年第 1 期。

④　位志广、宋小康、朱庆华等:《基于随机森林的健康谣言分享意愿研究》,《现代情报》2020 年第 5 期。

⑤　[英]维克托·迈尔·舍恩伯格《大数据时代:生活、工作与思维的大变革》,周涛译,浙江人民出版社 2012 年版,第 76 页。

⑥　Gantz J.,"Extracting Value from Chaos",*Idcemc2 Report*,2011:1-12.

即规模性(volume)、多样性(variety)和高速性(velocity)和价值性(value)。随着大数据技术的不断发展,数据规模更大、种类更多、结构更复杂,且数据已被看作重要战略资源,因此,不断有学者提出了大数据特征新的论断,在4V的基础上增加了准确性(veracity),强调有意义的数据必须真实、准确;增加了动态性(vitality),强调整个数据体系的动态变化;增加了可视性(visualization),强调数据的显性化展现;增加了合法性(validity),强调数据采集和应用的合法性,特别是对于个人隐私数据的合理使用。未来数据将在科学技术的发展过程中不断地被分类、细化、利用与共享等等,有些数据可分为再生数据,有些数据为不可再生数据,甚至有的数据处于变异、休眠状态。

随机森林不仅可以高效处理海量、大规模数据,并且对异常值、噪音数据具有较强的处理能力,因此两者将在大数据的挖掘、主题分析等方面相互促进。

②科研数据—ACP算法。

聚类算法是对多个样本(或指标)通过某种相似性度量、距离或聚类标准对数据进行定量分类的一种多元统计分析法。目前,应用广泛的聚类算法无法自动确定聚类的数目,要通过不断的实验进行确定,在具体实践中影响数据分析的应用效果。ACP算法是为解决自动确定聚类数目而提出的算法。2018年,于晓飞等[1]学者基于Lu Y.的[2] PHA算法思想,提出了一种自动确定聚类中心的势能聚类算法(Automatically Clustering Based on Potential Metric,简称ACP)。在人工数据集和真实数据集上的实验证明,与PHA算法相比,ACP算法不仅可以自动准确地确定聚类数目,而且具有更优的聚类效果。目前,对ACP算法的研究较少,图书情报领域并未有该类方法的应用,但聚类算法

---

① 于晓飞、葛洪伟:《自动确定聚类中心的势能聚类算法》,《计算机科学与探索》2018年第6期。

② Lu Y.,Wan Y.,"PHA:A Fast Potential-Based Hierarchical Agglomerative Clustering Method",*Pattern Recognition*,2012,45(05):1227–1239.

仍在不断地改进与发展中,如杨震等①提出一种基于信息熵的截断距离自适应算法,能够准确选择聚类中心和截断距离,对于低维度、任意形状簇的处理效果良好。

查阅国内外文献,"科学数据"外文表达为"Research Data""Scientific Data""Science and Research Data"②,国外这三种翻译基本为同等概念,在国内"Research Data"也会翻译成"研究数据"或者"科研数据"。在我国,科学数据主要是指在自然科学领域的探测和研究中产生的有价值的数据③。李晓辉④认为科研数据(Research Data)是指数字形式的研究数据,包括在研究过程中产生的能存贮在计算机上的任何数据,也包括能转换成数字形式的非数字形式数据,如传感器读取的数据、遥感勘测数据、调研结果、神经图像、实验数据及来自测试模型的仿真数据等⑤;都平平等⑥认为科研数据主要是指研究全过程的各类数据(成果数据+研究过程数据),研究数据主要是指研究过程产生的研究过程数据;沈玖玖等⑦认为科研数据指科研人员的科学研究活动中涉及的科学数据。我国出台的《科学数据管理办法》⑧中称科学数据主要包括在自然科学、工程技术科学等领域,通过基础研究、应用研究、试验开发等

---

① 杨震、王红军、周宇:《一种截断距离和聚类中心自适应的聚类算法》,《数据分析与知识发现》2018 年第 3 期。

② Rice R., Haywood J., "Research Data Management Initiatives at University of Edinburgh", *International Journal of Digital Curation*, 2010, 06(02):232-244.

③ 秦小燕、初景利:《科学数据素养能力评价指标体系构建研究》,《图书与情报》2020 年第 4 期。

④ 李晓辉:《图书馆科研数据管理与服务模式探讨》,《中国图书馆学报》2011 年第 5 期。

⑤ Australian National University, "Anu Data Management Manual: Managing Digital Research Data at the Australian National University", 2008, http://anulib.anu.edu.au/_resources/training-and-resources/guides/DataManagement.pdf.

⑥ 都平平,李雨珂,陈越:《高校科研数据资产化存储及数据复用权益许可研究》,《图书情报工作》2022 年第 3 期。

⑦ 沈玖玖,蔡讷:《科研数据焦虑测评量表开发研究》,《情报理论与实践》2022 年第 5 期。

⑧ 中华人民共和国中央人民政府:《国务院办公厅关于印发科学数据管理办法的通知》,2022 年 08 月 11 日。

产生的数据,以及通过观测监测、考察调查、检验检测等方式取得并用于科学研究活动的原始数据及其衍生数据。

从研究数据、科学数据、科研数据的定义可知,该类数据都为研究过程中的各类数据,都属于有价值、大规模、多类型的数据,目前,ACP算法还未应用到科研数据分析中,根据ACP算法的优势,可将各类科研数据进行自动聚类,以便于对数据进行筛选和分析。

③开放数据—条件随机场。

条件随机场(Conditional Random Fields,简称CRFs)由Lafferty J.等[1]人于2001年提出,结合了最大熵模型和隐马尔可夫模型的特点,是一种判别式概率模型,是随机场的一种,是一种无向图模型,常用于标注或分析序列资料,如自然语言文字或是生物序列。其中,最简单的形式是线性的CRFs,即模型中各个节点之间构成线性结构。一个线性的CRFs对应于一个有限状态机,它非常适合于进行线性数据序列的标注。相比于隐马尔夫模型,条件随机场则使用一种概率图模型,具有表达长距离依赖性以及交叠性特征的能力,能够较好地解决标注(分类)偏置等问题的优点,而且所有特征可以进行全局归一化,能够求得全局的最优解[2]。近年来在自动分词[3][4][5]、词性标注[6][7]、命名

①　Lafferty J., McCallum A., Pereira F., "Conditional Random Fields: Probabilistic Models for Segmenting and Labeling Sequence Data", *International Conference on Machine Learning*(2001), 2001.

②　余本功、范招娣:《面向自然语言处理的条件随机场模型研究综述》,《信息资源管理学报》2020年第5期。

③　李双龙、刘群、成耀:《基于条件随机场的汉语分词系统》,《微计算机信息》2006年第28期。

④　迟呈英、于长远、战学刚:《基于条件随机场的中文分词方法》,《情报杂志》2008年第5期。

⑤　杨德彬、马卫春:《基于条件随机场模型的中文地址分词研究》,《测绘与空间地理信息》2021年第11期。

⑥　洪铭材、张阔、唐杰等:《基于条件随机场(CRFs)的中文词性标注方法》,《计算机科学》2006年第10期。

⑦　孙静、李军辉、周国栋:《基于条件随机场的无监督中文词性标注》,《计算机应用与软件》2011年第4期。

实体识别①②、信息抽取③、图像和视频分割④、新词识别⑤、目标追踪⑥等中取得了很好的效果。

开放知识基金会定义开放数据为"能被任何人自由使用、重复利用和重新分配的数据资源"⑦,具有"可获得性、机器或程序可阅读、使用和再分配无限制等特性"⑧。2020 年 7 月,大数据战略重点实验室全国科学技术名词审定委员会研究基地收集审定的第一批 108 条大数据新词,其认为开放数据(Open Data)是一种哲学理念及实践,要求一定的数据可以被任何人自由获取,没有来自版权、专利或其他机制限制。越来越多的学者聚焦于开放数据在各学科领域的具体应用,也对开放数据的理论、技术、方法进行研究。

条件随机场主要应用于解决序列问题,可预测不同场景。开放数据的利用最为重要的是在海量、多源数据中获得有价值数据。因此,条件随机场可以根据数据间的顺序、规则,在对数据进行标注、分词、识别、追踪的基础上,拓展查询范围、预测查询结果的质量,为开放数据的获取与利用提供技术支撑。

---

① 郭剑毅、薛征山、余正涛等:《基于层叠条件随机场的旅游领域命名实体识别》,《中文信息学报》2009 年第 5 期。

② 王世昆、李绍滋、陈彤生:《基于条件随机场的中医命名实体识别》,《厦门大学学报(自然科学版)》2009 年第 3 期。

③ 于江德、樊孝忠、尹继豪:《基于条件随机场的中文科研论文信息抽取》,《华南理工大学学报(自然科学版)》2007 年第 9 期。

④ 褚一平、张引、叶修梓等:《基于隐条件随机场的自适应视频分割算法》,《自动化学报》2007 年第 12 期。

⑤ 陈飞、刘奕群、魏超等:《基于条件随机场方法的开放领域新词发现》,《软件学报》2013 年第 5 期。

⑥ 黄树成、张瑜、张天柱等:《基于条件随机场的深度相关滤波目标跟踪算法》,《软件学报》2019 年第 4 期。

⑦ Open Data Hand-Book, "What is Open Data?", 2022 – 08 – 11, http://open data handbook. org/guide/zhCN/what-is-open-data/.

⑧ Open Data White Paper, 2022 – 8 – 11, https://data.gov.uk/ sites/default/files/ Open_data_ White _Paper_10.pdf.

④政府数据—深度学习。

深度学习(Deep Learning,DL)是机器学习(Machine Learning,ML)领域中一个新的研究方向。深度学习是学习样本数据的内在规律和表示层次,这些学习过程中获得的信息对诸如文字、图像和声音等数据的揭示有很大的帮助①。研究深度学习的目的在于让机器能够像人一样具有分析学习能力,能够识别文字、图像和声音等数据,从大量已有数据中学习出潜在的规律和特征,以用来对新的样本进行智能识别或者预期未来某件事物的可能性②。机器学习的发展历程大致经历了两个阶段:浅层学习阶段和深度学习阶段③。深度学习模型结构包含隐层节点的层数通常在 5 层以上,有时甚至包含高达 10 层以上,并明确强调了特征学习对于升读模型的重要性,即通过逐层特征提取,将数据样本在原空间的特征变换到一个新的特征空间来表示初始数据,这使得分类或预测问题更加容易实现。所以,未来的发展趋势是深度学习模型在数据分析中将得到更多的关注,包括语音识别、图像识别、数据挖掘、机器翻译、自然语言处理、个性化推荐等方面。

政府数据具有行政职权性、公共性的特点,是行政主体在行使行政职权中收集保存的各种数据资源,政府数据开放就是将社会数据对公众予以开放,释放数据红利、激发社会价值创造的行政行为④。目前,我国 80% 的数据资源都掌握在政府手中,政府是最大的数据拥有者,推动政府数据开放、释放数据价

---

①　陈先昌:《基于卷积神经网络的深度学习算法与应用研究》,硕士学位论文,浙江工商大学,2014 年,第 66 页。

②　Arel I.,Rose D C.,Karnowski T P.,"Deep Machine Learning-A New Frontier in Artificial Intelligence Research [Research Frontier]", *IEEE Computational Intelligence Magazine*,2010,05(04):13-18.

③　Bengio Y.,"Deep Learning of Representations:Looking Forward", *Proceedings of the First International Conference on Statistical Language and Speech Processing*,2013(5):1-37.

④　刘俊超、朱兵强:《政府数据开放与个人信息保护》,《图书馆研究与工作》2022 年第 2 期。

值,成为我国政府的必然选择①。目前,随着开放政府数据运动在全球范围内的蓬勃发展,政府数据如何高效利用、科学治理及保护隐私问题也随之产生,近年来越来越多学者聚焦政府开放数据利用价值及影响因素研究②③④、数据治理⑤⑥、个人隐私保护⑦等议题,主要采用构建理论模型、文献计量、内容分析、博弈分析、层次分析法等方法。

目前,深度学习方法还未对政府数据研究作出重大贡献。因此,未来基于深度学习模型可提取不同政府数据的特征、预测数据利用价值,精准提升全国、各省市、区、企业甚至个人对数据的采纳和使用,模拟预测数据治理效率;根据个人信息处理规律、信息使用行为等增强数据安全保护意识、调整数据开放制度与技术措施、提供个人隐私侵害援助等,以达到数据开放、数据共享和隐私保护等在实践中的协同与平衡。

⑤知识扩散—贝叶斯网络。

贝叶斯网络(Bayesian Network)又称信念网络(Belief Network),1988 年由 Pearl 提出,是基于贝叶斯公式的变量间相关性及其强度的图形化网络⑧,一个贝叶斯网络由一个有向无环图和概率分布表构成。有向无环图由代表变量的节点及连接这些节点有向边构成,节点代表随机变量,节点间的有向边代表

---

① 王海洋:《政府数据开放场景下个人信息匿名化研究》,《情报理论与实践》2022 年第 12 期。

② 夏义堃:《开放数据开发利用的产业特征与价值链分析》,《电子政务》2016 年第 10 期。

③ 陈美、梁乙凯:《国外面向用户的开放政府数据使用行为研究进展》,《情报杂志》2022 年第 9 期。

④ 梁乙凯、戚桂杰:《基于模糊集定性比较分析的政府开放数据使用影响因素研究》,《情报杂志》2019 年第 3 期。

⑤ 魏益华、杨璐维:《突发公共事件下政府数据开放与公共治理效率提升——基于四方演化博弈的分析》,《经济纵横》2022 年第 7 期。

⑥ 周文泓、吴琼:《面向政府数据治理的社会参与促进策略研究——全球代表性实践的调查及其启示》,《情报理论与实践》2022 年第 9 期。

⑦ 孙瑞英、李杰茹:《我国政府数据开放平台个人隐私保护政策评价研究》,《图书情报工作》2022 年第 12 期。

⑧ 菅小艳:《贝叶斯网基础及应用》,武汉大学出版社 2019 年版,第 58 页。

了节点间的相互(因果)关系;概率分布表为变量间相关性强度量化表,用条件概率表达节点间因果关系的强弱[1][2][3]。贝叶斯网络可科学、高效地对不详尽、不确定的信息数据进行推理,并通过形象直观的图形网络形式将结果显示,是目前不确定知识表达和推理领域最有效的模型之一,也已成为近几年的研究热点,被广泛应用于数据挖掘[4]、故障诊断[5]及技术预测[6]等领域。

知识扩散是指知识通过一定载体进行跨时空流动的过程,通过知识吸收和重组,促进新知识产生和科学创新发展[7]。Rousseau R.等[8]在前人研究的基础上提出知识扩散速度、知识扩散广度以及知识扩散强度模型;Nakamura H.等[9]提出利用施引与被引文献发表时间之间的差值作为知识扩散延时指标;俞立平等[10]参照 h 指数计算原理提出了反映学术期刊知识扩散深度的 CJH 新指标;Kiss I Z.等[11]参考传染病模型提出一种基于个体的有向加权知识扩散模

① 何永昌、陈之光、王海锋等:《基于 Netica 的导弹故障诊断贝叶斯网络模型研究》,《航空兵器》2020 年第 1 期。

② 刘春生、王斌、卢义成:《基于 Netica 的机载雷达侦察效能评估》,《现代雷达》2017 年第 3 期。

③ 何小飞、童晓阳、孙明蔚:《基于贝叶斯网络和 D-S 证据理论的分布式电网故障诊断》,《电力系统自动化》2011 年第 10 期。

④ 丁贵涛:《基于贝叶斯网络的数据挖掘方法及其基因表达分析应用》,硕士学位论文,南开大学,2004 年,第 46 页。

⑤ 段安民、徐皓、孙卫华等:《基于贝叶斯网络的短波发射机故障诊断研究》,《舰船科学技术》2022 年第 9 期。

⑥ 王必好、张郁:《基于贝叶斯网络的技术进步预测与路径优化选择》,《科学学研究》2019 年第 8 期。

⑦ Chen C., Hicks D., "Tracing Knowledge Diffusion", *Scientometrics*. 2004, 59(02):199-211.

⑧ Rousseau R., "Robert Fairthorne and the Empirical Power Laws", *The Journal of Documentation*, 2005, 61(02):194-202.

⑨ Nakamura H., Suzuki S., Hironori T., et al., "Citation Lag Analysis in Supply Chain Research", *Scientometrics*, 2011, 87(2):221-232.

⑩ 俞立平、万晓云、项益鸣等:《一个评价学术期刊知识扩散深度的新指标——CJH 指数》,《情报杂志》2019 年第 8 期。

⑪ Kiss I Z., Broom M., Rafols I., "Can Epidemic Models Describe the Spread of Research Topics Across Disciplines?", *Journal of Informetrics*, 2010, 04(01):74-82.

型,该模型可以用于描述研究主题在不同学科之间的扩散过程;逯万辉[①]等基于文献引证关系和共被引网络探测不同学科的网络位置,采用群体中心度指标分析人文社科领域知识扩散状况;Gao X.等[②]综合网络分析、引文分析,构建基于引文的时序网络知识扩散模型。

目前,尚未有研究将知识扩散与贝叶斯网络结合。因此,知识间的引用经过时间的积累会自发形成复杂的网络关系,知识被引网络的结构、特征、频次等可以反映知识扩散情况,未来研究中可以构建贝叶斯网络知识扩散模型,以便科学、有效地识别知识扩散路径,提升知识扩散、创新效率。

(2)网络媒体研究的创新趋势

随着科学技术的不断进步,网络媒体也得到迅速发展。网络媒体作为新型媒体形态在科学知识传播中发挥着重要作用,极大促进科学研究的发展进程。如微博、知乎、抖音等媒体平台受到大众的追捧,为用户提供了便捷的信息接受和扩散平台。但在享受便捷的同时也面临信息过载、负面消息持续发酵等问题,影响了社会的平稳运行。

网络舆情是网络媒体时代背景下公众舆情最直接的映射。网络舆情具有门槛低、数据量大、用户参与度高、实时动态更新等特点,利用先进技术方法分析舆情变化趋势以便作出更好决策成为各领域相关学者的研究热点。舆情分析过程可以视为一种情报分析的过程,改进和创新网络舆情分析技术,可以更好地推动情报实践工作和学科理论的发展。因此,网络媒体时代如何正确高效利用网络媒体以及如何处理负面问题成为图书情报领域学者们研究的热点,并与相关跨学科知识合作研究,产生新的知识生长点,创新趋势预测结果如下:

---

① 逯万辉:《基于共被引网络群体中心度的我国人文社会科学领域知识扩散网络研究》,《图书馆杂志》2020年第2期。

② Gao X.,Guan J.,"Network Model of Knowledge Diffusion",*Scientometrics*,2012,90(03):749-762.

①网络舆情—时空数据模型。

时空数据模型是一种有效组织和管理时态地理数据，属性、空间和时间语义更完整的地理数据模型。随着地理空间观测数据的积累和互联网技术等的发展，时空数据模型的构建成为处理海量时空数据的关键方法。翟亮等[1]针对传统空间数据库无法处理动态地理信息这一类问题，分析比较并深入探讨了现有多种时空数据模型。赵彬彬等[2]阐述了数据挖掘到空间数据挖掘，再到时空数据挖掘的过程，分析了空间数据挖掘和传统知识发现的相同点和区别，并探讨了时空数据挖掘的未来发展方向。谈国新等[3]借鉴面向对象的方法以及地理事件相关理论，提出一种面向非遗文化空间的时空数据模型，展示了非遗文化传承人的时空信息。时空数据模型尚未成熟，处于起步阶段，且大部分应用于自身学科的研究，在其他领域中应用较少，缺乏广泛性。

时空数据模型能够反映某一地理实体的演变规律。将网络舆情和时空数据模型同时作为主题词在中国知网数据库中进行检索，共检索到2篇文献，说明网络舆情和时空数据模型合作具有一定可行性。

网络舆情往往与某一突发事件相互联系，其属性随着时间和空间的改变动态变化。以往研究中，很少有学者从时空的角度对网络舆情进行分析，未来可以把时空数据模型的分析方法与网络舆情分析相结合，面向网络用户和地区建模，根据网络舆情的时间和空间、属性等特性分析舆情走势与传播脉络，针对某一类事件背景和专家知识建立评价标准，为网络舆情关系网络各个分支赋予相应权重，建立可视化网络舆情评估模型。有利于高效处理海量时空大数据，动态检测舆情变化，把握关注热点，帮助政府和企业作出更好的决策，促进竞争情报的发展。

---

① 翟亮、李霖、唐新明等:《时空数据模型的研究》,《测绘与空间地理信息》2005年第4期。
② 赵彬彬、李光强、邓敏:《时空数据挖掘综述》,《测绘科学》2010年第2期。
③ 谈国新、张立龙:《非物质文化遗产文化空间的时空数据模型构建》,《图书情报工作》2018年第15期。

②网络舆情—贝叶斯网络。

贝叶斯网络是一种对概率关系的有向图解描述,适用于不确定性和概率性事物,应用于有条件地依赖多种控制因素的决策①。1886 年,Judea Pearl 首先提出了贝叶斯网络的概念,而后贝叶斯网络应用于多个学科领域中。王辉②概括了贝叶斯网络的特点及其学习过程,认为贝叶斯网络可作为数据分析与预测工具。程岳等③提出利用贝叶斯网络建立态势估计推理模型,为决策提供依据,使得动态贝叶斯网络的应用领域进一步拓展。王飞④提出了一种基于贝叶斯网络的应急预测算法,并阐述了该算法在网络舆情中群体事件性能方面的优势。在近几年的研究中,贝叶斯网络与风险评估、故障诊断、数据挖掘等主题联系密切,涉及到自动化技术、计算机、数学等学科,应用领域非常广泛,其中动态贝叶斯网络的研究与应用受到广泛关注。

网络舆情中的突发事件具有不确定性,可以通过贝叶斯网络与统计方法相结合,对不完全、不确定或不精确的网络舆情进行推理。将网络舆情与贝叶斯网络同时作为主题词在中国知网数据库中检索,共检索到 0 篇文献,将突发事件与贝叶斯网络同时作为主题词在中国知网数据库中检索,共检索到 163 篇文献,所以贝叶斯网络与网络舆情分析有很高的潜在合作可能性。

在图书情报学科未来网络舆情研究中可以更多考虑舆情事件在时间中的动态性,将事件按照时间序列梳理,利用动态贝叶斯网络对各节点之间的关系作概率统计,再结合事件背景和专家意见作出预测;另外可以利用贝叶斯网络对图书情报学科收集的网络舆情数据作过往案例定量分析,识别节点之间的关系,总结网络舆情发酵规律,进一步提高网络舆情预警的精确性。

---

① 王军、周伟达:《贝叶斯网络的研究与进展》,《电子科技》1999 年第 15 期。
② 王辉:《用于预测的贝叶斯网络》,《东北师大学报(自然科学版)》2002 年第 1 期。
③ 程岳、王宝树、李伟生:《贝叶斯网络在态势估计中的应用》,《计算机工程与应用》2002 年第 23 期。
④ 王飞:《基于贝叶斯网络的应急预测算法在群体性突发事件网络舆情中的优势研究》,《赤峰学院学报(自然科学版)》2017 年第 15 期。

②网络舆情—概念格,微博—概念格。

概念格,又称形式概念分析,本质上描述了对象和特征之间的联系,表明概念之间的泛化与例化关系,还可以实现数据的可视化①。德国科学家 Wille 首先提出了概念格的概念,现有的概念格构造算法有批处理算法②、渐进式算法③和并行算法④三种。李永宾⑤提出了一种基于形式概念分析的本体映射方法,并对分析流程做了详细阐述。杨丙⑥提出了一种基于概念格的协同过滤校正自然噪声算法,将概念格引入到智能推荐算法的研究中。概念格在其他学科中的应用相对比较广泛,主要集中在计算机,自动化,数学,图书情报等学科,用于认知计算、机器学习、网页搜索、关联规则研究等领域。

将概念格或形式概念分析与网络舆情同时作为主题词在中国知网数据库中检索,共检索到 3 篇文献,其中两篇属于图书情报学科。说明概念格理论与网络舆情合作具有一定的可行性,未来在网络舆情研究中可以与概念格分析相结合,例如建立一种"用户—媒体"概念格。不同网络媒体可以划分为国家级媒体、门户媒体、地方媒体、垂直媒体、自媒体等多个范畴,通过引入概念格对使用不同网络媒体参与网络舆情创建与扩散的用户聚类,识别各节点之间的泛化与例化关系,确定舆情扩散过程中的核心网络媒体范畴。另外可以不断开发和完善基于概念格分析的话题检测可视化系统,识别当前网络舆论热点。一方面有利于建立一种网络舆情跟踪机制,正确引导网络舆情导向;另一

---

① 马骏:《概念格及其可视化研究》,硕士学位论文,河南大学,2005 年,第 65 页。

② Harman M.,"Formal Concept Analysis-Mathematical Foundations Bernhard Ganter and Rudolf Wille Springer-Verlag",*Software Focus*,2000,1(1):103–124.

③ 刘胜日、刘建平:《一种渐进式概念格生成算法的优化》,《工业控制计算机》2012 年第 8 期。

④ Njiwoua P.,Nguifo E M.,"A Parallel Algorithm to Build Concept Lattice",*Proceedings of 4th Groninged Intl*,*Information Technical Conference for Student*,1997:103–107.

⑤ 李永宾:《基于形式概念分析的本体映射方法研究》,硕士学位论文,吉林大学,2010 年,第 60 页。

⑥ 杨丙:《基于用户兴趣概念格的智能推荐算法研究》,硕士学位论文,昆明理工大学,2021 年,第 72 页。

方面也可以为网络媒体自身的变革与发展提供借鉴。

将微博与概念格同时作为主题词在中国知网数据库中检索,共检索到 8 篇文献,说明微博与概念格合作具有一定的可行性。上文中提到概念格理论主要应用在信息检索和关联规则研究等领域。首先可以利用概念格相关理论提高微博的检索技术,引入形式概念分析改进协同过滤、组合推荐等推荐算法,根据项目评分为需求不同的用户智能推荐微博信息,提供个性化服务;其次可以利用概念格的知识发现应用绘制知识地图,挖掘微博信息中的隐藏概念,识别各个节点的关联关系,注重用户与知识地图的可交互性,将知识地图可视化后展示给用户;再者可以利用概念格的关联规则优化微博检索界面,构建多导航、多维度、高相关性的检索界面。微博与概念格的合作将会加速检索技术的发展,丰富信息检索领域的理论成果,为图书情报学科研究提供借鉴。

③在线评论—信息茧房。

信息茧房是信息过载时代网络用户的信息窄化和极化现象①。信息茧房的概念最早由美国哈佛大学法学院教授凯斯·桑斯坦提出,他认为公众会偏向于选择他们感兴趣的信息。大数据时代,信息具有来源广、信息量大、传播速度快的特点。针对信息的特点,相关学者不断开发信息检索技术和智能推荐技术,针对用户特定需求提供个性化服务。但是不可避免会出现信息茧房效应,也就是用户接受信息的范围变得越来越窄化和极端化。信息茧房效应的出现会带来网络群体的极化、用户隐性言论被忽视、社会黏性削弱等危害②。信息茧房普遍受到各领域学者的重视,针对预防和解决信息茧房效应的研究呈逐年上升的趋势,但国内针对信息茧房的治理研究尚未成熟。

将在线评论与信息茧房同时作为主题词在中国知网数据库中未检索到相关文献。将网络媒介与信息茧房同时作为主题词在中国知网数据库中检索,

---

① 罗华丽、王夫营:《"信息茧房"对大学生主流意识形态认同的影响及其应对策略》,《教育评论》2018 年第 8 期。

② 刘丹妮:《新媒体环境下对"信息茧房"现象的思考》,《新闻研究导刊》2019 年第 21 期。

共检索到7篇文献。在线评论是网络媒介中用户接受、发表和扩散观点的重要方式,说明在线评论与信息茧房合作具有一定的可行性。

情报学领域可以应用信息茧房研究在线评论中用户群体观点异化与极化规律、采用关键词共现方法寻找相似观点群体、识别路径节点的关联关系等,运用相关性分析和回归分析验证信息茧房效应形成因素,促进信息传播和共享能力,提出合理化建议,为优化信息检索和信息推荐技术提供借鉴等。

④突发事件—梯度提升决策树。

梯度提升决策树,又称GBDT算法,可以确保不断减少训练过程产生的学习误差率,以进行分类或回归[1],预测精度高。在构建模型时,各决策树之间具有很强的关联性,下棵决策树的自身权重会根据上棵决策树训练结果的不同不断调整,不断更迭到最大次数。程泽凯等[2]基于梯度提升决策树提出一种交谈预测模型,结果表明该预测模型准确率较高。杜国栋[3]基于梯度提升决策树提出一种再入院预测模型,结果表明模型具有较高的预测精度。丁飞鸿等[4]采用遗产算法优化梯度提升决策树的子树生成过程,预测建筑能耗,结果表明与传统模型相比具有较高的预测精度。梯度提升决策树被广泛应用在集成学习、预测方法、故障诊断等领域,且一定程度上较好达到预期目标。但处理海量数据时,梯度提升决策树需要消耗大量内存和时间,有待进一步改善提升。

将突发事件和梯度提升决策树同时作为主题词在中国知网数据库中未检索到相关文献,将事件和梯度提升决策树同时作为主题词在中国知网数据库

---

①　马陇飞、萧汉敏、陶敬伟等:《基于梯度提升决策树算法的岩性智能分类方法》,《油气地质与采收率》2022年第1期。

②　程泽凯、闫小利、程旺生等:《基于梯度提升决策树的焦炭质量预测模型研究》,《重庆工商大学学报(自然科学版)》2021年第5期。

③　杜国栋:《基于梯度提升决策树的患者30天再入院预测模型研究》,硕士学位论文,昆明理工大学,2018年,第72页。

④　丁飞鸿、刘鹏、卢暾等:《基于遗传优化决策树的建筑能耗短期预测模型》,《计算机工程》2019年第6期。

中进行检索,共检索到 7 篇文献,包括利用梯度提升决策树研究极端降雨事件和恐怖袭击事件等相关内容。这说明突发事件与梯度提升决策树合作具有一定的可行性,未来可以尝试结合梯度提升决策树建立突发事件短期预测模型,将决策树作为弱分类器,把多个决策树的训练结果整合得到一个强分类器,提高突发事件预测精度。与随机森林、逻辑回归等模型进行比较,验证梯度提升决策树对于突发事件的准确性,加强对突发事件关联时间和空间的研究,完善预警机制,促进竞争情报研究的发展。

(3)专业核心知识研究的创新趋势。

核心知识是一个学科异于其他学科的结构化、体系化知识内核,具有不可替代性和不可颠覆性①。“引文网络”“文献计量”“科研合作”等图书情报学的核心知识是本学科最为本质、位处中心领域的知识,是学科生命力、竞争力和创造力的生动体现。明晰图书情报学的核心知识不仅对精准厘清学科发展的主线,深化学术研究,引领学术航向等具有重要的理论意义,还对谋求学科生存与发展的根基、彰显学科本色、凸显学科本质等具有重要的现实意义②。但是在学科交叉融合的趋势下,在外界新知识新发现的不断冲击下,为维护自身核心知识的稳固、促进图书情报学发展,需要不断创新核心知识。通过引入学科外部的理论、技术、方法等与本学科的核心知识进行知识配对、合作研究,改良、创新本学科的核心方法体系,从而催生新的知识生长点,服务于学科发展。本领域的创新趋势预测如下:

①引文网络—波士顿矩阵,引文网络—有限元分析法。

波士顿矩阵,又称四象限分析法,是一种常见的投资组合分析方法,它把公司经营的产品和服务的组合看作为一个总体,故也称“统筹分析法”,是对

---

① 叶鹰:《试论图书情报学的主干知识及有效方法:兼论双证法和模本法之效用》,《中国图书馆学报》2021 年第 3 期。

② 李齐栋:《四十年来图书馆学核心知识的变革与思考》,硕士学位论文,郑州大学,2021 年,第 75 页。

企业目前的业务组合进行分析、评价的战略管理工具。该矩阵从投资管理角度,通过反映市场吸引力的指标—销售增长率和反映企业实力的指标—市场占有率两个主要变量因素对企业的产品结构进行分析决策。通过两种变量不同组合,形成四种不同产品类型,从而对不同的产品发展前景进行分析:一类为明星型产品(市场增长率高、占有率高);二类为金牛型产品(市场增长率低、占有率高);三类为问题型产品(市场增长率低、占有率高);四类为瘦狗型产品(市场增长率低、占有率低)①。波士顿矩阵能够对"市场"中的各种影响因素进行分析,在管理学、教育学等领域应用较为广泛,主要应用于企业战略研究、高等教育投入战略选择等。

有限元分析法是一种采用电子计算机求解复杂工程结构的非常有效的数值方法,是将所研究的工程系统转化为一个结构近似的有限元系统,该系统由节点及单元组合而成,以取代原有的工程系统②。有限元法的基本思想可概括为"先分后合"或"化整为零又积零为整"。具体地说:有限元分析是用比较简单的问题来代替复杂问题后再求解,它将求解域看成是由许多称为有限元的小的互连子域组成,对每一单元假定一个合适的(较简单的)近似解,然后推导求解该域总的满足条件(如结构的平衡条件),从而得到问题的解③。有限元分析方法将实际问题用比较简单的问题所代替,且能适应各种复杂形状,省时高效、节约成本等优越性使其成为行之有效的工程分析手段。

引文网络指施引文献与被引文献之间因引用关系而形成的一种网络结构④,网络中的节点是文献,边代表了文献间的引用关系,网络的结构和

---

①　马利凯:《"双一流"视域下一流学科建设综合竞争力评价实证研究——基于波士顿矩阵和两因素聚类分析法》,《黑龙江高教研究》2017 年第 7 期。

②　高兴军、赵恒华:《大型通用有限元分析软件 ANSYS 简介》,《辽宁石油化工大学学报》2004 年第 3 期。

③　刘小卫、杨戈、梅海波:《三合一骨融合治疗儿童先天性胫骨假关节的三维有限元分析》,《中国组织工程研究》2022 年第 33 期。

④　邓中华:《社会网络、引文网络和链接网络之比较》,《图书馆杂志》2008 年第 9 期。

特征可以反映知识、作者、机构、期刊、学科或技术等的知识流动与扩散情况。

目前,引文网络在图书情报学中研究较为广泛,可用于分析知识的流动和扩散①、识别主路径②,把握学科发展现状。但目前基于引文网络的研究多侧重引用关系,而与引用相关的或会影响引用行为的因素尚未被充分研究,本研究认为可以引入波士顿矩阵对产品的影响因素再组合的原理,可将作者合作关系、主题、机构合作、时间等因素加以耦合考虑,构建网络中包含多类节点的引文网络。因此,可以尝试应用波士顿矩阵,对引文网络中影响引用效率的相关因素进行数学分析,通过总结文献在引文网络中的拓扑信息进行重要文献预测。引文网络是一个由许多子网络组成的复杂网络,在进行引文分析时应注意到其细分结构之间的差异。

可以基于有限元分析的原理,通过对若干个子网络进行细化,分析引文网络中的知识流动特征,从现有的文献节点层面深入挖掘引文网络中文献的机构、学者、期刊、关键词等信息,从多个维度整合、细化引文网络,更加深入具体地反映知识的流动过程。

②文献计量—种群动力学模型、生态学理论。

近年来,生态学相关理论体系发展较为成熟,越来越多的学者利用其所具备的可持续发展视角和自然发展规律来解释社会经济领域的各类现象③,广泛应用于教育学、经济学、政治学等多个领域。

种群动力学作为生物数学领域中的一个重要分支,能够根据种群生长的特性、发展规律以及与之有关的随机环境等因素,建立能反映相应种群的动力

① 贵淑婷、彭爱东:《基于专利引文网络的技术扩散速度研究》,《情报理论与实践》2016 年第 5 期。
② 刘向、万小萍、闫肖婷等:《基于引文路径叠加网络的主路径分析》,《情报学报》2019 年第 8 期。
③ 赵龙文、张国彬、赵雪琦:《共生视角下政府开放数据应用生态系统演化研究》,《现代情报》2022 年第 5 期。

学模型,描述种群与环境、种群与种群之间相互作用的动力学关系①,对模型的各种动力学行为进行研究。研究结果可以揭示种群的结构现状与发展规律,预测其变化发展趋势,为分析影响种群生长的关键因素以及种群的管理提供了重要的理论基础,进而调节和控制物种的发展过程与发展趋势,是帮助人们制订和修正种群资源开发策略的重要工具。常用的种群动力学模型包括Malthus 人口模型②、Logistic 模型和 Lotka-Volterra 模型③等。

　　文献计量是指利用计量方法,对文献体系与文献计量特征进行研究,其研究内容不仅包括各类具体文献,还包括一切与文献相关的各类指标,例如作者数量、词频统计、引文数量、流通数量和复制数量等④。

　　种群动力学中,不同种群之间存在着相互作用和相互制约的生存方式,例如竞争、互惠和捕食的相互作用关系。在对学科或研究主题的计量分析中可以通过对引文事件赋值,划分学科、研究主题关系,明确学科、研究主题之间所处状态,进而在交叉、融合关系中寻找潜在跨学科知识组合。种群动力学模型中的 Logistic 曲线模型是一种常见的 S 形函数模型,根据种群数量变化可划分为引入期、成长期、成熟期、衰退期 4 个阶段。Logistic 曲线中新事物的接受速度、临界量、曝光值等参数,及其测度新事物的易接受程度、节点重要程度、节点创新性等功能⑤,类似于跨学科知识流动。因此,可以通过建立 Logistic 曲线模型,计量分析某个学科领域新知识点的源头、扩散速度、扩散路径、知识点演化情况、接受程度等,进而总结知识扩散规律,促进学科间知识扩散流动。

---

　　① 陈兰荪、王东达:《数学、物理学与生态学的结合——种群动力学模型》,《物理》1994 年第 7 期。

　　② 陆征一等:《数学生物学进展》,科学出版社 2006 年版,第 30 页。

　　③ 周桦、刘佳:《带扩散的具有 Holling Ⅲ 类功能性反应的捕食模型的性质》,《南京工业大学学报(自然科学版)》2007 年第 5 期。

　　④ 邱均平、魏开洋、周子番:《"五计学"的方法融合探究——对我国图书情报学方法体系创新的影响》,《情报理论与实践》2022 年第 1 期。

　　⑤ 高霞、陈凯华、官建成:《科学知识扩散的网络模型》,《研究与发展管理》2013 年第 2 期。

③科研合作-OPTICS 聚类算法。

OPTICS(Ordering Points To Identify the Clustering Structure)聚类①是一种经典的基于密度的聚类方法,从任意一个数据对象开始,尽量向着密度大的方向扩张,按照扩张顺序将每个数据对象依次排列(即有序序列),画出可达距离,则形成了反映簇结构的决策图。OPTICS 是由 DBScan 发展而来的一种密度聚类算法,密度聚类的核心思想是用一个点的 ε 邻域内的邻居点数衡量该点所在空间的密度。如果 ε 邻域邻居数超过某个指定阈值 MinPts,则认为该点处于某个簇内,称为核心点,否则认为该点处于某个簇的边界上,称为边界点②。相对于 k-means 算法需要由人工设置初始聚类数目且聚类结果不唯一,OPTICS 算法能够基于初始参数识别样本中的高密度数据点集,从而相对客观地找到样本中的高密度区域,给出符合样本分布规律的聚类。对于确定的样本,其数据分布可以唯一确定,因此基于密度判别的 OPTICS 算法可以获得相对稳定的聚类中心③。

科研合作是两个或者两个以上科研人员或组织共同致力于同一研究任务,通过相互配合、协同,实现科研产出最大化目标的一种科学活动④。不管是科学文献数据还是社交媒体数据的合作网络,可以借助 OPTICS 算法实现合作网络的聚类,分析学科或跨学科的合作研究现状与未来趋势,并根据识别结果的潜在可能进行实际合作,促进知识与学科的创新发展。

(4)智库、数字人文等应用研究的创新趋势

我国经济的快速发展进一步促进信息技术的快速更新,与数字化相关的

---

① Ankerst M., Breunig M M., Kriegel H P., et al., "OPTICS: Ordering Points to Identify the Clustering Structure", *ACM Sigmod Record*, 1999, 28(2): 49-60.

② Ester M., Kriegel H P., Sander J., et al., "A Density-Based Algorithm for Discovering Clusters in Large Spatial Databases with Noise", *AAAI Press*, 1996, 96(34): 226-231.

③ 王锐、辛大波、欧进萍:《基于 OPTICS 聚类算法的流场结构特征分析方法》,《空气动力学学报》2021 年第 5 期。

④ 赵蓉英、温芳芳:《科研合作与知识交流》,《图书情报工作》2011 年第 20 期。

信息技术应用于社会生产活动的方方面面,人类社会的生活方式、经济运行机制、文化结构都在被不断改变。

2015 年,中共中央办公厅、国务院办公厅印发《关于加强中国特色新型智库建设的意见》,为中国智库勾勒出清晰的发展蓝图,提出要让智库成为国家发展的强大助力。充分发挥智库在国家治理体系、治理能力现代化、国家软实力提升中的作用,有利于国家综合国力提升和现代化发展。因此,图书情报学科应充分发挥智囊作用,加强智库研究,与跨学科知识合作创新,创新趋势预测如下:

①智库-MongoDB 数据库。

MongoDB 数据库是一个介于关系数据库和非关系数据库之间的产品[1],它支持的数据结构非常松散,类似 JSON 的 BSON 格式,因此可以存储比较复杂的数据类型[2]。MongoDB 最大的特点是它支持的查询语言非常强大,其语法类似于面向对象的查询语言,几乎可以实现类似关系数据库单表查询的绝大部分功能,而且还支持对数据建立索引[3]。MongoDB 数据库的这些特点和功能有利于文献查询和分析其中所蕴藏的特征[4],提高文献分析效率[5]。MongoDB 是一款强大、灵活、易于扩展的数据库[6]。

智库是指专门从事开发性研究的咨询研究机构,是现代领导管理体制中

---

[1]　白洁、武佳丽、余啟旺等:《基于 MongoDB 的非关系型数据库的设计与应用》,《湖北师范大学学报(自然科学版)》2022 年第 2 期。

[2]　任明飞、李学军、崔蒙蒙等:《基于 MongoDB 的非关系型数据库的设计与开发》,《电脑知识与技术》2019 年第 34 期。

[3]　李纪伟、段中帅、王顺晔:《非结构化数据库 MongoDB 的数据存储》,《电脑知识与技术》2018 年第 27 期。

[4]　符永琦:《基于 MongoDB 的高可用性分布式数据库集群技术研究》,《信息技术与信息化》2020 年第 9 期。

[5]　刘高军、段然:《基于 MongoDB 的 CNONIX 数据存储方法研究》,《北方工业大学学报》2016 年第 3 期。

[6]　陈辰、侯庆坤、兰文等:《基于 MongoDB 的数据库高可用高性能研究》,《电脑知识与技术》2017 年第 31 期。

不可缺少的一部分,其社会重要性日益增加。智库的从业人员主要任务是为决策者提供决策参考①,这意味着智库的从业人员需要收集、使用和处理大量的信息。目前,MongoDB 数据库的用户遍布各行各业,其强大的文献检索和分析功能对于智库从业人员的日常工作提供了极大的便利。

因此,图书情报学研究人员作为智库建设的主力军,可以考虑以下两方面的研究:一是将 MongoDB 数据库的更多功能应用于数据检索与分析,提供更准确的决策建议;二是以提高智库服务为目标,研究更新 MongoDB 数据库的功能或建议。

②智库-政策评估 S-CAD 方法、梯度提升决策树、政策过程理论。

政策评估 S-CAD 方法是梁鹤年教授创建的一套政策分析与评估方法,该方法构建了结构化、定量化分析政策的模式与路径,以科学找到政策关键环节、关键内容、关键关系。该方法主要分别从政策决策者和参与者的角度,对所制定政策的效应和可行性进行分析,分析政策的利弊与成败,以实现对公共政策进行全面有效的评估②③,达到提高公共决策水平的目的。该方法拥有清晰的政策分析框架和较强的逻辑关系④,这一特点可以提高政策制定者对公共决策的决策水平。同时,S-CAD 方法可以帮助国家政策制定者更准确地确定目标,简化评估过程⑤。该方法强调逻辑结构的完整性和内容的系统性,政策评估是一个逻辑分析和经济分析的过程,所以在评估过程要考虑全面,不

---

① 施蕾蕾、孙蔚:《中国特色平台型智库的形成与发展路径探析》,《智库理论与实践》2022年第 3 期。

② 刘润秋、黄志兵:《基于 S-CAD 方法的宅基地退出试点政策评估——以成都市为例》,《四川大学学报(哲学社会科学版)》2021 年第 5 期。

③ 王志锋、徐晓明、谢天成等:《基于 S-CAD 方法的农村土地制度改革试点政策评估:以义乌为例》,《公共管理评论》2017 年第 3 期。

④ 郭谌达、周俭、梁鹤年:《基于 S-CAD 评估方法的遗产保护区保护政策分析——以加拿大金斯顿〈巴瑞菲尔德遗产保护区新计划〉为例》,《国际城市规划》2023 年第 4 期。

⑤ 马海群、冯畅:《基于 S-CAD 方法的国家信息政策评估研究》,《情报学报》2018 年第 10 期。

能有遗漏之处①。

梯度提升决策树(Gradient Boosting Decision Tree,GBDT)是一种迭代的决策树算法,是利用最速下降的近似方法,即利用损失函数的负梯度在当前模型的值,作为回归问题中提升树算法的残差近似值来拟合一个回归树②。该算法由多棵决策树组成,树与树之间可以并行运算,大大提升了决策树的预测速度,使 GBDT 在预测速度上比其他决策树有较大优势,GBDT 的结论是所有树的结论累加起来得到的最终结论③。在分布稠密的数据集上,GBDT 的泛化能力和表达能力都相对不错,对于文献分析研究工作有很大的帮助④。而且,梯度提升决策树通过多次迭代,预测精度高,极大提高文献分析研究的工作效率⑤。

政策过程理论属于公共政策和管理的相关理论,起源于西方。该理论是政策主体、政策客体与政策环境的相互联系和作用⑥,其研究目的是为了理解国家机构、政治人物及公众之间的互动过程⑦。学者们致力于相关研究,形成了相关理论、模型及框架⑧。

国家提出要让智库成为国家发展的强大助力,目前我国正处于快速发展阶段,对智库提出新的要求。智库在国家治理体系与治理能力现代化方面发

---

①　王昊、马睿、肖攀等:《基于 S-CAD 方法的不动产统一登记制度评估研究》,《城市发展研究》2021 年第 10 期。

②　李天笑、周田瑞、胡勤友等:《基于梯度提升决策树分位数回归的船舶能耗区间预测》,《上海海事大学学报》2022 年第 2 期。

③　马陇飞、萧汉敏、陶敬伟等:《基于梯度提升决策树算法的岩性智能分类方法》,《油气地质与采收率》2022 年第 1 期。

④　周晓敏、郝勇凯、丛文镉等:《基于梯度提升决策树模型的冷连轧机颤振研究》,《振动与冲击》2021 年第 13 期。

⑤　陈雨桐:《集成学习算法之随机森林与梯度提升决策树的分析比较》,《电脑知识与技术》2021 年第 15 期。

⑥　王亚华、陈相凝:《探寻更好的政策过程理论:基于中国水政策的比较研究》,《公共管理与政策评论》2020 年第 6 期。

⑦　魏丽:《政策过程理论框架下国际知名智库参与全球治理的机制研究——以美国布鲁金斯学会为例》,《智库理论与实践》2022 年第 3 期。

⑧　孙杨:《政策过程理论视角的地方党校智库建设探析》,《现代交际》2020 年第 13 期。

挥着重要的作用,深刻地影响着国家治理的议程设置、政策建议、政策制定与推广、政策执行、政策评估与反馈等决策过程①。

目前图书情报学领域的智库研究还未引入梯度提升决策树方法进行跨学科合作,但从识别结果及其文献分析看,二者有较大合作可能与创新趋势。梯度提升决策树具有分析大量数据时运行速度较快的特点,能在很大程度上提高工作效率。因此,图书情报学智库研究人员在为政府决策提供决策咨询服务时,可以有效利用该方法,从而使工作更加顺畅,使结果更加完善。同时,运用政策评估 S-CAD 方法与政策过程理论对决策建议进行评估分析。

③数字人文—技术接受模型,数字人文—梯度提升决策树。

数字人文主要针对各类人文文献进行数字化研究,它的相关研究离不开各种互联网信息技术②。借助这些信息技术对海量的人文数据进行研究分析,转化为更具分析价值的图片、音频等数字媒体资源。目前,图书馆情报学领域由于其信息管理的本质属性,不断向数字人文等研究领域涉及与拓展③。

目前,技术接受模型大多是解释用户对新技术、新系统的接受程度或使用意愿的理论模型④。数字人文的未来发展中,需要不断应用新的技术方法,只有与时代保持一致步伐,才不会被时代淘汰。技术接受度模型具有容易被用户接受⑤、预测接受度高等优点⑥,可以应用到数字人文领域,分析评判数字人文对新技术、新系统的接受程度,从而帮助数字人文研究更好地发展和进步,促进我国图书情报与档案管理学科的科研创新与发展。

①　忻华:《全球治理中的智库角色及前景》,《中国社会科学报》2017 年 4 月 20 日。
②　李艳飞:《数字人文目标下图书馆信息服务模式研究》,《科技资讯》2022 年第 15 期。
③　张红燕、陈丽平:《基于图书馆领域的国际数字人文研究进展及启示》,《图书馆工作与研究》2022 年第 7 期。
④　王晓俞、崔彩云、刘勇:《技术接受模型(TAM)研究进展——基于 CiteSpace 的文献分析》,《经营与管理》2021 年第 3 期。
⑤　支钰婷:《基于技术接受模型的在线旅行商 App 使用行为研究》,《技术与市场》2022 年第 4 期。
⑥　黄位:《基于计划行为理论与技术接受模型的自动驾驶汽车接受度研究》,硕士学位论文,江苏大学,2019 年,第 91 页。

同时,数字人文的研究需要对海量的人文数据进行研究分析,转化为更有价值的资源。梯度提升决策树可以对大量的人文数据进行快速的分析,进而提升数字人文研究的工作效率。因此,可以将梯度提升决策树这一方法应用到数字人文研究领域。

四、学科创新发展建议

(一)学科层面的宏观建议

2020 年 11 月,教育部新文科建设工作组正式发布《新文科建设宣言》①,对未来新文科建设做出全面部署,标志着新文科建设进入全面启动的新阶段。图书情报与档案管理作为一级学科是人文社科重要的组成部分,应充分利用国家新文科建设的良好契机,强化学科建设。一方面,进一步加强本学科与其他学科的交叉融合,提升本学科的专业能力和核心竞争力②。另一方面,坚持学科内核,发挥自身学科优势,找准学科定位,发力知识体系深化、理论体系创新、学科话语体系构建③。

(1)以满足国民经济、社会发展和国家安全需要为目标,明确学科定位。

学科发展、进步,必须先明确学科定位。一方面,目前为应对时代挑战,适应社会发展,教育部将"图书情报与档案管理"一级学科更名为"信息资源管理"引起了业内学者广泛关注,认为学科定位模糊,不明确。另一方面,图书情报学科建设使其定位面临迫切需求。以教育部第四轮学科评估中质量较高的高校图书情报与档案管理学科为例,一级学科点或下设二级学科专业完全隶属于信息资源管理学院或信息管理系的高校占比约55%,如:武汉大学、南

---

① 教育部:《新文科建设工作会在山东大学召开》,2022 年 08 月 09 日,见 http://www.moe.gov.cn/jyb_xwfb/ gzdt_gzdt/ s5987/202011/ t20201103_498067.html。

② 初景利、黄水清、金波等:《新文科建设背景下的图情档学科建设》,《图书与情报》2020年第 6 期。

③ 马费成、李志元:《新文科背景下我国图书情报学科的发展前景》,《中国图书馆学报》2020 年第 6 期。

京大学、中山大学、华中师范大学的情报学均属于信息管理学院。但仍有将近一半的大学将图书情报学设置于其他学院,如云南大学设置于历史与档案学院、北京师范大学设置于政府管理学院、湘潭大学和四川大学设置于公共管理学院。学科建设是学术活动的存在基础和表现形式,从各高校的学科之学院归属可说明该学科的学科清晰定位非常迫切。

(2)遵循学科发展优势,牢固学科根本,坚持学科内核不动摇。

我国科技情报工作体系在建立之初就被赋予了"耳目、尖兵、参谋"的功能与重任[①]。因此,不论图书情报学怎样发展变化,或与其他学科交叉融合,都不能脱离学科的根本研究内容。针对图书情报与档案管理的拟更名问题多数学者持反对意见,如,王知津等[②]认为更名后,图书馆学、情报学退出一级学科,将会被淡化、被矮化、被边缘化,进而守住图书馆学情报学学科阵地的难度进一步加大,只能在夹缝空间中求生存、谋发展。且由于近些年图书情报学归属于管理学院、公共管理学院、政府管理学院等,逐渐表现出学科融合的发展的趋势,使学科边界更加模糊。

(3)以科学技术、方法为工具,注重跨学科技术与方法的引入。

随着数据化浪潮的到来,以大数据分析、人工智能为代表的新技术逐步渗透到社会生活的方方面面,图书情报学应紧跟时代步伐,适应新技术潮流。近年来,云计算、大数据、区块链、人工智能等技术已在图书情报领域广泛应用,对技术和方法的应用程度将在很大程度影响学科生产与传播、学科地位与社会作用。且某种程度上说,图书情报学已经开始尝试跨越本学科的研究范围,有意识地引进其他学科的新技术、新方法来驱动学科的发展创新,解决学科的瓶颈问题。因此,从学科发展角度看,技术赋能的图书情报学,可将复杂多变

---

① 肖勇:《弘扬钱学森科技情报学术思想科学界定资讯学与中国情报学》,《图书情报工作》2011 年第 8 期。
② 王知津、赖茂生、王延飞等:《应对时代挑战,拓展发展空间:图·情·档一级学科更名背景下情报学发展》,《情报理论与实践》2022 年第 3 期。

的数据、用户数据转变为可感知、可度量、可评估的竞争信息,为我国科学研究工作、经济社会发展提供有效技术支撑。因此,图书情报学在构建自己的学科理论体系时,也要加强其他学科的技术与方法的引进,发挥技术与方法在研究成果科学性、可靠性、可信度中的作用。

（4）注重教育教学与实践齐头并进,增强学科的应用属性。

新技术的应用给图书情报学科带来了新理论、新范式,开拓了学科全新的理论和应用空间,但学科发展不能只唯理论,要坚持理论与实践相结合,培养交叉学科型人才。在新文科建设背景下,图书馆学情报学更应该注重学科应用属性,坚持知识性与价值性相统一,在培养目标、教学过程、学生能力等方面,注重教学与实践的互动性、注重应用场景、兼职机构的构建与实践。培养学生立足于课堂、跳出课堂、积极走向相关领域的实践一线中,学会在实践中发现问题、分析问题与解决问题,培养出有觉悟、有素养、有技术、有担当的时代英才。

（5）促进学科开放创新,推动学科对外渗透力,扩大学科影响力。

跨学科专业知识的引进、整合、创新以及潜在知识生长点的预测,能系统性、综合性解决学科面临的问题。图书情报学有媒介学和方法学的特质,又较早融入技术因素,因此更加合适于为解决跨学科研究问题提供支撑。面对新形势、新常态,图书馆学情报学的跨学科融合已成为一种趋势,为推动学科对外拓展与渗透,扩大学科影响力,成为新兴领域的中坚力量。图书馆学情报学应该树立开放的学科理念,突破学科专业壁垒,借鉴、吸收、融合其他学科的方法、技术和理论,不断开创新研究领域。与此同时,向其他学科渗透与扩张,拓展学科应用领域,增强学科作用力,提升学科生态位、话语权和社会影响力。

（二）知识层面的微观建议

结合跨学科知识生长点预测模型,可以帮助学者从跨学科视角提供研究的新思路,推动学科的创新和发展。结合图书情报学科的主要研究内容、高频

研究热点以及学科的发展现状,对图书情报学的发展提出以下几点建议:

(1)把握学科发展主流,前瞻学科研究热点。本书在预测跨学科潜在知识生长点的同时,还兼顾识别学科关键知识节点,把握图书情报学科主要研究内容,明确学科发展主流以及近期研究热点,有助于帮助学者知悉本学科的研究重点,把握正确的研究方向。识别到的学科关键知识节点主要包括以下几类:一是关注科学发展的学科交叉研究内容,包括大数据、网络舆情、人工智能、数字人文等大数据环境下多学科交叉研究内容;二是坚守图书情报学科核心专业研究内容,包括信息与文献计量、引文网络、科研合作等学科独立性强的专业核心知识;三是关注社会突发与前沿事件,例如新冠疫情、突发公共卫生事件、新文科等社会焦点问题。

因此,学科要创新发展必须做好以下几方面的工作:首先,坚持专业核心内容的研究,稳定学科根基,并为其他学科理论、技术与应用提供支撑,提高学科在科学体系中的地位、影响力与话语权;其次,关注时代进步、科学研究热点问题,与相关学科密切合作,从本学科视角参与"大数据"等社会复杂问题的研究,一方面拓展学科研究内容,另一方面提高学科影响力、话语权和被关注度;第三,从信息管理的角度积极参与当前"新冠疫情"等社会热点复杂问题的研究,为科学发展、社会与经济发展做一份贡献。

(2)加强图书情报学科理论与核心专业知识研究,推动研究方法的创新。学科的基础理论作为学科发展的基石,决定着学科行进的方向,因此图书情报学科必须坚持内核发展不动摇。多年来信息计量相关研究一直是图书情报学专业核心研究内容,包括引文分析、共词分析、合作分析、期刊评价等等,另外由于网络数据的快速发展,Altmetrics 计量方法也成为图书情报学科的核心研究内容。所以,在"新文科"背景下,在学科交叉、跨学科知识融合的大环境下,图书情报研究人员应该不断汲取其他学科的理论、技术、方法等,用于本学科理论与实践研究工作,吸纳它们于现有的方法论体系中,不断探索和验证新方法的合理性,进一步推动图书情报学科方法论体系的完善,促进专业核心知识的研究创新。

因此,图书情报学要强化、拓展自身的专业核心知识,稳固在科学体系中的学科地位,应该汲取其他学科以下几方面的技术方法:一是引入生态学理论、政策过程理论等跨学科理论方法,用以界定与指导图书情报学科数据生态、引文生态、智库建设与决策等问题的深入研究;二是引入随机森林、ACP算法、OPTICS算法等分类聚类方法,对科学文献数据与网络媒体数据进行分类、聚类分析,对海量数据进行管理、计量与评价;三是引入贝叶斯网络、神经网络等模型与算法,研究图书情报领域的引文网络、共词网络、合作网络等网络关系数据。总之,任何学科都要首先选择坚守专业核心研究不动摇,引入先进的技术方法、概念理论使专业知识在坚持内核发展的同时不断创新。

(3)学者应当更加注重其他学科技术和方法在图书情报学的应用,促进跨学科知识生长点的产生与创新发展。"新文科背景下",跨学科合作成为把握时代特征和促进科学传播与科技创新的重要途径,不同学科之间的交叉点往往是知识的潜在生长点。促进本学科关键知识点与跨学科相关知识点的融合发展有利于学科创新,推动学科转型。一方面,大数据和互联网时代,图书情报学的交流渠道由原来的图书、期刊、学术会议等方式向论坛、博客、社交网络等方式进一步扩展,正式交流和非正式交流的界限也变得更加模糊;另一方面,信息时代数据量大、数据来源多样性、数据价值分散性特点给信息分析工作带来了挑战。

因此,图情领域的学者必须借助一些计算机学科、管理学科等相关的技术、方法、理论辅助数据处理等操作。这类跨学科知识与图书情报学科知识具有一定的合作可行性,借鉴和改进跨学科相关知识并运用于图书情报实践工作,能够极大促进图书情报学科的创新发展。所以,注重其他学科技术和方法在本学科的应用是突破学科发展瓶颈的重要手段之一,国内图书情报学领域泛技术化的趋势不断加强,同时也有研究表明目前国内图书情报学界相比起理论研究,更偏好于技术研究,而跨学科潜在知识生长点预测模型可以为学者在方法技术的选择上提供帮助。

创新是学科发展的第一动力。为了更加全面地完善跨学科科研合作的理论和研究,推动跨学科科研合作的发展,研究人员应当始终将创新放在首位,为跨学科合作提供新的思路,不断为学科发展注入生机和活力,推动学科的创新与发展。

第八章　研究结论与展望

在全球知识经济大发展背景下,学科交叉和综合化进程日益加快,科研活动仅凭单一学科已很难顺利完成,跨学科合作研究逐渐成为大科学时代知识生产的主要模式。任何一门学科都有其独特的概念和理论体系。同时,学科的专业知识得以积累,为其他学科所共享。随着学科交叉和综合化进程的加快,课题、项目研究等科研活动需要多学科知识融合,实现创新发展,但研究者往往苦于不清楚本学科某知识点可以与哪些学科的哪些知识进行合作研究。因此,识别跨学科潜在知识生长点,寻找跨学科相关知识,成为促进跨学科合作研究创新的关键。

本书识别学科关键知识节点、跨学科相关知识,并对二者进行配对,识别有合作可能的跨学科潜在知识生长点,以促进学科创新与发展。

第一节　研究工作

一、学科关键知识节点识别

因为研究热点、研究前沿、交叉知识等学科关键知识节点更容易与其他学科知识合作研究,推动学科创新发展,因此是识别跨学科潜在知识生长点的前提和基础。

（1）主题热度加速度的学科前沿热点识别

构建主题热度加速度指数（Topic Acceleration Index，TAI）模型，表达式为：

$$TAI = e^a = e^{\frac{C_t}{P_t} - \frac{C_{t-1}}{P_{t-1}}} \tag{8.1}$$

式中，t 为年份，C_t 为 t 年某研究主题的研究文献量，P_t 为 t 年的学科文献总量。C_t / P_t 为 t 年的研究热度，TAI 指数始终大于零，符合主题研究热度始终不小于零的特点。若 a>0，则 TAI>1；若 a<0，则 0<TAI<1；若 a=0，则 TAI=1。TAI 模型的创新点在于，测度主题增长速度的变化情况，而非速度，即能够反映出速度相对较低而加速度极高的热点主题，以及速度较高而加速度为负的热度下降主题。其优势在于，对短时间内兴起的研究主题较为敏感，分析多组计算结果即可把握主题发展情况。

（2）改进 z 指数的学科前沿热点识别

基于时间因子改进 z 指数为 $z_y(tf)$ 指数，表达式如下：

$$z_y(tf) = \left[C_y(tf) \times \frac{C_y(tf)}{N} \times V_y(tf) \right]^{\frac{1}{3}} = \left[C_y(tf) \times \frac{C_y(tf)}{N} \times \frac{\frac{C_y(tf)^2}{N}}{\sum_{K=1}^{N} C_K(tf)^2} \right]^{\frac{1}{3}}$$

$$= \left[\frac{\frac{C_y(tf)^4}{N^2}}{\sum_{k=1}^{N} C_K(tf)^2} \right]^{\frac{1}{3}} \tag{8.2}$$

公式中，指标 $C_y(tf)$、$C_y(tf)/N$、$V_y(tf) = \dfrac{\frac{C_y(tf)^2}{N}}{\sum_{K=1}^{N} C_K(tf)^2}$ 分别表示融入时间因子后的总被引频次、篇均被引量以及分布一致性指标。其中 N 表示某研究主题在时间范围 y 年内的分布文献数量，$K \in [1, N]$，$C_K(tf)$ 表示主题分布的

第 K 篇文章在融入时间因子后的被引频次。

由于时间因子给新文献分配更高的被引频次权重,所以改进的 $z_y(tf)$ 指数,可以更有效地用于识别某学科领域在时间范围 y 年间的前沿研究热点。

(3)当采学科交叉知识点识别

基于时间因子构建当采跨学科知识交流中间人能力模型分别为:

$$PA(tf)_1 = \frac{A_y(tf)}{\sum_{i=1}^{y} A_{t-i}} * \frac{m_2}{M} * \frac{n_1}{N} \qquad (8.3)$$

$$PA(tf)_2 = \frac{A_y(tf)}{\sum_{i=1}^{y} A_{t-i}} * \frac{m_1}{M} * \frac{n_2}{N} \qquad (8.4)$$

$$PA(tf)_3 = \frac{A_y(tf)}{\sum_{i=1}^{y} A_{t-i}} * \frac{m_2}{M} * \frac{n_2}{N} \qquad (8.5)$$

$PA(tf)_1$ 为中间人 I_j 的当采跨学科输入守门型中间人能力;$PA(tf)_2$ 为中间人 I_j 的当采跨学科输出代理型中间人能力;$PA(tf)_3$ 为中间人 I_j 的当采跨学科输入输出沟通型中间人能力;$\sum_{i=1}^{y} A_{t-i}$ 为 I_j 在目标学科中出现的总频次;$A_y(tf) = \sum_{i=1}^{y} TF_{t-i} * A_{t-i}$ 为基于时间因子的跨学科知识 I_j 在目标学科的相对频次;M 为中间人 I_j 的参考文献总量;N 为 I_j 的引证文献总量;m_1 为 I_j 的本学科参考文献量;m_2 为 I_j 的跨学科参考文献量;n_1 为 I_j 的本学科引证文献量;n_2 为 I_j 的跨学科引证文献量。

于是,$\dfrac{A_y(tf)}{\sum_{i=1}^{y} A_{t-i}}$ 评价了 I_j 在目标学科的研究新颖性、前沿性、热度等,所以 PA 可以有效识别当采跨学科交流知识中间人。

(4)社交媒体高关注度前沿热点识别

基于 z 指数方法,提出识别学术论文 AAS 高关注度研究主题的 z_t 指数,其计算公式为:

$$z_t = \left[S(T_i) \times \frac{S(T_i)}{n_i} \times C(T_i) \right]^{\frac{1}{3}} = \left[S(T_i) \times \frac{S(T_i)}{n_i} \times \frac{\dfrac{S(T_i)^2}{n_i}}{\sum_{j=1}^{n_i} [S_j(T_i)]^2} \right]^{\frac{1}{3}}$$

$$= \left\{ \frac{[S(T_i)]^4}{n_i^2 \times \sum_{j=1}^{n_i} [S_j(T_i)]^2} \right\}^{\frac{1}{3}} \tag{8.6}$$

公式中,$S_j(T_i)$ 为主题 T_i 于第 j 篇论文中的单篇 AAS 得分量,$j = 1, 2 \cdots n_i$;

$S(T_i) = \sum_{j=1}^{n_i} S_j(T_i)$ 是研究主题 T_i 的 AAS 得分总量,描述主题 T_i 的关注度数量整体规模。

$\dfrac{S(T_i)}{n_i}$ 为篇均得分量,反映主题 T_i 在单篇论文层面的平均关注水平,是描述主题 T_i 关注度质量的指标。

$C(T_i)$ 分布一致性指标,用来描述主题 T_i 在其分布的论文中受关注分布一致性情况,且 $C(T_i) \in (0, 1]$,作为调节因子解决极值问题。这样,z_t 指数从整体规模-平均水平-分布一致性三个层面描述主题 T_i 的关注程度,可以综合、有效地识别学科前沿热点主题。

二、跨学科相关知识识别

(1)跨学科引用刺激知识生长

跨学科引用率(Interdisciplinary Citation Rate,CR)反映某主题跨学科参考文献占总参考文献的比例,表示为:

$$CR_t = \frac{\sum_{i=n}^{t} R_I(i)}{\sum_{i=n}^{t} R(i)} \tag{8.7}$$

跨学科引用多样性反映某主题引用跨学科参考文献的学科数量多少。某主题 t 年的跨学科引用多样性 RDI_t 为:

$$RDI_t = -\sum_1^j \frac{R_k}{R_I} \log\left(\frac{R_k}{R_I}\right) \tag{8.8}$$

采用基尼系数(Gini)测度某主题跨学科引用的学科集中程度,计算公式如下:

$$Gini_t = 1 - 2\sum_1^j \left[\frac{\left(\sum R_{k-1}{'} + \sum R_k{'}\right) \times \frac{1}{j}}{2}\right] \tag{8.9}$$

上述三个指标均对跨学科引用度模型 CI 产生正向影响,为避免 $Gini_t$ 计算结果为 0 致使测度值失效,对其加 1 后乘入,其公式如下:

$$CI = CR_t \times RDI_t \times (1 + Gini_t) \tag{8.10}$$

其中,n 为该主题首次出现的年份;t 为测度年份;$R(i)$ 为该主题(第 i 年)的参考文献总量;$R_I(i)$ 为该主题(第 i 年)的跨学科参考文献总量。j 为某主题 t 年引用不含本学科的学科总量,即跨学科总量;R_k 为某主题该年属于学科 k 的参考文献量;R_I 为跨学科参考文献总量。

将 2000—2020 年情报学前沿和稳定型主题的跨学科引用度 CI 与主题研究热度 TP 进行相关性分析。实证分析发现:(1)情报学热点主题的跨学科引用总体上能够刺激知识生长;(2)根据跨学科引用对知识生长的刺激作用不同,将主题分为有效促进、能够促进和不易促进三类;(3)针对跨学科引用有效促进知识生长的主题,提出一种估算其促进程度的方法,同时验证模型的有效性。发现的跨学科引用相关规律,以及提出的量化方法为识别跨学科知识生长点、预测跨学科潜在知识生长点提供研究基础。

(2)跨学科引用促进跨学科知识输出

构建跨学科引用测度指标计算公式为:

$$RDI = -\sum_j p_i log(p_i) \tag{8.11}$$

式中,j 为某期刊参考文献跨学科类别总数;p_i 为某期刊中某学科类别 i 的参考文献数占总参考文献数的比值(即 $p_i = n_i / N$,n_i 为某期刊属于学科类别

跨学科潜在知识生长点识别与创新趋势预测研究

i 的参考文献量,N 为某期刊参考文献总量)。

构建跨学科知识输出强度的计算公式为:

$$IK = \frac{\sum_{j=1}^{k} C_j}{k} \tag{8.12}$$

其中,k 为某期刊载文总量;C_j 为某期刊中单篇论文的跨学科被引频次;$\sum_{j=1}^{k} C_j$ 是某期刊跨学科总被引频次。

构建跨学科知识输出及时性指数计算公式为:

$$A_i = \frac{\sum_{b}^{b+3} m_b}{M} \tag{8.13}$$

其中,A_i 为期刊 i 的跨学科知识输出及时性指数;b 为某论文出版时间;m_b 为某期刊某年载文的跨学科引证文献数量;$\sum_{b}^{b+3} m_b$ 为某期刊载文出版后前 3 年的跨学科引证文献数量;M 为某期刊载文的跨学科引证文献总量。

构建跨学科知识输出平均速度计算公式为:

$$AS_i = \frac{1}{\frac{\left(\sum_{j=1}^{n} T_j\right)}{n}} \tag{8.14}$$

AS_i 为期刊 i 的知识输出平均速度;T_j 为某期刊论文的跨学科引证文献距文献发表的时间;$\sum_{j=1}^{n} T_j$ 为某期刊载文的跨学科引证文献距文献发表的总时间,即跨学科总被引时间;n 为某期刊跨学科引证文献总量。

构建知识输出跨学科性测度公式为:

$$CDI = -\sum_{i} q_j log(q_j) \tag{8.15}$$

i 为某期刊跨学科引证文献学科类别总数;q_j 为某期刊中某学科类别 j 的引证文献数占总引证文献数的比值(即 $q_j = m_j/M$,m_j 是某期刊属于学科类别 j

的引证文献量,M 是某期刊引证文献总量)。

以图书情报学为例,实证研究发现跨学科引用对于跨学科知识输出强度与知识输出跨学科性具有正向的积极影响,对于跨学科知识输出时效性具有不利影响。

(3)跨学科输入知识对目标学科的影响力

从研究热度、研究广度、研究深度三个方面构建跨学科知识输入到目标学科后,对目标学科发展的影响力模型(Annual Influence Model,AIM):

$$AIM = lg \left\{ \frac{N \times \left[\sum_{k=1}^{n} F(c_1, a_k) \right]^2}{n} \right\} = lgN + lg\left(\sum_{k=1}^{n} F(c_1, a_k) \times \frac{\sum_{k=1}^{n} F(c_1, a_k)}{n} \right) \tag{8.16}$$

式中,N 表示跨学科输入知识 c_1 在集合 A 中的年度词频,即年度研究文献量;n 表示 c_1 与目标学科知识年度共现节点数;$F(c_1, a_k)$ 表示 c_1 与第 k 个目标学科知识的共现强度。

(4)参考文献关键词识别跨学科相关知识

构建跨学科引文关键词 T_i 的学科相关新颖性指数(IDN, Index of Discipline-related Novelty)的计算公式如下:

$$IDN(T_i) = \frac{C_i \times N_i}{K_i + 1} \tag{8.17}$$

式中,C_i 代表跨学科引文关键词 T_i 的被引次数,N_i 代表引用 T_i 的目标学科文献量,则 T_i 和目标学科间的关联强度,与 C_i、N_i 正相关。K_i 表示以 T_i 作为关键词发表在目标学科的文档数,则 T_i 在目标学科中的新颖性程度与 K_i 成反比。

三、跨学科潜在知识生长点识别

(1)共词网络的跨学科潜在知识生长点识别

基于非相关知识发现的闭合式方法,构建跨学科合作潜力指数(TICPI 指数)计算公式为：

$$TICPI = 0.5 \times n + 0.5 \times \sum_{j=1}^{n} \frac{(l_{j1} \times l_{j2})^2}{|l_{j1} - l_{j2}| + \beta} \tag{8.18}$$

式中，b_j $(j=1,\cdots,n)$ 是 a_i 与 c_i 的第 j 个中间关键词，l_{j1} 为关键词 a_i 与中间关键词 b_j 的共现次数，l_{j2} 为关键词 c_i 与中间关键词 b_j 的共现次数。

基于非相关知识发现的开放式方法，用代入法识别跨学科潜在知识生长点，并比较两种识别结果与方法的异同与优劣。

（2）多路径分析的跨学科知识生长点识别

潜在路径 a-c 的合作潜力与已形成路径的连通性、平衡性、有效潜在路径数有关。结合全文知识提取和多路径分析，构建跨学科潜在知识组合（a，c）识别模型（Interdisciplinary Potential Knowledge Growth Point Identification Model，IPGP），公式如下：

$$IPGP(a,c) = \frac{1}{2}p + \frac{1}{2}\sum_{i=1}^{p} \frac{l(a,b_i) \times l(b_i,c)}{|N_{ab_i} - N_{b_ic}| + 1} \tag{8.19}$$

式中，p 为有效潜在路径数；i 为路径编号，$1 \leqslant i \leqslant p$；$N_{ab_i}$ 为路径段 a-b_i 中知识 a 与 b_i 共现的论文篇数；N_{b_ic} 为路径段 b_i-c 中知识 b_i 与 c 共现的论文篇数。

该模型一方面知识点来源于全文分词，另一方面多路径综合考虑知识的关联性，因此识别结果产生跨学科知识生长点的可能性更大。

（3）引文网络的跨学科潜在知识生长点识别

构建跨学科相关知识组合潜在合作指数 P，其公式为：

$$P = A_I \times B_I \times C_I = \frac{Y \times \sum_{y=1}^{Y}(y \times F_y) - \sum_{y=1}^{Y}y \times \sum_{y=1}^{Y}F_y}{Y \times \sum_{y=1}^{Y}y^2 - \left(\sum_{y=1}^{Y}y\right)^2} \times$$

$$\frac{\left(\sum_{n=1}^{N}F_n\right)^2}{\sum_{n=1}^{N}F_n^2} \times \frac{(I_{ab} \times I_{bc})^2}{|I_{ab} - I_{bc}| + \beta} \tag{8.20}$$

式中,Y 值表示数据样本的时间跨度(年数),F_y 为关键词 a_i 第 y 年在目标学科的研究频次。A_1 是拟合直线的斜率(变化率),若 $A_1>0$,说明该关键词的研究热度为上升发展趋势,且 A_1 值越大,变化率越大,活跃度越高。

若知识媒介 b_i 在 N 个学科中出现过,则 F_n 表示第 n 个学科研究 b_i 的学术论文篇数,即 F_1、F_2…F_N 之和为 b_i 在 N 个学科的总论文篇数。其中,$B_1 \geq 1$,值越大,表明 b_i 跨学科多样性程度越高,影响力越大;当知识媒介 b_i 只在一个学科的文献中出现过时,B_1 值为 1。

跨学科相关知识相关性指数 C_1,I_{ab} 为 a_i 与 b_i 的引用/被引用频次,I_{bc} 为 b_i 与 c_i 的引用/被引用频次,则节点 c_i 与 a_i 的相关性程度,与 I_{ab}、I_{bc} 呈正相关,与它们的差值负相关。

(4)社交媒体数据中的跨学科潜在知识生长点识别

通过构建社交媒体科学网平台的跨学科好友—博文知识节点二模关系网络,建立 f_1-f_4 指标,利用熵权法计算学科关键知识节点在社交媒体平台的影响力指标 I_{a_i}、跨学科知识社交媒体平台上的影响力指标 I_{b_i},以及两者之间联系相关性程度高低的弱关系连接次数 k_n 指标,构建跨学科合作组合潜力指数模型 I 指数,对学科关键知识节点及其跨学科相关知识之间的未来的合作关系进行研究与预测,使社交媒体上跨学科科研合作的识别结果更加科学。构建跨学科合作组合潜力指数模型 I 为:

$$I = k_n \times I_a \times I_b \tag{8.21}$$

其中,k_n 为学科关键知识节点 a 与跨学科相关知识 b 之间的弱关系连接次数。I_a 与 I_b 为基于熵权值的影响力大小。

四、跨学科潜在知识生长点创新趋势预测

(1)跨学科知识生长点的生命周期特征

Ø 形成期跨学科知识生长点偶尔合作紧密。该时期的跨学科知识生长点偶尔合作较为密切,其余时间未合作或少量合作。该时期的跨学科知识生长

点数量上最多,但在年代分布上较为离散,仅有小部分会发展为成长期的跨学科知识生长点,未来合作趋势难以从数据角度定量分析。

Ø 成长期跨学科知识生长点合作逐渐紧密。该时期的跨学科知识生长点具有合作逐渐紧密的趋势,并在近几年逐渐成为学科领域测度值排名靠前的跨学科知识生长点。该时期的跨学科知识生长点数量上介于形成期和成熟期之间,年代分布上具有一定的连续性,部分知识组合会发展为成熟的跨学科知识生长点。

Ø 成熟期跨学科知识生长点合作稳定。该时期的跨学科知识生长点近年中均具有合作,是已形成较为成熟的跨学科知识生长点。例如,社会网络分析是目前与情报学合作最为密切且稳定的跨学科知识,广泛应用于本学科引文网络分析、研究热点识别等方面的研究。

(2)跨学科知识生长点产生的宏观因素

Ø 外部科研环境的变化是跨学科知识生长点产生的土壤。国家政治、经济、文化、社会与技术的政策等变化,都会引起科研活动外部环境的变化,两者相辅相成、相互促进。因此,跨学科知识生长点的产生与国家政策、专项经费、社会环境、科学技术的发展变化密不可分。

Ø 学科知识点的关键地位与发展需求是跨学科知识生长点产生的必要条件。随着大科学时代的到来,学科的研究方向不断细分,研究深度不断加强,研究问题越来越复杂。学科传统的研究方法也不断受到挑战,对综合复杂问题的深入研究必然会产生瓶颈,尤其是学科研究的主要内容或备受研究者关注的研究主题,其研究方法会不断更新、融合。因此,跨学科知识生长点的产生必须以学科活跃的关键知识节点为基础。

Ø 跨学科相关知识的特性是跨学科知识生长点产生的必备刺激条件。不同学科的理论、方法、技术是在学科深入研究中不断发展而成,因此每一种理论、方法、技术都有其学科独特性。当理论、技术、方法在某一学科发展成熟,知识就会随研究人员的研究方向和合作交流,流向或被移植到其他学科,并被广泛应用。因此,跨学科知识生长点的产生与跨学科知识的独特性、成熟性和广泛应用性密切相关。

(3)跨学科知识生长点产生的微观影响因素

Ø 跨学科知识生长点产生的微观影响因素探索性分析。扎根理论是一种自下而上的质性研究方法,对于影响因素的探索而言,相对于问卷调查有着独特的优势。通过访谈获取研究数据,运用扎根理论方法探索跨学科知识合作研究的影响因素,发现相对优势、复杂度、匹配度、自我效能等是影响学者跨学科知识合作研究、产生知识生长点意愿的主要因素。

Ø 跨学科知识生长点产生的微观影响因素验证性分析。量化研究是检验性研究,基于创新扩散理论建立假设模型,通过问卷调查法收集数据,用路径分析法计算模型并得出结论,发现相对优势、匹配度、自我效能、学科背景数等,都是影响跨学科知识生长点产生的主要因素;复杂度对跨学科知识合作研究参与态度有负向影响,与职业、学历、有无跨学科研究经验无关。

(4)跨学科潜在知识生长点的创新趋势预测

对识别到的学科关键知识节点、跨学科相关知识、跨学科潜在知识生长点构建模型,从引用—共现—交叉关系中预测未来可能的创新趋势。构建能够反映多路径关系的跨学科潜在知识生长点创新趋势测度模型(Interdisciplinary Potential Knowledge Growth Point Identification Model,IPGP)如下:

$$IPGP(a,c) = \sum_{i=1}^{p} [IPG(a,b) \times SC(b_i) \times IPG(b,c)] \tag{8.22}$$

通过分析发现:图书情报学在科学数据研究领域、网络媒体研究领域、信息计量等专业核心知识领域、智库等应用研究领域聚集了大量的学科关键知识节点;并识别到他们的跨学科相关知识,对这些知识组合的引用—共现—交叉路径进行分析,计算跨学科知识生长点合作可能性大小及创新趋势,为学科发展指明方向。

基于以上研究,对图书情报学的学科发展提出了宏观与微观建议。

第二节　研究展望

本书从科学文献与社交媒体数据识别学科关键知识节点、跨学科相关知识,以及二者合作可能性较大的知识配对,即跨学科潜在知识生长点;在分析已经生成的跨学科知识生长点生命周期特征与宏观微观影响因素的基础上,分析跨学科潜在知识生长点的创新趋势。后续应改进不足,在以下几方面做深入研究。

一、拓展研究框架

本书以图书情报学领域为目标学科展开研究,模型是否具有其他学科、多学科、交叉学科的普适性,有待进一步探讨。

因此,后续研究中应拓宽研究视角,从整个科学发展中找寻新的生长点。一方面分析国内整个科学领域的多学科融合发展现状与趋势,另一方面对国际跨学科合作研究热点及其动态变化规律进行分析与把握。这样,才能对国内外整个科学领域的科学研究、跨学科研究、多学科研究等的合作现状与趋势进行综合分析与掌握,识别多学科的跨学科潜在知识生长点,进一步促进知识创新,促进人类社会科学研究的多方位、多角度融合发展。

二、多源数据融合

由于数据库的可获得性、研究技术的局限性等原因,将科学文献样本数据局限于中文数据库的期刊文献,数据源过于单一,这造成了研究范围与研究结论的局限性。一方面研究范围局限于国内,不能把握国际学科前沿、热点与交叉点等关键知识节点的现状与趋势;另一方面研究结论局限于期刊论文的样本数据,其他文献类型的样本数据是否有相同或相似的研究结论有待于探索和验证。

因此,在今后的研究中,将对多源化数据进行研究。一方面,将图书数据、会议论文数据、学位论文数据、专利数据等,多源数据融合,通过分析不同类型数据,更全面准确地把握科学研究动态,掌握学科前沿;另一方面,选择合适的国外文献数据库,将国内外数据综合研究,全面分析全球科学学科、跨学科研究现状与趋势。

三、建立多因素差异化模型

本书基于科学文献与网络媒体数据从不同角度识别学科关键知识节点及其跨学科相关知识。但快速发展变化的网络环境下,各种类型数据动态性强,且不同学科的数据特征不同。由于数据集的限制,没有从网络数据文本内容抽取学科研究的主要内容,也没有考虑时间对学科关键知识节点及其跨学科相关知识识别的相关测度指标的影响。

因此,后续研究中,将考虑网络环境下评价指标的选择问题,选择更先进的技术软件工具,搜集更多、更全面的数据,将传统指标与网络指标结合使用,尝试性地将替代计量学指标,如使用、捕获、分享、提及、引用、扩散等数据加入到今后的数据分析之中,考虑时间因素的影响,分析不同学科的高关注度研究主题识别差异,帮助不同学科的研究人员把握学科前沿与热点,推动学科与科学的进步。

附录1　期刊—学科分类体系表

学科大类	学科小类	刊名	学科小类	刊名
教科文艺	图书情报	中国图书馆学报；…	文化	文化纵横；…
	科研管理	科学学研究；…	外语	外国语；…
	新闻出版	中国科技期刊研究；…	体育	体育学刊；…
	档案	档案学通讯；…	语言文字	语言文字研究；…
	教育	教学研究；…	文学	当代文坛；…
	艺术	中国艺术；…		
工业技术	自动化＆计算机技术	计算机工程；…	原子能技术	核安全；…
	无线电电子学＆电信技术	电子学报；…	电工技术	电工技术杂志；…
	一般工业技术	材料工程；…	化学工业	玻璃；…
	矿业工程	采矿技术；…	轻工业、手工业	印刷工业；…
	石油、天然气工业	中国石油；…	建筑科学	世界建筑；…
	冶金工业	钢铁；…	水利工程	大坝与安全；…
	金属学、金属工艺	贵金属；…	运输	北方交通；…
	机械仪表工业	电子机械工程；…	航空、航天	中国航天；…
	军事科技	环球军事；…	环境与安全科学	产业与环境；…
	动力工程	节能与环保；…		
经济管理	经济与管理	管理科学；…	农业经济	农村经济；…
	经济学	经济学家；…	工业经济	工业技术经济；…
	财政金融	财政；…	贸易经济	北京房地产；…

学科大类	学科小类	刊名	学科小类	刊名
社会科学	社会科学理论	社会科学研究；…	人口与民族	人口研究；…
	社会学	攀登；…	劳动与人才	人力资源；…
	历史	纵横；…	文物考古	考古学报；…
基础科学	自然科学总论	科技创新导报；…	测绘学	测绘；…
	物理学	物理学报；…	地球科学	地球；…
	数学	计算数学；…	大气科学	大气科学学报；…
	力学	工程力学；…	地质学	国土资源；…
	化学	分析化学；…	海洋学	海洋工程；…
	天文学	天文学报；…		
医药卫生	医疗保健	家庭医学；…	外科学	骨科；…
	临床医学	中国循证医学杂志；…	妇产科学与儿科学	儿科药学杂志；…
	医药卫生总论	医学教育；…	肿瘤学	癌症进展；…
	预防医学与卫生学	疾病监测；…	神经病与精神病学	精神医学杂志；…
	中国医学	光明中医；…	皮肤病与性病学	皮肤病与性病；…
	基础医学	解剖学报；…	眼耳鼻咽喉科学	临床眼科杂志；…
	药学	北方药学；…	口腔科学	口腔医学研究；…
	内科学	肝脏；…	特种医学	法医学杂志；…
农业科学	农业工程	农机化研究；…	植物保护	湖北植保；…
	农作物	大豆科学；…	园艺	北方园艺；…
	农业基础科学	土壤；…	畜牧兽医	蚕桑通报；…
	农学	种子；…	水产渔业	海洋渔业；…
哲学政法	心理学	心理科学；…	政治	新长征；…
	宗教	佛学研究；…	党建	党建研究；…
	马列主义理论	马克思主义研究；…	外交	现代国际关系；…
	宗教	佛学研究；…	法律	经济与法；…

附录2 跨学科知识生长点产生的
微观影响因素问卷调查

    尊敬的各位老师,您好!这里有一份关于调查潜在跨学科合作行为影响因素的问卷需要占用您宝贵的时间填写。给您带来的不便,深感抱歉!该问卷依托于国家社会科学基金项目"跨学科潜在知识生长点识别与创新趋势预测研究"。问卷结果仅用于学术研究,我们会对问卷填写者的个人信息严格保密,请放心填写!您认真地填写对我们的学术研究意义重大,万分感谢您在百忙之中的填写!谢谢!

    大科学时代背景下,为解决复杂的科研任务、提高科研生产力,开展有效的跨学科合作尤为重要。

    课题组分别从科学文献与网络媒体数据的共现、引文等统计数据与网络关系中,识别学科关键知识节点、跨学科相关知识、有知识关联的二者组合(即跨学科潜在知识生长点),认为学科关键知识节点及其关系密切的跨学科相关知识之间,存在潜在跨学科合作研究创新产生新知识的可能。但跨学科合作研究的切实开展、跨学科知识生长点的产生还会受诸多现实因素的影响,现对开展跨学科合作研究主体、客体和可能存在的影响因素进行调查分析。

1. 您的性别是：

○男 ○女

2. 您的年龄是：

○18-25 岁 ○26-30 岁 ○31-35 岁 ○36-40 岁

○41-45 岁 ○46-50 岁 ○51-55 岁 ○56-60 岁 ○>60 岁

3. 您的职称是：

○正高级 ○副高级 ○中级 ○初级

○博士研究生在读 ○硕士研究生在读 ○其他

4. 您从事科研工作的时间为（接受过研究生教育的请以硕士研究生入学年份为起点计）：

○0-3 年 ○4-7 年 ○8-10 年 ○11-15 年

○16-20 年 ○21-25 年 ○26-30 年 ○>30 年

5. 您所属学科是否为图书情报学科？

○是 ○否

6. 您对跨学科知识的需求程度如何？

○非常不需要 ○不需要 ○一般 ○需要 ○非常需要

7. 您存在跨学科引用行为吗？频率如何？

○从不 ○很少 ○一般 ○经常 ○未注意

8. 您开展过跨学科知识合作研究创新吗？

○从未 ○很少 ○一般 ○经常 ○常态

9. 您专修过几个专业？

○1 个 ○2 个 ○3 个 ○4 个 ○5 个或 5 个以上

10. 您认为，您发表的期刊论文数量在该专业处于什么水平？

○非常高 ○比较高 ○一般 ○比较低 ○非常低

11. 您认为，您发表的期刊论文的质量怎么样？

○非常高 ○比较高 ○一般 ○比较低 ○非常低

12. 在以往的跨学科知识合作研究中,您应用跨学科知识的原因是什么?

○解决本学科知识创新瓶颈

○学习到了,拿来用用

○为了写论文有点创新,凑得

13. 您参与的跨学科知识合作研究,其研究内容有如下哪些特点?［多选题］

□该研究本身就涉及多个学科的知识

□该研究属于设计或应用类科学

□该研究多学科知识研究才能更深入

14. 您参与跨学科知识合作研究是为了［多选题］

□期待在跨学科研究过程中获得创新

□提高科研成果的发表质量与效率

□便于获取和了解对方学科的知识资源

□通过跨学科研究更容易获得成功

□通过跨学科研究促进从不同的角度认识问题

□通过跨学科研究锻炼自己的思维能力

15. 您参与的跨学科研究,其研究内容还有什么特点? _____

16. 您参与跨学科研究,还有其它原因吗? _____

假如您的研究领域或研究主题与某学科的某研究主题存在较强的跨学科合作研究的可能性,我们即认为在理论上两研究主题之间存在较强的潜在跨学科知识生长点产生的可能性。您认为有哪些因素会影响切实开展跨学科合作研究呢? 请根据您的实际情况填写以下问题:

17. 可能来自相对优势与复杂度的影响(1-非常不同意、2-不同意、3-一般、4-同意、5-非常同意):

	1	2	3	4	5
a1、开展跨学科知识合作研究,会更快地完成科研任务。	○	○	○	○	○
a2、开展跨学科知识合作研究,能提高我的科研质量。	○	○	○	○	○
a3、开展跨学科知识合作研究,会提高科研产出。	○	○	○	○	○
a4、开展跨学科知识合作研究,可以提高科研效率。	○	○	○	○	○
a5、开展跨学科知识合作研究,可以发挥研究特长体现自身价值。	○	○	○	○	○
b1、跨学科知识合作研究,需要付出更多的物质成本。	○	○	○	○	○
b2、跨学科知识合作研究,需要付出更多的时间成本。	○	○	○	○	○
b3、跨学科知识合作研究,需要付出更多的精力。	○	○	○	○	○

18. 可能来自匹配度与影响力的影响(1-非常不看重、2-不看重、3-一般、4-看重、5-非常看重):

	1	2	3	4	5
c1、该跨学科知识与我的科研主题有相关性。	○	○	○	○	○
c2、该跨学科知识与我的科研主题存在交叉现象。	○	○	○	○	○
c3、该跨学科知识与我的科研主题互补现象。	○	○	○	○	○
d1、该跨学科知识具有多学科性。	○	○	○	○	○
d2、该跨学科知识有一定的成熟度。	○	○	○	○	○
d3、该跨学科知识是前沿技术。	○	○	○	○	○
d4、该跨学科知识具有广泛易用性。	○	○	○	○	○

19. 可能来自上级与同行的影响(1-非常不同意、2-不同意、3-一般、4-同意、5-非常同意):

	1	2	3	4	5
e1、所属单位重视跨学科研究。	○	○	○	○	○
e2、所属单位鼓励开展跨学科研究。	○	○	○	○	○
f1、周围的科研人员认为开展跨学科研究有益于科研创新。	○	○	○	○	○
f2、开展跨学科研究的科研人员提高了科研成果数量。	○	○	○	○	○
f3、开展跨学科研究的科研人员提高了科研成果质量。	○	○	○	○	○

20. 可能来自自我效能与资源可用性的影响(1-非常不同意、2-不同意、3-一般、4-同意、5-非常同意):

	1	2	3	4	5
g1、对自己开展跨学科研究的能力很自信。	○	○	○	○	○
g2、相信自己能够在跨学科研究中表现很好。	○	○	○	○	○
g3、相信自己在跨学科研究中可以进行更好的知识创新。	○	○	○	○	○
h1、能够检索识别到跨学科知识。	○	○	○	○	○
h2、有开展跨学科研究的机会。	○	○	○	○	○
h3、有时间和精力开展跨学科研究。	○	○	○	○	○

21. 您对开展跨学科合作的态度与意图(1-非常不同意、2-不同意、3-一般、4-同意、5-非常同意):

	1	2	3	4	5
k1、在科研工作中开展跨学科知识合作研究是明智的。	○	○	○	○	○
k2、科研工作中开展跨学科知识合作研究是正确的。	○	○	○	○	○
k3、在科研工作中开展跨学科知识合作研究是有价值的。	○	○	○	○	○
l1、我希望在不久的将来,开展跨学科知识合作研究。	○	○	○	○	○
l2、我期盼在不久的将来,开展跨学科知识合作研究。	○	○	○	○	○
l3、我现在就渴望开展一次跨学科合作。	○	○	○	○	○

参 考 文 献

1. Aalabaf-Sabaghi M. , "Networks , Crowds , and Markets : Reasoning about a Highly Connected World" , *Journal of the Royal Statistical Society Series A* , 2012 , 175(4) : 1073 - 1073.

2. Abbasi A. , Altmann J. , Hossain L. , " Identifying the Effects of Co-Authorship Networks on the Performance of Scholars : A Correlation and Regression Analysis of Performance Measures and Social Network Analysis Measures" , *Journal of Informetrics* , 2011 , 5(4) : 594 - 607.

3. Alfredo Y Y. , Ismael R. , Pablo D. , et al. , " Does Interdisciplinary Research Lead to Higher Citation Impact? The Different Effect of Proximal and Distal Interdisciplinarity" , *Plos One* , 2015 , 10(8) : e0135095.

4. Altmetric. com , " What are Altmetrics?" , 2022 - 07 - 17 , https://www. altmetric. com/about-altmetrics /what-are-altmetrics/.

5. Amjad T. , Ali A. , "Uncovering Diffusion Trends in Computer Science and Physics Publications" *Library Hi Tech* , 2019 , 37(4) : 794 - 810.

6. Angel S M. , Cristina A. , Jose S. , et al. , "Current State and Future Trends : A Citation Network Analysis of the Orthokeratology Field" , *Journal of ophthalmology* , 2019 , 2019 : 1 - 6.

7. Ankerst M. , Breunig M M. , Kriegel H P. , et al. , "OPTICS : Ordering Points to Identify the Clustering Structure" , *ACM Sigmod Record* , 1999 , 28(2) : 49 - 60.

8. Arel I. , Rose D C. , Karnowski T P. , "Deep Machine Learning-A New Frontier in Artificial Intelligence Research [Research Frontier]" , *IEEE Computational Intelligence Magazine* , 2010 , 05(04) : 13 - 18.

9. Australian National University , "Anu Data Management Manual : Managing Digital Research Data at the Australian National University" , 2008 , http://anulib. anu. edu. au/_

resources/training-and-resources/guides/DataManagement.pdf.

10. Banks M G., "An Extension of the Hirsch Index: Indexing Scientific Topics and Compounds", *Scientometrics*, 2006, 69(1):161-168.

11. Bakshy E., Rosenn I., Marlow C., et al., "The Role of Social Networks in Information Diffusion", *Proceedings of the 21st International Conference on World Wide Web*, 2012: 519-528.

12. Bar-llan J., Haustein S., Milojevi S., et al., "Peer Review, Bibliometrics and Altmetrics-Do We Need Them All?", *Proceedings of the Association for Information Science and Technology*, 2018, 55(1):653-656.

13. Bengio Y., "Deep Learning of Representations: Looking Forward", *Proceedings of the First International Conference on Statistical Language and Speech Processing*, 2013(5):1-37.

14. Bettoni M., "Weak Ties Cooperation in the Core Knowledge Network", 2022-07-17, https://www.researchgate.net/publication/264840767.

15. Binfield P., "PLOS ONE: Background, Future Development, and Article-Level Metrics", 2009 *Conference on Electronic Publishing*, 2009:69-86.

16. Bornmann L., Haunschild R., Adams J., "Do Altmetrics Assess Societal Impact in a Comparable Way to Case Studies? An Empirical Test of the Convergent Validity of Altmetrics Based on Data from the UK Research Excellence Framework (REF)", *Journal of Informetrics*, 2019, 13(1):325-340.

17. Breiman L., "Random Forests", *Machine Learning*, 2001, 1(45):5-32.

18. Brekelmans W A M., Poort H W., Slooff T., "A New Method to Analyse the Mechanical Behaviour of Skeletal Parts", *Acta Orthopaedica Scandinavica*, 1972, 43(5):301-317.

19. Burt R., *Structural holes*: Harvard University Press, 1992.

20. Chakraborty T., "Role of Interdisciplinarity in Computer Sciences: Quantification, Impact and Life Trajectory", *Scientometrics*, 2018, 114(3):1011-1029.

21. Chakraborty T., Ganguly N., Mukherjee A., "Rising Popularity of Interdisciplinary Research-An Analysis of Citation Networks", 2014 *Sixth International Conference on Communication Systems and Networks(COMSNETS)*, 2014:1-6.

22. Chang Y., Huang M., Lin C., "Evolution of Research Subjects in Library and Information Science Based on Keyword, Bibliographical Coupling, and Co-Citation Analyses", *Scientometrics*, 2015, 105(3):2071-2087.

23. Chen C., "CiteSpace II: Detecting and Visualizing Emerging Trends and Transient

Patterns in Scientific Literature", *Journal of the American Society for Information Science and Technology*, 2006, 57(3): 359−377.

24. Chen C., Hicks D., "Tracing Knowledge Diffusion", *Scientometrics*. 2004, 59(02): 199−211.

25. Cronin B., Meho L I., "The Shifting Balance of Intellectual Trade in Information Studies", *Journal of the American Society for Information Science and Technology*, 2008, 59 (4): 551−564.

26. Depaula N., Fietkiewicz K J., Froehlich T J., et al., "Challenges for Social Media: Misinformation, Free Speech, Civic Engagement, and Data Regulations", *Proceedings of the Association for Information Science & Technology*, 2018, 55(1): 665−668.

27. Egghe L., "A Heuristic Study of the First-Citation Distribution", *Scientometrics*, 2000, 48(3): 345−359.

28. Egghe L., Bornmann L., Guns R., "A Proposal for a First-Citation-Speed-Index", *Journal of Informetrics*, 2011, 5(5): 181−186.

29. Ester M., Kriegel H P., Sander J., et al., "A Density-Based Algorithm for Discovering Clusters in Large Spatial Databases with Noise", *AAAI Press*, 1996, 96(34): 226−231.

30. Eto H., "Interdisciplinary Information Input and Output of a Nano-Technology Project", *Scientometrics*, 2003, 58: 5−33.

31. Fajardo-Ortiz D., Lopez-Cervantes M., Duran L., et al., "The Emergence and Evolution of the Research Fronts in HIV/AIDS Research", *Plos One*, 2017, 12(5): 178−293.

32. Figuerola C G., Marco F J., Pinto M., "Mapping the Evolution of Library and Information Science (1978 − 2014) Using Topic Modeling on LISA", *Scientometrics*, 2017, 112 (12): 1507−1535.

33. Frank R., Bailis S., Klein J. T., et al., "'Interdisciplinarity': The First Half-Century", *Issues in interdisciplinary Studies*, 1988: 91−101.

34. Freeman L C., "Centrality in Social Networks Conceptual Clarification", *Social Networks*, 1978, 1(3): 215−239.

35. Fritsch M., Kauffeld-Monz M., "The Impact of Network Structure on Knowledge Transfer: An Application of Social Network Analysis in the Context of Regional Innovation Networks", *The Annals of Regional Science*, 2010, 44(1): 1−27.

36. Galitsky L M., Pottenger M., Roy S., et al., "A Survey of Emerging Trend Detection

in Textual Data Mining",*Springer New York*,2004(1):185−224.

37. Gantz J.,"Extracting Value from Chaos",*Idcemc2 Report*,2011:1−12.

38. Gao X.,Guan J.,"Network Model of Knowledge Diffusion",*Scientometrics*,2012,90(03):749−762.

39. Gates A J.,Ke Q.,Varol O.,et al.,"Nature's Reach:Narrow Work Has Broad Impact",*Nature*,2019,575(7781):32−34.

40. Genuis S K.,"Published Literature and Diffusion of Medical Innovation:Exploring Innovation Generation",*The Canadian Journal of Information and Library Science*,2005,29(1):27−54.

41. Glänzel W.,Thijs B.,"Using 'Core Documents' for Detecting and Labelling New Emerging Topics",*Scientometrics*,2012,91(2):399−416.

42. Glaser B G.,Strauss A L.,Strutzel E.,"The Discovery of Grounded Theory:Strategies for Qualitative Research",*Nursing research*,1968,17(4):364.

43. González-Alcaide G.,Llorente P.,Ramos J M.,"Bibliometric Indicators to Identify Emerging Research Fields:Publications on Mass Gatherings",*Scientometrics*,2016,109(2):1−16.

44. Gorichanaz T.,"Art and Everyday Information Behavior:Sources of Understanding",*Proceedings of the Association for Information Science & Technology*,2018,55(1):143−150.

45. Gould R.,Fernandez R.,"Structures of Mediation",*Sociological Methodology*,1989(19):89−126.

46. Granovetter M S.,"The Strength of Weak Ties",*American Journal of Sociology*,1973,78(6):1360−1380.

47. Gross K.,"College Libraries and Chemical Education",*Bulletin of the American Association of University Professors*,1928,14(3):385−389.

48. Gulcehre C.,Moczulski M.,Denil M.,et al.,"Noisy Activation Functions",*JMLR.org*,2016,1603(3):1−10.

49. Hammersley M.,*Routledge Revivals:The Dilemma of Qualitative Method*:Routledge,1989.

50. Han J.,Kamber M.,"Data Mining:Concepts and Techniques",*Data Mining Concepts Models Methods & Algorithms Second Edition*,2006,5(4):1−18.

51. Han X.,"Evolution of Research Topics in LIS between 1996 and 2019:An Analysis Based on Latent Dirichlet Allocation Topic Model",*Scientometrics*,2020,125(3):2561−

2595.

52. Harman M., "Formal Concept Analysis-Mathematical Foundations Bernhard Ganter and Rudolf Wille Springer-Verlag", *Software Focus*, 2000, 1(1):103-124.

53. He K., Zhang X., Ren S., et al., "Delving Deep into Rectifiers: Surpassing Human-Level Performance on ImageNet Classification", *IEEE Computer Society*, 2015, 15:1026-1034.

54. Hirsch J E., "An Index to Quantify an Individual's Scientific Research Output", *Proceedings of the National Academy of Sciences*, 2005, 102(46):16569-16572.

55. Ho M H., Lin V H., Liu J S., "Exploring Knowledge Diffusion Among Nations: A Study of Core Technologies in Fuel Cells", *Scientometrics*, 2014, 100(1):149-171.

56. Huang Q., Davison R M., Gu J., "Impact of Personal and Cultural Factors on Knowledge Sharing in China", *Asia Pacific Journal of Management: APJM*, 2008, 25(3):451-471.

57. Inchae P., Keeeun L., Byungun Y., "Exploring Promising Research Frontiers Based on Knowledge Maps in the Solar Cell Technology Field", *Sustainability*, 2015 (7):13660-13689.

58. Jan V., "Priority Choice and Research Front Specialties in Physics", *Czechoslovak Journal of Physics*, 1984, 34(1):95-98.

59. Jebari C., Herrera-Viedma E., Cobo M J., "The Use of Citation Context to Detect the Evolution of Research Topics: A Large-Scale Analysis", *Scientometrics*, 2021(4):2971-2989.

60. Jiang J., Ni C., He D., et al., "Mendeley Group as a New Source of Interdisciplinarity Study: How Do Disciplines Interact on Mendeley?", *ACM/IEEE-CS Joint Conference on Digital Libraries*, 2013:135-138.

61. Karunan K., Lathabai H H., Prabhakaran T., "Discovering Interdisciplinary Interactions between Two Research Fields Using Citation Networks", *Scientometrics*, 2017, 113:335-367.

62. Kauffeld-Monz M., Fritsch M., "Who Are the Knowledge Brokers in Regional Systems of Innovation? A Multi-Actor Network Analysis", *Regional Studies*, 2013, 47(5):1-49.

63. Kessler M M., "Bibliographic Coupling Between Scientific Papers", *Journal of the American Society for Information Science and Technology*, 1963, 14(01):10-25.

64. Kim Y., Kim J E., Kim Y H., et al., "Social Attention and Scientific Articles on Stroke", *Clinical Neurology and Neurosurgery*, 2019, 183(9):1-22.

65. Kirschenbaum M G., "What Is Digital Humanities and What's It Doing in English Departments?", *Ade Bulletin*, 2010(05):55-61.

66. Kiss I Z., Broom M., Rafols I., "Can Epidemic Models Describe the Spread of Research Topics Across Disciplines?", *Journal of Informetrics*, 2010, 04(01):74-82.

67. Klein J T., "A Conceptual Vocabulary of Interdisciplinary Science", *Practising Interdisciplinarity*, 2000(1):3-24.

68. Klein J T., "Interdisciplinary Needs: The Current Context", *Library Trends*, 1996, 45(2):134-154.

69. Křivan V., Lewis M., Bentz B J., et al., "A Dynamical Model for Bark Beetle Outbreaks", *Journal of Theoretical Biology*, 2016, 407:25-37.

70. Kuo Y F., Yen S N., "Towards an Understanding of the Behavioral Intention to Use 3G Mobile Value-Added Services", *Computers in Human Behavior*, 2008, 25(1):103-110.

71. Lafferty J., McCallum A., Pereira F., "Conditional Random Fields: Probabilistic Models for Segmenting and Labeling Sequence Data", *International Conference on Machine Learning*(2001), 2001.

72. Larivière V., Gingras Y., "On the Relationship between Interdisciplinarity and Scientific Impact", *Journal of the American Society for Information Science & Technology*, 2010, 61(1):126-131.

73. Lee K., Lim C., "Technological Regimes, Catching-Up and Leapfrogging: Findings from the Korean Industries", *Research Policy*, 2001, 30:459-483.

74. Lee S., Kim W., "The Knowledge Network Dynamics in a Mobile Ecosystem: A Patent Citation Analysis", *Scientometrics*, 2017, 111(2):717-742.

75. Lemke S., Mehrazar M., Mazarakis A., et al., "Are There Different Types of Online Research Impact?", *Proceedings of the Association for Information Science and Technology*, 2018, 55(1):282-289.

76. Li J., Wang Y., Yan B., "The Hotspots of Life Cycle Assessment for Bioenergy: A Review by Social Network Analysis", *Science of the Total Environment*, 2018, 625:1301-1308.

77. Li K., Chen P Y., "The Narrative Structure as a Citation Context in Data Papers: A Preliminary Analysis of Scientific Data". *Proceedings of the Association for Information Science and Technology*, 2018, 55(1):856-858.

78. Lin H F., *An Empirical Investigation of Mobile Banking Adoption: The Effect of Inno-*

vation Attributes and Knowledge-Based Trust:Elsevier Science Publishers B. V.,2011.

79. Lin J.,Fenner M.,"Altmetrics in Evolution:Defining and Redefining the Ontology of Article-Level Metrics",*Information Standards Quarterly*,2013,25(2):20−33.

80. Lissoni F.,"Academic Inventors as Brokers",*Research Policy*,2010,39(7):843−857.

81. Loet L.,"Diversity and Interdisciplinarity:How Can One Distinguish and Recombine Disparity,Variety,and Balance?",*Scientometrics*,2018(116):2113−2121.

82. Louadi M E.,"Knowledge Heterogeneity and Social Network Analysis—Towards Conceptual and Measurement Clarifications",*Knowledge Management Research & Practice*,2008,6(3):199−213.

83. Lu Y.,Wan Y.,"PHA:A Fast Potential-Based Hierarchical Agglomerative Clustering Method",*Pattern Recognition*,2012,45(05):1227−1239.

84. Ma S.,Xu J.,Zhang C.,"Automatic Identification of Cited Text Spans:A Multi-Classifier Approach Over Imbalanced Dataset",*Scientometrics*,2018,116:1303−1330.

85. Maas A L.,Hannun A Y.,Ng A Y.,"Rectifier Nonlinearities Improve Neural Network Acoustic Models",*ICML Workshop on Deep Learning for Audio*,*Speech and Language Processing*,2013,28:1−6.

86. Mane K K.,Börner K.,"Mapping Topics and Topic Bursts in PNAS",*Proceedings of the National Academy of Sciences of the United States of America*,2004,101(1):5287−5290.

87. Marshakova I V.,"System of Document Connections Based on References",*Nauch-Techn.Inform*,1973,2(6):3−8.

88. Michael S.,Yifang M.,Roberta S.,"A Nobel Opportunity for Interdisciplinarity",*Nature Physics*,2018,14(11):1075−1078.

89. Mongeon P.,"Using Social and Topical Distance to Analyze Information Sharing on Social Media",*Proceedings of the Association for Information Science and Technology*,2018,55(1):397−403.

90. Moore G C.,Benbasat I.,"Development of an Instrument to Measure the Perceptions of Adopting an Information Technology Innovation",*Information Systems Research*,1991,2(3):192−222.

91. Moreno J L.,Jennings H H.,"Statistics of Social Configurations",*Sociometry*,1938,1(4):342−374.

92. Nakamura H.,Suzuki S.,Hironori T.,et al.,"Citation Lag Analysis in Supply Chain

Research", *Scientometrics*, 2011, 87(2):221-232.

93. National Academy of Sciences, National Academy Of Engineering, *Institute of Medicine of Academies. Facilitating Interdisciplinary Research*: The National Academies Press, 2005.

94. Newman M E J., "The Structure of Scientific Collaboration Networks", *Proceedings of the National Academy of Sciences of the United States of America*, 2001, 98(2):404-409.

95. Newman M., "The Structure and Function of Networks", *Computer Physics Communications*, 2002, 147(02):40-45.

96. Neylon C., Wu S., "Article-Level Metrics and the Evolution of Scientific Impact", *PLOS Biology*, 2009, 7(11):1-6.

97. Nichols L G., "A Topic Model Approach to Measuring Interdisciplinarity at the National Science Foundation", *Scientometrics*, 2014, 100(3):741-754.

98. Njiwoua P., Nguifo E M., "A Parallel Algorithm to Build Concept Lattice", *Proceedings of 4th Groninged Intl*, *Information Technical Conference for Student*, 1997:103-107.

99. Noorden R V., "Interdisciplinary Research by the Numbers", *Nature*, 2015, 525 (7569):306-307.

100. Nurmammadov E., Piepenbrink A., "Topics in the Literature of Transition Economies and Emerging Markets", *Scientometrics*, 2015, 102(3):2107-2130.

101. Ohniwa L., Hibino A., Takeyasu K., "Trends in Research Foci in Life Science Fields over the Last 30 Years Monitored by Emerging Topics", *Scientometrics*, 2010, 85(1): 111-127.

102. Onnela J P., Saramäki J., Hyvönen J., et al., "Structure and Tie Strengths in Mobile Communication Networks", *Proceedings of the National Academy of Sciences*, 2007, 104(18): 7332-7336.

103. Open Data Hand-Book, "What is Open Data?", 2022-08-11, http://open data handbook.org/guide/zhCN/what-is-open-data/.

104. Open Data White Paper, 2022-8-11, https://data.gov.uk/ sites/default/files/ Open_data_White_Paper_10.pdf.

105. Ortega J L., "The Life Cycle of Altmetric Impact:A Longitudinal Study of Six Metrics from PlumX", *Journal of Informetrics*, 2018, 12(3):579-589.

106. Porter A L., Cohen A S., Roessner J D., et al., "Measuring Researcher Interdisciplinarity", *Scientometrics*, 2007, 72(1):117-147.

107. Porter A L.,Roessner J D.,Cohen A S.,et al.,"Interdisciplinary Research:Meaning,Metrics and Nurture",*Research Evaluation*,2006,15(3):187–195.

108. Prathap G.,"A Three-Dimensional Bibliometric Evaluation of Recent Research in India",*Scientometrics*,2017,110(3):1079–1085.

109. Prathap G.,"A Three-Dimensional Bibliometric Evaluation of Research in Polymer Solar Cells",*Scientometrics*,2014,101(1):889–898.

110. Prathap G.,"Measures for Bibliometric Size,Impact,and Concentration",*Journal of the Association for Information Science & Technology*,2015,66(8):1740–1741.

111. Prathap G.,"The Zynergy-lndex and the Formula for the H-Index",*Journal of the American Society for Information Science & Technology*,2014,65(2):426–427.

112. Price D.,"Networks of Scientific Papers",*Science*,1965,149(3683):510–515.

113. Priem J.,Groth P.,Taraborelli D.,"The Altmetrics Collection",*Plos One*,2017,7(11):1–2.

114. Priem J.,Taraborelli D.,Groth P.,et al.,"Altmetrics:A Manidesto",2011–7–17,http://altmetrics.org /manifeesto.

115. Pritchard,A. "Statistical Bibliography or Bibliometrics?",*Journal of Documentation*,1969,25(4):348–349.

116. Rafols I.,Meyer M.,"Diversity and Network Coherence as Indicators of Interdisciplinarity:Case Studies in Bionanoscience",*Scientometrics*,2009,82(2):263–287.

117. Rafols I.,Meyer M.,"How Cross-disciplinary is Bionanotechnology? Explorations in the Specialty of Molecular Motors",*Scientometrics*,2007,70(3):633–650.

118. Ramachandran P.,Zoph B.,Le Q V.,"Swish:A Self-Gated Activation Function",*arXiv.org*,2017,1710(16):1–12.

119. Rhoten D.,Parker A.,"Risks and Rewards of an Interdisciplinary Research Path",*Science*,2004,306(5704):2046.

120. Rice R.,Haywood J.,"Research Data Management Initiatives at University of Edinburgh",*International Journal of Digital Curation*,2010,06(02):232–244.

121. Rinia E J.,Leeuwen T.,Bruins E.,"Measuring Knowledge Transfer between Fields of Science",*Scientometrics*,2002,54(3):347–362.

122. Rogers E M.,*Diffusion of innovations. 4th ed*. New York:Free Press,1995.

123. Rossetto D E.,Bernardes R C.,Borini F M.,et al.,"Structure and Evolution of Innovation Research in the Last 60 Years:Review and Future Trends in the Field of Business

through the Citations and Co-Citations Analysis", *Scientometrics*, 2018, 115(3):1329-1363.

124. Rousseau R., "Robert Fairthorne and the Empirical Power Laws", *The Journal of Documentation*, 2005, 61(02):194-202.

125. Small H., "Co-Citation in the Scientific Literature: A New Measure of the Relationship between Two Documents", *Journal of the American Society for Information Science*, 1973, 24(4):265-569.

126. Small H., Sweeney E., "Clustering the Science Citation Index Using Co-Citations", *Scientometrics*, 1985, 7(6):391-409.

127. Song M., Kang K., An J Y., "Investigating Drug-disease Interactions in Drug-Symptom-Disease Triples Via Citation Relations", *Journal of the Association for Information Science and Technology*, 2018, 69(11):1355-1368.

128. Steele T W., Stier J C., "The Impact of Interdisciplinary Research in the Environmental Sciences: A Forestry Case Study", *Journal of the American Society for Information Science*, 2000, 51(5):476-484.

129. Stokes T D., Hartley J A., "Coauthorship, Social Structure and Influence Within Specialties", *Social Studies of Science*, 1989, 19(01):101-125.

130. Strauss A., Corbin J., *Basics of Qualitative Research: Grounded Theory Procedures and Techniques*: Sage Publications, 1990.

131. Sun Y., Latora V., "The Evolution of Knowledge within and across Fields in Modern Physics", *Scientific Reports*, 2020, 10(1):12603-12607.

132. Swanson D R., "Fish Oil, Raynaud's Syndrome, and Undiscovered Public Knowledge", *Perspectives in Biology and Medicine*, 1986, 30(1):7-18.

133. Takahashi T., Tomioka R., Yamanishi K., "Discovering Emerging Topics in Social Streams via Link Anomaly Detection", *IEEE Transactions on Knowledge & Data Engineering*, 2013, 26(1):120-130.

134. The White House. "Big Data Research and Development Initiative", 2022-07-17. http://www.whitehouse.gov/blog/2012/03/29/big-data-big-deal.

135. Tsay., Ming-Yueh., "Knowledge Flow Out of the Domain of Information Science: A Bibliometric and Citation Analysis Study", *Scientometrics*, 2015, 102(1):487-502.

136. Tu Y N., Seng J L., "Indices of Novelty for Emerging Topic Detection", *Information Processing & Management*, 2012, 48(2):303-325.

137. Upham S., Small H., "Emerging Research Fronts in Science and Technology: Pat-

terns of New Knowledge Development", *Scientometrics*, 2010, 83(1): 15−38.

138. Vlach ý J., "Priority Choice and Research Front Specialties in Physics", *Czechoslovak Journal of Physics B*, 1984, 34(1): 95−98.

139. Wagner C S., Roessner J D., Bobb K., et al., "Approaches to Understanding and Measuring Interdisciplinary Scientific Research(IDR): A Review of the Literature", *Journal of Informetrics*, 2011, 5(1): 14−26.

140. Walls F G., "Probabilistic Models for Topic Detection and Tracking", *Proc Icassp*, 1999(1): 521−524.

141. Wang J., Thijs B., Glnzel W., "Interdisciplinarity and Impact: Distinct Effects of Variety, Balance and Disparity", *Faculty of Economics and Business*, 2014, 2(22): 1−21.

142. Wang Q., "A Bibliometric Model for Identifying Emerging Research Topics", *Journal of the Association for Information Science and Technology*, 2018, 69(2): 290−304.

143. Wang X., Fang Z., Yang Y., "Continuous, Dynamic and Comprehensive Article-Level Evaluation of Scientific Literature", *Eprint Arxiv*, 2014(1411): 7004−7019.

144. Wang Y., Zhang C., "What Type of Domain Knowledge is Cited by Articles with High Interdisciplinary Degree?", *Proceedings of the Association for Information Science and Technology*, 2018, 55(1): 919−921.

145. White H D., Griffith B C., "Author Cocitation: A Literature Measure of Intellectual Structure", *Journal of the American Society for Information Science*, 1981, 32(3): 163−171.

146. Wu X., Zhang C., "Finding High-Impact Interdisciplinary Users Based on Friend Discipline Distribution in Academic Social Networking Sites", *Journal of the China Society for Scientific and Technical Information*, 2017, 36(6): 618−627.

147. Xie P., "Study of International Anticancer Research Trends via Co-Word and Document Co-Citation Visualization Analysis", *Scientometrics*, 2015, 105(1): 611−622.

148. Xu H., Guo T., Yue Z., et al., "Interdisciplinary Topics of Information Science: A Study Based on the Terms Interdisciplinarity Index Series", *Scientometrics*, 2016, 106(2): 583−601.

149. Xu J., Bu Y., Ding Y., et al., "Understanding the Formation of Interdisciplinary Research From the Perspective of Keyword Evolution: A Case Study on Joint Attention", *Scientometrics*, 2018, 117(2): 973−995.

150. Yan E., "Disciplinary Knowledge Production and Diffusion in Science", *Journal of the Association for Information Science and Technology*, 2015, 67(9): 2223−2245.

151. Yang L., Morris S., Barden E., "Mapping Institutions and Their Weak Ties in a Specialty: A Case Study of Cystic Fibrosis Body Composition Research", *Scientometrics*, 2009, 79(2): 421-434.

152. Zha X., Li J., Yan Y., "Understanding Preprint Sharing on Sciencepaper Online from the Perspectives of Motivation and Trust", *Information Development*, 2013, 29(1): 81-95.

153. Zhao J., Wu J., Xu K., "Weak Ties: Subtle Role of Information Diffusion in Online Social Networks", *Physical Review E*, 2010, 82(1): 1-10.

154. Zhou Q., Lee C S., Sin S C J., "Beyond Mandatory Use: Probing the Affordances of Social Media for Formal Learning in the Voluntary Context", *Proceedings of the Association for Information Science & Technology*, 2018, 55(1): 608-617.

155. Zhu Y., Yan E., "Dynamic Subfield Analysis of Disciplines: An Examination of the Trading Impact and Knowledge Diffusion Patterns of Computer Science", *Scientometrics*, 2015, 104(1): 335-359.

156. 白洁、武佳丽、余啟旺等：《基于 MongoDB 的非关系型数据库的设计与应用》，《湖北师范大学学报(自然科学版)》2022 年第 2 期。

157. 百度百科：《科学生长点》，2020 年 07 月 27 日，见 https://baike.baidu.com/item/科学生长点/4556600? fr= aladdin。

158. 包昌火、谢新洲、申宁：《人际网络分析》，《情报学报》2003 年第 3 期。

159. 北京大学图书馆：《首届北京大学"数字人文论坛"：跨界与融合：全球视野下的数字人文》，2022 年 07 月 16 日，见 https://www.lib.pku.edu.cn/portal/cn/news/0000001259。

160. 曾子明、王婧：《基于 LDA 和随机森林的微博谣言识别研究——以 2016 年雾霾谣言为例》，《情报学报》2019 年第 1 期。

161. 查先进、杨海娟：《大数据背景下信息管理专业人才培养模式改革创新影响因素研究——以湖北高校为例》，《图书情报知识》2016 年第 2 期。

162. 陈超美、陈悦、侯剑华等：《CiteSpace Ⅱ：科学文献中新趋势与新动态的识别与可视化》，《情报学报》2009 年第 3 期。

163. 陈辰、侯庆坤、兰文等：《基于 MongoDB 的数据库高可用高性能研究》，《电脑知识与技术》2017 年第 31 期。

164. 陈传夫、王云娣：《中美图书馆学借用知识的比较观察——基于十年引文的分析》，《中国图书馆学报》2010 年第 6 期。

165. 陈飞、刘奕群、魏超等:《基于条件随机场方法的开放领域新词发现》,《软件学报》2013 年第 5 期。

166. 陈兰荪、王东达:《数学、物理学与生态学的结合——种群动力学模型》,《物理》1994 年第 7 期。

167. 陈美、梁乙凯:《国外面向用户的开放政府数据使用行为研究进展》,《情报杂志》2022 年第 9 期。

168. 陈仕吉、康温和、江文森:《跨学科研究在科学研究中越来越重要?》,《科学学研究》2018 年第 7 期。

169. 陈仕吉:《跨学科研究更容易获得高学术影响力?》,《图书情报知识》2018 年第 6 期。

170. 陈文杰、许海云:《一种基于多元数据融合的引文网络知识表示方法》,《情报理论与实践》2020 年第 1 期。

171. 陈先昌:《基于卷积神经网络的深度学习算法与应用研究》,硕士学位论文,浙江工商大学,2014 年。

172. 陈向东:《网络环境下的跨学科知识共享工具比较——信息行为的视角》,《图书情报工作》2007 年第 2 期。

173. 陈小清、刘丽、邢美园:《单篇论著影响力评价指标比较分析——学术迹与 Altmetrics 评分、F1000 评分、Comment 的比较》,《情报理论与实践》2017 年第 3 期。

174. 陈欣、詹建军、叶春森等:《基于高校科学数据生命周期的社会科学数据特征研究》,《情报科学》2021 年第 2 期。

175. 陈雨桐:《集成学习算法之随机森林与梯度提升决策树的分析比较》,《电脑知识与技术》2021 年第 15 期。

176. 程仕平、徐慧、李丽琴:《交叉学科:培养研究生创新性的摇篮》,《中国高等教育》2005 年第 Z3 期。

177. 程岳、王宝树、李伟生:《贝叶斯网络在态势估计中的应用》,《计算机工程与应用》2002 年第 23 期。

178. 程泽凯、闫小利、程旺生等:《基于梯度提升决策树的焦炭质量预测模型研究》,《重庆工商大学学报(自然科学版)》2021 年第 5 期。

179. 迟呈英、于长远、战学刚:《基于条件随机场的中文分词方法》,《情报杂志》2008 年第 5 期。

180. 初景利、黄水清、金波等:《新文科建设背景下的图情档学科建设》,《图书与情报》2020 年第 6 期。

181. 储节旺、闫士涛:《知识管理学科体系研究(下)——聚类分析和多维尺度分析》,《情报理论与实践》2012 年第 3 期。

182. 褚一平、张引、叶修梓等:《基于隐条件随机场的自适应视频分割算法》,《自动化学报》2007 年第 12 期。

183. 邓中华:《社会网络、引文网络和链接网络之比较》,《图书馆杂志》2008 年第 9 期。

184. 翟亮、李霖、唐新明等:《时空数据模型的研究》,《测绘与空间地理信息》2005 年第 4 期。

185. 丁飞鸿、刘鹏、卢曒等:《基于遗传优化决策树的建筑能耗短期预测模型》,《计算机工程》2019 年第 6 期。

186. 丁贵涛:《基于贝叶斯网络的数据挖掘方法及其基因表达分析应用》,硕士学位论文,南开大学,2004 年。

187. 丁宁、马浩琴:《国外高校科学数据生命周期管理模型比较研究及借鉴》,《图书情报工作》2013 年第 6 期。

188. 董坤、许海云、罗瑞等:《基于科技文献内容分析的多维学科交叉主题识别方法研究》,《情报理论与实践》2018 年第 5 期。

189. 都平平、李雨珂、陈越:《高校科研数据资产化存储及数据复用权益许可研究》,《图书情报工作》2022 年第 3 期。

190. 杜国栋:《基于梯度提升决策树的患者 30 天再入院预测模型研究》,硕士学位论文,昆明理工大学,2018 年。

191. 段安民、徐皓、孙卫华等:《基于贝叶斯网络的短波发射机故障诊断研究》,《舰船科学技术》2022 年第 9 期。

192. 段庆锋、潘小换:《利用社交媒体识别学科新兴主题研究》,《情报学报》2017 年第 12 期。

193. 范少萍、安新颖、单连慧等:《基于医学文献的主题演化类型与演化路径识别方法研究》,《情报理论与实践》2019 年第 3 期。

194. 范少萍、安新颖、晏归来等:《医学领域前沿主题识别方法研究》,《情报学报》2018 年第 7 期。

195. 冯雪梅、邓小昭:《论情报学的相关学科及发展》,《情报杂志》2008 年第 2 期。

196. 冯志刚、李长玲、刘小慧等:《基于引用与被引用文献信息的图书情报学跨学科性分析》,《情报科学》2018 年第 3 期。

197. 奉国和、孔泳欣、肖洁琼:《基于加权关键词的领域热点与趋势分析新方法》,

《图书情报工作》2018 年第 18 期。

198. 奉国和、孔泳欣:《基于时间加权关键词词频分析的学科热点研究》,《情报学报》2020 年第 1 期。

199. 符永琦:《基于 MongoDB 的高可用性分布式数据库集群技术研究》,《信息技术与信息化》2020 年第 9 期。

200. 高继平、丁堃、潘云涛等:《多词共现分析方法的实现及其在研究热点识别中的应用》,《图书情报工作》2014 年第 24 期。

201. 高瑾:《数字人文领域女性学者的影响力研究——以合著网络分析为例》,《图书馆论坛》2022 年第 1 期。

202. 高霞、陈凯华、官建成:《科学知识扩散的网络模型》,《研究与发展管理》2013 年第 2 期。

203. 高兴军、赵恒华:《大型通用有限元分析软件 ANSYS 简介》,《辽宁石油化工大学学报》2004 年第 3 期。

204. 高英莲、李秀霞、刘金星:《被引数量、被引质量和被引离散度结合的学术期刊影响力评价研究》,《信息资源管理学报》2019 年第 4 期。

205. 高宇、高山行:《本土企业技术跨越的路径跃迁阈值研究——基于专利竞赛理论的视角》,《科学学研究》2010 年第 8 期。

206. 关智远、陈仕吉:《跨学科知识交流研究综述》,《情报杂志》2016 年第 3 期。

207. 贵淑婷、彭爱东:《基于专利引文网络的技术扩散速度研究》,《情报理论与实践》2016 年第 5 期。

208. 郭谌达、周俭、梁鹤年:《基于 S-CAD 评估方法的遗产保护区保护政策分析——以加拿大金斯顿〈巴瑞菲尔德遗产保护区新计划〉为例》,《国际城市规划》2023 年第 4 期。

209. 郭剑毅、薛征山、余正涛等:《基于层叠条件随机场的旅游领域命名实体识别》,《中文信息学报》2009 年第 5 期。

210. 郭晓婉、冉从敬、吴丹等:《大数据时代图书情报学理论与教育发展对策——第四届中美数字时代图书馆学情报学教育国际研讨会综述》,《图书情报知识》2016 年第 1 期。

211. 国务院办公厅:《国务院办公厅关于印发科学数据管理办法的通知》,《中华人民共和国国务院公报》2018 年第 11 期。

212. 韩婧:《〈PLOS ONE〉开放获取出版模式研究》,《编辑学报》2014 年第 2 期。

213. 韩正彪、周鹏:《扎根理论质性研究方法在情报学研究中的应用》,《情报理论与实践》2011 年第 5 期。

214. 郝乐、杨芳、张启望:《再谈基尼系数的统计测量》,《统计与决策》2021 年第 7 期。

215. 郝若扬:《高 Altmetrics 指标论文的特征分析及影响力分析》,《图书情报工作》2018 年第 8 期。

216. 何荣利:《80 年代以来我国图书馆学情报学论文引文的学科分布》,《图书情报工作》1999 年第 4 期。

217. 何小飞、童晓阳、孙明蔚:《基于贝叶斯网络和 D-S 证据理论的分布式电网故障诊断》,《电力系统自动化》2011 年第 10 期。

218. 何晓庆、王圣洁、胡琳:《z 指数在期刊评价实践中的应用研究》,《中国科技期刊研究》2018 年第 5 期。

219. 何晓庆、王圣洁、胡琳:《z 指数在学者学术影响力评价中的应用》,《情报理论与实践》2018 年第 5 期。

220. 何晓庆、王圣洁、胡琳:《基于 z 指数的科研机构评价的有效性实证研究》,《现代情报》2018 年第 5 期。

221. 何永昌、陈之光、王海锋等:《基于 Netica 的导弹故障诊断贝叶斯网络模型研究》,《航空兵器》2020 年第 1 期。

222. 洪铭材、张阔、唐杰等:《基于条件随机场(CRFs)的中文词性标注方法》,《计算机科学》2006 年第 10 期。

223. 侯剑华、陈超美、陈悦:《CiteSpace Ⅱ:科学文献中新趋势与新动态的识别与可视化》,《情报学报》2009 年第 3 期。

224. 胡秀梅、高凡:《国内图书情报领域图书馆战略规划研究热点探析》,《图书情报工作》2016 年第 9 期。

225. 黄丽霞、纪苏桐:《基于 SNA 国内阅读推广领域作者合作关系研究》,《图书情报工作》2020 年第 7 期。

226. 黄鲁成、唐月强、吴菲菲等:《基于文献多属性测度的新兴主题识别方法研究》,《科学学与科学技术管理》2015 年第 2 期。

227. 黄鲁成、张璐、吴菲菲等:《基于突现文献和 SAO 相似度的新兴主题识别研究》,《科学学研究》2016 年第 6 期。

228. 黄树成、张瑜、张天柱等:《基于条件随机场的深度相关滤波目标跟踪算法》,《软件学报》2019 年第 4 期。

229. 黄位:《基于计划行为理论与技术接受模型的自动驾驶汽车接受度研究》,硕士学位论文,江苏大学,2019 年。

230. 黄晓斌、吴高:《学科领域研究前沿探测方法研究述评》,《情报学报》2019 年第 8 期。

231. 黄颖、张琳、孙蓓蓓等:《跨学科的三维测度——外部知识融合、内在知识会聚与科学合作模式》,《科学学研究》2019 年第 1 期。

232. 菅小艳:《贝叶斯网基础及应用》,武汉大学出版社 2019 年版。

233. 姜丹:《信息论与编码》,中国科学技术大学出版社 2009 年版。

234. 焦红、李秀霞:《基于研究主题的学科领域知识演化路径识别——以图书情报领域粗糙集为例》,《情报理论与实践》2019 年第 3 期。

235. 教育部:《新文科建设工作会在山东大学召开》,2022 年 08 月 09 日,见 http://www.moe.gov.cn/jyb_xwfb/ gzdt_gzdt/ s5987/202011/ t20201103_498067.html。

236. 金林:《一种改进的散点图矩阵及其在 R 软件中的实现》,《统计与决策》2016 年第 1 期。

237. 金贞燕、侯景丽、孙华丽:《Altmetrics 数据整合分析工具的现状特点及相关问题研究》,《情报理论与实践》2019 年第 4 期。

238. 柯平、宫平:《数字人文研究演化路径与热点领域分析》,《中国图书馆学报》2016 年第 6 期。

239. 柯青、朱婷婷:《图书情报学跨学科期刊引用及知识贡献推进效应——基于 JCR 社会科学版的分析》,《情报资料工作》2017 年第 2 期。

240. 科学技术部科研诚信建设办公室:《科研诚信知识读本》,科技文献出版社 2009 年版。

241. 赖纪瑶、魏思仪、秦玥:《基于"知乎"关注热点的学科认知特点挖掘——以情报学为例》,《图书情报工作》2017 年第 24 期。

242. 李东、童寿传、李江:《学科交叉与科学家学术影响力之间的关系研究》,《数据分析与知识发现》2018 年第 12 期。

243. 李峰、刘静延、蒋录全:《预测方法的发展及最新动态》,《情报杂志》2005 年第 6 期。

244. 李纲、巴志超:《科研合作超网络下的知识扩散演化模型研究》,《情报学报》2017 年第 3 期。

245. 李纲、李春雅、李翔:《基于社会网络分析的科研团队发现研究》,《图书情报工作》2014 年第 7 期。

246. 李国杰、程学旗:《大数据研究:未来科技及经济社会发展的重大战略领域——大数据的研究现状与科学思考》，《中国科学院院刊》2012 年第 6 期。

247. 李宏、王海南、由庆斌：《补充计量学的实证研究现状及面临挑战》，《情报理论与实践》2018 年第 12 期。

248. 李纪伟、段中帅、王顺晔：《非结构化数据库 MongoDB 的数据存储》，《电脑知识与技术》2018 年第 27 期。

249. 李健康、张春辉：《本体研究及其应用进展》，《图书馆论坛》2004 年第 6 期。

250. 李江：《"跨学科性"的概念框架与测度》，《图书情报知识》2014 年第 3 期。

251. 李凌英、闵超、孙建军：《引文波峰的量化与分布探究》，《情报学报》2019 年第 7 期。

252. 李齐栋：《四十年来图书馆学核心知识的变革与思考》，硕士学位论文，郑州大学，2021 年。

253. 李樵：《外部引用视角下的中国图书情报学知识影响力研究》，《中国图书馆学报》2019 年第 6 期。

254. 李双龙、刘群、成耀：《基于条件随机场的汉语分词系统》，《微计算机信息》2006 年第 28 期。

255. 李天笑、周田瑞、胡勤友等：《基于梯度提升决策树分位数回归的船舶能耗区间预测》，《上海海事大学学报》2022 年第 2 期。

256. 李晓辉：《图书馆科研数据管理与服务模式探讨》，《中国图书馆学报》2011 年第 5 期。

257. 李欣海：《随机森林模型在分类与回归分析中的应用》，《应用昆虫学报》2013 年第 4 期。

258. 李秀霞、邵作运：《内容信息与引文信息融合的作者影响力评价研究》，《情报理论与实践》2020 年第 2 期。

259. 李艳飞：《数字人文目标下图书馆信息服务模式研究》，《科技资讯》2022 年第 15 期。

260. 李永宾：《基于形式概念分析的本体映射方法研究》，硕士学位论文，吉林大学，2010 年。

261. 李雨浓、王博、张永忠等：《校企专利合作网络的结构特征及其演化分析——以"985 高校"为例》，《科研管理》2018 年第 3 期。

262. 李月琳、章小童、王姗姗等：《情报学的坚守与拓展——基于 2018 年 ASIS&T 年会论文的综述》，《图书情报知识》2019 年第 3 期。

263. 李长玲、冯志刚、刘运梅等：《基于引文网络的潜在跨学科合作者识别——以图书情报学为例》,《情报资料工作》2018 年第 3 期。

264. 李长玲、郭凤娇、魏绪秋:《基于时序关键词的学科交叉研究主题分析——以情报学与计算机科学为例》,《情报资料工作》2014 年第 6 期。

265. 李长玲、郭凤娇、支岭:《基于 SNA 的学科交叉研究主题分析——以情报学与计算机科学为例》,《情报科学》2014 年第 12 期。

266. 李长玲、刘非凡、郭凤娇:《运用重叠社群可视化软件 CFinder 分析学科交叉研究主题——以情报学和计算机科学为例》,《图书情报工作》2013 年第 7 期。

267. 李长玲、支岭、郭凤娇:《基于 SNA 的我国图书情报学研究机构合作情况分析》,《情报杂志》2012 年第 7 期。

268. 李长玲、支岭、纪雪梅:《基于 SNA 的我国情报学潜在合作者分析》,《情报科学》2013 年第 9 期。

269. 李长玲、支岭、纪雪梅:《基于中心性分析的学科期刊地位评价——以情报学等 3 学科为例》,《情报理论与实践》2012 年第 6 期。

270. 梁乙凯、戚桂杰:《基于模糊集定性比较分析的政府开放数据使用影响因素研究》,《情报杂志》2019 年第 3 期。

271. 梁镇涛、巴志超、徐健:《基于引文的跨学科领域发展路径分析——以眼动追踪领域为例》,《图书情报工作》2019 年第 23 期。

272. 林碧洪:《大数据环境下计算机应用技术的分析与发展》,《产业与科技论坛》2022 年第 14 期。

273. 林豪慧、陈如好:《知网、维普、万方的同质化和差异化评析》,《图书馆学研究》2009 年第 9 期。

274. 林向义、罗洪云、李秀成:《企业个体从社交媒体网络吸收异质性知识的过程机理:弱连接关系视角》,《情报理论与实践》2019 年第 3 期。

275. 刘春丽、刘丽萍、马凤毛:《Altmetrics 指标评价科研产出社会影响力研究现状及应用挑战》,《农业图书情报》2019 年第 5 期。

276. 刘春生、王斌、卢义成:《基于 Netica 的机载雷达侦察效能评估》,《现代雷达》2017 年第 3 期。

277. 刘丹妮:《新媒体环境下对"信息茧房"现象的思考》,《新闻研究导刊》2019 年第 21 期。

278. 刘非凡、李长玲、魏绪秋:《基于 2-模网络和 G-N 社群聚类算法的潜在合作者研究——以国内图情领域的社会网络分析研究为例》,《情报理论与实践》2014 年第 6 期。

279. 刘高军、段然:《基于 MongoDB 的 CNONIX 数据存储方法研究》,《北方工业大学学报》2016 年第 3 期。

280. 刘桂锋、阮冰颖、包翔:《数据生命周期视角下高校科学数据安全内容框架构建》,《情报杂志》2021 年第 2 期。

281. 刘军:《整体网分析讲义——UCIENT 软件实用指南》,格致出版社 2009 年版。

282. 刘俊超、朱兵强:《政府数据开放与个人信息保护》,《图书馆研究与工作》2022 年第 2 期。

283. 刘俊婉、龙志昕、王菲菲:《基于 LDA 主题模型与链路预测的新兴主题关联机会发现研究》,《数据分析与知识发现》2019 年第 1 期。

284. 刘敏娟、张学福、颜蕴等:《基于期刊上题相似性的领域分析数据集构建:方法与实证》,《图书情报工作》2016 年第 10 期。

285. 刘润秋、黄志兵:《基于 S-CAD 方法的宅基地退出试点政策评估——以成都市为例》,《四川大学学报(哲学社会科学版)》2021 年第 5 期。

286. 刘胜日、刘建平:《一种渐进式概念格生成算法的优化》,《工业控制计算机》2012 年第 8 期。

287. 刘向、万小萍、闫肖婷等:《基于引文路径叠加网络的主路径分析》,《情报学报》2019 年第 8 期。

288. 刘小慧、李长玲、冯志刚:《基于改进的 TF * IDF 方法分析学科研究热点——以情报学为例》,《情报科学》2017 年第 7 期。

289. 刘小慧、李长玲、刘运梅等:《基于作者—核心关键词 2-模网络的潜在跨学科合作组合识别——以图书情报学与计算机科学为例》,《情报理论与实践》2018 年第 2 期。

290. 刘小卫、杨戈、梅海波:《三合一骨融合治疗儿童先天性胫骨假关节的三维有限元分析》,《中国组织工程研究》2022 年第 33 期。

291. 刘晓娟、赵卓婧、韦娱:《生命周期视角下的 Altmetrics 数据质量研究》,《图书情报知识》2019 年第 2 期。

292. 刘运梅、李长玲、刘小慧:《基于合著作者贡献大小分配权值的 p 指数探讨》,《图书情报工作》2016 年第 21 期。

293. 刘植惠:《情报学基础理论讲座》,《情报理论与实践》1988 年第 1 期。

294. 刘智锋、马永强、杨金庆:《引文学科多样性与论文影响力的关系研究》,《情报杂志》2020 年第 7 期。

295. 刘仲林:《交叉科学时代的交叉研究》,《科学学研究》1993 年第 2 期。

296. 刘仲林:《跨学科学》,《未来与发展》1985 年第 1 期。

297. 刘仲林:《现代交叉科学》,浙江教育出版社 1998 年版。

298. 刘自强、王效岳、白如江:《基于时间序列模型的研究热点分析预测方法研究》,《情报理论与实践》2016 年第 5 期。

299. 刘自强、岳丽欣、王效岳等:《主题演化视角下的国际情报学研究热点与前沿分析》,《图书馆》2017 年第 3 期。

300. 卢超、侯海燕、Ding Ying 等:《国外新兴研究话题发现研究综述》,《情报学报》2019 年第 1 期。

301. 陆征一等:《数学生物学进展》,科学出版社 2006 年版。

302. 逯万辉:《基于共被引网络群体中心度的我国人文社会科学领域知识扩散网络研究》,《图书馆杂志》2020 年第 2 期。

303. 罗华丽、王夫营:《"信息茧房"对大学生主流意识形态认同的影响及其应对策略》,《教育评论》2018 年第 8 期。

304. 罗瑞、许海云、董坤等:《领域前沿识别方法综述》,《图书情报工作》2018 年第 23 期。

305. 罗式胜:《文献计量学概论》,中山大学出版社 1994 年版。

306. 吕冬晴、谢娟、成颖等:《我国人文社会科学间跨学科模式研究》,《图书情报知识》2018 年第 6 期。

307. 吕海华、李江:《1987—2016 年跨学科知识流动的规律:一个新的视角"学科势能"》,《图书情报知识》2021 年第 4 期。

308. 吕红燕、冯倩:《随机森林算法研究综述》,《河北省科学院学报》2019 年第 3 期。

309. 吕晓赞、王晖、周萍:《中美大数据论文的跨学科性比较研究》,《科研管理》2019 年第 4 期。

310. 马费成、陈柏彤:《我国人文社会科学学科多样性研究》,《情报科学》2015 年第 4 期。

311. 马费成、李志元:《新文科背景下我国图书情报学科的发展前景》,《中国图书馆学报》2020 年第 6 期。

312. 马费成、望俊成:《信息生命周期研究述评(I)——价值视角》,《情报学报》2010 年第 5 期。

313. 马海群、冯畅:《基于 S-CAD 方法的国家信息政策评估研究》,《情报学报》2018 年第 10 期。

314. 马航通、杨春燕:《基于可拓集方法改进波士顿矩阵研究》,《数学的实践与认识》2020 年第 12 期。

315. 马骏:《概念格及其可视化研究》,硕士学位论文,河南大学,2005 年。

316. 马利凯:《"双一流"视域下一流学科建设综合竞争力评价实证研究——基于波士顿矩阵和两因素聚类分析法》,《黑龙江高教研究》2017 年第 7 期。

317. 马陇飞、萧汉敏、陶敬伟等:《基于梯度提升决策树算法的岩性智能分类方法》,《油气地质与采收率》2022 年第 1 期。

318. 马楠、官建成:《利用引文分析方法识别研究前沿的进展与展望》,《中国科技论坛》2006 年第 4 期。

319. 马瑞敏、倪超群:《基于作者同被引分析的我国图书情报学知识结构及其演变研究》,《中国图书馆学报》2011 年第 6 期。

320. 闵超、孙建军:《学科交叉研究热点聚类分析——以国内图书情报学和新闻传播学为例》,《图书情报工作》2014 年第 1 期。

321. 莫富传、娄策群:《高被引论文应用于研究热点识别的理论依据与路径探索》,《情报理论与实践》2019 年第 4 期。

322. 牛海波、赵丹群、郭倩影:《基于 BERT 和引文上下文的文献表征与检索方法研究》,《情报理论与实践》2020 年第 9 期。

323. 秦超、高晓光、万开方:《深度卷积记忆网络时空数据模型》,《自动化学报》2020 年第 3 期。

324. 秦小燕、初景利:《科学数据素养能力评价指标体系构建研究》,《图书与情报》2020 年第 4 期。

325. 邱均平、曹洁:《不同学科间知识扩散规律研究——以图书情报学为例》,《情报理论与实践》2012 年第 10 期。

326. 邱均平、李小涛:《基于引文网络挖掘和时序分析的知识扩散研究》,《情报理论与实践》2014 年第 7 期。

327. 邱均平、马秀娟:《1998—2009 年国内电子商务研究论文的计量分析》,《情报科学》2011 年第 5 期。

328. 邱均平、魏开洋、周子番:《"五计学"的方法融合探究——对我国图书情报学方法体系创新的影响》,《情报理论与实践》2022 年第 1 期。

329. 邱均平、温芳芳:《近五年来图书情报学研究热点与前沿的可视化分析—基于 13 种高影响力外文源刊的计量研究》,《中国图书馆学报》2011 年第 2 期。

330. 邱均平、余厚强:《跨学科发文视角下我国图书情报学跨学科研究态势分析》,

《情报理论与实践》2013 年第 5 期。

331. 邱均平、余厚强:《替代计量学的提出过程与研究进展》,《图书情报工作》2013 年第 19 期。

332. 邱均平、周春雷、杨思洛:《改革开放 30 年来我国情报学研究的回顾与展望(三)——情报学的发展阶段及趋势分析》,《图书情报研究》2009 年第 3 期。

333. 邱均平:《信息计量学》,武汉大学出版社 2007 年版。

334. 邱均平等:《科学计量学》,科学出版社 2016 年版。

335. 裴惠麟、邵波:《多源数据环境下科研热点识别方法研究》,《图书情报工作》2020 年第 5 期。

336. 瞿羽扬、周立军、杨静等:《基于技术标准生命周期的移动通信产业演化路径》,《情报杂志》2021 年第 5 期。

337. 任明飞、李学军、崔蒙蒙等:《基于 MongoDB 的非关系型数据库的设计与开发》,《电脑知识与技术》2019 年第 34 期。

338. 阮光册、夏磊:《基于 Doc2Vec 的期刊论文热点选题识别》,《情报理论与实践》2019 年第 4 期。

339. 阮光册、夏磊:《学科间交叉研究主题识别——以图书情报学与教育学为例》,《情报科学》2020 年第 12 期。

340. 桑颖:《政策过程视角下私人志愿组织参与美国对外援助政策研究——以美国凯尔为例》,《国际关系研究》2018 年第 2 期。

341. 商宪丽:《基于 LDA 的交叉学科潜在主题识别研究——以数字图书馆为例》,《情报科学》2018 年第 6 期。

342. 商宪丽:《基于多模主题网络的交叉学科知识组合模式研究——以数字图书馆为例》,《情报科学》2018 年第 3 期。

343. 邵作运、李秀霞:《引文分析法与内容分析法结合的文献知识发现方法综述》,《情报理论与实践》2020 年第 3 期。

344. 申先甲、柳树滋、赵红州等:《科学结构与科学规划问题》,《科学学与科学技术管理》1981 年第 1 期。

345. 沈玖玖、蔡讷:《科研数据焦虑测评量表开发研究》,《情报理论与实践》2022 年第 5 期。

346. 盛宇:《基于微博的学科热点发现、追踪与分析——以数据挖掘领域为例》,《图书情报工作》2012 年第 8 期。

347. 施蕾蕾、孙蔚:《中国特色平台型智库的形成与发展路径探析》,《智库理论与实践》2022 年第 3 期。

348. 石丽、秦萍、李小涛：《高被引论文的跨学科性与 Altmetrics 指标相关性分析》，《情报理论与实践》2021 年第 5 期。

349. 史庆华：《影响因子评价专业学术期刊的科学性与局限性》，《现代情报》2006 年第 1 期。

350. 宋觉、李睿：《简论学科生长点——从恩格斯的学科"接触点"谈起》，《运城师专学报》1987 年第 4 期。

351. 宋丽萍、陈巍、贺颖：《论文层面科学评价实证研究——以 PLOS ONE 为例》，《图书馆工作与研究》2015 年第 7 期。

352. 宋艳辉、武夷山：《作者文献耦合分析与作者关键词耦合分析比较研究：Scientometrics 实证分析》，《中国图书馆学报》2014 年第 1 期。

353. 苏新宁：《知识组织的科学理论阐释》，《图书与情报》2013 年第 6 期。

354. 孙海生：《基于超网络模型的研究热点探测与聚类主题描述》，《情报杂志》2017 年第 6 期。

355. 孙海生：《情报学跨学科知识引用实证研究》，《情报杂志》2013 年第 7 期。

356. 孙静、李军辉、周国栋：《基于条件随机场的无监督中文词性标注》，《计算机应用与软件》2011 年第 4 期。

357. 孙瑞英、李杰茹：《我国政府数据开放平台个人隐私保护政策评价研究》，《图书情报工作》2022 年第 12 期。

358. 孙曦媚等：《统计学原理》，北京理工大学出版社 2017 年版。

359. 孙杨：《政策过程理论视角的地方党校智库建设探析》，《现代交际》2020 年第 13 期。

360. 孙倬、赵红、王宗水：《网络舆情研究进展及其主题关联关系路径分析》，《图书情报工作》2021 年第 7 期。

361. 谈国新、张立龙：《非物质文化遗产文化空间的时空数据模型构建》，《图书情报工作》2018 年第 15 期。

362. 谭春辉、曾娟、邱均平：《基于 CSSCI 的"十二五"时期国内情报学研究态势分析》，《情报学报》2017 年第 7 期。

363. 谭春辉、熊梦媛：《基于 LDA 模型的国内外数据挖掘研究热点主题演化对比分析》，《情报科学》2021 年第 4 期。

364. 汤强、王亚民、赵艳：《基于 g 指数和共现指数的研究热点及合作团体分析》，《情报杂志》2014 年第 9 期。

365. 唐璞妮:《z 指数在微博传播力评价中应用研究——以 27 个政务微博为例》,《情报探索》2020 年第 2 期。

366. 田文灿、胡志刚、王贤文:《科学计量学视角下的 Altmetrics 发展历程分析》,《图书情报知识》2019 年第 2 期。

367. 田依林、李星:《基于主题时态关联的科学领域研究演化识别》,《情报科学》2021 年第 5 期。

368. 王必好、张郁:《基于贝叶斯网络的技术进步预测与路径优化选择》,《科学学研究》2019 年第 8 期。

369. 王芳:《关于数据要素市场化配置的十个问题》,《图书与情报》2020 年第 3 期。

370. 王飞:《基于贝叶斯网络的应急预测算法在群体性突发事件网络舆情中的优势研究》,《赤峰学院学报(自然科学版)》2017 年第 15 期。

371. 王海燕、袁雪琴、宋超:《相似度分析结合人工神经网络鉴别苹果香精》,《计算机工程与应用》2018 年第 4 期。

372. 王海洋:《政府数据开放场景下个人信息匿名化研究》,《情报理论与实践》2022 年第 12 期。

373. 王昊、马睿、肖攀等:《基于 S-CAD 方法的不动产统一登记制度评估研究》,《城市发展研究》2021 年第 10 期。

374. 王辉:《用于预测的贝叶斯网络》,《东北师大学报(自然科学版)》2002 年第 1 期。

375. 王家忠:《中介、中介思维与中介科学》,《东岳论丛》2001 年第 3 期。

376. 王静静、叶鹰:《国际数字人文研究中的跨学科知识扩散探析》,《大学图书馆学报》2021 年第 2 期。

377. 王军、周伟达:《贝叶斯网络的研究与进展》,《电子科技》1999 年第 15 期。

378. 王兰敬:《2004—2009 年我国图书馆、情报与档案管理学科的研究热点与重点领域——基于 CSSCI 来源文献关键词的分析》,《图书情报工作》2011 年第 16 期。

379. 王平:《基于层次概率主题模型的科技文献主题发现及演化》,《图书情报工作》2014 年第 22 期。

380. 王锐、辛大波、欧进萍:《基于 OPTICS 聚类算法的流场结构特征分析方法》,《空气动力学学报》2021 年第 5 期。

381. 王睿、胡文静、郭玮:《高 Altmetrics 指标科技论文学术影响力研究》,《图书情报工作》2014 年第 21 期。

382. 王珊珊、邓守萍、Sarah Yvonne Cooper 等:《华为公司专利产学研合作:特征、网络演化及其启示》,《科学学研究》2018 年第 4 期。

383. 王世昆、李绍滋、陈彤生:《基于条件随机场的中医命名实体识别》,《厦门大学学报(自然科学版)》2009 年第 3 期。

384. 王万钢:《〈中国学术期刊影响因子年报〉(2010 版)公布〈消防科学与技术〉文献计量统计数据》,《消防科学与技术》2011 年第 2 期。

385. 王雯霞、刘春丽:《不同学科间论文影响力评价指标模型的差异性研究》,《图书情报工作》2017 年第 13 期。

386. 王贤文、方志超、胡志刚:《科学论文的科学计量分析:数据、方法与用途的整合框架》,《图书情报工作》2015 年第 16 期。

387. 王贤文、方志超、王虹茵:《连续、动态和复合的单篇论文评价体系构建研究》,《科学学与科学技术管理》2015 年第 8 期。

388. 王贤文、毛文莉、王治:《基于论文下载数据的科研新趋势实时探测与追踪》,《科学学与科学技术管理》2014 年第 4 期。

389. 王贤文:《Altmetrics:大数据时代的科学计量学》,《图书情报知识》2019 年第 2 期。

390. 王晓俞、崔彩云、刘勇:《技术接受模型(TAM)研究进展——基于 CiteSpace 的文献分析》,《经营与管理》2021 年第 3 期。

391. 王雪、李睿:《知识生态学视角下的各类引文现象阐释》,《情报杂志》2018 年第 9 期。

392. 王亚华、陈相凝:《探寻更好的政策过程理论:基于中国水政策的比较研究》,《公共管理与政策评论》2020 年第 6 期。

393. 王曰芬:《文献计量法与内容分析法的综合研究》,博士学位论文,南京理工大学,2007 年。

394. 王知津、赖茂生、王延飞等:《应对时代挑战,拓展发展空间:图·情·档一级学科更名背景下情报学发展》,《情报理论与实践》2022 年第 3 期。

395. 王知津、李博雅:《我国情报学研究热点及问题分析——基于 2010—2014 年情报学核心期刊》,《情报理论与实践》2016 年第 9 期。

396. 王知津等:《论情报学研究中的跨学科思维》,《情报科学》2010 年第 5 期。

397. 王志锋、徐晓明、谢天成等:《基于 S-CAD 方法的农村土地制度改革试点政策评估:以义乌为例》,《公共管理评论》2017 年第 3 期。

398. 王志祥等:《基于 SPSS 的基础教育的测量与评价》,苏州大学出版社 2017

年版。

399. 隗玲、许海云、郭婷等:《基于弱共现和突发监测的情报学学科研究主题及交叉性分析》,《图书情报工作》2015 年第 21 期。

400. 位志广、宋小康、朱庆华等:《基于随机森林的健康谣言分享意愿研究》,《现代情报》2020 年第 5 期。

401. 魏丽:《政策过程理论框架下国际知名智库参与全球治理的机制研究——以美国布鲁金斯学会为例》,《智库理论与实践》2022 年第 3 期。

402. 魏绪秋、郭风娇:《基于动态 Altmetrics 数据的学术论文持续关注度研究》,《情报理论与实践》2019 年第 5 期。

403. 魏绪秋、李长玲、郭风娇等:《基于引证数据的单篇论文学术生命力研究》,《情报杂志》2020 年第 1 期。

404. 魏益华、杨璐维:《突发公共事件下政府数据开放与公共治理效率提升——基于四方演化博弈的分析》,《经济纵横》2022 年第 7 期。

405. 吴蕾、田儒雅、张学福:《基于主题相关分析的跨学科主题发现方法及实证研究——以动物资源与育种领域为例》,《图书情报工作》2017 年第 1 期。

406. 吴胜男、田若楠、蒲虹君等:《基于社交媒体的医药领域关联主题预测方法研究》,《数据分析与知识发现》2021 年第 12 期。

407. 吴小兰、章成志:《基于社交媒体的高影响力跨学科用户发现研究》,《情报学报》2017 年第 6 期。

408. 吴小兰、章成志:《融合内容与关系的学术社交媒体上跨学科用户推荐模型研究》,《图书情报工作》2020 年第 9 期。

409. 吴小兰、章成志:《社交媒体视角下图书情报领域的跨学科性研究》,《图书情报工作》2019 年第 13 期。

410. 伍军红:《复合影响因子与期刊影响力评价》,《编辑学报》2011 年第 6 期。

411. 夏义堃、管茜:《基于生命周期的生命科学数据质量控制体系研究》,《图书与情报》2021 年第 3 期。

412. 夏义堃:《开放数据开发利用的产业特征与价值链分析》,《电子政务》2016 年第 10 期。

413. 肖可:《h 指数在学科研究热点分析中的应用——以图情学为例》,《情报杂志》2011 年第 3 期。

414. 肖婷婷、邱均平、祖旋等:《语义标注研究热点与演进历程的知识图谱分析》,《情报理论与实践》2015 年第 1 期。

415. 肖勇:《弘扬钱学森科技情报学术思想科学界定资讯学与中国情报学》,《图书情报工作》2011 年第 8 期。

416. 忻华:《全球治理中的智库角色及前景》,《中国社会科学报》2017 年 4 月 20 日。

417. 熊俊:《基尼系数四种估算方法的比较与选择》,《商业研究》2003 年第 23 期。

418. 徐庶睿、卢超、章成志:《术语引用视角下的学科交叉测度——以 PLOS ONE 上六个学科为例》,《情报学报》2017 年第 8 期。

419. 许海云、董坤、刘昊等:《基于异构网络的学科交叉主题发现方法》,《情报科学》2017 年第 6 期。

420. 许海云、郭婷、岳增慧等:《基于 TI 指标系列的情报学学科交叉主题研究》,《情报学报》2015 年第 10 期。

421. 许海云、尹春晓、郭婷等:《学科交叉研究综述》,《图书情报工作》2015 年第 5 期。

422. 许海云、张慧玲、武华维等:《新兴研究主题在演化路径上的关键时间点研究》,《图书情报工作》2021 年第 8 期。

423. 许晓阳、郑彦宁、赵筱媛等:《研究前沿识别方法的研究进展》,《情报理论与实践》2014 年第 6 期。

424. 许新军:《基于下载量的期刊半衰期实证研究》,《情报杂志》2014 年第 6 期。

425. 颜端武、苏琼、张馨月:《基于时序主题关联演化的科学领域前沿探测研究》,《情报理论与实践》2019 年第 7 期。

426. 杨丙:《基于用户兴趣概念格的智能推荐算法研究》,硕士学位论文,昆明理工大学,2021 年。

427. 杨德彬,马卫春:《基于条件随机场模型的中文地址分词研究》,《测绘与空间地理信息》2021 年第 11 期。

428. 杨国富、付慧真:《"双一流"建设背景下高校跨学科性与学术影响力的国际比较——以环境科学领域为例》,《高等工程教育研究》2020 年第 3 期。

429. 杨良斌、周秋菊、金碧辉:《基于文献计量的跨学科测度及实证研究》,《图书情报工作》2009 年第 10 期。

430. 杨思洛、张一鸣:《iSchools 院校研究的跨学科特征:文献计量分析的视角》,《中国图书馆学报》2020 年第 6 期。

431. 杨秀兰、赵晓春、陈发俊:《医学创新的跨学科特征分析》,《医学与哲学(人文社会医学版)》2007 年第 4 期。

432. 杨震、王红军、周宇：《一种截断距离和聚类中心自适应的聚类算法》，《数据分析与知识发现》2018 年第 3 期。

433. 叶协杰：《我国图书情报学高被引论文热点分析》，《图书情报工作》2007 年第 12 期。

434. 叶鹰、张家榕、张慧：《知识流动与跨学科研究之关联》，《图书与情报》2020 年第 3 期。

435. 叶鹰：《试论图书情报学的主干知识及有效方法：兼论双证法和模本法之效用》，《中国图书馆学报》2021 年第 3 期。

436. 由庆斌、汤珊红：《不同类型论文层面计量指标间的相关性研究》，《图书情报工作》2014 年第 8 期。

437. 于江德、樊孝忠、尹继豪：《基于条件随机场的中文科研论文信息抽取》，《华南理工大学学报（自然科学版）》2007 年第 9 期。

438. 于晓飞、葛洪伟：《自动确定聚类中心的势能聚类算法》，《计算机科学与探索》2018 年第 6 期。

439. 余本功、范招娣：《面向自然语言处理的条件随机场模型研究综述》，《信息资源管理学报》2020 年第 5 期。

440. 余厚强、白宽、邹本涛等：《人工智能领域科研团队识别与领军团队提取》，《图书情报工作》2020 年第 20 期。

441. 余厚强、曹雪婷：《替代计量数据质量评估体系构建研究》，《图书情报知识》2019 年第 2 期。

442. 余良如、冯奕程、冯立杰等：《国内企业知识管理研究结构、脉络与热点探究》，《情报科学》2020 年第 12 期。

443. 俞立平、郭强华：《被引峰值悖论及影响因子的修正研究：时间影响因子》，《情报理论与实践》2019 年第 7 期。

444. 俞立平、王作功：《z 指数评价学术期刊的适用性及其改进研究》，《情报学报》2018 年第 11 期。

445. 俞立平、万晓云、项益鸣等：《一个评价学术期刊知识扩散深度的新指标——CJH 指数》，《情报杂志》2019 年第 8 期。

446. 岳增慧、许海云、郭婷等：《"情报学"与"计算机跨学科应用"的学科交叉对比研究》，《情报资料工作》2016 年第 2 期。

447. 岳增慧、许海云：《学科引证网络知识扩散特征研究》，《情报学报》2019 年第 1 期。

448. 詹国梁：《学科视角下的知识生命周期》，《情报资料工作》2012 年第 1 期。

449. 张大勇、王少鹏：《二十一世纪的理论生态学》，《生物多样性》2020 年第 11 期。

450. 张道民：《关于从事科学前沿研究的基本方法和环境》，《东方论坛》2013 年第 3 期。

451. 张道民：《试论科学生长点》，《科学、技术与辩证法》1986 年第 1 期。

452. 张红燕、陈丽平：《基于图书馆领域的国际数字人文研究进展及启示》，《图书馆工作与研究》2022 年第 7 期。

453. 张焕、张庆、于纪言：《激活函数的发展综述及其性质分析》，《西华大学学报（自然科学版）》2021 年第 4 期。

454. 张家榕、曾继城、叶鹰：《3S 引文现象的特征测度及学术意义——"睡美人"、"时髦女"与"天鹅"综论》，《情报学报》2017 年第 12 期。

455. 张金柱、韩涛、王小梅：《利用参考文献的学科分类分析图书情报领域的学科交叉性》，《图书情报工作》2013 年第 1 期。

456. 张静：《引文、引文分析与学术论文评价》，《社会科学管理与评论》2008 年第 1 期。

457. 张瑞、赵栋祥、唐旭丽等：《知识流动视角下学术名词的跨学科迁移与发展研究》，《情报理论与实践》2020 年第 1 期。

458. 张瑞：《我国图书情报学跨学科知识流入特征研究》，《情报杂志》2019 年第 8 期。

459. 张涛：《应用数学》，西北大学出版社 2019 年版。

460. 张洋、林宇航、侯剑华：《基于融合数据和生命周期的技术预测方法：以病毒核酸检测技术为例》，《情报学报》2021 年第 5 期。

461. 张玉洁、白如江、刘明月等：《融合语义联想和 BERT 的图情领域 SAO 短文本分类研究》，《图书情报工作》2021 年第 16 期。

462. 张粤磊等：《Python 深度学习》，机械工业出版社 2019 年版。

463. 章成志、徐津、马舒天：《学术文本被引片段的自动识别研究》，《情报理论与实践》2019 年第 9 期。

464. 赵彬彬、李光强、邓敏：《时空数据挖掘综述》，《测绘科学》2010 年第 2 期。

465. 赵红州、蒋国华：《再论科学发现的采掘模型》，《科学学研究》1985 年第 1 期。

466. 赵红州：《论"当采学科"与科学家战略部署》，《自然杂志》1982 年第 9 期。

467. 赵龙文、张国彬、赵雪琦：《共生视角下政府开放数据应用生态系统演化研究》,《现代情报》2022 年第 5 期。

468. 赵蓉英、戴祎璠、王旭:《基于 LDA 模型与 ATM 模型的学者影响力评价研究——以我国核物理学科为例》,《情报科学》2019 年第 6 期。

469. 赵蓉英、马丽娜:《国际情报学核心期刊与研究热点的可视化分析》,《情报科学》2011 年第 8 期。

470. 赵蓉英、温芳芳:《科研合作与知识交流》,《图书情报工作》2011 年第 20 期。

471. 赵雅馨、杨志萍:《研究热点探测的替代计量学方法和应用——以信息与计算科学为例》,《情报杂志》2016 年第 11 期。

472. 郑彦宁、许晓阳、刘志辉:《基于关键词共现的研究前沿识别方法研究》,《图书情报工作》2016 年第 4 期。

473. 支钰婷:《基于技术接受模型的在线旅行商 App 使用行为研究》,《技术与市场》2022 年第 4 期。

474. 中国大百科全书总编辑委员会:《中国大百科全书·生物学》,中国大百科全书出版社 1989 年版。

475. 中国科学院科技战略咨询研究院:《2017 研究前沿》,2022 年 07 月 17 日,见 http://www.casisd.cn/zkcg/zxcg/ 201711/P020171121342129165876.pdf。

476. 中国科学院科技战略咨询研究院:《2018 研究前沿》,2022 年 07 月 17 日,见 http://www.casisd.cn/zkcg/zxcg/ 201811 / P020181129369058326386.pdf。

477. 中华人民共和国国家质量监督检验检疫总局,中国国家标准化管理委员会:《中华人民共和国国家标准:文后参考文献著录规则(GB/T 7714-2005)》,中国标准出版社 2005 年版。

478. 中华人民共和国国务院:《国家中长期科学和技术发展规划纲要(2006—2020年)》,2022 年 07 月 17 日,见 https://www.gov.cn/gongbao/content/2006/content_240244.htm。

479. 中华人民共和国科学技术部:《"十五"期间国际科技合作发展纲要》,2022 年 7 月 17 日,见 http://www.scio.gov.cn/xwfbhxwbfbh/vgfbh/2000/1227/Document/327770/327770.htm。

480. 中华人民共和国科学技术部:《国家"十一五"科学技术发展规划》,2022 年 7月 17 日,见 http://www.gov.cn/gzdt/2006-11/01/content_429857.htm。

481. 中华人民共和国科学技术部:《"十一五"国际科技合作实施纲要》,2022 年 7月 17 日,见 http://www.gov.cn/govweb/irzg/2006-12/03/content 460262_2.html。

482. 胡锦涛:《坚持走中国特色自主创新道路 为建设创新型国家而努力奋斗》,人民出版社 2006 年版。

483. 中华人民共和国中央人民政府:《国务院办公厅关于印发科学数据管理办法的通知》,2022 年 08 月 11 日。

484. 周复恭等:《应用线性回归分析》,中国人民大学出版社 1989 年版。

485. 周桦、刘佳:《带扩散的具有 Holling Ⅲ 类功能性反应的捕食模型的性质》,《南京工业大学学报(自然科学版)》2007 年第 5 期。

486. 周丽英、冷伏海、左文革:《引文耦合增强的共词分析方法改进研究——以 ESI 农业科学研究主题划分为例》,《情报理论与实践》2015 年第 11 期。

487. 周群、何桑:《连接现实和虚拟世界中的人和信息——2017 年 ASIS&T 年会综述》,《图书情报知识》2018 年第 4 期。

488. 周文泓、吴琼:《面向政府数据治理的社会参与促进策略研究——全球代表性实践的调查及其启示》,《情报理论与实践》2022 年第 9 期。

489. 周晓敏、郝勇凯、丛文韬等:《基于梯度提升决策树模型的冷连轧机颤振研究》,《振动与冲击》2021 年第 13 期。

490. 周鑫、陈媛媛:《关键词词频变化视角下学科研究发展趋势分析——以国内情报学研究为例》,《情报杂志》2016 年第 5 期。

491. 周鑫、蒋勋、陈媛媛:《词频变化率模型视域下美国情报学研究发展动向分析》,《情报科学》2017 年第 4 期。

492. 周悦:《政策过程理论下我国老年人补贴制度研究——基于 2016 年全国省市层面数据》,《社会福利(理论版)》2017 年第 8 期。

493. 朱相丽、谭宗颖、万昊:《识别有技术转移潜力的专利方法综述》,《图书情报工作》2016 年第 8 期。

494. 祝清松、冷伏海:《基于引文内容分析的高被引论文主题识别研究》,《中国图书馆学报》2014 年第 1 期。

495. 宗张建:《睡美人文献识别方法研究进展》,《图书情报工作》2019 年第 16 期。

496. [联邦德国]贡泽尔:《穆斯堡尔谱学》,徐英庭等译,科学出版社 1979 年版。

497. [英]维克托·迈尔·舍恩伯格:《大数据时代:生活、工作与思维的大变革》,周涛译,浙江人民出版社 2012 年版。